Friedrich Schleiermachers Hermeneutik

Friedrich Schleiermachers Hermeneutik

Interpretationen und Perspektiven

Herausgegeben von
Andreas Arndt und Jörg Dierken

DE GRUYTER

Der Band wurde im Rahmen der gemeinsamen Forschungsförderung von Bund und Ländern im Akademienprogramm mit Mitteln des Bundesministeriums für Bildung und Forschung und der Senatsverwaltung für Wirtschaft, Technologie und Forschung des Landes Berlin erarbeitet.

Der Band wurde gedruckt mit Unterstützung der Internationalen Schleiermacher-Gesellschaft e.V.

ISBN 978-3-11-045312-6
e-ISBN (PDF) 978-3-11-045491-8
e-ISBN (EPUB) 978-3-11-045439-0

Library of Congress Cataloging-in-Publication Data
A CIP catalog record for this book has been applied for at the Library of Congress.

Bibliografische Information der Deutschen Nationalbibliothek
Die Deutsche Nationalbibliothek verzeichnet diese Publikation in der Deutschen Nationalbibliografie; detaillierte bibliografische Daten sind im Internet über http://dnb.dnb.de abrufbar.

© 2016 Walter de Gruyter GmbH, Berlin/Boston
Umschlagabbildung: Schleiermacher, Manuskript zur Hermeneutik 1819, Archiv der Berlin-Brandenburgischen Akademie der Wissenschaften (ABBAW): NL Schleiermacher, Nr. 83, Bl.1.
Druck und Bindung: CPI books GmbH, Leck
♾ Gedruckt auf säurefreiem Papier
Printed in Germany

www.degruyter.com

Vorwort

Ende 2012 ist die von der Forschung lange erwartete Ausgabe der *Vorlesungen zur Hermeneutik und Kritik* im Rahmen der Kritischen Schleiermacher-Gesamtausgabe (KGA) erschienen. Der Band wurde an der Schleiermacherforschungsstelle der BBAW bearbeitet, gefördert durch die Fritz-Thyssen-Stiftung, und von Wolfgang Virmond unter Mitwirkung von Hermann Patsch herausgegeben. Unbestritten gilt Schleiermacher als Klassiker der Hermeneutik, wozu nicht zuletzt die Deutungen Wilhelm Diltheys im 19. Jahrhundert und Hans-Georg Gadamers im 20. Jahrhundert beigetragen haben. Auf der Basis der erst jetzt zuverlässig edierten Manuskripte und Nachschriften soll gefragt werden, wie Schleiermachers Hermeneutik heute zu verstehen ist und welche Perspektiven sie im Blick auf aktuelle Diskussionen bietet.

Aus der neuen Ausgabe wird der Status der Hermeneutik ersichtlich. Sie ist keine Fundamental- oder Universaldisziplin, die einen Generalschlüssel zum menschlichen Leben überhaupt bereithält. Damit werden prominente philosophische Auffassungen von Hermeneutik im 20. Jahrhundert korrigiert – jedenfalls, sofern sie sich in Schleiermacherschen Bahnen verorteten. Schleiermachers Hermeneutik ist nach der Systematik seines Gesamtwerkes zunächst eine technische Disziplin. Sie entfaltet die Regeln des kunstgerechten Verstehens von Sprache und Schrift. Das schließt Bezüge zur Universalität von Vernunft keineswegs aus. Technik korrespondiert für Schleiermacher mit Kunst als Kunstfertigkeit, darin gilt es, das Allgemeine der Vernunft in natürlich gegebenen Besonderheiten des Lebens aufzufinden. Es geht in technischen Disziplinen mithin um Regeln, allerdings – wie die Hermeneutik zeigt – so, dass sie nicht bloß mechanisch zu exekutieren sind, sondern als Kunst mit Talent und Sinn für das Besondere angewandt werden. Im Blick auf Sprache gehören Menschenkenntnis und besonnenes Urteilen dazu. Indem die Hermeneutik solcherart eine Vermittlungsfunktion zwischen Besonderem und Allgemeinem des Sprachverstehens einnimmt, zeigen sich zugleich Bezüge zu Schleiermachers grundlegenden Disziplinen Ethik und Dialektik. Schleiermachers Ethik ist eine Strukturtheorie der Geschichte von Gesellschaft und Kultur, in deren Sphäre sprachliche Verständigung elementar hineingehört. Ohne Sprache und Verstehen können Kultur und Gesellschaft kaum gedacht werden, ihre geschichtliche Evolution lässt sich durchaus in Figuren von Nichtverstehen und Verstehen beschreiben. Und Schleiermachers Dialektik ist ein von den Differenzen des Denkens im Verhältnis zum Sein ausgehendes Konzept des Wissens als partielle Übereinstimmung beider, für das die Prozeduralität der Vernunft einerseits auf einen transzendenten Einheitsgrund verweist, während sie anderseits die Regeln des sich diskursiv verständigenden Denkens erkundet. Wenn die Dialektik von Schleiermacher als Gesprächsführung im Gebiet des reinen Denkens bezeichnet werden kann, dann hat auch seine Konzeption von Wissen und Vernunft einen hermeneutischen Zug. Kein Gedanke ist ohne Denken, und kein Denken geschieht ohne Worte, die sprachlich mitgeteilt werden können. Damit ist eine kommunikative Dimension des Denkens angezeigt, die auf sprachliche Verständigung angelegt ist. Diese kommunikativ-verständigungsorientierte Dimension des Denkens erstreckt sich auch auf die methodisch kontrollierte Form der Gewinnung gehaltvollen Wissens, also die Wissenschaft.

Trotz ihrer weiträumigen Bezüge ist Schleiermachers Hermeneutik eine fein ziselierte Kunstlehre des Verstehens von schriftlich aufgezeichneter, mithin zeitlich abständiger Sprache und Rede. An die Tradition aufklärerischer Hermeneutik anschließend, geht es ihr um ‚grammatische' und ‚psychologische' Interpretation. Letzte kann vielfach auch ‚technische' genannt werden. Die grammatische Interpretation schließt an die Tradition aufklärerischer Hermeneutik an und entwickelt das Arsenal ‚komparativer' philologischer Methodik fort. Die psychologische oder technische Interpretation geht demgegenüber stärker ‚divinatorisch' vor und sucht im Rückgang auf die Intention des Autors zugleich übergreifend nach Sinn und Bedeutung, dabei Individuelles und Allgemeines verschränkend. Freilich sind das Komparative und Divinatorische nicht simpel auf die beiden Grundformen des Verstehens verteilt, sondern hinterlassen auch Spuren auf Seiten der jeweils anderen Form.

So sehr Schleiermachers Hermeneutik mit ihren beiden Grundformen eine allgemeine Kunstlehre des Verstehens ist, so sehr zeigt sich ihre theologische Ausrichtung. Sie zielt auf die Interpretation biblischer Texte, insbesondere des Neuen Testaments. Der theologische Charakter wird aber nicht primär durch die Methodik der Divination markiert, sondern er wird insbesondere im Umfeld der grammatischen Interpretation sichtbar. Das erhellt schon aus den breiten Darlegungen zum Verstehen des Neuen Testament, mehr noch aber aus der zur Hermeneutik gehörigen ‚Kritik'. Sie war bei der früheren Editionslage weniger im Fokus. In Schleiermachers Kritik geht es im Besonderen um die philologischen Methoden des historisch-kritischen Umgangs mit dem Bibeltext, darüber hinaus jedoch auch um eine systematische Theorie der Philologie im Allgemeinen. Auch in seiner Kritik entwickelt Schleiermacher Traditionen der Aufklärung weiter. Wie diese will Schleiermacher auch und gerade die biblischen Texte nicht der allgemeinen Rationalität entziehen, sondern sie in deren Auslegung zum Zuge bringen, freilich zugespitzt auf den historisch-besonderen Charakter der Texte. Damit bewährt er den Vernunftcharakter der Hermeneutik an einem spezifischen Ort.

Die Neuedition von Schleiermachers Hermeneutik war Anlass zu zwei Symposien, aus denen die Beiträge dieses Bandes hervorgegangen sind. Die Beiträge von

Gunter Scholtz, Jan Rohls und Hendrik Birus wurden im Rahmen des Wittenberger Symposiums der Schleiermacher-Gesellschaft im Oktober 2013 vorgetragen; die Beiträge von Denis Thouard, Sarah Schmidt, Andreas Arndt, Wilhelm Gräb, Simon Gerber, Hermann Patsch, Wolfgang Virmond, Heinz Kimmerle und Geert Keil resultieren aus dem Berliner Symposium der BBAW und der Theologischen Fakultät, das im November 2013 stattgefunden hat. Die Beiträge beider Symposien ergänzen einander und durchmessen das Gebiet von Schleiermachers Hermeneutik. Die Beiträge von Gunter Scholtz und Jan Rohls beleuchten Kontext, Hintergrund und werkgeschichtliche Genese von Schleiermachers Hermeneutik. Hendrik Birus fokussiert die Aufgabe der Hermeneutik im Horizont moderner Philologie und Literaturwissenschaft, Denis Thouard beschreibt Schleiermachers Idee von Sprache in sprachphilosophischen Zusammenhängen. Während Sarah Schmidt die Schleiermachersche Kritik im Ausgang von ihrem systematischen Ort als Philosophie der Philologie bestimmt, interpretiert Andreas Arndt Schleiermachers Verfahren der Divination im Lichte des philosophischen Konzepts der Einbildungskraft. Bezüge zur Romantik werden ebenso greifbar wie Nähen zur Transzendentalphilosophie und Klassik. Die folgenden Beiträge thematisieren das theologische Gepräge von Schleiermachers Hermeneutik. Wilhelm Gräb entfaltet in den Fluchtlinien von Schleiermachers Text- und Sprachhermeneutik die Konturen einer umfassenden Religionshermeneutik, Simon Gerber geht der Funktion der Hermeneutik bei der Auslegung des Neuen Testaments nach und Hermann Patsch beschreibt ihre theologische Bildungsfunktion als in allgemeine Hermeneutik eingelagerte ‚hermeneutica sacra'. Weitere Beiträge widmen sich editorischen und wirkungsgeschichtlichen Fragen. Wolfgang Virmond beschreibt Probleme der editorischen Präsentation von Werken im Werden und Heinz Kimmerle stellt Aspekte der Editions- und Wirkungsgeschichte Schleiermachers im 20. Jahrhundert heraus. Abschließend zieht Geert Keil rezeptionsgeschichtliche Linien aus, die von Schleiermacher über verwandte Denker aus seiner Zeit bis hin zu moderner Linguistik, zu analytischer und hermeneutischer Philosophie des 20. Jahrhunderts reichen.

    Die in diesem Band dokumentierten Symposien wollen zur weiteren Diskussion von Schleiermachers Hermeneutik, die nunmehr in kritischer Edition zugänglich ist, anregen. Für die Durchführung der Symposien seien die Internationale Schleiermacher-Gesellschaft sowie die Berlin-Brandenburgische Akademie der Wissenschaften bedankt. Unser Dank gilt auch Arne Kellermann und Anne Becker für die Unterstützung der Redaktionsarbeiten. Zudem bedanken wir uns herzlich beim Verlag Walter de Gruyter für die bewährte Zusammenarbeit und Aufnahme des Bandes in sein Verlagsprogramm.

Berlin und Halle, im Juli 2015.   Andreas Arndt, Jörg Dierken

Inhalt

Vorwort — V

Gunter Scholtz
Schleiermacher im Kontext der neuzeitlichen Hermeneutik-Entwicklung — 1

Jan Rohls
Schleiermachers Hermeneutik — 27

Hendrik Birus
Die Aufgaben der Interpretation – nach Schleiermacher — 57

Denis Thouard
Die Sprachphilosophie der Hermeneutik — 85

Sarah Schmidt
Die Kunst der Kritik: Schleiermachers Vorlesungen zur Kritik und ihre Einordnung in das philosophische System — 101

Andreas Arndt
Hermeneutik und Einbildungskraft — 119

Wilhelm Gräb
Schleiermachers Beitrag zu einer Hermeneutik der Religion — 129

Simon Gerber
Hermeneutik als Anleitung zur Auslegung des Neuen Testaments — 145

Hermann Patsch
Hermeneutica sacra in zweiter Potenz? Schleiermachers exegetische Beispiele — 163

Wolfgang Virmond
Statische und Dynamische Hermeneutik — 177

Heinz Kimmerle
Interpretationen der Hermeneutik Schleiermachers in den 1950er Jahren in Heidelberg —— 183

Geert Keil
Von der Kunstlehre des Verstehens zur radikalen Interpretation —— 197

Siglen —— 225

Verzeichnis der Autorinnen und Autoren —— 227

Personenregister —— 229

Gunter Scholtz
Schleiermacher im Kontext der neuzeitlichen Hermeneutik-Entwicklung

1 Schleiermacher als Hermeneutiker

Noch immer ist es erstaunlich und erläuterungsbedürftig, dass nicht Schleiermachers Religionsphilosophie und seine Arbeiten zur Ethik seinen Namen innerhalb der Philosophie lebendig erhalten haben, sondern an erster Stelle seine Hermeneutik, die er als Vorlesung fast nur den Theologen vortrug, und dass er als Hermeneutiker zudem in eine „Linie" mit Autoren gestellt wird, die gar keine systematische Arbeit mit dem Titel Hermeneutik verfasst haben (wie Dilthey) oder die sich unter dem Begriff etwas ganz anderes dachten als er (wie Heidegger und Gadamer). Das liegt nicht an der Einsicht, dass die Hermeneutik als Theorie des Verstehens und Auslegens eine wichtige Grundlage aller Geisteswissenschaften ist, ja dass keine Wissenschaften und keine Kommunikation und also gar keine Gesellschaft ohne Verstehen möglich sind. Der Grund dafür ist vielmehr eine Ausweitung des Hermeneutikbegriffs, wodurch die Hermeneutik sogar zur Fundamentalphilosophie wurde, und das hat die Rezeption von Schleiermachers Hermeneutik sowohl gefördert als auch belastet.

Es waren wohl vor allem die Schüler Diltheys, die in den 20er Jahren den Begriff Hermeneutik in neuer Weise zu verwenden begannen.[1] Den größten Ein-

---

[1] Ein wichtiges Jahr für diesen Übergang zu dem inzwischen weiten, ja ausgeuferten Hermeneutik-Begriff war das Jahr 1923. Georg Misch fasste in seiner umfänglichen Einleitung zu Band 5 von Diltheys Gesammelten Schriften alles, was Dilthey zum Verstehen von Lebensausdruck gesagt hatte, unter dem Begriff Hermeneutik zusammen (was sein Lehrer und Schwiegervater nicht getan hatte), und daraufhin nannte 1926 auch der Herausgeber Groethuysen von Diltheys viel zitierter Abhandlung *Aufbau der geschichtlichen Welt in den Geisteswissenschaften* diese Arbeit in seinem Vorwort „Hermeneutik", obwohl es sich eigentlich eher um eine universale Historik handelt. Ebenfalls 1923 charakterisierte Helmuth Plessner seine anthropologische Untersuchung über die *Einheit der Sinne* als Hermeneutik, weil sie den „Sinn" unserer Sinnesorganisation zu erkunden und zu erhellen sucht. Die Belege dazu und zum Folgenden bei G. Scholtz, „Wilhelm Dilthey und die Entstehung der Hermeneutik", in: *Hermeneutik, Methodenlehre, Exegese. Zur Theorie der Interpretation in der Frühen Neuzeit*, hg.v. Günter Frank und Stephan Meier-Oeser, Stuttgart-Bad Cannstatt 2011, 471–493, hier 472–474. – Bei Dilthey selbst ist mir nur ein einziger Beleg bekannt, an dem er den Begriff der Hermeneutik nicht mehr im traditionellen Sinn als Theorie des Verstehens und Auslegens gebraucht. Er findet sich in einer Notiz, die der Herausgeber Groethuysen dem *Aufbau* hinzufügte. Dilthey, *Der Aufbau der geschichtlichen Welt in den Geisteswissenschaften. Gesammelte Schriften*, Bd. 7, 265.

fluss aber übte Heidegger aus, der 1923 seine Freiburger Vorlesung zur „Hermeneutik der Faktizität" hielt und den Weg zu seiner Fundamentalontologie beschritt, die das menschliche Dasein als verstehend und auslegend versteht und auslegt. Heidegger ist m.W. der erste, der sich zugleich polemisch gegen die traditionelle Hermeneutik wendete: Ihre Begrenzung auf die Geisteswissenschaften bei Dilthey sei eine „verhängnisvolle Beschränkung".[2] Endgültig mit Heideggers *Sein und Zeit* war 1927 die Hermeneutik ins Zentrum der Philosophie gelangt. Das große philosophische Lexikon von Eisler widmete allerdings 1927 der Hermeneutik vorerst nur drei Zeilen mit drei Namen: Aristoteles, Dilthey und der Dilthey-Schüler Wach werden genannt. Der erste und wegweisende philosophische Hermeneutiker war im 20. Jahrhundert demnach Dilthey. Und auch das Ansehen Schleiermachers als Hermeneutiker war durch Diltheys Abhandlung von 1900 über die Entstehung der Hermeneutik veranlasst und geprägt.[3] Schon als Dilthey 1860 die Preisaufgabe über Schleiermachers Hermeneutik, an der er arbeitete, seinem Vater erläuterte, schrieb er ihm, die Hermeneutik sei vormals überwiegend in der Theologie betrieben worden, durch Schleiermacher aber sei sie „dann als allgemeine philosophische Wissenschaft constituirt worden".[4] Daran hat er – mit einigen Einschränkungen – festgehalten, und so wurde Schleiermacher durch Dilthey zum Begründer einer allgemeinen, philosophischen Hermeneutik. Das umfangreiche Werk des Dilthey-Schülers Johannes Wach über das Verstehen von 1926 hat diese Auffassung gefestigt, da es mit Schleiermacher beginnt und als seine „Vorgänger" nur Ast und Wolf nennt.[5] Noch 1999 lesen wir in Metzlers *Philosophie Lexikon*: „Mit Schleiermacher wird die H[ermeneutik] als eine universale Theorie des Verstehens begründet."[6]

Allerdings haben dann die, welche die Hermeneutik und welche Schleiermacher berühmt machten, seine Leistung auch in ein zwiespältiges Licht geraten lassen. Da Dilthey in jener Abhandlung über die Entstehung der Hermeneutik einen starken Akzent auf das psychologische Verstehen der Individualität gelegt hatte, wurde der Blick einseitig auf diese Seite gelenkt, und Schleiermacher wurde bei Gadamer zum Romantiker, der – insgeheim noch Aufklärer – auch den Psy-

---

[2] Martin Heidegger, *Ontologie (Hermeneutik der Faktizität). Gesamtausgabe*, Bd. 63, Frankfurt/Main 1988, 14.
[3] Dilthey, „Die Entstehung der Hermeneutik" (1900). *Gesammelte Schriften* Bd. 5, 317–338.
[4] Dilthey an seine Eltern [Berlin, vor dem 4. März 1860]. Wilhelm Dilthey. *Briefwechsel* Bd. 1, 1852–1882, hg.v. Gudrun Kühne-Bertram und Hans-Ulrich Lessing, Göttingen 2011, 131.
[5] Joachim Wach, *Das Verstehen. Grundzüge der hermeneutischen Theorie im 19. Jahrhundert*, Bd. 1: *Die großen Systeme*, Tübingen 1926.
[6] „Hermeneutik", in: *Metzler Philosophie Lexikon. Begriffe und Definitionen*, 2. erweiterte und aktualisierte Auflage, hg.v. Peter Prechtl und Franz-Peter Burkhard, Stuttgart und Weimar 1999, 231.

chologismus und Historismus des 19. Jahrhunderts mit angebahnt habe. Als Redeker 1966 die Preisschrift des jungen Dilthey über Schleiermacher von 1860 edierte,[7] war dieses Vorurteil schon so verfestigt, dass sich nichts mehr ändern ließ. Dabei hätte man aus der Preisschrift einiges lernen können. Der junge Dilthey hatte nämlich den grammatischen Teil von Schleiermachers Hermeneutik viel ausführlicher als den psychologischen dargestellt, und er hatte deutlich gemacht, dass bereits *vor* Schleiermacher innerhalb der Theologie allgemeine Interpretationsprinzipien formuliert wurden, die für biblische und säkulare Texte in gleicher Weise Geltung beanspruchten, so dass der junge Dilthey den Theologen Sigmund Jacob Baumgarten aus dem 18. Jahrhundert den „Vater der historischen Schule" nannte.[8] Leider kam diese Edition von Redeker zu spät oder war vielleicht auch zu umfangreich, um gelesen zu werden.

Wenngleich eine Reihe von Arbeiten entstanden, welche trotz Gadamers großem Einfluss eine andere Einschätzung von Schleiermachers Leistung vornahmen, ist dann jenes Vorurteil von ganz anderer Seite später noch einmal bestätigt worden. Bemüht, ein genaueres Bild der Geschichte der Auslegungstheorien zu zeichnen und den Philosophien von Heidegger und Gadamer das Erbrecht der Hermeneutik zu bestreiten, hatte eine breite Zuwendung zur philosophischen Hermeneutik des 17. und 18. Jahrhunderts eingesetzt und hervorragende Arbeiten zu Dannhauer, Clauberg, Chladenius, Crusius, Meier und anderen hervorgebracht. Sie alle hatten schon eine allgemeine, philosophische Hermeneutik entwickelten, waren aber von Dilthey gar nicht oder nur ganz unzureichend erwähnt worden. Die äußerst dankenswerten neueren Forschungen dazu,[9] die endlich das einseitige Bild der philosophischen Hermeneutik korrigieren, haben auch Verbindungen von Schleiermachers Hermeneutik zu dieser älteren Tradition ans Licht gebracht.[10] Sie

---

[7] Dilthey, „Das hermeneutische System Schleiermachers in der Auseinandersetzung mit der älteren protestantischen Hermeneutik". *Gesammelte Schriften*, Bd. 14/2, 597–787.
[8] Ebd., 625.
[9] Den Anstoß gab wesentlich die Abhandlung von H.-E. Hasso Jaeger, „Studien zur Frühgeschichte der Hermeneutik", in: *Archiv für Begriffsgeschichte* 18 (1974), 33–84. Eine gute Bibliographie der Primär- und Sekundärliteratur bei Klaus Petrus, *Genese und Analyse. Logik, Rhetorik und Hermeneutik im 17. und 18. Jahrhundert*, Berlin und New York 1997, 221–235.
[10] Siehe z. B. Wolfgang Hübener, „Schleiermacher und die hermeneutische Tradition", in: *Internationaler Schleiermacher-Kongreß Berlin 1984*, hg.v. Kurt-Victor Selge, Teilband 1 (Schleiermacher-Archiv 1, 1), Berlin und New York 1985, 560–574, und Lutz Danneberg, „Schleiermacher und die Hermeneutik", in: *Die modernen Väter der Antike. Die Entwicklung der Altertumswissenschaften an Akademie und Universität in Berlin des 19. Jahrhunderts*, hg.v. Annette B. Baertschi und Colin Guthrie King, Berlin 2009, 211–275. – Dilthey hatte Schleiermachers Hermeneutik als Ergebnis der Transzendentalphilosophie von Kant und Fichte interpretiert, und andere hatten das wiederholt. Diese Zuordnung untermauerte die These, dass Schleiermacher eine völlig neue

sind aber leider zuweilen auch mit neuen Scheuklappen bezahlt worden, und manche Interpretationstheoretiker scheinen nun fest entschlossen zu sein, außerhalb der Verstehenslehre von Aufklärung und Analytischer Philosophie nichts mehr ernstlich zur Kenntnis zu nehmen. Ein Repräsentant dieser Richtung schreibt 1999 in Sandkühlers *Enzyklopädie Philosophie*, die „sog. romantische Hermeneutik" habe den Begriff des Verstehens mit der „Betonung des Empfindens und Erlebens" verknüpft. „Autoren wie Herder und Fr. Schlegel meinten im Gegensatz zur vorhergehenden Hermeneutik, daß die Prozesse des Verstehens nicht in wesentlicher Hinsicht mit Tätigkeiten von Vernunft und Verstand zu tun hätten. Der Theologe und Philosoph Schleiermacher [...] hob den divinatorischen, ahnenden Aspekt der Interpretation hervor und befand, die divinatorische Methode habe die Aufgabe, ‚das Individuelle unmittelbar aufzufassen'".[11] Die letzten vier Wörter sind ein Schleiermacher-Zitat, aber so herausgerissen sind kleine Zitate große Verzerrungen, denn Schleiermacher hatte an der zitierten Stelle schon im Leitsatz vorangestellt, dass es *zwei* Methoden gäbe: die divinatorische und die komparative, die man nicht trennen dürfe, und es kann gar keine Rede davon sein, dass er den ahnenden Aspekt hervorhob.[12] Nur passen Divination und Ahnung besser in das Vorurteil vom romantischen Gefühlsphilosophen.

So war Schleiermacher für längere Zeit – also mindestens bis 1999 – für die einen der Begründer einer allgemeinen Hermeneutik, der leider noch Aufklärer blieb und die Hermeneutik auf den Abweg des Psychologismus und Historismus leitete. Und für die Gegenpartei war und ist Schleiermacher ein Vertreter der Romantik, welche das Licht, das die allgemeine Hermeneutik der Aufklärung ins Verstehen gebracht hatte, durch Irrationalismus wieder verdunkelte. Es ist nicht uninteressant, wie manche Heideggerianer sich mit einigen Analytikern im Hinblick auf Schleiermacher recht

---

Hermeneutik begründete. Aber Diltheys Begriff der Transzendentalphilosophie war sehr vage, er meinte nur den Ausgang vom produktiven Subjekt, ohne Rücksicht darauf, dass auch schon Theoretiker der Aufklärung die Hermeneutik vom Akt des Denkens und Sprechens her begründeten. Mit Recht hatte deshalb bereits Szondi gesagt, mit Schleiermacher beginne ideengeschichtlich nichts Neues. Peter Szondi, *Einführung in die literarische Hermeneutik (Studienausgabe der Vorlesungen* Bd. 5*)*, hg.v. Jean Bollack und Helen Stierlin, Frankfurt/Main 1975, 135–191. Andere wie Birus und Hübener haben das dann bestätigt. Hendrik Birus, ‚Hermeneutische Wende'? Anmerkungen zur Schleiermacher-Interpretation", in: *Euphorion* 74 (1980), 213–222, hier 222. Hübener schrieb 1984 mit Recht: „Transzendentale Analyse oder Konstitution im strikten Sinne wird man als hermeneutische Verfahrensweisen bei Schleiermacher nicht nachweisen können." (A.a.O., 569).

[11] Axel Bühler, „Hermeneutik", in: *Enzyklopädie Philosophie*, hg.v. Hans Jörg Sandkühler, Bd. 1, Hamburg 1999, 547–551, hier 548f. Der Autor hat daran auch in der neuen Auflage des Handbuches von 2010 festgehalten.
[12] Hermeneutik (1819), KGA II/4, 157.

einig sind. Aber die vormals als Aufstieg gedachte Linie Schleiermacher – Dilthey – Heidegger/Gadamer wird von den Analytikern natürlich als Verfallsbewegung, als Abstieg in die Rationalitätsverweigerung gewertet.

2 Grundzüge

Wie laut Schleiermacher beim Problem der Interpretation der Emphase, d. h. des Gewichtes, das bestimmte Ausdrücke in einem Text haben können, so kommt es auch bei der Einschätzung der Bedeutung von seiner Hermeneutik darauf an, dass man nicht zu viel und nicht zu wenig von ihr erwartet, sie weder überschätzt noch unterbewertet. Deshalb werde ich sie in einigen Punkten mit vorangegangenen und folgenden Konzeptionen vergleichen. Ich schicke voraus, worüber vermutlich Einvernehmen herrscht, dass nämlich ihre Basis eine allgemeine, philosophische Hermeneutik ist, wenngleich sie für den Vortrag in der theologischen Fakultät konzipiert wurde. Im Folgenden konzentriere ich mich auf diese Basis.

a) Die Stellung im System

Neu ist bei Schleiermacher schon ihre Stellung im Kontext der Philosophie. Die philosophische Hermeneutik der Frühen Neuzeit und der Aufklärung hatte ihren Ort zumeist in der Logik. So wie der richtige, durch Logik geleitete Verstandesgebrauch zu sicheren Erkenntnissen führen sollte, so lehrte die Hermeneutik den richtigen Sinn der Werke anderer zu erkennen und auch dadurch die eigene Erkenntnis zu erweitern. Die Logik also leitete das eigene Denken, die Hermeneutik das Verständnis des Denkens anderer. Da das zwei verschiedene Aktionen sind, war die Verbindung zwischen Logik und Hermeneutik locker. Letztere fand sich zumeist in einem Anhang, einem Appendix, und es gab auch Logiken ohne Hermeneutik.[13]

Diese systematische Verbindung von Logik und Hermeneutik wurde bis ins 19. Jahrhundert noch rezipiert und von einigen Autoren übernommen, so interessanterweise von den Schleiermacher-Schülern Friedrich Lücke und August Twesten.[14] Aber die traditionelle Formallogik, die laut Kant seit Aristoteles keinen Schritt nach vorn und keinen zurück setzte, hatte zu Schleiermachers Zeiten, wie auch dieser selbst

---

[13] Zur Anknüpfung der frühneuzeitlichen Hermeneutik an Aristoleles' Schrift *peri hermeneias*, einer Aussagenlogik, siehe noch immer Hasso Jaeger, a.a.O. (Anm. 9).
[14] Friedrich Lücke, *Grundriß der neutestamentlicher Hermeneutik und ihrer Geschichte*, Göttingen 1817, 3. – August Detlev Christian Twesten, *Die Logik, insbesondere die Analytik*, Schleswig 1825, 266–274.

sagt, die Hermeneutik schon abgestreift, und sie hatte im Kontext der neueren Philosophie ihre vormals unbestrittene Bedeutung verloren – sie galt jetzt als veraltet und als unphilosophisch, da sie ihre Formeln zu begründen unfähig war. Die philosophische Avantgarde richtete deshalb ihr Augenmerk auf eine neue Verbindung von Logik und Metaphysik, wie sie sich bei Platon fand, und Schelling nannte diese Verbindung Dialektik. Die neuen Fundamentalphilosophien aber begründeten keine Hermeneutik, und das lag laut Schleiermacher auch am Charakter der neuen spekulativen Philosophie. Die Logik, heißt es in seiner Hermeneutik, enthalte keinen Anwendungsteil mehr, und man zeige an der Hermeneutik kein Interesse: „Der Philosoph an sich hat keine Neigung diese Theorie aufzustellen weil er selten verstehen will selbst aber glaubt nothwendig verstanden zu werden."[15] Der Theologe Germar bestätigt 1828, dass es keine allgemeine Hermeneutik mehr gebe, seit man Logik und Metaphysik verbinde.[16]

In dieser neuen Situation vollzieht Schleiermacher zwei wichtige Schritte. (1) Er verknüpft in seiner eigenen Dialektik (die im Sinne der neuen Tendenz ebenfalls eine Verbindung von Logik und Metaphysik ist) wie die ältere Logik die Denklehre mit der Verstehenslehre, aber jetzt so, dass sie nicht locker, sondern fest verklammert sind. Und er tut das durch die These, dass für das produktive Denken das Rezipieren des Denkens anderer konstitutiv ist, oder einfacher und prononcierter gesagt: dass Wissenschaft ein Kommunikationsprozess ist, in welchem die anderen Erkenntnissubjekte – und auch die Wissenschaftsgeschichte – genauso wichtig sind wie die Objekte der Erkenntnis. (2) Er nimmt die Hermeneutik als eigenständige philosophische Disziplin in seinen Systemrahmen auf, den er in seiner Ethik skizziert: Die Hermeneutik erscheint hier zusammen mit der Politik und der Pädagogik als sog. „technische Disziplin", und diesen technischen Disziplinen wird die Aufgabe zugewiesen, die allgemeinen ethischen Vernunftprinzipien auf die gegebene Wirklichkeit zu beziehen und zur Geltung zu bringen.[17] Wie die politische Theorie das politische Handeln leiten soll, so die Hermeneutik das Verstehen und Auslegen.

Dadurch hat die Hermeneutik eine vormals kaum denkbare Aufwertung erfahren. Sie ist nun nicht mehr zusammen mit der Formallogik eine nur mehr vorbereitende, einleitende Disziplin, die sich – wie bei Aristoteles die Logik – noch

---

15 Hermeneutik, KGA II/4, 119.
16 Friedrich Heinrich Germar, *Beytrag zur allgemeinen Hermeneutik, und zu deren Anwendung auf die theologische. Ein Versuch zur nähern Erörterung und Begründung der panharmonischen Interpretation*, Altona 1828, 16 f.
17 F.D.E. Schleiermacher, *Entwürfe zu einem System der Sittenlehre*, hg. v. Otto Braun, Werke in vier Bänden, Bd. 2, Leipzig ²1927, 356. Siehe dazu vom Verf.: *Ethik und Hermeneutik. Schleiermachers Grundlegung der Geisteswissenschaften*, Frankfurt/Main 1995, 72 ff.

vor den Toren der eigentlichen Philosophie, der Metaphysik, Ethik und Politik, befindet oder die wie bei Martin Chladenius einem didaktischen Ziel dient, der Einweisung in die richtige Lektüre schwieriger Texte,[18] sondern sie hat als eigenständige Disziplin – und nicht nur als logischer Appendix – Einzug gehalten in den Innenbereich der Philosophie selbst.

Sie ist eine *allgemeine* Hermeneutik – zwar nicht so allgemein wie die des Wolffianers G. Fr. Meier, der auch nicht-sprachliche Zeichen berücksichtigte, auch nicht so allgemein, wie die spätere von A. Boeckh, der auch das Verstehen von Handlungen und Institutionen berücksichtigte, aber sie ist auf das Verstehen von *allen sprachlichen* Äußerungen und Zeugnissen zugeschnitten (nur darauf, wie Dilthey später zutreffend erläutert, weil nur in diesem Fall ein allgemeingültiges Verstehen aufgrund eines methodischen Verfahrens möglich ist[19]). Dadurch hat sie ein enges Verhältnis zur Philologie, das Schleiermacher auch selbst hervorhebt. Ja, sie beschreibt das zentrale methodische Geschäft des Philologen. Ihre neue Aufwertung und Eigenständigkeit in Schleiermachers System ist deshalb das philosophische Pendant zur Konsolidierung und zum Aufstieg der Philologie zur Wissenschaft, die sich in seiner Zeit vollziehen.[20] Wolf und Ast, mit denen er sich in den Akademiereden auseinandersetzt, sind Philologen. Nicht nur Schleiermacher, sondern auch Schelling und sogar Fichte haben in ihren Schriften zur Reform der Universität der Philologie eine sehr hohe Stellung eingeräumt,[21] allerdings ohne ihr durch eine eigene Theorie des Verstehens und Auslegens methodische Richtlinien zu geben. Schleiermachers Hermeneutik ist von diesem Aufstieg der Philologie zur Wissenschaft nicht abzutrennen.

---

18 Johann Martin Chladenius, *Einleitung zur richtigen Auslegung vernünftiger Reden und Schriften*, Leipzig 1742, Reprint Düsseldorf 1969.
19 Dilthey, Die Entstehung der Hermeneutik, a.a.O. (Anm. 3), 330f.
20 Friedrich August Wolf konstatiert 1807 die schwankenden Bezeichnungen für die Philologie in seiner Zeit und setzt sich dafür ein, dass sie „Wissenschaft", nämlich „Alterthums-Wissenschaft" ist. Fr. A. Wolf, „Darstellung der Alterthums-Wissenschaft", in: *Museum der Alterthums-Wissenschaft*, hg.v. Friedrich August Wolf und Philipp Buttmann, Bd. 1, Berlin 1807, 11. Ähnlich Friedrich Ast, *Grundriss der Philologie*, Landshut 1808, 33. – Siehe zum Aufstieg der Philologie auch den Überblick bei Axel Horstmann, „Philologie", in: *Historisches Wörterbuch der Philosophie* Bd. 7, Basel 1989, 552–572, hier 561–565.
21 Fr. W. J. Schelling, *Vorlesungen über die Methode des akademischen Studiums* (1803). Sämmtliche Werke 1. Abt. Bd. 4, Stuttgart, Augsburg 1859, 207–352, hier 246 und 344. Johann Gottlieb Fichte, „Deduzierter Plan einer zu Berlin zu errichtenden höhern Lehranstalt, die in gehöriger Verbindung mit einer Akademie der Wissenschaften stehe", § 23, in: *Die Idee der deutschen Universität*, Darmstadt 1956, 155f. – Besonders durch Schelling sahen sich die Philologen gestützt und bestätigt. Siehe August Boeckh, *Enzyklopädie und Methodenlehre der philologischen Wissenschaften*, hg.v. Ernst Bratuscheck, Darmstadt 1966, 25f.; F.A. Wolf, „Alterthums-Wissenschaft", a.a.O. (Anm. 20), 52. Friedrich Ast war Schelling-Schüler.

b) Philosophische und theologische Hermeneutik

Schleiermachers Hermeneutik ist eine Verbindung von allgemeiner und spezieller, von philosophischer und theologischer Hermeneutik. Waren in der theologischen Hermeneutik der Aufklärungszeit auch fast immer allgemeine, d. h. philologische oder philosophische Grundsätze enthalten und war die philosophische Hermeneutik oft auch an die Adresse der Theologie gerichtet,[22] so waren das doch letztlich immer zwei verschiedene Unternehmungen aus zwei verschiedenen Fakultäten.[23] Schleiermacher aber verbindet beides gezielt, die allgemeine Basis und die Anwendung auf die speziellen Probleme der theologischen Exegese, obwohl sie trennbar waren und er die philosophischen Grundlagen auch gesondert in der Akademie vortrug. Seine Kritik an Friedrich Ast ist auch eine Kritik an der Tendenz, die allgemeine Hermeneutik durch eine Spezialhermeneutik für die Altphilologie zu ersetzen.[24] Seine Verbindung blieb aber nicht selbstverständlich.

Bereits Schleiermachers Schüler August Boeckh hat sie in seinen Vorlesungen über *Enzyklopädie und Methodenlehre der philologischen Wissenschaften*, die er von 1810 bis 1865 in Berlin hielt, aufgegeben. Die Philologie mit ihren Methoden ist für ihn nur *eine* und in allen Bereichen dieselbe. Boeckhs Argument gegen eine gesonderte theologische Hermeneutik ist das folgende: Philologie ist Wissenschaft, und diese ist ein ganz anderes Feld als die Religion, so dass die beiden Bereiche nicht in Konflikt geraten können. Erscheint aber in den Texten das Heilige, so überschreitet auch dieses nicht das Menschliche und muss so mit denselben Methoden wie unheilige Texte interpretiert werden.[25] Das ist offensichtlich gegen die ältere Inspirationslehre gesagt, und Schleiermacher hätte insofern zugestimmt. Nur meinte Boeckh ganz offensichtlich, die Theorie von Hermeneutik und Kritik so präzisiert zu haben, dass sie alle Spezialprobleme der theologischen Schriftauslegung gleich mit abdeckte. Er entspricht damit unseren Erwartungen, dass im 19. Jahrhundert sich das philologisch-historische Verfahren in allen Geisteswissenschaften durchsetzte, so wie Boeckh ja auch die Philologie als allgemeine historische Geisteswissenschaft konzipiert hatte.

Doch wurde am Ende des Jahrhunderts auch eine ganz andere, entgegengesetzte Ansicht vertreten. Der Theologe Heinrici erklärte 1899 in seinem gelehrten

---

22 Siehe z. B. Chladenius, *Einleitung zur richtigen Auslegung*, a.a.O. (Anm. 18) § 189.
23 Johann Conrad Dannhauer, der als einer der ersten die allgemeine Hermeneutik auf den Weg brachten, war sowohl Theologe und als auch Rhetoriker, und so verfasste er auch eine *hermeneutica sacra*.
24 „Über den Begriff der Hermeneutik, mit Bezug auf F.A. Wolfs Andeutungen und Asts Lehrbuch" [A. and B.] (1829), KGA I/11, 599–641, bes. 604–607.
25 August Boeckh, *Enzyklopädie*, a.a.O. (Anm. 21), 29.

Hermeneutik-Artikel in der „Realencyklopädie für protestantische Theologie und Kirche", dass „in der Gegenwart eine allgemeine Theorie der Hermeneutik für sich keine eigene Lebenskraft besitzt."[26] Es könne sinnvollerweise nur Spezialhermeneutiken und eigentlich nur theologische und juristische Auslegungslehren geben, da allgemeine Grundsätze beziehungslos über dem Stoff schwebten und leer seien. Auch Schleiermacher habe seiner Hermeneutik nur durch den Bezug zum Neuen Testament „Leben" gegeben, ihre philosophische Basis also wäre sonst hohl geblieben.

Sehen wir davon ab, dass Schleiermacher seine allgemeine Hermeneutik sehr wohl gesondert in der Akademie vorstellte, so hat diese Diskussion ihre Brisanz, da sie über den Zusammenhang der Geisteswissenschaften entscheidet. Kennt man nur *eine* Hermeneutik, läuft man Gefahr, den Divergenzen der Textsorten und Auslegungsinteressen nicht gerecht zu werden. Erklärt man sich aber durch die wachsende Profilierung der einzelnen Fächer für die ausschließliche Herrschaft von speziellen Auslegungslehren, dann wird die interdisziplinäre Kommunikation und Kooperation schwierig, ja vielleicht unmöglich, ganz abgesehen davon, dass die Inhaltsleere von allgemeinen Grundsätzen nicht recht einleuchten und auch nicht alle Texte eine ganz eindeutige Zuordnung zu nur einem Universitätsfach erlauben. Diese Alternativen, diese Gefahren, aber scheinen mir die Lösung Schleiermachers attraktiv zu machen, und er hat seine allgemeine Hermeneutik so aufgebaut, dass sich z. B. auch eine literarische leicht anschließen könnte, ja zum Teil in sie schon eingebettet ist.[27] Viele neuere Diskussionen über die Hermeneutik scheinen mir wenig fruchtbar zu sein, weil man die Text-Genres nicht unterscheidet und zuweilen den Eindruck erweckt, historische Berichte und Gesetzestexte böten die selben Interpretationsschwierigkeiten wie die moderne Lyrik.

c) Die Prinzipien: Autor und Sprache

Anders als die Gebildeten unter den Verächtern Schleiermachers glauben, war er ein strenger Systematiker, und auch bei der Ausbildung seiner Hermeneutik er-

---

26 Georg Heinrici, „Hermeneutik, biblische", in: *Realencyklopädie für protestantische Theologie und Kirche*, Bd. 7, Leipzig ³1899, 718–750, hier 720f. „Erst durch ihren Stoff, insofern derselbe ein geschlossenes, innerlich zusammenhängendes Ganzes ausmacht und eine direkte Beziehung auf die Gegenwart besitzt, gewinnt die Hermeneutik ihre Individualität und Abrundung. In der That ist sie auch allein für zwei Gebiete in geschlossenen Formen ausgebildet, für die Rechtswissenschaft und die Theologie." (720)
27 Deshalb hatte z. B. auch der Literaturwissenschaftler Szondi sich intensiv mit Schleiermachers Hermeneutik befasst (vgl. Anm. 9).

strebte er von vornherein ein System. Das unterscheidet ihn z. B. von seinem Berliner Freund Friedrich Schlegel, dessen Notizen zur „Philosophie der Philologie" er einsehen konnte.[28] Wenn jemand etwas geschrieben hat und sich Ähnlichkeiten mit schon Publiziertem aufweisen lassen, meinen manche Interpreten, er müsse es abgeschrieben haben. Liest man die Schleiermacher-Literatur, hat man zuweilen den Eindruck, dass er selbst gar nicht denken konnte und deshalb seine Philosophie von Kant oder Fichte oder Schelling übernehmen musste. Nun können aber Ähnlichkeiten von Theorien sich erstens durch die verhandelte Sache und zweitens durch den Geist der Zeit ergeben. Was die Grundpfeiler von Schleiermachers Hermeneutik betrifft, so gilt m. E. beides. Der Ausgang von Sprache und Sprecher bzw. Autor bot sich von der Sache her an. Schon Crusius schrieb 1747 in seiner Hermeneutik, die er in seine Logik einfügte, der Interpret müsse besonders „die Beschaffenheit der redenden Person" und die „Zwecke des Autors", aber auch die „Beschaffenheit der Sprache" berücksichtigen.[29] Herder erklärte später – mit einer signifikanten Akzentverschiebung – der „Ausleger" dürfe sich nicht nur wie die „Sprachmeister" mit dem Verstehen der *Sprache* begnügen, sondern er müsse auch den *Autor* verstehen, und zwar auch in seinen „Feinheiten".[30] Da jede Rede und jeder Text immer einen Sprachbenutzer und eine Sprache voraussetzen, wird vermutlich in vielen Hermeneutiken beidem irgendwie Rechnung getragen worden sein, denn nur für wenige wie für den späten Heidegger bewegt sich die Sprache ganz von selbst.

Aber das Spezifikum von Schleiermachers Hermeneutik ist die *Polarität* von Sprecher und Sprache, die er zugleich zum Kernpunkt der Sache erklärt. Denn hier liegt doch offensichtlich das Zentrum, also das, was er früh, nämlich 1805, „die Idee und die Construction des Ganzen" nannte, die er vor Augen habe.[31] Eine solche Polarität aber habe ich bisher weder in den Theorien der Aufklärung noch bei Friedrich Schlegel entdeckt, und auch nicht den Ehrgeiz, die gesamte Hermeneutik auf dem Verhältnis Autor – Sprache zu errichten. Das scheint mir zu dem zuzugehören, was bei Schleiermacher neu und für ihn typisch ist. Denn er hatte ja schon in den „Reden über die Religion" die Polarität zum Grundgesetz der ganzen Welt erklärt. In seiner „Kritik der bisherigen Sittenlehre" von 1803 hatte er die Verbindung des Individuellen und Allgemeinen zum Beurteilungskriterium ge-

---

[28] Hermann Patsch, „Friedrich Schlegels ‚Philosophie der Philologie' und Schleiermachers frühe Entwürfe zur Hermeneutik," in: *Zeitschrift für Theologie und Kirche* 63, 434–472.
[29] Christian August Crusius, *Weg zur Gewißheit und Zuverläßigkeit der menschlichen Erkenntniß*, Leipzig 1747, §§ 205, 213, 635.
[30] Johann Gottfried Herder, *Briefe, das Studium der Theologie betreffend* (1780/85), 1. Teil. *Sämtliche Werke*, hg.v. Bernhard Suphan, Bd. 10, Hildesheim 1967, 11.
[31] Schleiermacher an J.C. Gaß, 6.9.1805, KGA V/8, 303–307, hier 304.

macht³² und diesem Buch als Vignette zwei sich kreuzende Ellipsen voranstellen wollen. Dieses Polaritätsdenken insgesamt war freilich nicht sein Einfall, sondern gehörte zum Gemeingut der Epoche, und deshalb sagt er ja auch in den „Reden über die Religion": *„Ihr wisst"*, dass die Gottheit durch ein unabänderliches Gesetz alles aus gegensätzlichen Kräften zusammengeschmolzen hat usw.³³ Sein eigner Einfall war m. E. nur, auch Sprecher und Sprache als Polarität zu denken und darauf die Hermeneutik aufzubauen.

Aber ob ganz originell oder nicht: Der große Vorteil dieser Verhältnisbestimmung von Sprecher und Sprache ist der, dass sie sehr überzeugend ist und durch die Erfahrung bestätigt wird. Wilhelm von Humboldt vertrat diese Auffassung in ganz ähnlicher Weise: Die Sprache bestimmt mit ihrer „Gewalt" das Denken der Menschen – aber diese nehmen auch Einfluss auf die Sprache und verändern sie. Die mir bekannten Aussagen Humboldts dazu wurden später notiert als Schleiermachers erste Vorlesungen zur Hermeneutik, und Humboldt hatte sicherlich zumindest Schleiermachers Akademieabhandlung über das Übersetzungsproblem zur Kenntnis genommen, in welcher der Gedanke von der „Gewalt der Sprache" ebenfalls zentral ist.³⁴ Dennoch muss jener bei diesem nicht abgeschrieben haben, denn – wie gesagt – der Rekurs auf Sprecher und Sprache war durch die Sache nahe gelegt und das polare Verhältnis durch den Denkstil der Epoche. Jener Grundgedanke scheint mir schon deshalb einleuchtend und fruchtbar zu sein, weil die Alternativen schwer denkbar sind: nämlich dass entweder nur die jeweilige Sprache das Denken – und so auch die Texte – durchgehend bestimme oder dass die Sprache keinerlei Einfluss auf das Denken und Sprechen des Einzelnen ausübe. Der Gedanke Sprache und Sprecher als Pole in einem Kraftfeld zu denken, war schließlich so überzeugend, dass auch August Boeckh diese Zweipoligkeit seiner Theorie der Hermeneutik zugrunde legte und

---

32 *Grundlinien einer Kritik der bisherigen Sittenlehre* (1803), KGA I/4, 27–357, hier 91f.
33 *Über die Religion. Reden an die Gebildeten unter ihren Verächtern*, Berlin 1799, 5f. KGA I/2, 191. (Hervorhebung von mir, G. S.)
34 Schleiermacher, „Über die verschiedenen Methoden des Übersetzens" (1813), KGA I/11, 64– 93; „die Gewalt der Sprache" hier 72. – Vgl. W. v. Humboldt: Die Sprache hat „ein unabhängiges, äusseres, gegen den Menschen selbst Gewalt ausübendes Daseyn." „Weil indess doch jeder einzeln und unaufhörlich auf sie zurückwirkt, bringt demungeachtet jede Generation eine Veränderung in ihr hervor [...]". Humboldt, „Ueber die Verschiedenheit des menschlichen Sprachbaues und ihren Einfluss auf die geistige Entwicklung des Menschengeschlechts" (1830–1835), *Werke in fünf Bänden*, hg.v. Andreas Flitner und Klaus Giel, Darmstadt ⁴1963, Bd. 3, 368–756, hier 392, 439. „Der durch die Sprache bedingte Mensch wirkt aber wieder auf sie zurück [...]". Humboldt, „Ueber das vergleichende Sprachstudium in Beziehung auf die verschiedenen Epochen der Sprachentwicklung" (1820), ebd. 1–25, hier 19.

später Dilthey mit dieser Denkform das Verhältnis von objektivem Geist und individuellem Mensch in allen Sphären der Kultur charakterisierte.[35]

d) Form und Stil

Mit Schleiermachers Betonung der Individualität des Sprachbenutzers als konstitutiver Kraft neben oder besser gegenüber der Sprache ist in seiner Hermeneutik eine neue Realitätsschicht entdeckt oder zur Anerkennung gebracht, eine vormals weitgehend vernachlässigte Seite aller Texte und Reden. Zwar hatte man schon in der Aufklärungshermeneutik die Individualität des Autors ins Auge zu fassen gefordert. Inspiriert durch Leibniz' Monadologie lehrten Chladenius und Crusius, der Interpret müsse – besonders bei historischen Berichten – den Sehe-Punkt, den besonderen Gesichtspunkt oder Standpunkt des Verfassers berücksichtigen. Schon 1691 hieß es bei Thomasius, man solle sich zuerst mit dem Autor, seinem Stand, seinem Interesse und auch mit seinem Affekt vertraut machen.[36] Aber die individuelle Sichtweise wurde in der Regel nur als Ursache der Bedingtheit und Begrenztheit des Interpretandums in Betracht gezogen – Schleiermacher aber erkennt in ihr auch eine positive Quelle des Neuen und der Form des Textes oder der Rede. Die innere Form, die Gedankenführung, und der Stil der Sprachäußerungen sind Zeugnisse der Individualität des Autors oder Sprechers.

Bereits in der griechisch-römischen Antike konnte der Stil der Rede als Spiegel der Seele aufgefasst werden; im Renaissance-Humanismus legte man Wert auf den eigenen, individuellen Stil, Petrarca erklärte den Stil zum Ausdruck des *ingenium* und als *incarnatio* der Gedanken, und für Montaigne und Burton galt: *stilus virum arguit*. Schließlich prägte Buffon 1753 in seiner Rede vor der Academie francaise das berühmte Diktum *Le style est l'homme meme.*[37] Angesichts der vielfältigen Reflexionen und der Hochschätzung des Stils erstaunt es gar nicht, dass auch Schleiermacher sofort großes Interesse am Stil zeigte, sondern auffällig ist vielmehr, dass der Stil in den allgemeinen Hermeneutiken des 17. und 18. Jahrhunderts nur eine sehr untergeordnete Rolle spielte. Man achtete allenfalls auf die indivi-

---

35 „Der objektive Geist und die Kraft des Individuums bestimmen zusammen die geistige Welt." Dilthey, *Der Aufbau der geschichtlichen Welt in den Geisteswissenschaften*, Gesammelte Schriften Bd. 7, 213.
36 Siehe dazu Oliver Scholz, *Verstehen und Rationalität. Untersuchungen zu den Grundlagen von Hermeneutik und Sprachphilosophie*, Frankfurt/Main ²1999, 46.
37 Wolfgang G. Müller, *Topik des Stilbegriffs. Zur Geschichte des Stilverständnisses von der Antike bis zur Gegenwart*. Darmstadt 1981. Ders., „Stil", in: *Historisches Wörterbuch der Philosophie* Bd. 10, Basel 1998, 150–159, hier 150–152.

duelle Sprachverwendung der Autoren, um z. B. unverständliche Ausdrücke in ihren Texten verstehbar zu machen, und gelegentlich verweist man auf Stilmerkmale wie klar und dunkel, belehrend und unterhaltend usw., also auf rhetorische Konventionen, die man bei den Autoren wiedererkannte. Nicht aber galt dem individuellen Stil ein zentrales Interesse der Hermeneutik.

Der Grund dafür liegt in der Zielsetzung jener älteren Auslegungstheorien. Zugeordnet der Logik, wollten sie dem Erkenntnisgewinn im Bereich des rationalen und empirischen Wissens dienen. Sie sind zugeschnitten auf die Aneignung „vernünftiger Reden und Schriften", wie es im Titel von Chladenius' Hermeneutik heißt, d. h. auf das Verständnis von rationalen Theorien und von historischen Berichten – nicht von poetischen oder religiösen Texten. Die *belles lettres*, die schönen Wissenschaften, werden von Chladenius nur ganz kurz gestreift,[38] und Peter Szondi, der die Anfänge der literarischen Hermeneutik suchte, hat hier noch nicht viel gefunden. Die ältere allgemeine Hermeneutik war also als Basis für eine literarische Hermeneutik, wie man sie später suchte, noch recht ungeeignet, sie kam ihr allenfalls dann nahe, wenn sie auf die Bildlichkeit der Sprache, auf die Metaphorik und die sog. „sinnreiche Rede" zu sprechen kam, die man auf die Tätigkeit der Einbildungskraft zurückführte.[39]

Die zentrale Berücksichtigung des Stils in der Hermeneutik – also nicht nur bei Schleiermacher – hat Voraussetzungen, die sich erst in der zweiten Hälfte des 18. Jahrhunderts ergaben: besonders die neue Auffassung von Sprache, die schon bei Hamann und Herder so eng mit dem Denken verknüpft wird, dass die Annahme einer „reinen Vernunft" als Fiktion erschien, sowie die breite Zuwendung zur Ästhetik und die damit verbundene neue Wertschätzung von Dichtung: Sie wurde nicht nur als Einkleidung von allgemeinen Wahrheiten verstanden, sondern es wurde ihr eine eigene Wahrheit, eine *veritas aesthetica* zugebilligt – sicherlich auch das eine Voraussetzung für den Aufstieg der Philologie zur Wissenschaft.

Dennoch wäre es falsch, in Schleiermachers Beachtung von Stil und Komposition nur ein ästhetisches Interesse zu sehen oder sein Bemühen, seine Hermeneutik auch als Basis für die Auslegung von Dichtung geeignet zu machen. Der entscheidende Punkt liegt vielmehr in der Auffassung, dass die Form der Texte für den Inhalt nicht gleichgültig, sondern dass sie – Schleiermacher hätte m. E. den Ausdruck Petrarcas übernehmen können – die *incarnatio* des Geistes, des Gedankens ist, weshalb die Form wegen des Inhalts mit beachtet, mit verstanden werden muss. Am Beispiel der Ironie ist das besonders evident. Schleiermacher

---

[38] Chladenius, *Einleitung zur richtigen Auslegung*, a.a.O. (Anm. 18), § 188.
[39] Ebd., §§ 62 f.

hat diese Überzeugung bekanntlich in seiner Platon-Interpretation zur Anwendung gebracht, indem er erstmalig auch die Dialog*form* interpretierte.[40] Wie immer man seine Leistung einschätzen mag: Die Beachtung der Form von Platons Philosophie kann bis heute von den Platon-Interpreten nicht mehr vergessen werden. Prinzipiell ist es ja auch keineswegs gleichgültig, ob eine Philosophie sich in der Form eines Systems (wie bei Hegel) oder in Form von Dialogen (wie bei Platon), ob sie sich in der Form von Aphorismen (wie bei Nietzsche) oder als indirekte Mitteilung (wie bei Kierkegaard) darstellt. Z. B. sollte schon die aphoristische Form von Nietzsches Werken die Interpreten warnen, daraus ein kohärentes System schmieden zu können. Die ältere philosophische Hermeneutik hatte also einen durchaus relevanten Aspekt im Hintergrund gelassen. Sie tat es, da die Text-Genres als bekannt galten und festgelegt waren – vernünftige Gedanken hatten ihre vernünftige Form, ganz fremde Textsorten wurden nicht in Rechnung gestellt –, und man ging noch von der Trennung von Form und Inhalt aus.

Diese Voraussetzungen aber gelten seit der Zeit Schleiermachers nicht mehr, und deshalb musste eigentlich jede spätere Hermeneutik diesem Aspekt Rechnung tragen – was aber nicht geschah. Da für Gadamer nicht der Autor, sondern nur die „Sache", d. h. die Tradition, bei der Auslegung zur Sprache kommen soll, finden wir in seiner Hermeneutik auch so gut wie nichts zum Stil. Dieser wird nur in einem angehängten Exkurs kurz zum Thema gemacht, und zwar sehr distanziert, wie mit der Pinzette angefasst.[41] Der Stil gehört für ihn sichtlich zum ästhetischen Bewusstsein und zur Subjektivität, die man überwinden müsse – während Schleiermacher und seine Zeit erstmals den ästhetischen Aspekt und die Individualität des Autors ausdrücklich zur Anerkennung gebracht hatten. Auch die heutigen Analytiker scheinen sich für Stilfragen und Textformen wenig zu interessieren. In dem von Axel Bühler besorgten Band *Hermeneutik*[42] sucht man im Register die Begriffe *Form* und *Stil* vergebens. Und so zeigt sich hier wieder jene merkwürde Einigkeit der Gegner: Der späte Heidegger und Gadamer lenkten ihren Blick auf *die* Sprache und *die* Tradition, und ihre härtesten Kritiker akzentuieren *den* Verstand und *das* rationale Verfahren, und so verschwindet beide Mal der individuelle Autor mit seinem Schreibstil in den Hintergrund; und zwar dies um so leichter, als das Verstehen des individuellen Stils und der

---

40 Zur Diskussion siehe die kurze Darstellung von Peter M. Steiner, „Zur Kontroverse um Schleiermachers Platon", in: ders., *Über die Philosophie Platons*, hg.v. P. M. Steiner, Hamburg 1996, XXIII–XLIV.
41 Hans-Georg Gadamer, *Wahrheit und Methode. Grundzüge einer philosophischen Hermeneutik*, Tübingen ²1965, 466–469.
42 *Hermeneutik. Basistexte zur Einführung in die wissenschaftstheoretischen Grundlagen von Verstehen und Interpretation*, hg.v. Axel Bühler, München 2003.

Komposition, die über den Ton des jeweiligen Ganzen entscheiden, sich nicht so leicht unter Regeln bringen lässt.

e) Die Distanz zum Autor und die Einbildungskraft

Schleiermachers Forderung, die Individualität des Verfassers und die individuelle Form der sprachlichen Äußerung – Stil, Komposition, „Ton des Ganzen" – ausdrücklich in Betracht zu ziehen, sind untrennbar. Ich erinnere kurz an verschiedene Redeweisen, mit denen er dem Interpreten abverlangte, der Denk- und Schreibweise und der Intention des Autors möglichst nahe zu kommen. Wir lesen, man solle sich bemühen, dass man sich „dem Urheber gleich stellt";[43] man solle den Text oder die Rede zuerst ebenso gut zu verstehen versuchen, wie ihr Urheber ihn verstand;[44] oder: man müsse „sich selbst gleichsam in den andern verwandeln".[45]

Schon der Rückgang auf den Autor stößt bei manchen unserer Zeitgenossen auf Ablehnung. Noch vor kurzem äußerte ein Kollege aus der Theologie, wer das Denken eines Autors der Vergangenheit aus seinen Schriften meine erkennen zu können, betreibe eine Art Geisterbeschwörung. Aber wer den Autor meint vergessen zu dürfen, macht jede Interpretation zu dem auch von Umberto Eco verabscheuten Picknick, zu dem der Autor nur die Schüsseln, der Leser aber das Menü mitbringt. Eco empfiehlt deshalb, die *intentio operis* in den Blick zu nehmen. Aber auch das überzeugt noch nicht ganz. Denn gesteht man auch zu, dass literarische Werke sich vom Urheber gleichsam ablösen, so setzen Intentionen doch immer ein intentionales Bewusstsein voraus.[46] Deshalb hat inzwischen mit guten Gründen eine Wende eingesetzt, die den Autor rehabilitiert, wobei man sich zuweilen auch auf die Hermeneutik der Aufklärung beruft.

Mit dieser stimmt Schleiermacher zunächst vollkommen überein. Schon ähnlich wie Schleiermacher heißt es am Beginn des 18. Jahrhunderts bei Jean-Baptiste Dubos, wenn es um das richtige Verstehen und Beurteilen von Dichtung alter und fremder Völker geht, müsse man sich in die Lage derjenigen versetzen, für welche die Werke verfasst wurden: *Nous devon nous transformer*, „wir müssen

---

43 Hermeneutik (1819), KGA II/4, 129
44 Ebd., 128.
45 Ebd., 157.
46 Umberto Eco, *Zwischen Autor und Text. Interpretation und Überinterpretation*, München 1992, 71–73. Eco konzediert, dass die Textintention sich einer Unterstellung des Lesers verdankt. Merkwürdig ist, dass laut Eco der Leser fraglos eine Intention haben soll, der Text eine geliehene und der Autor gar keine: der empirische Autor werde „ganz und gar überflüssig". Ist diese Position schon sehr weit von dem erwähnten Picknick entfernt?

uns hineinverwandeln".⁴⁷ Schon die ältere Hermeneutik verlangte sodann, wie erwähnt, den Standpunkt des Verfassers in Erfahrung zu bringen, und Crusius fügte hinzu, man müsse „sich in Gedanken in den selbigen zu stellen" versuchen.⁴⁸ Natürlich wusste man immer, dass man nicht in die Haut eines andern schlüpfen kann. Crusius betont, dass die Gedanken eines anderen nie der Wahrnehmung zugänglich sind, und er rät deshalb die Interpreten zur Vorsicht.⁴⁹

Das Neue bei Schleiermacher und in seiner Zeit scheint mir deshalb zu sein, dass die Individualität – und d. h. die Andersartigkeit – des Anderen noch viel radikaler gefasst wird – und zugleich dem Verständnis seiner Äußerungen aber weit mehr abverlangt wird als zuvor. Der Andere wird soz. noch unzugänglicher und das Distanzbewusstsein dadurch verschärft: Schleiermacher erklärt das Innerste des Menschen für verschlossen, zum Geheimnis, und er erwartet – anders als z. B. Chladenius – von einer allgemeinen Psychologie keine Hilfen für das Textverstehen. Zugleich verlangt man aber dem Verstehen eine viel höhere Genauigkeit ab als die ältere Hermeneutik. Laut Schlegel muss der Interpret sogar noch die Konfusion, in die ein Autor geriet, „construiren" können.⁵⁰ Dieselbe Tendenz finden wir überall bei Schleiermacher: Das Verstehen müsse auf jedem Punkte gewollt werden, da sich das Missverstehen von allein ergebe;⁵¹ man verstehe nichts, so lange man es nicht als notwendig einsehe und „construiren" könne;⁵² man müsse den Produktionsakt rekonstruieren.⁵³ Schon Melanchthon hatte dem Leser die Anweisung gegeben, die von der Rhetorik festgelegten Schritte der Text-Abfassung von der *inventio* und *dispositio* zur *elocutio* rückwärts zu gehen.⁵⁴ Aber dieses Schema der Rhetorik hatte keine Verbindlichkeit mehr, so dass die Forderung nach Erkundung der Textgenese – schon bei Melanchthon sehr anspruchsvoll – noch schwieriger zu erfüllen war. Weil dem genauen Verstehen so viel abverlangt wurde, ergab sich die Einsicht, das Verstehen sei ein Prozess der Approximation, der Annäherung, und das Nichtverstehen ließe

---

47 Bei Hans Robert Jauss, „Ästhetische Normen und geschichtliche Reflexion in der ‚Querelle des Anciens et des Modernes'", in: Charles Perrault, *Parallèle des Anciens et des Modernes en ce qui regarde les arts et le sciences*, München 1964, 8–81, hier 62.
48 Crusius, *Weg zur Gewißheit*, a.a.O. (Anm. 29), § 635.
49 Ebd., § 634. Beachtet man die Maxime der wohlwollenden Interpretation, dann darf man also nur sagen, die Hermeneutik habe gefordert, sich dem Verständnis des Textes, wie es der Autor hatte, soweit wie möglich anzunähern, genauso wie die Historiker sich in vergangene Situationen hineinversetzen d. h. sich ihnen in der Vorstellung annähern sollten.
50 Fr. Schlegel, „Philosophische Fragmente", Nr. 434; KFSA 18, 63.
51 Hermeneutik (1819), KGA II/4, 127.
52 Hermeneutik (1805, 1809/10), ebd., 6.
53 Hermeneutik (1805, 1809/10), ebd., 65 ff.
54 Siehe dazu Klaus Petrus, *Genese und Analyse*, a.a.O. (Anm. 9), 43.

sich nie gänzlich auflösen – so bei Friedrich Schlegel und Schleiermacher,[55] aber auch bei Humboldt.[56]

Dennoch ist bei Schlegel und Schleiermacher das Bewusstsein der Distanz zugleich auch der Hintergrund für die Forderung des Besser-Verstehens: Man ist nicht notwendig klüger auf einem anderen Standpunkt als der Autor, ja man weiß auch vieles nicht, was der Autor im Sinn hatte, aber man erkennt in den Texten Züge und Gehalte, Implikationen, die ihren Verfassern verborgen bleiben mussten. Deshalb wird es nun auch zur Selbstverständlichkeit, dass Texte einen Sinnüberschuss haben können, der nicht auf die bewusste Autorintention zurückgeführt werden kann – ein Sachverhalt, den schon Chladenius erörtert, der aber seine Theorie in Widersprüche gebracht hatte.[57]

Auch der neue Blick der Hermeneutik auf das *Ganze* des Textes – und sogar der Epoche – dürfte auf die nun vorausgesetzte Distanz zum Interpretandum zurückgehen, mag immer auch die Erinnerung an die aristotelische Bestimmung eine Rolle gespielt haben, das Ganze sei früher als die Teile. Chladenius hatte sogleich in seinem Vorwort erklärt, er werde sich weniger mit ganzen Büchern als mit den verschiedenen Sorten von dunklen Stellen befassen, schließlich schreite auch die Logik von den Begriffen über die Sätze zu den Schlüssen fort, und dadurch lerne man schließlich auch, was eine Theorie und ein System ist.[58] So zu denken wird um 1800 unmöglich, ist doch dabei vorausgesetzt, dass man schon weiß, womit man es bei der Lektüre überhaupt zu tun hat. Muss die leitende *Idee* erst in Erfahrung gebracht werden, so ist diese nirgends als in dem Textganzen zu finden, und nur in ihm sind seine innere und äußere Form zu untersuchen. Friedrich Ast hatte die wechselseitige Abhängigkeit des Verstehens der Teile vom Verstehen des Ganzen einen Zirkel genannt,[59] Schleiermacher hat von einem „scheinbaren Kreis" gesprochen,[60] aber das Prinzip noch ausgeweitet: Auch Leben und Werk oder Sprache und Werk usw. sind jeweils ein

---

[55] Siehe z. B. Fr. Schlegel, „Fragmente zur Poesie und Literatur", Nr. 671, KFSA 16, 141. Schleiermacher, „Über den Begriff der Hermeneutik, mit Bezug auf F.A. Wolfs Andeutungen und Asts Lehrbuch" [A. and B.] (1829), KGA I/11, 599–641, hier 621.
[56] „Alles Verstehen ist [...] immer zugleich ein Nicht-Verstehen, alle Uebereinstimmung in Gedanken und Gefühlen zugleich ein Auseinandergehen." Humboldt, „Ueber die Verschiedenheit des menschlichen Sprachbaues", a.a.O. (Anm. 34), 439; vgl. bes. 559.
[57] Siehe dazu G. Scholtz, „Das Unverständliche bei Chladenius und Friedrich Schlegel", in: *Grenzen des Verstehens. Philosophische und humanwissenschaftliche Perspektiven*, hg.v. Gudrun Kühne-Bertram und Gunter Scholtz, Göttingen 2002, 17–33, hier 21 f.
[58] Chladenius, *Einleitung zur richtigen Auslegung*, a.a.O. (Anm. 18) Vorrede (ohne Paginierung).
[59] Friedrich Ast, *Grundlinien der Grammatik, Hermeneutik und Kritik*, Landshut 1808, 178.
[60] Hermeneutik (1819), KGA II/4, 129.

Verhältnis von Ganzem zu Teilen.⁶¹ Typisch für ihn ist die skeptische Vorsicht, nicht voreilig das Ganze schon kennen zu wollen.

Mit dem neuen Ziel großer Genauigkeit bei Anerkennung der Distanz gewinnt sodann der Begriff der Divination seine große Bedeutung, eine Leistung der Einbildungskraft. Bei Friedrich August Wolf hatte er vor allem seinen Ort in der Textkritik, für die Konjekturen, bezeichnete aber auch die Hypothesenbildung: Das philologische Studium umfasse viele einzelne Bemühungen, „von dem kühnsten Fluge wissenschaftlicher Divination bis zu dem Fleiße des mühseligen Sammlers".⁶² Während für manche heute die Divination wegen der religionsgeschichtlichen Herkunft des Wortes verdächtig ist und die Grenzen eines wissenschaftlichen Verfahrens überschreitet, konnte sie für Wolf dieselbe Erkenntnisgewissheit erreichen helfen, „deren sich die exacten Wissenschaften mit Recht rühmen".⁶³ Schleiermacher aber erachtet die Divination überwiegend nötig im Rahmen der technischen Interpretation, also für das Verstehen von Stil, Ton, Komposition, für das Erfassen des Individuellen.

Die Wende dahin hat besonders Herder eingeleitet. Er verlangte, wie schon zitiert, den Autor bis in seine Feinheiten zu verstehen, und er benutzte den Begriff der Divination nicht nur für Konjekturen, sondern für das genaue, möglichst vollständige Vergegenwärtigen eines Textgehaltes in der Vorstellungskraft. Wirklich „*lebendiges* Lesen" ist laut Herder eine „Divination in die Seele des Urhebers": Je mehr man „im Geist des Urhebers" zu lesen vermag, „je lichter und zusammenhängender wird Alles." Bei diesem Lesen ist das Leben des Autors „der beste Commentar seiner Schriften".⁶⁴ Die Divination ist eine Aktivität der Einbildungskraft, welche alle Einzelvorstellungen, die durch Lektüre und Kenntnis des Autors sowie seiner Situation evoziert werden, zusammenfügen, ergänzen und als Hintergrundwissen für das Verstehen alles Einzelnen präsent halten kann.⁶⁵ Solches Lesen wird verlangt, wenn es den Autor bis in die Feinheiten seiner Äußerungen zu verstehen gilt. Während wir in der eingangs zitierten Enzyklopädie

---

[61] Begriff der Hermeneutik, KGA I/11, 625–641.
[62] Fr. A. Wolf, „Darstellung der Alterthums-Wissenschaft", a.a.O. (Anm. 20), 40, 15, vgl. 106f.
[63] Ebd. 40. Diese Gewissheit erreicht laut Wolf die Textkritik, wenn sie sich neben der Divination auch auf Urkunden stützt.
[64] Herder, „Vom Erkennen und Empfinden der menschlichen Seele" (1778), *Werke*, hg. v. Wolfgang Pross, Bd. 2: *Herder und die Anthropologie der Aufklärung*, Darmstadt 1987, 664–723, hier 698.
[65] Andreas Herz, „‚Einfühlung'. Bemerkungen zum Divinationsaspekt in J. G. Herders Hermeneutik-Konzept", in: *Methodisch reflektiertes Interpretieren. Festschrift für Hartmut Laufhütte zum 60. Geburtstag*, hg. v. Hans-Peter Ecker, Passau 1997, 215–252.

lesen, Herder habe den Irrationalismus der romantischen Hermeneutik heraufgeführt, ist es eher umgekehrt: So wie die Naturwissenschaften extensiv und intensiv fortschritten und immer mehr Bereiche immer genaueren Messungen unterzogen, so nahm auch Herder ganz neue Felder an Literaturen in den Blick und verlangte bei der Lektüre eine größere Genauigkeit, eine stärkere Sensibilität, eine Beachtung auch der Feinheiten von sprachlichen Äußerungen. Dafür ist bei Herder auch Gefühl nötig, er ist ja der erste, der das Wort *einfühlen* für das historische Verstehen benutzt.[66] Aber dieses Gefühl ist nicht das Affektive im Gegensatz zum Kognitiven, sondern hinter dem Gefühlsbegriff steht bei ihm die Philosophie des bedeutendsten Rationalisten: nämlich von Leibniz, der Gefühle aus dem Verschmelzen von unendlich vielen *petit perceptions* erklärt hatte. Deshalb heißt es bei Herder „fühlen d.i. *dunkel erkennen*"; „unter der Hülle" der Empfindung erlange die Seele „Erkenntnis".[67]

Man muss das in Erinnerung behalten, wenn Schleiermacher im Zusammenhang seiner Platon-Interpretation von einem „philologischen Gefühl" spricht oder in seinen Ausführungen zur philologischen Kritik sagt, man müsse ein „richtiges kritisches Gefühl auf dem Wege der Beobachtung" entwickeln.[68] Es ist das ein Gefühl, dass alle wachen Leser kennen, wenn sie das Gefühl haben, etwas fehle oder etwas stimme nicht. In solchen Fällen wird der Verstand nach den Ursachen suchen. Wenn man aber einen leicht gereizten oder gelangweilten Ton aus der Schreibe vernimmt, hat es der Verstand schwer, überzeugende Argumente für die Berechtigung des Gefühls vorzulegen. Der Ton einer Rede, eines Textes, wird eben unmittelbar oder gefühlsmäßig wahrgenommen.

Im Rahmen eines vereinfachten Geschichtsbildes bekommen wir suggeriert, die Aufklärung habe sich auf den Verstand gestützt, die Romantik dann auf das Gefühl. Während dieses Gefühl aber bei Herder und Schleiermacher durchaus mit dem Verstand als eng verknüpft gedacht war und kognitiven Gehalt hatte, berücksichtigte die Aufklärungshermeneutik durchaus auch Gefühle; einmal implizit schon dadurch, dass man den Ausdruck von Mimik und Gestik beim Ver-

---

66 J. G. Herder, „Auch eine Philosophie der Geschichte der Menschheit" (1774), *Werke* hg.v. Wolfgang Proß, Bd. 1, *Herder und der Sturm und Drang 1764–1774*, Darmstadt 1984, 589–689, hier 611 f.
67 Herder, „Übers Erkennen und Empfinden in der menschlichen Seele" (1774), *Werke*, hg.v. Wolfgang Proß, Bd. 2: *Herder und die Anthropologie der Aufklärung*, Darmstadt 1987, 545–579, hier 546, 549.
68 Schleiermacher, „Einleitung" zu Platons Werken, in: *Über die Philosophie Platons*, a.a.O. (Anm. 40), 25–69, hier 53. „Über Begriff und Einteilung der philologischen Kritik" (1830), KGA I/11, 643–656, hier 656.

stehen einer Rede für wichtig erachtete.⁶⁹ Explizit allerdings wurde zumeist nur von den Affekten gehandelt, von den Leidenschaften, welche die Sprachäußerung färben können. Laut Chladenius muss der Interpret unterscheiden, ob der Autor nur eine *Vorstellung* von einer Leidenschaft hatte, oder ob er selbst sie *wirklich spürte*, woraus sich dann die „bewegenden Stellen" erklärten. Im zweiten Fall müsse der Interpret für ein richtiges Verständnis diese Leidenschaften auch selbst empfinden, müsse sie mitempfinden; denn für Chladenius gilt, dass „der Leser dem Verfasser ähnlich werden" muss.⁷⁰ So berücksichtigte tatsächlich auch schon die ältere philosophische Hermeneutik neben der Tätigkeit der Einbildungskraft auch Gefühle, ja sie forderte sie sogar zu vollziehen. Außerdem verlangte die Aufklärung vom Interpreten ein wohlwollendes und faires Verhalten, und der Wolffianer Meier fügte hinzu: „Zu dieser Billigkeit verbindet den Ausleger auch die Liebe".⁷¹ Allerdings hat das alles mit dem Gefühl als Erkenntnisorgan im Rahmen der Textinterpretation, besonders der technischen, auf die Form gerichteten Interpretation, noch nichts zu tun.

Das Verdienst Schleiermachers scheint mir deshalb darin zu bestehen, dass er in einer systematisch aufgebauten Hermeneutik die Leistungen von Verstand und Einbildungskraft in gleicher Weise berücksichtigte, sie eng verknüpfte und beiden ein vorherrschendes Gebiet zuwies: die grammatische Interpretation verfährt als Sache des Verstandes überwiegend komparativ, und in der technischen Interpretation erhalten Einbildungskraft und Divination die wichtigste Funktion, nie aber sind diese Erkenntniskräfte getrennt. Dieses Gleichgewicht wurde von seinem Schüler August Boeckh schon wieder aufgegeben. Zwar lesen wir in Sandkühlers Enzyklopädie nach dem oben zitierten Satz über Schleiermacher: „Im 19. Jh. wurde es dann geläufig, im Verstehen eine eigene Erkenntnisart zu sehen, die das Individuelle in intuitiver Weise zu ergreifen in der Lage ist (so etwa der Altphilologe A. Boeckh [...], ein Schüler Schleiermachers)."⁷² Aber das Gegenteil trifft zu. Boeckh nämlich legte großen Wert darauf, dass das Verstehen eine Verstandestätigkeit ist,⁷³ und er entwarf ein sorgfältig durchdachtes, ganz symmetrisch aufgebautes System von vier hermeneutischen und von vier kritischen Verfahren, in denen das intuitive Verstehen als Element der Methode nirgends auftaucht. Erst

---

69 Siehe z. B. Georg Friedrich Meier, *Versuch einer allgemeinen Auslegungskunst*, Halle 1757, § 133.
70 Chladenius, *Einleitung zur richtigen Auslegung*, a.a.O. (Anm. 18) § 720.
71 Ebd. § 89.
72 Bühler, *Hermeneutik*, a.a.O. (Anm. 11), 549.
73 „Das Verstehen, wovon der Verstand seinen Namen hat, ist wesentlich Verstandesthätigkeit, wiewohl auch die Phantasie dabei nothwendig mitwirken muss." Boeckh, *Enzyklopädie*, a.a.O. (Anm. 21), 76.

im Anschluss an seine Skizze der philologischen Methoden heißt es: Die fremde Individualität könne nie vollständig, sondern nur approximativ verstanden werden; aber es gebe Fälle, in denen das Gefühl den Knoten durchschlage und es zu einem vollständigen unmittelbaren Verstehen komme: „es tritt hier an die Stelle des Verstandes die Phantasie als hermeneutische Tätigkeit."[74] Die Tätigkeit der Phantasie hat bei Boeckh keinen festen Platz mehr im methodischen Prozedere, wenngleich auch er betont, dass sie neben dem Verstand nötig sei und der Interpret von Werken der Dichtung schon deshalb Phantasie brauche, da sie für die Phantasie geschaffen wurden.[75] Ich halte Boeckhs hermeneutisches und kritisches System, das von Schleiermacher mit auf den Weg gebracht wurde, insgesamt für ausgereifter als das seines Lehrers. Aber dass Schleiermacher für seine Hermeneutik einmal von zwei Aspekten des Textes ausgeht und einmal von zwei Erkenntniskräften des Interpreten, beides kreuzt und vier Verfahren entwickelt, das hat eine unbestreitbare systematische Eleganz, und es bringt von vornherein die sonst vergessene Tätigkeit der Einbildungskraft zur Geltung. Wenn der Stil der ganze Mensch ist, dann ist der Text nicht nur eine Manifestation seines Verstandes, sondern auch seiner Einbildungskraft. Schon um dieser Tatsache gerecht zu werden, benötigt der Interpret auch seine eigene. Ähnlich wie Schleiermacher das Gleichgewicht von Verstand und Einbildungskraft für die Textinterpretation zur Geltung brachte, tat es W. von Humboldt für die Geschichtsschreibung.[76] Kaum ein Repräsentant der heutigen Wissenschaftstheorie wird die wichtige Funktion der Einbildungskraft leugnen.

f) Die Distanz zur Vergangenheit und die Kritik

Wenn die philosophische Hermeneutik des 17. und 18. Jahrhunderts sich auf dunkle Stellen konzentrierte, die neuere seit dem Ende des 18. Jahrhunderts aber immer das Textganze ins Auge fasste, so lag das zum einen an der erwähnten neuen Genauigkeit und der Beachtung der Form. Zum anderen aber liegt es auch daran, dass die ältere Hermeneutik den Leser und den Verfasser in der Regel auf der selben Ebene stehen sah und sie gleichsam als Zeitgenossen betrachtete, die neuere Hermeneutik um 1800 aber gerade auf Literaturen längst vergangener Epochen zugeschnitten war. Auch die Philologie avancierte ja als *Alt*philologie zur

---

[74] Ebd., 86 f.
[75] Ebd., 144.
[76] W. von Humboldt: „Ueber die Aufgabe des Geschichtschreibers" (1821), *Werke in fünf Bänden*, hg. v. Andreas Flitner und Klaus Giel, Bd. 1: *Schriften zur Anthropologie und Geschichte*, Darmstadt ²1960, 585–606.

Wissenschaft. Bei Schleiermacher steht die Ausbildung der Hermeneutik bekanntlich in ganz engem Zusammenhang mit seiner Arbeit am Neuen Testament und an der Platon-Übersetzung. In der allgemeinen Einleitung von 1804 zu seinem Übersetzungswerk der Platonischen Dialoge finden wir schon wichtige Elemente, die er 1805 in seine Notizen zur Hermeneutik aufnahm.[77] Die Problemlage im Neuen Testament und in Platons Dialogen war insofern ähnlich, als man beide Mal von der Person des jeweiligen Verfassers wenig wusste und als man sich durch mindestens zwei Epochenschwellen von ihnen getrennt sah – zugleich aber noch immer Wahrheit von ihren Schriften erwartete. An solche Texte konnte man nicht einfach mit der Erwartung herantreten, seinen aktuellen Wissensstand von Gott und der Welt um neue, richtige Einsichten zu erweitern, sondern man musste stets den historischen Abstand mit bedenken.

Wie schon die Betonung der Individualität, so machte auch das Bewusstsein der historischen Distanz und der fremden Kulturen und Sprachen das Verstehen zu einem viel anspruchsvolleren Unternehmen. Bei Herder ist es gerade die „Kluft", die uns von den vergangenen historischen Epochen trennt, welche ihn das Einfühlen fordern lässt,[78] da eine rege, produktive Einbildungskraft nötig ist, um sich eine ganz andere als die eigene kulturelle Welt vorzustellen. Aber auch die philologische Verstandesleistung wird bei der Zuwendung zu vergangenen Epochen weit mehr gefordert, schon weil sich die Frage nach der Verlässlichkeit und Echtheit der Quellen aufdrängt.

Daraus erklärt sich die neue große Bedeutung der Kritik, zunächst der Textkritik. Bei den der Logik hinzugefügten Hermeneutiken fehlte sie noch, und was Chladenius 1742 und Meier 1757 zur Kritik schrieben,[79] war sehr kurz und formal. Immerhin finden beide Autoren wichtig, dass der Interpret die Regeln der Kritik kennt – wenn auch Meier gleich hinzufügt, man solle „die Sache nicht übertreiben". Auch bei Schleiermacher steht die Hermeneutik, das Verstehen, im Zentrum, jedoch hat er die Textkritik viel weiter ausgearbeitet als die Vorgänger, und er widmete ihr 1830 eine eigene Akademieabhandlung.[80] In der Vorlesungsnach-

---

[77] Wolfgang Virmond, „Der fiktive Autor. Schleiermachers technische Interpretation der platonischen Dialoge (1804) als Vorstufe seiner Hallenser Hermeneutik (1805)", in: *Archivio di Filosofia* 52 (1984), 225–232; Gunter Scholtz, „Platonforschung und hermeneutische Reflexion bei Schleiermacher", in: *Argumenta in Dialogos Platonis, Teil 2: Platoninterpretation und ihre Hermeneutik vom 19. bis zum 21. Jahrhundert*, hg. v. Michael Erler und Ada Neschke, Basel 2012, 81–101, hier 90–93.
[78] Herder, „Auch eine Philosophie", a.a.O. (Anm. 66), 612.
[79] Chladenius, *Einleitung zur richtigen Auslegung*, a.a.O. (Anm. 18), § 250 f. Meier, *Versuch*, a.a.O. (Anm. 69), § 134.
[80] „Über Begriff und Einteilung der philologischen Kritik" (1830), KGA I/11, 643–656.

schrift von Calow (1832/33) sind die Ausführungen zur Kritik schon halb so umfangreich wie die zur Hermeneutik,[81] während Chladenius der Kritik nur zwei Paragraphen von insgesamt 753 gewidmet hatte. Die philologische Kärrnerarbeit an alten Texten in der Zeit intensiver historischer Forschung und aufblühender Altphilologie spiegelt sich auch in der Theorie. Bei Gadamer und in der neueren rationalistischen Hermeneutik fehlt die Textkritik schon wieder; bei jenem sicherlich, da sie zum bedenklichen Historismus gehört, und bei diesen, so vermute ich, da man historisch nicht sehr interessiert ist oder weil man ihr die philosophische Relevanz abspricht. Für Schleiermacher wie für die Philologen seiner Zeit waren hingegen Hermeneutik und Kritik gar nicht trennbar. Schleiermacher erklärte in seinem Akademievortrag, „daß die kritische Thätigkeit die beständige Begleiterin der hermeneutischen ist",[82] da viele Interpretationsschwierigkeiten zur Frage nach der Echtheit der Quelle führen. „Die Kritik wird also der Hermeneutik den Boden säubern", heißt es in einer Vorlesung.[83] Wie er die ersten Keime der Hermeneutik in der alltäglichen Kommunikation aufwies, so auch die der Textkritik, nämlich im Sich-Verhören, Sich-Versprechen, Sich-Verschreiben, Sich-Verdenken usw., also in all den Fällen, in denen nicht klar ausgedrückt oder aufgefasst wird, was der Sprecher sagen will.[84] Und er suchte auch für den Bereich der Kritik eine plausible Gliederung, die er bei Wolf und Ast nicht fand. Gerade auch seine subtilen Beobachtungen und Überlegungen, die er zur Textkritik vortrug, zeigen, dass der Theologe Schleiermacher das philologische Metier viel sorgfältiger reflektierte als der in Schellings Spuren kühn spekulierende Philologe Friedrich Ast. Boeckh konstruierte dann im Ausgang von Schleiermacher ein System der kritischen Verfahren und machte deutlich, dass Hermeneutik und Kritik sich wechselseitig voraussetzten, schon weil Herkunft und Echtheit des Textes für eine richtige Interpretation gesichert sein müssen und diese kritische Aufgabe bereits Verstehen erfordert.

Jedoch ist die Frage nach der *Sach*kritik bei Schleiermacher schwierig. Bei seinem Freund Friedrich Schlegel fielen Hermeneutik und Sachkritik zusammen, und zwar unter dem Begriff der Kritik. Typisch für Schlegel ist der Satz aus einer Vorlesung von 1804/05: „streng genommen gibt es keine [...] Geschichte der Philosophie, sondern [nur] eine *Kritik derselben*".[85] Gemeint: Jede Interpretation eines Textes in seinem historischen Zusammenhang schließt auch eine Beurtei-

---

81 Hermeneutik, KGA II/4, 1004–1136.
82 Philologische Kritik, KGA I/11, 650.
83 Hermeneutik, KGA II/4, 628.
84 Siehe bes. Hermeneutik, ebd., 1018f.
85 Friedrich Schlegel, „Die Entwicklung der Philosophie in zwölf Büchern" [1804–1805], KFSA 12: *Philosophische Vorlesungen (1800–1807)*, München u. a. 1964, 107–480, hier 111.

lung seiner Bedeutung ein. Auch Schleiermacher benutzte zuweilen diesen weiten, die Hermeneutik einschließenden Kritikbegriff, so wenn er die Aufgabe der Kritik das „Erkennen des Erkennens" nennt oder wenn er sagt, das „ganze geistige Leben" bestehe aus der kritischen und der produktiven Tätigkeit und ihrer Beziehung zu einander.[86] Aber was er zur „doctrinalen Kritik" ausführt, dass sie das Werk an seiner Idee, seinem Gattungsbegriff, misst, scheint mir nur eine Erläuterung und Präzisierung dieses Begriffs zu sein, den er bei Wolf aufnimmt, und ihr genaues Verhältnis zur Hermeneutik bleibt im Hintergrund.[87] So hat er nur markiert, dass die Sachkritik mit zur Kritik hinzugehört, während er nur die Textkritik ausführlich erörterte. Hat Schleiermacher also die Sachkritik zugunsten des Verstehens vernachlässigt? Das würde Gadamers Urteil bestätigen, bei Schleiermacher fehle die Applikation. Denn was die alte Hermeneutik „Anwendung" nannte, fällt um 1800 zumeist unter den Begriff der Kritik, der Sachkritik, da sich ganz unmittelbar gar nichts applizieren ließ. Die Sachkritik wurde also gerade dann wichtig, wenn die Auslegung wegen des historischen Abstandes gar nicht mehr unmittelbar dem Lehren und Lernen von geltenden Wahrheiten dienen konnte, was die ältere Hermeneutik zumeist vorausgesetzt hatte.

Ich glaube, man muss mindestens drei Antworten auf die Frage nach der Sachkritik bei Schleiermacher geben:[88]

(1) Für die Sachfragen entwickelte er sowohl eine systematische Philosophie als auch eine systematische Theologie. Innerhalb der Philosophie kennt er „kritische Disziplinen" wie Ästhetik und Religionsphilosophie, welche die einschlägigen historischen Phänomene systematisch im Lichte der ethischen Güterlehre betrachten. Die systematische Philosophie geht also auf die Geschichte zu, sie bleibt aber systematische Philosophie. Deshalb ist die Textinterpretation von vornherein sozusagen entlastet. Sie muss nicht die geltende Wahrheit ans Licht bringen.

Wenn hingegen Autoren keine Systematik ausbilden, werden die Sachfragen oft in die geschichtlichen Darstellungen verlegt, in die Interpretation der Traditionsbestände, und das zeigt sich dann auch in ihren Auffassungen von Hermeneutik und Kritik. So fallen bei Friedrich Schlegel Geschichte der Philosophie und systematische Philosophie im Begriff der „historischen Philosophie",[89] die „Kritik" ist, zusammen. Und bei Boeckh nimmt die hermeneutisch und kritisch verfahrende Philologie – wie sich zeigen ließe – der systematischen Philosophie mehr

---

[86] Sittenlehre, Brouillon 1805/06, a.a.O. (Anm. 17), 169. Philologische Kritik, KGA I/11, 654.
[87] Philologische Kritik, KGA I/11, 653f. Hermeneutik (Nachschr. 1832/33), KGA II/4, 1007ff.
[88] Siehe zum Folgenden die Belege und Ausführungen vom Verf. in: *Ethik und Hermeneutik*, a.a.O. (Anm. 17), 73, 118f.
[89] Günther Bauer, *Der absolute Idealismus als Voraussetzung einer historischen Philosophie. Ein Versuch über die Philosophie des jungen Friedrich Schlegel*, Diss. München 1966.

und mehr den Stoff ab, wenngleich er sie formal noch voraussetzt. Wenn später Gadamer erklärt, Hermeneutik und Kritik ließen sich nicht trennen, dann steht er damit Schlegel und Boeckh nahe und gehört weit mehr zum sog. Historismus als Schleiermacher, der ja Systematiker blieb.

(2) Die Theorie der Sachkritik von philosophischen Texten hat Schleiermacher *nicht* in seinen Vorlesungen über Hermeneutik und Kritik vorgetragen, sondern er hat sie in seiner Universitätsschrift und in seiner Rede beim Eintritt in die Akademie kurz skizziert, nämlich als „kritische und historische Behandlung der Philosophie".[90] Diese soll das genaue historische Verstehen mit der Einschätzung und Beurteilung der philosophischen Positionen verbinden. Ausgeübt aber wird diese kritische und historische Betrachtung von Schleiermacher z. B. in seiner *Kritik der bisherigen Sittenlehre*, in seiner Philosophiegeschichte und in seinen Einleitungen zu Platons Dialogen. Wir erfahren ja hier unter anderem, dass Platons Auffassung von Sittlichkeit, wie wir sie in der *Politeia* lesen, inzwischen als unsittlich gelten müsse. – Im Bereich der Theologie aber übernimmt seine Dogmatik die Stelle der Sachkritik. In dieser Weise ist der Bereich der Sachkritik, der das hermeneutische Verstehen ergänzt, bei Schleiermacher sehr gut ausgefüllt.

(3) Schon in seiner Hermeneutik finden sich Elemente, die Boeckh dann der Sachkritik zuordnet. Man muss deshalb anerkennen, dass im Zeichen des historischen Denkens und Forschens das Verstehen und das Beurteilen, und deshalb auch Hermeneutik und Kritik, sich immer eng berühren.[91] Dem Bereich der Kritik hätte Boeckh z. B. Schleiermachers These zugeordnet, man wolle im Text auch seinen künftigen Einfluss sehen; oder: man wolle wissen, ob ein Autor einen neuen Stil-Typus in die Literaturgeschichte brachte. Denn dergleichen dient der Einschätzung seiner Bedeutung, nicht dem Verständnis seines Sinnes,[92] und nur der Interpret kann durch seinen historischen Abstand solche Urteile fällen. Ähnlich verhält es sich, wenn Schleiermacher die „größte historische Construction" und das heißt eine geschichtsphilosophische Skizze zum Verständnis eines Werkes für richtig erachtet, um den Text im Licht eines möglichst großen Ganzes erblicken zu können.[93] Das ist *die* Form der Sachkritik, die sich im Zeichen des neuen historischen Denkens und Interpretierens in seiner Zeit durchsetzte. Nicht mehr werden zur Beurteilung überhistorische Maßstäbe angelegt, wie sie im 18. Jahrhundert der Morallehrer und der sog. „Kunstrichter" zur Anwendung

---

90 Antrittsvortrag (1810), KGA I/11, 1–7, hier 6f.
91 Für den Bereich der Kritik hat Schleiermacher selbst kurz skizziert, dass die „historische" und die „doctrinale" Kritik auf einander zugehen und sich verschränken; vgl. KGA I/11, 653f.
92 Siehe die Unterscheidung von Sinn und Bedeutung bei Eric Donald Hirsch, *Prinzipien der Interpretation*, München 1972. Hirsch stützt sich in seiner Interpretationstheorie auf Boeckh.
93 Begriff der Hermeneutik, KGA I/11, 635.

brachten. Vielmehr nehmen ihre Stelle die Historiker und Philologen ein, die alles im historischen Kontext beurteilen. Boeckh erklärt es zum Zielpunkt und zur „höchsten Aufgabe der Kritik", das gesamte geschichtliche Leben im Hinblick auf die Entwicklung der Humanität zu betrachten – wobei aber die Idee der Humanität umgekehrt auch aus der Geschichte zu entwickeln sei.[94] Der Maßstab für historische Phänomene muss also selbst der Geschichte entnommen werden. Das setzt ein reflektiertes Geschichtsverhältnis voraus, und folglich läuft laut Boeckh die Philologie auf das Ziel einer Geschichtsphilosophie hinaus, in der Philologie und Philosophie ganz zusammenfallen.[95] Es wäre reizvoll, diese Position mit der religionsgeschichtlichen Schule zu vergleichen, denn auch bei Ernst Troeltsch wird die Dogmatik schmal und schmächtig, während er die Erwartung hegt, die Religions*geschichte* werde einst den Glanz Gottes in der Geschichte zeigen.

Insofern steht Schleiermacher auf der Grenze. Er betreibt und entwickelt noch immer systematische Philosophie und Theologie. Aber er nimmt in die philosophischen Disziplinen ganz bewusst schon geschichtliche Veränderungen auf (z. B. den Gegensatz Antike- Moderne), und er schließt sein systematisches Denken an die „Kritik" der gegebenen Systeme an.[96] Bei ihm gehen historisches und systematisches Denken aufeinander zu – bleiben aber noch traditionell getrennt. Ich widerstehe der Verlockung, an Schlegel und dann an Nietzsche, Dilthey und Yorck von Wartenburg darzulegen, dass deren historisches Philosophieren auf systematische Elemente gar nicht ganz verzichten konnte[97] – und das rechtfertigt die relative Trennung der beiden Seiten bei Schleiermacher.

---

[94] Boeckh, *Enzyklopädie*, a.a.O. (Anm. 21), 257.
[95] Ebd., 18.
[96] Siehe die Einleitung zur Güterlehre von 1812/13: Sittenlehre, a.a.O. (Anm. XX) 245 ff.
[97] Siehe vom Verf. „From Philosophical Historiography to Historical Philosophy", in: *From Hegel to Windelband. Historiography of Philosophy in the 19th Century*, ed. by Gerald Hartung, Valentin Pluder, Berlin, Boston 2015, 25–43.

Jan Rohls
Schleiermachers Hermeneutik

Schleiermacher hat sich vom Beginn seiner Dozententätigkeit in Halle an bis in seine letzten Berliner Jahre intensiv mit der Ausarbeitung einer Hermeneutik befasst. Der Korrespondenz mit seinem Freund Joachim Christian Gaß aus der Hallenser Zeit ist zu entnehmen, dass er ursprünglich eine Vorlesung über Hermeneutik als Grundlage eines exegetischen Kurses plante. Damit stellte er sich zwar in die Tradition der Hermeneutica sacra. Aber wie Gaß ist er der Ansicht, dass die bisherige theologische Behandlung der Hermeneutik durch Johann Salomo Semler und Johann August Ernesti völlig unbefriedigend sei. In seiner ersten Hermeneutikvorlesung im Sommersemester 1805 in Halle grenzt er sich vor allem von Ernestis „Institutio interpretis Novi Testamenti" ab, die erstmals 1761 erschienen und 1792 in der Neubearbeitung durch Christoph Friedrich Ammon neu aufgelegt worden war.[1] Der Hallenser „Erste Entwurf" der Hermeneutik ist samt einigen frühen Manuskriptnotizen zur Hermeneutik erhalten. In Berlin las Schleiermacher dann im Wintersemester 1809/10 über die allgemeinen Grundsätze der Auslegungskunst.[2] Diese „Allgemeine Hermeneutik", die nur in einer Abschrift August Twestens erhalten ist, lag wohl auch Schleiermachers Hermeneutikkollegs im Wintersemester 1810/11 und im Sommersemester 1814 zugrunde. Da er das Vorlesungsmanuskript inzwischen verloren hatte, musste er für sein Kolleg „Hermeneutik sowohl im Allgemeinen als die des Neuen Testaments" im Sommersemester 1819 ein neues Heft anlegen, das ebenso erhalten ist wie eine ausführliche Vorlesungsnachschrift seines Schülers Ludwig Jonas. Von den späteren Berliner Vorlesungen zur Hermeneutik sind – abgesehen von einzelnen Marginalien Schleiermachers – nur Nachschriften überliefert, aus denen die Kritische Gesamtausgabe die besten ausgewählt hat. Von dem Kolleg des Sommersemesters 1822 ist die Nachschrift des späteren Basler Kirchenhistorikers Karl Rudolf Hagenbach abgedruckt, von der um die Kritik erweiterten Hermeneutikvorlesung aus dem Wintersemester 1826/27 die Nachschrift des Theologen Julius Braunes und von der letzten Vorlesung aus dem Wintersemester 1832/33 die Nachschrift des Altphilologen Ferdinand Calow. Wegen der schlechten Überlieferungslage fehlt der Abdruck einer Nachschrift des vorletzten Hermeneutikkollegs aus dem Wintersemester 1828/29. Im Folgenden soll die Entwicklung von

---
1 Friedrich Daniel Ernst Schleiermacher, *Vorlesungen zur Hermeneutik und Kritik*, hg.v. Wolfgang Virmond unter Mitwirkung von Hermann Patsch, KGA II/4, Berlin 2012, XIXf.
2 Ebd., XXII.

Schleiermachers Hermeneutik anhand der überlieferten Manuskripte und Nachschriften nachgezeichnet werden.

1 Die Entwicklung der Hermeneutik von 1805 bis 1819 in den Manuskripten

Schleiermacher geht in seinem „Ersten Entwurf" der Hermeneutik von 1805 zwar aus von dem beschränkten Zweck der Auslegung der Heiligen Schrift, da er in Halle Hermeneutik um der neutestamentlichen Exegese willen liest. Aber er bestreitet, dass die Auslegung heiliger Bücher sich grundsätzlich von der Auslegung profaner Bücher unterscheidet. „Daß sie heilig sind weiß man nur dadurch, daß man sie verstanden hat."[3] Und man versteht sie nur unter der Voraussetzung einer allgemeinen Hermeneutik. Zwar bestreitet Schleiermacher nicht, dass die heiligen Bücher wegen ihrer besonderen Beschaffenheit eine besondere Hermeneutik erfordern. „Aber das Besondre ist nur zu verstehn durch das Allgemeine."[4] Die traditionelle Begründung für die Ausnahmestellung der Heiligen Schrift, dass sie nämlich als Produkt des Heiligen Geistes selbst nicht allgemeinen Auslegungsregeln unterworfen sei, lehnt Schleiermacher ab. Zwar bestreitet er nicht den Grundsatz der reformatorischen Schriftauslegung, dass man den Heiligen Geist nicht ohne den Heiligen Geist verstehen kann. Aber dieses Verstehen beruht eben auf dem rechten Auslegen und damit auf der Anwendung allgemeiner Interpretationsregeln auf besonderem Gebiet. Die Hermeneutik hat es als allgemeine Hermeneutik mit dem Auffinden dieser allgemeinen Interpretationsregeln zu tun.

Die Hermeneutik befasst sich als grammatische Auslegung mit dem Verstehen der Sprache und als technische Auslegung mit dem Verstehen im Sprechenden. Schleiermacher spricht anfangs statt von psychologischer von technischer Interpretation im Unterschied zur grammatischen Interpretation. Zwar kann es in Interpretationen ein Minimum an grammatischer ebenso wie ein Minimum an technischer Auslegung geben, aber jede Interpretation ist eine Kombination beider Auslegungsarten. Als Ziel der Interpretation hält Schleiermacher fest: „Man muß so gut verstehn und besser verstehn als der Schriftsteller".[5] Dabei geht er von einer Priorität der grammatischen Interpretation aus, weil die Sprache die Grundvoraussetzung der Interpretation ist. Die grammatische Interpretation wird definiert als „die Kunst aus der Sprache und mit Hülfe der Sprache den bestimmten Sinn

---

3 Ebd., 37.
4 Ebd.
5 Rbd., 39.

einer gewissen Rede zu finden".[6] Schleiermacher stellt als ersten Kanon die Regel auf, dass die grammatische Interpretation sich beschränken muss auf die dem Schriftsteller und dem Leser gemeinsame Sprache. Das bedeutet, dass die Sprache als etwas der Zeit wie dem Raum nach Geteiltes und Teilbares angesehen wird. Grammatisch wird die Rede als Zusammengesetztes aus der Sprache, technisch oder psychologisch als Zusammengesetztes aus dem Menschen und seinen Gedanken verstanden. Im ersten Fall erscheint der Mensch nur als Organ der Sprache, im zweiten erscheint die Sprache „nur als Organ des Menschen, im Dienst seiner Individualität, so wie dort die Persönlichkeit im Dienst der Sprache".[7] Das Objekt der grammatischen Interpretation ist die Sprache nicht als allgemeiner Begriff und auch nicht als Aggregat empirischer Einzelheiten, sondern als individuelle Natur. Und ebenso ist das Objekt der technischen Interpretation das Denkvermögen des Menschen weder als allgemeiner Begriff noch als empirisches Aggregat, sondern als individuelle Natur. Mit der Sprache als allgemeinem Begriff meint Schleiermacher die notwendigen syntaktischen Formen, ohne deren Einhaltung überhaupt nichts verstanden, mit dem Denkvermögen als allgemeinem Begriff die logischen Gesetze, ohne deren Einhaltung nichts gedacht werden kann. Mit der individuellen Natur sind hingegen bestimmte Modifikationen der Sprache und des Denkvermögens gemeint. Die Individualität des Denkvermögens, das heißt des Kombinations- und Darstellungsvermögens eines Schriftstellers macht dessen Stil aus.

Auch wenn Schleiermacher in Halle über Hermeneutik als Grundlage der neutestamentlichen Exegese las und daher im „Ersten Entwurf" auch immer wieder Anwendungen der hermeneutischen Einsichten auf das Neue Testament beggenen, nahm er doch Abschied von der traditionellen Vorstellung einer eigenständigen Hermeneutica sacra. Die neutestamentliche Hermeneutik war für ihn nur eine besondere Hermeneutik auf dem Boden der allgemeinen Hermeneutik. Daher konnte er nach Schließung der Hallenser Universität 1809/10 in Berlin auch ohne Bezug auf das Neue Testament gesondert über die allgemeinen Grundsätze der Auslegungskunst lesen. Diese „Allgemeine Hermeneutik", die Schleiermacher möglicherweise als philosophische Vorlesung gehalten hat, geht nach einer Einleitung zunächst ausführlicher auf die grammatische und dann knapper auf die technische Seite der Interpretation ein. Den Ausgangspunkt bildet die zentrale These: „Die Hermeneutik beruht auf dem Factum des Nichtverstehns der Rede."[8] Dieses auch in der Muttersprache und im gemeinen Leben vorkom-

---

6 Ebd.
7 Ebd., 54.
8 Ebd., 73.

mende Nichtverstehen ist bedingt durch die vom Redenden nicht beabsichtigte Unbestimmtheit oder Zweideutigkeit des Inhalts seiner Rede. Die Hermeneutik als Auslegungskunst ist daher „die Kunst, sich in den Besitz aller Bedingungen des Verstehens zu setzen".[9] Ihr Ziel ist das Verstehen im höchsten Sinn, und man hat nur das verstanden, was man in allen seinen Beziehungen und in seinem Zusammenhang nachkonstruiert hat. „Dazu gehört auch, den Schriftsteller besser zu verstehn, als er sich selbst."[10]

Die Unterscheidung von grammatischer und technischer Seite der Interpretation ergibt sich für Schleiermacher aus der doppelten Richtung des Verstehens, einerseits auf die Sprache und andererseits auf den Gedanken hin. Alles Einzelne in der Sprache muss aus ihr als geschlossenem Ganzen, jede Gedankenreihe des Redenden aus der Natur des Redenden verstanden werden. Jeder Redende ist zwar zum einen Organ der Sprache, insofern die Sprache seine denkerischen Kombinationen lenkt. Aber zum andern ist die Sprache auch das Organ des Redenden, insofern dieser durch seine eigentümliche Denkart die Sprache bereichert. Weil beim Verstehen sowohl die grammatische als auch die technische Seite berücksichtigt werden müssen, ist das Verstehen kein mechanisches Anwenden von Regeln, sondern die nicht regelgeleitete Kunst der Kombination beider Seiten. Dabei wehrt Schleiermacher die Vorstellung ab, dass die grammatische Interpretation die niedere und die technische die höhere sei. Denn die grammatische Interpretation etwa kann vieles entdecken, was dem Autor selbst unbewusst ist, und so gerade zum höheren Verstehen beitragen. Keine Rede oder Schrift ist aber durch sich selbst allein, sondern nur in einem größeren Zusammenhang zu verstehen. Ihr Verständnis setzt eine Vorkenntnis des Autors und des Gegenstandes voraus. Daher ist „nicht nur das Verständnis des Ganzen bedingt durch das des Einzelnen, sondern auch umgekehrt das des Einzelnen durch das des Ganzen".[11] Das Verstehen einer Rede oder Schrift impliziert also das Verständnis des Ganzen aus dem Einzelnen und des Einzelnen aus dem Ganzen. Daher beschließt Schleiermacher seine Einleitung mit dem Satz: „Das Verstehen entsteht, indem beide Operationen einander ergänzen, das Bild des Ganzen vollständiger wird durch Verständniß des Einzelnen, und das Einzelne immer vollständiger verstanden wird, je mehr man das Ganze übersieht."[12]

Aufgabe der grammatischen Interpretation ist es, „aus der Sprache den Sinn einer Rede zu verstehn".[13] Gesucht wird der Gedanke, den der Redende ausdrü-

---

9 Ebd.
10 Ebd., 75.
11 Ebd., 78.
12 Ebd.
13 Ebd., 79.

cken wollte. In der Sprache müssen die Wörter als das Materielle und die Verbindungen als das Formelle unterschieden werden. Diese Sprachelemente können zwar nicht ganz unbestimmt, aber auch nicht ganz bestimmt sein, da die grammatische Auslegung darin besteht, das grammatisch Unbestimmte durch das grammatisch Bestimmte zu bestimmen. Dementsprechend unterscheidet Schleiermacher zwischen der Einheit der Bedeutung als der Idee des Wortes oder dem Schema und der Vielheit des Gebrauchs des Wortes als den Erscheinungen der Idee. „Das wirkliche Vorkommen der Wörter ist in den meisten Fällen ein verschiedenes; der Sinn ist durch den Zusammenhang bestimmt und afficirt. Aber es giebt Eine Sphäre des Worts, unter welche alle jene, wiewohl auf verschiedene Art, müssen begriffen seyn."[14] Jedes einzelne wirkliche Vorkommen eines Wortes ist eine Art seines Gebrauchs, während die Einheit der Bedeutung nirgends in einem einzelnen Fall erscheint. Die jeweilige Gebrauchsweise des Wortes gilt es dann in der grammatischen Interpretation durch den Zusammenhang zu bestimmen. Das Verstehen des einzelnen Sprachelements ist daher bedingt durch das Verstehen des Ganzen. Schleiermacher unterscheidet dabei die Bestimmung der materialen Elemente von der Bestimmung der formellen Elemente. Was die materiellen Elemente betrifft, so geht er von dem Satz aus, der ursprünglich aus zwei Elementen besteht, nämlich aus Subjekt und Prädikat. „Die letzte Bestimmtheit muß das Subject erhalten durch das Prädikat, und das Prädikat durch das Subject."[15] Jeder zusammengesetzte Satz muss dabei in einen einfachen aufgelöst werden. Was die formellen Elemente betrifft, so hat der einfache Satz nur ein einziges formelles Element, nämlich Modus und Tempus als „die Art wie das Prädikatwort, Verbum, auf das Subjectwort, Nomen, bezogen wird".[16] Der Sinn der technischen im Unterschied zur grammatischen Seite der Interpretation besteht darin, „das Einzelne einer zusammenhängenden Rede als in die bestimmte Gedankenreihe des Schriftstellers gehörig zu verstehn".[17] Das technische Verstehen von Sätzen beruht auf der Kenntnis der Eigentümlichkeit des Redenden in seinem auf die Darstellung gerichteten Denken, die die innere Einheit der Sätze verbürgt. Diese Eigentümlichkeit ist die Eigentümlichkeit des Stils, die eine Eigentümlichkeit teils der Komposition, teils des Sprachgebrauchs des Redenden ist. „Das vollkommene Verstehn in seinem Gipfel aufgefasst, ist ein den Redenden besser Verstehen als er selbst".[18] Denn das vollkommene Verstehen bringt auch das zu Bewusstsein, was dem Redenden selbst unbewusst war.

---

14 Ebd., 80.
15 Ebd., 85.
16 Ebd., 91.
17 Ebd., 101.
18 Ebd., 114.

Am Schluss seiner „Allgemeinen Hermeneutik" bemerkt Schleiermacher, dass die allgemeinen Regeln der Auslegungskunst näher bestimmbar sind, wenn sie auf ein bestimmtes Gegebenes bezogen werden. Auf diese Weise entstehen die speziellen Hermeneutiken. So gibt es, was die grammatische Seite der Interpretation betrifft, Spezialhermeneutiken der verschiedenen Sprachen und, was die technische Seite angeht, Spezialhermeneutiken der verschiedenen Gattungen. In seiner Berliner „Hermeneutik" von 1819 führt Schleiermacher die allgemeine Hermeneutik mit einer Spezialhermeneutik, nämlich der des Neuen Testaments, zusammen. Damit kehrt er zu seinem ursprünglichen Hallenser Ansatz zurück, die allgemeine Hermeneutik als Grundlage der neutestamentlichen Exegese zu entwickeln. Die allgemeine Hermeneutik hat ihren Ort in der Philosophie, weil sie mit der Dialektik als der Kunst des Denkens zusammenhängt. Denn als Kunst des Verstehens steht sie der Rhetorik als der Kunst des Redens gegenüber, das Reden aber ist nur die äußere Seite des Denkens. Zwischen Hermeneutik, Rhetorik und Dialektik besteht so ein notwendiger Zusammenhang. „Die Zusammengehörigkeit besteht darin daß jeder Akt des Verstehens ist die Umkehrung eines Aktes des Redens, indem in das Bewusstsein kommen muß welches Denken der Rede zum Grund gelegen".[19] Wie die Rede bezieht sich auch das Verstehen einerseits auf eine gegebene Sprache und andererseits auf den Geist des Redenden. Wie schon in den vorausgegangenen Hermeneutikentwürfen leitet Schleiermacher daraus auch hier die Unterscheidung von grammatischer und technischer oder – wie er jetzt auch sagt – psychologischer Interpretation ab, die erst beide zusammen die vollkommene Interpretation ermöglichen. Die Interpretation oder Auslegung ist eine Kunst, deren glückliche Ausübung daher sowohl auf dem Sprachtalent als auch auf dem Talent der einzelnen Menschenkenntnis beruht. Nicht jede Rede ist dabei ein gleichwertiger Gegenstand der Hermeneutik, sondern einige Reden haben hermeneutisch gesehen gar keinen, andere einen absoluten Wert. „Auf jeder Seite giebt es ein maximum, grammatisch nämlich was am meisten productiv ist und am wenigsten Wiederholung; klassisch. Auf der psychologischen Seite was am meisten eigenthümlich ist und am wenigsten gemein originell. Absolut ist aber nur die Identität von beiden, das genialische."[20] Wenngleich die grammatische und die psychologische Interpretation beide überall anzuwenden sind, herrscht manchmal die eine, manchmal die andere Interpretation vor. Bei persönlichen Briefen etwa entspricht einem Minimum von grammatischer ein Maximum an psychologischer Interpretation.

---

[19] Ebd., 120.
[20] Ebd., 123.

Schleiermacher erkennt keine andere Auslegungsmethoden als die grammatische und die psychologische an. Das bleibt nicht ohne Folgen für die Diskussion über die Auslegung des Neuen Testament. Grundsätzlich verteidigt er erstens die historische Interpretation, wenn damit nur gemeint ist, dass die neutestamentlichen Autoren im Zusammenhang mit ihrem Zeitalter gesehen werden müssen. Falsch wird sie allerdings dann, wenn sie alles aus dem bereits Vorhandenen erklären und die neue begriffsbildende Kraft des Christentums leugnen will. Richtig verstanden läuft die historische Interpretation auf die Unterscheidung von grammatischer und psychologischer Auslegung hinaus. Denn die neuen Begriffe der christlichen Sprache entstammen der eigentümlichen Gemütserregung der christlichen Autoren, lassen sich also nicht aus der überkommenen Sprache grammatisch, sondern nur psychologisch verstehen. Zweitens wendet sich Schleiermacher gegen die allegorische Interpretation, die grundsätzlich neben dem eigentlichen noch einen uneigentlichen Sinn annimmt. Zwar bestreitet er nicht, dass eine Rede einen zweiten Sinn haben kann, wie dies etwa bei einer Anspielung der Fall ist. Aber die allegorische Interpretation Homers und der Bibel lehnt er ab. Bei der Bibel resultiert sie aus der Vorstellung vom Heiligen Geist als Verfasser der Schrift. Denn: „Der heilige Geist kann nicht gedacht werden als ein zeitlich wechselndes einzelnes Bewusstsein; daher auch hier die Neigung in jedem Alles zu finden."[21] Drittens schließlich lehnt Schleiermacher es ab, die biblischen Schriften, weil sie vom Heiligen Geist verfasst sind, anders zu behandeln als andere Schriften. Denn da sie an bestimmte Menschen gerichtet sind, von denen sie verstanden und ausgelegt werden sollten, „müssen auch wir sie eben so auslegen und deshalb annehmen daß wenn auch die Verfasser todte Werkzeuge gewesen wären der heilige Geist durch sie doch nur könne geredet haben so wie sie selbst würden geredet haben".[22]

Die Hermeneutik als Kunst der Auslegung geht davon aus, dass nicht das Verstehen, sondern das Missverstehen sich von selbst ergibt und das Verstehen daher stets gewollt und gesucht werden muss. Das Missverständnis, das behoben werden soll, ist entweder das qualitative Missverständnis des Inhalts oder das quantitative Missverständnis des Tons einer Rede. Die Aufgabe der Hermeneutik ist dann „das geschichtliche und profetische objective und subjective Nachconstruiren der gegebenen Rede".[23] Schleiermacher unterscheidet somit die objektiv geschichtliche Erkenntnis, wie sich die Rede zum Ganzen der Sprache verhält, von der objektiv prophetischen Ahndung, wie die Rede selbst die Sprache beeinflusst.

---

21 Ebd., 125.
22 Ebd., 126.
23 Ebd., 128.

Und er unterscheidet das subjektiv geschichtliche Wissen, wie die Rede im Gemüt entstanden ist, von der subjektiv prophetischen Ahndung, wie die in der Rede enthaltenen Gedanken auf den Redenden fortgewirkt haben. „‚Die Aufgabe ist auch so auszudrüken, die Rede zuerst eben so gut und dann besser zu verstehen als ihr Urheber'". Denn weil wir keine unmittelbare Kenntniß dessen haben, was in ihm ist, so müssen wir vieles zum Bewußtsein zu bringen suchen was ihm unbewußt bleiben kann außer sofern er selbst reflectirend sein eigner Leser wird."[24] Vor der Anwendung der Hermeneutik muss man sich dem Urheber der Rede gleich stellen, und zwar objektiv durch Kenntnis seiner Sprache und subjektiv durch Kenntnis seines inneren und äußeren Lebens. Diese doppelte Kenntnis kann aber vollkommen nur durch die Auslegung selbst gewonnen werden. „Denn nur aus den Schriften eines jeden kann man seinen Sprachschaz kennen lernen, und eben so seinen Charakter und seine Umstände."[25] Die Schriften wiederum sind das Einzelne, das aus dem Sprachschatz und der Geschichte des Zeitalters eines Verfassers als dem Ganzen verstanden werden muss, so wie umgekehrt dieses Ganze aus jenem Einzelnen. Jedes Verstehen setzt somit eine Vorkenntnis voraus. Eine selbständige Auslegung setzt dabei voraus, dass die Kenntnis des Sprachschatzes nicht erst beim Auslegen durch Lexika und die Geschichtskenntnisse nicht aus Prolegomena gewonnen werden. Zum Abschluss seiner Einleitung formuliert Schleiermacher noch einmal den hermeneutischen Zirkel: „Auch innerhalb einer einzelnen Schrift kann das Einzelne nur aus dem Ganzen verstanden werden, und es muß deshalb eine cursorische Lesung um einen Ueberblick des Ganzen zu erhalten der genaueren Auslegung vorangehn."[26]

Auch jetzt behandelt Schleiermacher wieder zunächst die grammatische und dann – äußerst knapp – die technische oder psychologische Auslegung, wobei nur bei der Behandlung der grammatischen Auslegung die Anwendung auf das Neue Testament nicht fehlt. Der erste Kanon der grammatischen Auslegung lautet: „Alles was noch einer näheren Bestimmung bedarf in einer gegebenen Rede, darf nur aus dem dem Verfasser und seinem ursprünglichen Publikum gemeinsamen Sprachgebiet bestimmt werden."[27] Schleiermachers zweiter Kanon der grammatischen Auslegung lautet hingegen: „Der Sinn eines jeden Wortes an einer gegebenen Stelle muß bestimmt werden nach seinem Zusammensein mit denen die es umgeben."[28] Nun ist aber jedes materielle und formelle Sprachelement der Rede an sich unbestimmt und erhält seine nähere Bestimmung erst durch den Zu-

---

24 Ebd.
25 Ebd., 129.
26 Ebd., 131.
27 Ebd., 132.
28 Ebd., 140.

sammenhang. Das Sprachgebiet des Verfassers ist das seiner Zeit, seiner Bildung und seiner Funktion. Was das Sprachgebiet seiner Leser ist, erfährt man hingegen nur durch die Schrift des Verfassers. In seiner Anwendung des ersten Kanons auf das Neue Testament geht es Schleiermacher um die Bestimmung des neutestamentlichen Sprachgebiets. Danach gehört die neutestamentliche Sprache zu der mit Alexander einsetzenden Verfallsperiode des Griechischen, und zwar zur Sprache des gemeinen Lebens. Der Einfluss des Aramäischen macht sich unter anderem darin bemerkbar, „daß die NeuTestamentlischen Schriftsteller den griechischen Reichthum nicht zu gebrauchen wissen".[29] Darin besteht eine Ähnlichkeit zwischen dem Neuen Testament und der Septuaginta. Auch wenn Schleiermacher die Septuaginta nicht als die Quelle der neutestamentlichen Sprache betrachtet, räumt er doch einen Einfluss der Septuaginta, vor allem der jüngeren Apokryphen, auf den religiösen Inhalt des Neuen Testaments ein. Denn die neutestamentlichen Schriftsteller führen für ihre religiösen Begriffe keine neuen Wörter ein, sondern schöpfen aus dem Sprachgebiet des Alten Testaments. „Es fragt sich also haben sie demohngeachtet andere religiöse Vorstellungen und also andere Gebrauchsweisen der Wörter? oder haben sie auch nur dieselben Gebrauchsweisen? Im letzteren Falle wäre nichts neues in der christlichen Theologie und also ... auch nichts in der christlichen Religion."[30] Fest steht für Schleiermacher jedenfalls der große Einfluss des Hebräischen auf die eigentlich religiösen Termini. „Denn im ursprünglich hellenischen – vorzüglich so weit es den NeuTestamentischen Schriftstellern bekannt war – fand das neu zu entwickelnde religiöse keinen Anknüpfungspunkt sondern auch das ähnliche wurde durch die Verbindung mit dem Polytheismus abgestoßen."[31]

Die knappen Ausführungen zur technischen oder psychologischen Interpretation eröffnet Schleiermacher mit dem Satz: „Der gemeinsame Anfang für sie und die grammatische ist die allgemeine Uebersicht, welche Einheit des Werkes und Hauptzüge der Composition auffaßt. Aber die Einheit des Werkes, das Thema wird hier angesehn als das den Schreiber bewegende Princip, und die Grundzüge der Composition als seine in jener Bewegung sich offenbarende eigenthümliche Natur".[32] Das Ziel der technischen Auslegung ist dabei, das Ganze der schriftstellerischen Tat in dessen Teilen zu erkennen und den Stil des Autors vollkommen zu verstehen, was allerdings immer nur annäherungsweise möglich ist. Vor Beginn der technischen Auslegung muss man eine Kenntnis davon haben, wie dem Autor der Gegenstand und

---

29 Ebd., 137.
30 Ebd., 138.
31 Ebd., 139.
32 Ebd., 155.

die Sprache zu seiner Zeit gegeben waren. Die beiden bei der technischen Interpretation miteinander verknüpften Methoden sind die divinatorische und die komparative. „Die divinatorische ist die welche indem man sich selbst gleichsam in den andern verwandelt, das individuelle unmittelbar aufzufassen sucht. Die comparative sezt erst den zu verstehenden als ein allgemeines, und findet dann das Eigenthümliche indem mit anderm unter demselben allgemeinen befaßten verglichen wird."[33] Die divinatorische und komparative Methode sind aber deshalb nicht unabhängig voneinander, weil zum einen die Divination darauf beruht, dass jeder Mensch außer seiner Eigentümlichkeit eine Empfänglichkeit für alle anderen Menschen und ein Minimum von ihnen allen in sich hat. Die Divination impliziert somit einen Vergleich des zu verstehenden Autors mit sich selbst. Zum andern aber gelangt die komparative Methode letztlich nur durch Divination dazu, den zu verstehenden Gegenstand einem Allgemeinen zu subsumieren.

2 Die Nachschrift der Hermeneutik von 1819

Angesichts des abbreviaturhaften Charakters von Schleiermachers Manuskript der Berliner Hermeneutikvorlesung von 1819 ist es ein großes Glück, dass sich von diesem Kolleg eine ausführliche Nachschrift von Ludwig Jonas, dem späteren Verwalter des Schleiermacherschen Nachlasses, als einzige erhalten hat. Sie beginnt mit dem programmatischen Satz: „Wir beschäftigen uns mit der Auslegungskunst: freilich in Beziehung auf die heiligen Bücher, allein wir können doch nicht mit dem Besonderen beginnen, sondern wir müssen auf die allgemeinen Principien zurückgehn."[34] Die neutestamentliche Hermeneutik ist somit nur die Anwendung der Prinzipien der allgemeinen Hermeneutik auf einem besonderen Gebiet. Der Gegenstand der Hermeneutik ist das richtige Verstehen einer Rede und Schrift. Ihr Ausgangspunkt ist daher das auch im gewöhnlichsten Gespräch vorkommende Missverständnis. Die Hermeneutik als Kunstlehre des Verstehens ist eine philosophische Disziplin, weil die Philosophie es mit dem Denken zu tun hat, die Sprache aber die äußere Seite des Denkens ist und sich das Verstehen auf Rede und Schrift als sprachliche Gebilde bezieht. Die Auslegung als Kunst des Verstehens ist nichts anderes als die Umkehr der Redekunst. „Es entstand ein Reden aus einem Denken. Durch das Verstehen soll aus dem Reden wieder ein Denken werden."[35] Um eine Rede zu verstehen, wird ein gewisses Verstehen der Sprache

---

33 Ebd., 157.
34 Ebd., 193.
35 Ebd., 197.

vorausgesetzt. Wenn hingegen eine Rede entstehen soll, so wird ein gegebenes Denken vorausgesetzt, und die Rede ist die Mitteilung eines ursprünglichen Gedankens. „Wo das Minimum von Differenz ist zwischen dem ursprünglichen Gedanken und seiner Mittheilung, da muß Auslegung seyn."[36] Da die Kunst der Rede aus zwei Elementen besteht, nämlich dem objektiveren, das sich auf die Sprache, und dem subjektiveren, das sich auf die Entstehung und Kombination der Gedanken im Bewusstsein bezieht, gibt es entsprechend auch zwei Seiten des Verstehens, die objektive grammatische und die subjektive psychologische. Da wir eine vollkommene Kenntnis weder von der Sprache noch vom Urheber einer Rede haben können, muss die eine Seite die andere ergänzen. Der Ausleger muss daher über linguistisches und mimisches Talent verfügen, wobei mit letzterem das Talent gemeint ist, „den Menschen nachzuconstruiren und aus seinen Aeußerungen zu wissen, wie ihm zu Muth ist und daraus wieder zu wissen, wie er sich äußern würde".[37] Welche Seite der Auslegung größeres Gewicht hat, hängt von der jeweiligen Rede oder Schrift ab. So tritt die subjektive Seite bei historischen Berichten, die objektive Seite hingegen bei persönlichen Briefen zurück.

Weit ausführlicher als das Vorlesungsmanuskript geht die Nachschrift auf die Anwendung der allgemeinen hermeneutischen Regeln auf das Neue Testament und in diesem Zusammenhang auf die historische und vor allem auf die allegorische Interpretation der Bibel ein. Dass wie bei den Griechen Homer bei den Juden das Alte Testament allegorisch interpretiert wurde, hängt Schleiermacher zufolge damit zusammen, dass man in ihm den Inbegriff des Wissens erblickte. Da große Teile des Alten Testaments mythischen Charakter tragen, das Mythische aber nicht auf einen bestimmten Urheber, sondern auf das allgemeine Bewusstsein des Volkes zurückgeht, ist eine subjektive psychologische Interpretation hier ohnehin ausgeschlossen. Beim Neuen Testament ist das aber Schleiermacher ganz anders. Vor allem fehlt ihm das mythische Element, und nur durch seine Zusammenstellung mit dem Alten Testament erklärt es sich, dass man auch hier die allegorische Interpretation anwandte. Zudem führte die Auffassung, dass der Heilige Geist sein Autor sei, dazu, dass die Frage nach den einzelnen menschlichen Autoren zurücktrat. Doch selbst die Annahme der Autorschaft des Heiligen Geistes stellt die Geltung der allgemeinen hermeneutischen Regeln auch für das Neue Testament nicht in Frage. „Der heilige Geist mußte also ganz schreiben wie die Einzelnen würden geschrieben haben, wenn sie verstanden seyn wollten. Also haben auch wir gar keinen Grund das Neue Testament anders zu nehmen, als jede

---

[36] Ebd., 198.
[37] Ebd., 202.

andre menschliche Rede und Schrift."[38] Es gibt mit anderen Worten keine andere Interpretation als die grammatische und die psychologische.

Die Nachschrift macht auch deutlicher als das Manuskript, was Schleiermachers Formel besagt, dass die vollkommene Nachkonstruktion der zu interpretierenden Rede impliziert, dass wir die Rede besser verstehen als ihr Autor. Sie bedeutet zwar, dass wir auch das dem Autor Unbewusste zum Bewusstsein bringen. Aber dass wir ihn besser verstehen, als er sich selbst versteht, heißt nicht, dass wir ihn besser verstehen, als er sich selbst verstehen *kann*. Denn „wenn er selbst seine Rede zum Gegenstand des Verstehens macht, und auch ein Künstler im Verstehen ist, so hat er weit mehr data zum Verstehen".[39] Die Aufgabe der Hermeneutik besteht somit darin, eine Rede oder Schrift so gut oder besser als ihr Autor zu verstehen, und zwar sowohl im Verhältnis zu ihrer Sprache als auch im Verhältnis zum ganzen Dasein des Autors. Das Verstehen setzt also eine Kenntnis der Sprache des Autors ebenso voraus wie eine Kenntnis der Beschaffenheit und der Verhältnisse des Autors. Auch hier geht Schleiermacher wieder auf die besonderen Schwierigkeiten des Neuen Testaments ein. Was seine Sprache anbelangt, gilt: „Man muß sich erst vom classischen Alterthum die Brücke bauen zum Neuen Testament. Dieses ist aber etwas zusammengesetztes. An das classische Alterthum nemlich schließt sich die macedonische Gräcität zB. Polybius, Pausanias, Lucian, dann ist die nächste Annäherung die jüdische Profanschriftstellerei, wo wir schon finden wie das Eingeborenseyn in der fremden Sprache auf die Sprache gewirkt hat und dann die deuterocanonischen jüdischen Schriftsteller, d.h. die Apocryphen und dann erst die Septuaginta."[40] Was die Kenntnis des Autors angeht, so rechnet Schleiermacher dazu auch die Kenntnis der Literatur und Geschichte seiner Zeit, in Bezug auf das Neue Testament speziell die „Kenntniß von dem Zusammenhang der in den Büchern vorkommenden Ideen mit dem, was sonst in der Zeit feststand".[41] Grundlegend für den Verstehensprozess ist Schleiermacher zufolge ein hermeneutischer „Cirkel". Denn „ich kann das Ganze nur verstehen durch das Einzelne. Wenn ich aber das Einzelne nicht verstehe, wie will ich das Ganze verstehen. Jenes aber ist eben so wahr. Wie ist der Cirkel aufzulösen? so, daß wir sagen, eine gewisse Kenntniß des Einzelnen haben wir schon in der Kenntniß der Sprache und der gemeinschaftlichen Combinationsgesetze. Das ist gerade soviel als nöthig ist, um eine allgemeine Kenntniß des Ganzen zu erhalten".[42] Jedes Verstehen setzt somit eine Übersicht über das Ganze voraus, die

---

[38] Ebd., 212.
[39] Ebd., 219.
[40] Ebd., 222f.
[41] Ebd., 224.
[42] Ebd., 225.

wir gewinnen, wenn wir ein Werk flüchtig durchlesen. Auf der grammatischen Seite gewinnen wir so eine Kenntnis vom bestimmten Sprachgebrauch und von den Hauptideen des Werkes, auf der psychologischen Seite durch die Hauptideen eine Kenntnis der Hauptgesetze im Kombinationsverfahren des Autors. Erst unter Voraussetzung dieser Übersicht über das Ganze kann die eigentliche Interpretation beginnen.

Auch in der Nachschrift nimmt die grammatische Auslegung einen weit größeren Raum ein als die psychologische. Dabei geht es zunächst im ersten Kanon der grammatischen Interpretation um die Bestimmung des dem Redner und seinen Hörern gemeinsamen Sprachgebietes. „Wir müssen wissen, wann der Verfasser gelebt hat und dadurch haben wir die Periode der Sprache; dann wissen wir, in welchen Kreisen er gelebt hat und können also seine ungefähre Bildung (er) schließen."[43] Was er in der Sprache mit seinen Lesern gemein hat, ob seine Leser etwa gelehrt oder ungelehrt sind, lässt sich hingegen nur dem Werk selbst entnehmen. Insofern der Ausleger das ganze Sprachgebiet seines Autors kennt, versteht er dessen Werk auch besser als dieser selbst, da ihm vieles bewusst ist, was dem Autor nicht bewusst war. In seiner Anwendung des ersten Kanons auf das Neue Testament ordnet Schleiermacher dieses zwar nicht dem hebräischen, sondern dem griechischen Sprachgebiet zu. Aber: „Das Neue Testament muß ... als Product angesehen werden der im Verfall begriffenen Sprache und zwar als Product solcher, die kein Interesse daran hatten, die Sprache in ihrem Verfall aufzuhalten."[44] Im Diasporajudentum, aber auch in Galiläa hatte sich seit den Zeiten Alexanders das Griechische als öffentliche Sprache etabliert und war das Aramäische als Muttersprache der Juden zurückgedrängt worden. Andererseits färbte das Aramäische gerade bei Autoren, die weniger gebildet waren als Paulus, auf das Griechisch ab, was sich in den zahlreichen Hebraismen zeigt. Zwar bestreitet Schleiermacher nicht den Einfluss der religiösen Sprache vor allem der Apokryphen der Septuaginta auf das Neue Testament, „allein mit dem Christenthum ist eine ganz neue Entwickelung ins religieuse Prinzip gekommen und diese, nachdem sie sich fixiert hatte, ist in die religiösen Vorstellungen gegangen und daß dies geschehen, ist erst der Grund unsres Neuen Testaments".[45] Als eine durchaus eigentümliche Entwicklung des religiösen Prinzips war das Christentum nicht nur sprachgebrauchend, sondern auch sprachbildend. Das zeigt sich vor allem an Folgendem: „Die christlichen Vorstellungen, wiewol eigenthümlich waren doch im jüdischen Boden gewachsen. In der ursprünglichen griechischen

---

[43] Ebd., 232.
[44] Ebd., 243.
[45] Ebd., 247.

Sprache fanden sie für sich keine Ausdrücke. Darum mußten die ursprünglichen griechischen Ausdrücke eine andre Bedeutung bekommen, oder sie mußten dem Hebräischen angepaßt werden, wo sie denn gar keine Elemente in der ursprünglichen griechischen Sprache waren."[46]

Nach einleitenden Bemerkungen zur grammatischen Auslegung geht Schleiermacher zunächst auf die qualitative Seite des Verstehens, und zwar erst auf die formellen dann auf die materiellen Sprachelemente ein. Was die formellen Elemente angeht, so handelt Schleiermacher nur von der Verbindung der einzelnen Sätze miteinander, die bei den neutestamentlichen Autoren eher lose und unbestimmt ist. Denn „selbst das Didactische hat den brieflichen Character, wo man, wie im Gespräch, oft vom Faden abgerissen wird".[47] Nicht anders steht es mit den historischen Werken des Neuen Testaments. „Nur vom Evangelio Johannis kann man sagen, daß gewisser Zusammenhang darin ist, alles übrige ist fragmentarisch mehr oder weniger. Zu der losen Form kommt nun noch die Beschaffenheit der Schriftsteller selbst, deren die meisten solche sind, denen man die Strenge in der Reflexion und also die Klarheit im Bewußtseyn der Verknüpfung absprechen muß. Seehen wir auf das Historische, so ist außer Johannes keiner darauf ausgegangen einen klaren historischen Zusammenhang für sich selbst auszubilden. Sehen wir auf das Didactische, so unterscheidet sich hier Paulus von den übrigen, wie Johannes von jenen."[48]

Auch in Bezug auf die materiellen Sprachelemente, also jene, die bestimmte Gedanken ausdrücken, zeigt sich die Besonderheit des Neuen Testaments. Sie hängt mit dem sprachbildenden Charakter des Christentums zusammen, wodurch alten Worte eine völlig neue Bedeutung verliehen wird. Und es hängt von der Deutung der Prädikate abhängt, wie man die besondere Dignität Christi zu verstehen hat und ob man den Teufel für ein wirkliches Wesen hält oder nicht. Die Frage nach der Bedeutung neutestamentlicher Wörter führt Schleiermacher zur Behandlung der Lehre von den Parallelstellen. Nimmt man ein Lexikon zur Hand, so werden verschiedene Beispiele für den Gebrauch eines Wortes aufgeführt, und diese Beispiele sind Parallelstellen. Allerdings muss man die Parallelstellen immer in ihrem Zusammenhang betrachten, und das führt bei Neuen Testament zu der Fragen: „wenn ich aus einer NeuTestamentlichen Schrift herausgehe, um in einer andern NeuTestamentlichen Schrift die Erklärung zu suchen, bin ich in demselben Werk geblieben?"[49] Während die philologische Betrachtung dies bejaht, gelangt die traditionelle dogmatische Betrachtung zu einem ganz anderen Resultat. Danach ist der

---

46 Ebd., 249.
47 Ebd., 264.
48 Ebd.
49 Ebd., 273.

Heilige Geist der eigentliche Autor der neutestamentlichen Schriften, so dass diese, wenn auch von verschiedenen Personen geschrieben, doch nur Abschnitte desselben zusammenhängenden Werkes sind. Schleiermacher geht hingegen von der philologischen Betrachtungsweise aus, meint aber gleichwohl, dass die von verschiedenen Personen verfassten einzelnen Werke zusammengehören. Denn es „ist hier allerdings eine Identität der Ansicht und der Schule in einem gewissen Sinne in den Verfassern. Sie sind von demselben Impetus getrieben und der ist eben der göttliche Geist, den die dogmatische Ansicht auf eine andre Weise als Verfasser ansieht."[50] Während aber die orthodoxe Inspirationstheorie den Heiligen Geist als eine bestimmte Person mit einem eigentümlichen Charakter fasste und damit den Zusammenhang der neutestamentlichen Schriften begründete, räumt die philologische Ansicht zwar eine geistige Verwandtschaft ihrer Autoren im Hinblick auf ihre religiösen Hauptgedanken ein, betrachtet die Autoren aber als eigene Personen, die sich in den Nebengedanken auch durchaus voneinander unterscheiden. „Es ist also 2erlei, worauf sich die Interpretation des Neuen Testaments beziehen muß 1. eben die gemeinsame Abhängigkeit der Schriftsteller von diesem treibenden Princip, das in allen dasselbe ist und alsdann 2. ihre individuelle Bildung. Wenn die dogmatische Ansicht die individuelle Bildung und ihre Thätigkeit leugnen will, so muß man sie fahren lassen. Wenn die philologische Ansicht neben der individuellen Bildung die Identität des treibenden Princips nicht anerkennen will, wenn sie einen Widerspruch als möglich annimmt in dem, was das Religieuse ist, so ist das ihre Extravaganz."[51] Denn Schleiermacher zufolge hingen die religiösen Ansichten der Autoren von Christus und dem Heiligen Geist ab, was die Einheit der Schule ausmacht. Man muss daher die philologische Extravaganz ebenso vermeiden wie die dogmatische, die die individuelle Bildung der neutestamentlichen Autoren leugnet und die Haupt- wie die Nebengedanken ihrer Schriften gleichermaßen auf den Heiligen Geist zurückführt. Die philologische Extravaganz hebt hingegen alles Interesse am spezifisch Religiösen auf, insofern sie alles im Neuen Testament, also auch Christus, aus dem Früheren vor dem Auftreten Christi erklären will. Dagegen geht Schleiermacher davon aus, dass der Charakter Christi das Bildungsprinzip des individuellen religiösen Charakters der neutestamentlichen Autoren gewesen ist.

Wie die orthodoxe Inspirationstheorie lehnt Schleiermacher auch die mit ihr verbundene Lehre von der Glaubensanalogie, der analogia fidei ab. Sie besagt: „wenn man klare Stellen hat, so wird angenommen, daß diese durchaus übereinstimmen von dem Princip aus, daß der heilige Geist sich nicht widersprechen könne, und diese Uebereinstimmung bildet die analogia fidei, nach welcher die

---

50 Ebd., 274.
51 Ebd., 277.

dunklen Stellen sollen erklärt werden, d. h. man soll für keine schwirige Stelle einen Sinn annehmen, welcher dem Klaren widerspricht".[52] Oder positiv ausgedrückt: „derjenige Sinn einer dunkeln Stelle wird der richtige seyn, welcher am meisten mit den klaren Stellen zusammenstimmt".[53] Schleiermacher kritisiert diese hermeneutische Regel der orthodoxen Schriftauslegung, weil sie einzelne Schriftstellen aus ihrem Zusammenhang reißt und unter einem dogmatischen Aspekt zusammenfasst. Abgesehen davon, dass der Unterschied von klaren und dunklen Stellen relativ ist, widerspricht die hermeneutische Regel dem Schriftprinzip. Denn „die dogmatische Aufstellung soll aus der Totalität der Schriftstellen hervorgehen und ehe ich nicht alle Stellen erklärt habe, soll ich noch gar keine Dogmatik aufstellen, denn es ist doch nur eine Unvollkommenheit in mir, daß ich nicht alles verstehe".[54] Die durch die Glaubensanalogie geleitete Auslegung verfährt dogmatisch und blendet das Eigentümliche der neutestamentlichen Schriftsteller zugunsten des Gemeinsamen aus. Das Wahrheitsmoment der orthodoxen Lehre von der analogia fidei erblickt Schleiermacher darin, „daß das Eigenthümliche der NeuTestamentlichen Schriftsteller das Untergeordnete ist, daß ihre Persönlichkeit aus Christus entstanden ist und also der Geist Christi in allem dominirt".[55] Daher ist auch in jeder auszulegenden Stelle das Gemeinsame das Dominierende, und dieses Gemeinsame oder Identische ist das eigentlich Kanonische, während das Eigentümliche oder Differente das bloß Historische ist. An die Stelle der dogmatischen Lehre der Glaubensanalogie tritt bei Schleiermacher die philologische Auffassung, dass sich in den Schriften des Neuen Testaments die Ansicht einer religiösen Schule manifestiert, bei allen Unterschieden vergleichbar mit der sokratischen Schule in der antiken Philosophie. Der entscheidende inhaltliche Unterschied zwischen dem Christentum und der sokratischen Schule besteht in der völligen Neuheit der christlichen Ideen. Denn „die religieusen Ideen, wie sie im Christenthum sich finden, waren vorher eigentlich gar [nicht] und es ist kein bestimmtes Zurückgehen auf ein Früheres".[56] Zwar war es nicht die Absicht der neutestamentlichen Schriftsteller, eine Dogmatik und einen festen normalen Ausdruck für die religiösen Ideen des Christentums zu bilden. Vielmehr unterscheiden sie sich grundlegend in ihrer Sprache. Aber der sie treibende christliche Geist war identisch. Das Problem, das sich bei der Auslegung ihrer Schriften stellt, besteht darin, dass sie die neuen christlichen Ideen in überkommenen Begriffen ausdrückten, denen sie eine andere Bedeutung bei-

---

52 Ebd., 279.
53 Ebd.
54 Ebd.
55 Ebd., 280.
56 Ebd., 282.

legten, die der Ausleger überall konstruieren muss. „Durch bloße Sprachgelehrsamkeit ist also das Neue Testament gar nicht auszulegen, sondern man muß selbst im Complexus der religieusen Vorstellungen stehen. Man kann sich ihren Sprachgebrauch bei allen verschiedenen Gelegenheiten nur dann construiren, wenn man einerlei Gesinnung mit ihnen ist und die Unzulänglichkeit in der Sprache selbst, das Christliche auszudrücken, so fühlt, als sie es fühlten."[57] Völlig falsch wäre es hingegen, die in den patristischen Schriften entwickelte dogmatische Sprache, die ein Produkt der Polemik ist, in das Neue Testament hineinzuprojizieren. „Beide, die Orthodoxen und die Heterodoxen haben darin geirrt, daß sie wollten da Unbestimmte im Neuen Testament, was da natürlich ist und ganz in der Ordnung zu einem fest dogmatisch Bestimmten machen."[58]

Bei der Benutzung von Parallelstellen im Neuen Testament unterscheidet Schleiermacher zwischen einem mehr philologischen und einem mehr dogmatischen Gebrauch. Parallelstellen liegen philologisch nur da vor, wo dieselben Wörter vorkommen, dogmatisch hingegen auch dort, wo zwar nicht dieselben Wörter vorkommen, wohl aber auf dieselben Gegenstände Bezug genommen wird. Denn es kann „solche Uebereinstimmung in der Ansicht seyn und solche Verschiedenheit des Schreibenden, daß das verschiedene Gemeinsame durch die eigenthümliche Sprache eines jeden kann ausgedrückt seyn. Paulus und Johannes sind im Ausdruck sehr verschieden. Paulus ist polemisch, Johannes mehr für eine unmittelbare Darstellung. Daraus entsteht eine andre Combinationsweise und ein andrer Sprachgebrauch. Das Identische ist aber völlig dasselbe."[59] Man muss also untersuchen, ob sie und wie sie etwas Identisches auf unterschiedliche Art ausgedrückt haben. Schleiermacher meint nun zwar, dass für das Neue Testament der dogmatische Gebrauch das Ziel und der philologische Gebrauch nur das Mittel sei, dass man aber das Ziel nur erreiche, wenn man den philologischen Gebrauch für sich und ohne Beziehung auf das Ziel vollkommen handhabe. Auf diese Weise wird die biblische Dogmatik von der philologischen Exegese getrennt. Schleiermacher kann daher sagen: „Durch unsre Trennung der biblischen Dogmatik von der Exegese haben wir also die Interpretation des Neuen Testaments mit allen andern ganz in Analogie gestellt."[60]

Neben die grammatische stellt Schleiermacher die psychologische Auslegung, die das bestimmte Sein der Sprache in einem Werk aus der freien Tätigkeit des Verfassers versteht, während die grammatische Auslegung die Tat des Autors aus der Sprache versteht. Bei der grammatischen Auslegung wird der Mensch aus

---

57 Ebd., 283.
58 Ebd., 284.
59 Ebd., 285.
60 Ebd., 287 f.

der Sprache, bei der psychologischen die Sprache aus dem Menschen verstanden. „Indem wir bei der psychologischen Interpretation ganz von der im Denken begriffenen Seele ausgehen, so wird durch das Denken die Sprache producirt und indem jeder Einzelne zu der Production der Sprache beiträgt und wir gefunden haben, wie dieser Verfasser über diesen Gegenstand sich nur so ausdrücken konnte, so haben wir gefunden, ob und was er zur Bildung der Sprache beigetragen."[61] Die psychologische Auslegung versucht also, den Schriftsteller selbst zu verstehen und aus dem Verständnis des Schriftstellers die Schrift. Ihr Ziel ist das Verständnis des Stils des Verfassers, und zwar des Stils der Sprache und der Gedanken, die beide Darstellungsmittel des Inneren des Autors sind. Die psychologische Interpretation setzt voraus eine Kenntnis des Gegenstandes, von dem der Autor in seinem Werk handelt, und von der Sprache zum Zeitpunkt der Entstehung des Werks. „Um zu wissen, wie sich die Eigenthümlichkeit des Verfassers zum vorliegenden Gedanken und zur vorliegenden Sprache verhält, muß man wissen, wie beides vor seiner Schrift gegeben war, damit wir sehen, wozu er beides gemacht hat."[62] Als Vorkenntnis wünschenswert, wenngleich nicht unerlässlich, ist natürlich auch eine allgemeines Bild des Charakters und der Entwicklung des Autors. Zur Auslegung einer Schrift muss man also letztlich die Kenntnis einer ganzen Volksliteratur bis hin zur auszulegenden Schrift mitbringen. Um aber zu einer individuellen Anschauung des Autors zu gelangen, gibt es zwei Wege, nämlich die unmittelbare Intuition und die Komparation. Die unmittelbare Intuition besteht darin, dass ich mich unmittelbar in den Autor als handelndes Wesen verwandle, die Komparation hingegen darin, dass ich ihn einer bestimmten Klasse zuordne und dann danach suche, wodurch er sich von allen anderen Klassengliedern unterscheidet. Bei dem Werk des Autors muss man unterscheiden zwischen dem Gegenstand des Werkes, seinem Zweck und den Lesern, „an welche der Verfasser schreibt oder für welche".[63] Aus diesen drei Elementen besteht das, was Schleiermacher die Idee des Werkes nennt.

Gerade das letzte dieser Elemente ist für die Interpretation des Neuen Testamentes von entscheidender Bedeutung. „Es giebt zwar nur wenige Briefe im Neuen Testament, die eigentliche Antworten wären, aber in gewissem Sinne ist jeder Brief eine Antwort, d. h. er setzt die Kenntniß des Verhältnisses voraus, in welchem der Briefsteller steht zu demjenigen, an den er den Brief schreibt, und auch wie beide zum Gegenstand stehen."[64] Gerade die Unkenntnis der Briefpartner macht es bei der Auslegung der Briefe Schleiermacher zufolge besonders

---

61 Ebd., 303.
62 Ebd., 307.
63 Ebd., 313.
64 Ebd., 319.

schwierig, die Hauptgedanken von den Nebengedanken zu unterscheiden. Das ist aber nicht nur bei den Briefen als didaktischen Schriften so, sondern auch bei den historischen Schriften. „Wie viel verschiedene Meinungen über die Grundidee der Apostelgeschichte, des Evangelii Johannes und aller Evangelien, d. h. wie viel verschiedene Meinungen über das Princip, nach welchem sie einige aufgenommen, anderes ausgeschlossen haben."[65] Zwar stimmt Schleiermacher der Auffassung, dass den neutestamentlichen Autoren die Kunstvollkommenheit fehle, durchaus zu. Doch bestreitet er, dass ihre Schriften völlig zusammenhangslos seien. Ein Problem ihrer Auslegung besteht vielmehr gerade darin, „daß die Leser ein besonderes Interesse haben, beim Einzelnen stehen zu bleiben und das Ganze mehr zu vernachlässigen".[66] Das liegt am rein theologischen Interesse an den neutestamentlichen Schriften, das sich seinerseits ihrem kanonischen Ansehen verdankt. „Diese canonische Authorität ist nemlich, daß man überall auf einzelne Stellen geht, irgend etwas nachzuweisen. Daraus entsteht eine Neigung, das Einzelne aus jedem gegebenen Zusammenhang herauszureißen. Davon muß man sich ganz losreißen und das ganz vergessen."[67] Doch selbst wenn man die einzelnen Stellen in ihrem Zusammenhang liest und die Schriften als zusammenhängendes Ganzes betrachtet, bleibt es ein Problem ihrer Auslegung, ihre Komposition und Grundidee zu erkennen und Haupt- und Nebengedanken zu unterscheiden. Aber die psychologische Interpretation als „Nachconstruction der ganzen Handlung des Schreibens und Redens ist nicht möglich, wenn man nicht auch jeden Nebengedanken in seiner Genesis versteht. Ja hierin muß der Leser den Schriftsteller besser verstehen, als er sich selbst verstanden hat."[68]

3 Die Entwicklung der Hermeneutik nach 1819

Schleiermachers Hermeneutikvorlesungen nach 1819 zeichnen sich vor allem durch das Anwachsen der zunächst ja recht spärlichen Ausführungen zur psychologischen Interpretation und die Ergänzung der Hermeneutik durch die Textkritik aus. Die Vorlesung im Wintersemester 1826/27, die diese Ergänzung erstmals bringt, trägt in der Ankündigung den Titel „Die allgemeinen Grundsätze der Hermeneutik und Kritik in besonderer Anwendung auf das N. T."[69] An der Verbindung von Hermeneutik und Kritik hält Schleiermacher dann bis zum

---

65 Ebd.
66 Ebd., 334.
67 Ebd.
68 Ebd., 341.
69 Ebd., XXVII.

Schluss fest. Im Folgenden werde ich die Kritik allerdings ausblenden und mich auf die erweiterten Ausführungen zur psychologischen Interpretation und hier wiederum auf die Vorlesungsnachschriften von 1822 und 1832/33 beschränken. Dabei muss gleich eingangs betont werden, dass diese Erweiterung keineswegs eine Verschiebung des Schwerpunkts von der grammatischen zur psychologischen Interpretation bedeutet, sondern beide werden nach wie vor als notwendige und sich ergänzende Arten der Auslegung einer Rede oder Schrift betrachtet. Um dies deutlich zu machen, werde ich abschließend noch einmal einen Gesamtüberblick über Schleiermachers Hermeneutik anhand seiner beiden Berliner Akademievorträge von 1829 geben.

Bereits die sehr klare Nachschrift des Hermeneutikkollegs vom Sommersemester 1822, die von dem späteren Basler Kirchenhistoriker Karl Rudolf Hagenbach angefertigt wurde, enthält weit umfangreichere Ausführungen zur psychologischen Interpretation als die Nachschrift der vorangegangenen Hermeneutikvorlesung von 1819. Die psychologische oder technische Interpretation betrachtet die Rede oder Schrift als Handlung des Urhebers. Und zwar handelt es sich um eine besonnene Handlung, durch die ein Zweck auf eine bestimmte Art und Weise erreicht werden soll. Die psychologische Interpretation betrachtet dabei die Kunst der Komposition und damit die Methode des Verfassers. Eine Nachkonstruktion der Handlung der Komposition setzt allerdings eine allgemeine Übersicht über die Methode des Autors bereits voraus. „Von der ganzen Handlung des Verfassers bekomme ich nur einen Begriff, indem ich mir die Anordnung des Ganzen vergegenwärtige. Das Einzelne, welches ich in der psychologischen Interpretation suche, kann ich nur aus dem Ganzen verstehn."[70] Um aber die einzelne gedankliche Komposition zu verstehen, muss ich verstehen, wie der Autor zu der und der Art des sprachlichen Ausdrucks gelangt ist, da sprachlicher Ausdruck und Gedanke eins sind. Das Ende der psychologischen Interpretation ist der vollständig entwickelte Anfang. Ich habe dann „die Schrift als Handlung des Verfassers vollkommen verstanden; ich verstehe, wie er bei seiner Natur nicht anders konnte, als so und so sich ausdrücken und so und so zu ordnen".[71] Die ganze Handlung des Autors wird durch den beabsichtigen Zweck bestimmt, so dass der Zweckbegriff als ihr bewegendes Prinzip angesehen werden muss. Der Zweck bringt aber nicht nur die Bewegung hervor, sondern er hemmt auch andere Bewegungen, und „ich verstehe den Zustand des Verfassers nur, wenn ich nicht nur die hervorgebrachten sondern auch die gehemmten Bewegungen verstehe".[72]

---

[70] Ebd., 422.
[71] Ebd., 424.
[72] Ebd.

Das zeigt aber, dass die Aufgabe der psychologischen Interpretation unendlich, das heißt unabschließbar ist. Denn das Ganze für die psychologische Interpretation ist nicht die vorliegende Schrift, sondern die Seele des Autors in ihrer ganzen Eigentümlichkeit. Wir bemerken aber bereits an uns selbst, dass ein großer Teil unserer Gedankenproduktion unwillkürlich geschieht und eine Vielzahl von Gedanken sich gar nicht aus dem ursprünglichen Zweck ableiten lässt. Zwar kann man oft den Autor besser verstehen, als dieser sich selbst versteht, weil man das, was ihm unbewusst ist, ins Bewusstsein hebt. Aber das ändert nichts an der grundsätzlichen Schwierigkeit der psychologischen Interpretation. Schleiermacher nennt als das eigentliche Ziel der psychologischen Interpretation das vollkommene Verstehen des Stils des Verfassers, durch den sich dessen Eigentümlichkeit zu erkennen gibt.

Die psychologische Interpretation wirft nun allerdings in Bezug auf das Neue Testament besondere Probleme auf. Schleiermacher teilt die neutestamentlichen Schriften in historische und didaktische, und bei den historischen sieht er einen Unterschied zwischen den ersten drei Evangelien samt der Apostelgeschichte und Johannes, bei den didaktischen zwischen den paulinischen und den katholischen Briefen. Denn bei den ersten drei Evangelien ist uns die Persönlichkeit des Verfassers völlig unbekannt, und dasselbe gilt für die nichtpaulinischen Briefe mit Ausnahme des ersten Johannesbriefs. Anders steht es nur mit Paulus und Johannes. „Von Paulus wissen wir die Geschichte seines Lebens in Beziehung auf das Christenthum und seine nähern Verhältnisse im Christenthum; von seinem Charakter bekommen wir in den Actis kein sehr deutliches Bild; aber doch eine Basis zur Auslegung; dabei kommt zu Statten, was er selbst über sich sagt in den Reden in den Actis; was theils Geschichte theils Charakterschilderung ist."[73] Weniger günstig verhält es sich zwar bei Johannes, doch Schleiermacher, der den Verfasser des vierten Evangeliums mit dem Lieblingsjünger identifiziert, meint auch über ihn genügend Informationen, vor allem aus seinem eigenen Evangelium, beziehen zu können. Das eigentliche Problem für die Auslegung des Neuen Testaments erblickt er darin, „daß, wenn wir das Neue Testament als Ganzes ansehn uns keine anderweitige Art den Gegenstand zu behandeln gegeben ist, die sich damit vergleichen ließe".[74] Auch von den neutestamentlichen Autoren haben wir nur durch das Neue Testament selbst eine Kenntnis. Gleichwohl können wir auch bei weitgehender Unkenntnis der Autoren eine psychologische Interpretation der neutestamentlichen Schriften vornehmen, die rekonstruiert, wie die Gedanken einer Schrift im Autor selbst als kompositorische Handlung zusammen-

---

73 Ebd., 429.
74 Ebd.

hängen. Dazu muss man von einer allgemeinen Übersicht über die Schrift, ihrem Zweck oder Thema und ihrer Kompositionsform ausgehen. Im Neuen Testament haben wir es nicht mit Poesie, sondern mit Prosa zu tun, und zwar mit historischen und didaktischen Schriften. Allerdings ist die nähere Bestimmung der Kompositionsform im einzelnen nicht unstrittig. So kann man etwa beim Johannesevangelium sagen, dass es zwar der Form nach historisch, dem Inhalt nach aber didaktisch sei. Ebenso ist bei den Briefen die Briefform oft nur die bloße Form, während es sich – wie sich etwa am Römerbrief zeigt – inhaltlich um Abhandlungen handelt. Die psychologische Interpretation der neutestamentlichen Schriften muss jedenfalls den „Charakter des Verfassers und die Beschaffenheit und die geschichtlichen Verhältnisse der Gemeinden" rekonstruieren.[75] Um nun nach der Feststellung des Zwecks, des Themas oder der Grundidee des Werkes weiterzukommen, kann man sich zunächst fragen, ob der Autor sich des strengen oder des weichen Stils bedient. Zudem muss das Verhältnis des Autors zu seinen Lesern bestimmt werden. Entweder redet er aus sich heraus und möchte, dass die andern seinen Standpunkt einnehmen, oder er redet populär und stellt sich auf den Standpunkt seiner Leser. Das Extrem des ersten Falls ist der Monolog, das des zweiten der Dialog. Zu einem vollkommenen Verständnis gelangen wir nur durch zwei Verfahren, nämlich das komparative und das heuristische. „Das komparative Verfahren besteht darin, daß wir uns die Gedankenerzeugung gleichsam theilen und die verschiednen Wege denken, auf welchen derselbe Zweck erreicht werden könne, dazu gehört das Vergleichen möglichst analoger Schriftsteller. ... Der andre Weg, der heuristische muß ihn ergänzen; das ist der, welcher eigentlich auf die Imitation lossteuert und ausgeht von einzelnen Merkmalen, an welchen wir die Eigenthümlichkeiten des Verfassers kennen."[76]

Die umfangreichste Darstellung des psychologischen Teils der Interpretation findet sich in Calows Nachschrift der letzten Hermeneutikvorlesung aus dem Wintersemester 1832/33. In ihr unterscheidet Schleiermacher noch einmal zwischen der psychologischen und der technischen Seite der psychologischen Interpretation. Die psychologische Seite befasst sich mit der Frage, „wie der bestimmte einzelne Mensch zu dem Gedanken, aus dem das Ganze sich entwickelt, gekommen ist; das heißt, welche Beziehung es zu seinem ganzen Leben hat und was es als Moment seines Lebens in Verbindung mit allen andern bedeutet".[77] Es handelt sich um den Entschluss als den lebendigen Keim, aus dem die Schrift hervorgeht. Aus diesem Entschluss ist das Ganze der weiteren Entwicklung zu

---

75 Ebd., 437.
76 Ebd., 439.
77 Ebd., 893.

verstehen, und die technische Seite befasst sich mit eben dem, was aus dem Entschluss hervorgeht. Das ist aber das in Sprache gefasste Einzelne und dessen Komposition als lebendige Tat des Autors. Daher unterscheidet Schleiermacher zwischen der Komposition und der ihr vorausgehenden Meditation. Dass dieser Unterschied sehr verschieden ausfallen kann, hängt mit dem ersten Willensakt zusammen. „Dieser kann, wie alles Folgende zwar Entwicklung ist, doch als Moment betrachtet mehr in sich schließen oder weniger; er kann solche Lebendigkeit haben daß das Ganze in seinen Hauptzügen im Bewusstsein damit gegeben ist und je mehr das ist, je geringer ist der Unterschied zwischen beiden Entwicklungen, je weniger er diesen Charakter an sich trägt, um so größer ist der."[78] Niemals aber ist die Differenz zwischen Meditation und Komposition völlig aufgehoben. Bei der Meditation handelt es sich um den ersten Keim der Gedankenentwicklung, den Impuls, der im Subjekt als Gedanke gegeben und daher ein Willensakt und kein Moment des Instinkts ist. Für die psychologische Interpretation ist nun aber entscheidend, dass man nicht nur das versteht, worauf der Autor Bezug nimmt, sondern man muss auch erkennen, warum er auf anderes nicht Bezug nimmt. Und „da ist es das Interesse, die Meditation einer Schrift so vollständig wie möglich an und für sich übersehn zu können auch in Beziehung auf das in seine Composition nicht Aufgenommene".[79] Denn es kann dem Autor etwas vorgeschwebt haben, was er aber im ersten Willensakt ausgeschlossen hat, und die gedankliche Komposition gewinnt eine andere Bedeutung, wenn ich dies weiß. Was die Unterscheidung von Meditation und Komposition betrifft, so ist sich Schleiermacher zwar bewusst, dass sie im täglichen Leben keine Rolle spielt. „Hat man Interesse, einen Brief zu schreiben, so scheidet man nicht Impuls, Entwicklung und Composition, sondern man zieht die Menge von Uebergängen in Eines zusammen. Je mehr aber ein Werk als kunstmäßiges erscheint, muß man von jener Voraussetzung ausgehn."[80] Ist das Verständnis der Meditation vollendet und haben wir also „die Gesammtheit der in die Schrift gehörenden Einzelheiten so ist das Verständniß der Composition, also der Anordnung und zwar als Thatsache im Verfasser, das Verstehen der Anordnung mit ihren Motiven übrig".[81]

Will man die Hauptaspekte seines Verständnisses der Aufgabe der Hermeneutik abschließend noch einmal zusammenfassen, so sind die zwei Vorträge besonders hilfreich, die Schleiermacher 1829 in der Berliner Akademie „Über den Begriff der Hermeneutik" gehalten hat. In ihnen entwickelt er seine eigenen Gedanken über die

---

78 Ebd., 950.
79 Ebd., 957.
80 Ebd., 964.
81 Ebd., 965.

Hermeneutik in Auseinandersetzung mit den zeitgenössischen hermeneutischen Theorien der Altphilologen Friedrich August Wolf und Friedrich Ast, die er gegenwärtig für „das bedeutendste was in dieser Sache erschienen ist", hält.[82] Bei der Hermeneutik handelt es sich Schleiermacher zufolge um eine Kunstlehre des Auslegens, wobei er mit dem Auslegen ganz allgemein „alles Verstehen fremder Rede" meint.[83] Nach einer solchen Kunstlehre habe er zu Beginn seiner Lehrtätigkeit, als er exegetische Vorlesungen zu halten hatte, vergeblich gesucht. Schleiermacher hat für seine Zeit, das heißt die Zeit vor der Etablierung der neusprachlichen Disziplinen, völlig Recht, wenn er erklärt, dass nur die klassischen Philologen und die philologischen Theologen, also die Exegeten, hermeneutische Theorien im engeren Sinne entwickelt hätten, die er von juristischen Hermeneutiken unterscheidet. Allerdings meint er, dass die Hermeneutik keineswegs auf antike Texte beschränkt sei, „sondern sie treibt ihr Werk überall wo es Schriftsteller giebt, und also müssen auch ihre Principien diesem ganzen Gebiete genügen, und nicht etwa nur auf die Natur der klassischen Werke zurükgehen".[84] Sie setzt zwar einen Anknüpfungspunkt für das Verstehen voraus, so dass nicht alles, was verstanden werden soll, fremd sein darf. Aber ebenso wenig darf im Text oder in der Rede dem Interpreten nichts fremd sein. Also „überall wo es im Ausdrukk der Gedanken durch die Rede für einen Vernehmenden etwas fremdes giebt, da sei eine Aufgabe die er nur mit Hilfe unserer Theorie lösen könne; wiewol freilich immer nur sofern es zwischen ihm und dem Redenden auch schon etwas gemeinsames giebt".[85] Schleiermacher geht dabei insofern über Wolf und Ast hinaus, als er die Aufgabe der Hermeneutik nicht auf schriftstellerische und zudem noch fremdsprachliche Texte beschränkt. Vielmehr erklärt er ausdrücklich, dass er die „Ausübung der Hermeneutik im Gebiet der Muttersprache und im unmittelbaren Verkehr mit Menschen für einen sehr wesentlichen Theil des gebildeten Lebens halte abgesehn von allen philologischen oder theologischen Studien".[86] Ja, dem Ausleger schriftlicher Werke rät Schleiermacher, sich in der Auslegung bedeutsamer mündlicher Gespräche zu schulen, da man an ihnen studieren könne, wie sich die Gedanken aus dem gemeinsamen Leben entwickeln.

Es sind zwei Aspekte, die bei der Auslegung eines Textes eine zentrale Rolle spielen. Zum einen muss sich der Ausleger auskennen „in allem was von der Sprache nicht nur sondern auch irgend von dem geschichtlichen Zustande des

---

82 KGA I/11, 603.
83 Ebd., 602.
84 Ebd., 607.
85 Ebd.
86 Ebd., 609.

Volks und der Zeit abhängt".[87] Zum andern aber muss er sich hineinleben in die Art „des inneren Herganges als der Schriftsteller entwarf und componirte [...], was das Product seiner persönlichen Eigenthümlichkeit in die Sprache und in die Gesammtheit seiner Verhältnisse ist".[88] In der Geschichte der Literatur unterscheidet Schleiermacher aber zwei Perioden, und für das Verständnis eines Schriftstellers ist es wichtig zu wissen, welcher Periode er angehört. In der ersten Periode bilden sich die verschiedenen Formen und Typen des Stils, in der zweiten herrschen sie. Gehört der Autor der ersten Periode an, so gilt, „daß er nicht nur einzelne Werke hervorbrachte sondern daß ein in der Sprache feststehender Typus zum Theil mit ihm und durch ihn beginnt".[89] Ähnliches gilt für jede spätere Modifikation von Stilformen. Wenn er Autor hingegen der zweiten Periode angehört, so wirkt im Autor „die leitende Gewalt der schon feststehenden Form".[90] Was die zuerst genannten beiden Aspekte angeht, die jede Auslegung bestimmen, so handelt es sich um den „Unterschied zwischen der mehr grammatischen, das Verstehen der Rede aus der Gesammtheit der Sprache bezweckenden, und der mehr psychologischen, das Verstehen derselben als eines Aktes fortlaufender Gedankenerzeugung bezweckenden Seite der Interpretation".[91] Die grammatische Seite der Auslegung hat es also zu tun mit der Bedeutung der Wörter und dem Sinn der Sätze in einem Text, die psychologische hingegen mit dem ganzen Vorgang der Komposition eines Textes vom ersten Entwurf bis zur Endgestalt. Für beide Seiten spielen dabei sowohl die komparative als auch die divinatorische Methode eine Rolle. Zwar ist die Bedeutung der Divination für die psychologische Seite größer als für die grammatische Seite, insofern alles darauf ankommt, dass der Ausleger sich in die Verfassung des Autors so gut wie möglich hineinversetzt. Die höchste Vollkommenheit erreicht die psychologische Interpretation dabei dann, wenn der Interpret der Forderung gerecht wird, „einen Autor besser zu verstehen als er selbst von sich Rechenschaft geben könne".[92] Aber auch die psychologische Auslegung kommt ohne einen Vergleich des Autors mit anderen Autoren, also ohne komparative Methode nicht aus. Umgekehrt ist für die grammatische Interpretation wohl die komparative Methode bestimmend, doch bedarf es der Divination, wenn ein genialer Autor eine neue sprachliche Wendung einführt.

Im zweiten Akademievortrag widmet sich Schleiermacher der Bedeutung des von Ast formulierten hermeneutischen Grundsatzes, „daß wie freilich das Ganze

---

87 Ebd., 612.
88 Ebd.
89 Ebd., 615.
90 Ebd.
91 Ebd., 617.
92 Ebd., 618.

aus dem Einzelnen verstanden wird, so doch auch das Einzelne nur aus dem Ganzen verstanden werden könne".[93] Dieser Grundsatz gilt bereits für das einzelne Wort, dessen genauer Sprachwert durch andere Teile des Satzes bestimmt wird, dann aber auch für den Satz als Teil der Rede. Wenn aber das Einzelne nur durch das Ganze vollkommen verstanden werden kann, dann handelt es sich bei dem Verstehen um einen allmählich fortschreitenden Prozess, bei dem „am Ende erst wie auf einmal alles Einzelne sein volles Licht erhält und in reinen und bestimmten Umrissen sich darstellt".[94] Zugleich stimmt Schleiermacher aber Ast darin zu, dass jedes Verstehen mit einer „Ahndung des Ganzen" beginnen soll. Und ebenso greift er Asts Gedanken auf, wie das Wort zum Satz sich wie ein Teil zum Ganzen verhält „so sei auch wiederum jede Rede und jedes schriftlich verfaßte Werk ebenso ein einzelnes, das nur aus einem noch größeren Ganzen vollkommen könne verstanden werden".[95] Denn zum einen ist jedes schriftliche Werk ein Einzelnes innerhalb des Ganzen der gleichartigen Literatur, zu dem es in einer sprachlichen Beziehung steht. Zum andern aber ist jedes schriftliche Werk ein Einzelnes innerhalb des Ganzen des Lebens seines Autors, zu dem es in einer persönlichen Beziehung steht. Zwar ist Schleiermacher sich dessen bewusst, dass von den Auslegern die einen sich mehr zur grammatischen, die anderen sich mehr zur psychologischen Deutung befähigt fühlen. „Allein das vollkomne Verstehen bleibt immer durch die Bemühungen beider bedingt, und es kann in keinem einzelnen Ausleger sein, der so ganz auf der einen Seite stände, daß ihm auch die Empfänglichkeit für das was auf der andern geschieht abgeht."[96]

Schluss

Bekanntlich ist Wilhelm Diltheys erste Jugendschrift von 1860 Schleiermachers Hermeneutik gewidmet. Ihr Thema war durch ein Preisausschreiben der Schleiermacher-Stiftung vorgegeben und lautete: „Das eigentümliche Verdienst der Schleiermacherschen Hermeneutik ist durch Vergleichung mit älteren Bearbeitungen dieser Wissenschaft, namentlich von Ernesti und Keil, ans Licht zu setzen". Twesten und Nitzsch referierten die Arbeit, und Dilthey erhielt den ersten Preis. Dilthey sagt nun in Bezug auf Schleiermachers Bestimmung der Hermeneutik als Kunstlehre der Nachkonstruktion: „Sie ist aber Nachkonstruktion nur, sofern sie

---

[93] Ebd., 625.
[94] Ebd., 627.
[95] Ebd., 631.
[96] Ebd., 633.

die Konstruktion selber nachbildet. Kunstlehre der Nachkonstruktion ist somit Nachbildung des ganzen Prozesses, durch den ein Werk entsteht, in Regelform."[97] Sie ist also Theorie der Nachkonstruktion eines Werkes aus der Sprache und der Individualität des Autors, also des Identischen und Eigentümlichen aufgrund des Verständnisses von Sprachen- und Gedankenproduktion. In seiner Nachkonstruktion „wird der Ausleger, indem er der Gedankenbewegung des Autors stetig folgt, vieles zum Bewußtsein bringen müsse[n], was jenem unbewußt bleiben konnte, er wird ihn somit besser verstehen als jener sich selbst".[98] Denn er dringt auch in die Tiefen der unbewussten Vorstellungen des Autors ein, bildet sein Sprachgebiet und seine Gedankengänge auch dort nach, wo er sich dessen nicht bewusst war. In der Nachkonstruktion vermischen sich das Identische und Eigentümliche, und zwar so, dass entweder das Identische oder das Eigentümliche vorherrscht. Im ersten Fall wird das auszulegende Werk auf die Gesamtheit der identischen Sprache bezogen, im zweiten Fall auf das gesamte eigentümliche Denken des Autors. Dort handelt es sich um die grammatische, hier um die psychologische Interpretation. Die Auslegung beruht somit „auf einer doppelten Anlage, dem Sprachtalent und dem der einzelnen Menschenkenntnis".[99] Die Auslegung versetzt sich divinatorisch ganz unmittelbar in den Autor und erfasst diesen „durch denselben schöpferischen Akt, nur als Rezeptivität gedacht, durch den das Werk entstanden ist".[100] Das divinatorische Moment der Auslegung besteht also im „Erraten der individuellen Kombinationsweise des Autors".[101] Dilthey verweist auf Otfried Müllers Forderung der Kongenialität des Interpreten. Dem divinatorischen „steht das komparative Verfahren gegenüber, das mehr wie von außen das Unbekannte ergreift, indem es dasselbe mit dem verwandten Bekannten vergleicht".[102] Zwar ist die Unterscheidung von komparativem und divinatorischem Verfahren mit der Unterscheidung von grammatischem und psychologischem Teil der Auslegung verwandt. Aber beide decken sich nicht, da so wie die grammatische Auslegung des divinatorischen die psychologische des komparativen Verfahrens bedarf.

Dilthey belässt es allerdings nicht bei einer positiven Darstellung der Schleiermacherschen Hermeneutik, sondern übt an ihr auch Kritik. Die Hauptkritik bezieht sich dabei auf das Verhältnis der allgemeinen zur speziellen Her-

---

97 Wilhelm Dilthey, *Leben Schleiermachers*, Bd. 2, *Gesammelte Schriften*, Bd. XIV/1, Göttingen 1966, 707.
98 Ebd.
99 Ebd., 718.
100 Ebd.
101 Ebd.
102 Ebd.

meneutik. Denn „hier hat Schleiermacher [...] die Versöhnung zwischen der nivellierendem Richtung der historischen Interpretation und der Isolierung der orthodoxen hermeneutischen Systeme vom Zusammenhang mit dem Ganzen der Wissenschaft angebahnt".[103] Diese Isolierung beruht auf der orthodoxen Annahme der Inspiration und damit des Kanons der biblischen Schriften. Dem stellte sich die historische Methode entgegen, die auf der unbedingten Einheit der allgemeinen und der speziellen biblischen Hermeneutik bestand und alle Gedanken einer biblischen Schrift aus Analogien des Zeitalters, sogenannten Zeitbegriffen, erklärte. „Schleiermachers allgemeine hermeneutische Ansicht schied ihn völlig von der sogenannten historischen Interpretation. Er erkennt in ihr die richtige Behauptung vom Zusammenhang der neutestamentlichen Schriftsteller mit ihrem Zeitalter an. Aber der Ausdruck ‚Zeitbegriffe' erscheint ihm verfänglich, und die Ansicht selbst, wenn sie die neue begriffsbildende Kraft des Christentums leugnen und alles aus dem schon Vorhandenen erklären will, falsch. Schon von dem Standpunkte der allgemeinen Interpretation aus waren ihm die Augen aufgetan für die schöpferische Gewalt des christlichen Geistes, der dies Ganze durchdringt. Der Gedanke der schöpferischen Persönlichkeit, die Seele seines Denkens, mußte auf die damals herrschende Anschauung des Christentums reformierend wirken".[104] Mit der schöpferischen Persönlichkeit ist natürlich Christus gemeint, von dem der christliche Geist ausgeht, und diese Christozentrik wirkte sich auf Schleiermachers Verhältnis zum Kanon so aus, dass er das Alte Testament aus dem Kanon ausschließen konnte. Christus „erscheint nicht in der Entwicklung der alttestamentlichen Offenbarung als der vollendete Höhepunkt, er wird vielmehr als der eigene geschichtliche Anfangspunkt des Christentums betrachtet".[105] Daher verwirft Schleiermacher mit dem Hinweis auf die allein normative Bedeutung Christi nicht nur die historische Interpretation, sondern ebenso die mit der Inspirationslehre begründete alte Sonderstellung des Kanons.

Wie in der allgemeinen Hermeneutik ist auch in Bezug auf die biblischen Autoren der Gegensatz zwischen dem rein Individuellen und dem Identischen bestimmend, der sich in der religiösen Sphäre darstellt als „das Verhältnis zwischen den biblischen Autoren und dem identischen christlichen Geist".[106] Dieses Verhältnis möchte Schleiermacher ohne das Mittelglied historischer Gesamtanschauung bestimmen, was Dilthey selbst für den damaligen Stand der historisch-kritischen Exegese wunderlich findet. Der Gegensatz von Identischem und Eigentümlichem erscheint ihm zu leer und allgemein, und der Ausschluss des Alten

---

[103] Ebd., 725.
[104] Ebd., 729.
[105] Ebd., 731.
[106] Ebd., 732.

Testaments zerreißt den Zusammenhang zwischen Christus und der vorangegangenen jüdischen Geschichte. Für Dilthey hängt mit der Tatsache, dass Schleiermacher sie an dem Gegensatz von Identischem und Eigentümlichem ausrichtet, ein weiterer Mangel seiner Hermeneutik zusammen. Sie ist deshalb nämlich „unfähig die stetige Entwicklung der Ideen und Tatsachen in Geschichte und Offenbarung zu erfassen".[107] Daher zeige Schleiermacher auch kein Interesse an einer biblischen Theologie, deren Anfänge bereits auf De Wette zurückgehen. Auch in seiner Kritik der einzelnen biblischen Schriften macht sich jener Mangel seiner Hermeneutik geltend. Sie unterscheidet sich daher fundamental von der historischen Kritik Ferdinand Christian Baurs und der Tübinger Schule. „Während jene nur jede Schrift als das Produkt einer Richtung betrachten, ist es Schleiermacher vor allem das einer Individualität. Während Baur und seine Schüler aus dem dogmatischen Stoff der Schriften ihnen ihre Stelle im dogmatisch-historischen Prozeß bestimmen, ist es für Schleiermacher der unfaßbare Ausdruck der Individualität und des bildenden Geistes, was hier den Ausschlag gibt."[108] Die positive Haltung, die Dilthey Baur und der jüngeren Tübinger Schule gegenüber einnimmt, zeigt, dass er in seiner eigenen Hermeneutik in einem ganz anderen Maße als Schleiermacher dem historischen Denken verpflichtet ist, wie es sich in der Schule Hegels ausgebildet hatte.

---

107 Ebd., 736.
108 Ebd., 737.

Hendrik Birus
Die Aufgaben der Interpretation – nach Schleiermacher

I

Friedrich Schleiermacher hat für seine Hermeneutik den Anspruch erhoben, den überkommenen „Schaz von lehrreichen Beobachtungen und Nachweisen" und von „einzelnen aus jenen Beobachtungen der Meister zusammengetragene[n] Regeln" in eine „eigentliche Kunstlehre"[1] zu überführen: „Eine solche Kunstlehre ist nur vorhanden, sofern die Vorschriften ein auf unmittelbar aus der Natur des Denkens und der Sprache klaren Grundsätzen beruhendes System bilden."[2] Ich habe die Vorgeschichte und den theoretischen Kontext dieses Unternehmens vor gut dreißig Jahren im Schleiermacher-Kapitel der *Hermeneutischen Positionen*[3] dargestellt, woran ich, auch im Licht der neueren Forschung zur Aufklärungs-Hermeneutik, wenig zu ändern wüsste. Daher möchte ich mich als Literaturwissenschaftler im Folgenden darauf konzentrieren, nach der möglichen Bedeutung der Schleiermacherschen Hermeneutik für die gegenwärtige philologische Methodendiskussion zu fragen.

Schleiermacher bestimmt die Allgemeine Hermeneutik als eine „philologische Disciplin, die auf eben so festen Principien als irgend eine andere beruht",[4] verortet sie aber in der Philosophie, in der sie freilich durch die Vertreibung der angewandten Logik „heimathlos"[5] geworden sei. Wozu er die spöttische, wohl vornehmlich auf Fichte zielende Bemerkung macht: „Der Philosoph an sich hat

---

[1] Schleiermacher, „Über den Begriff der Hermeneutik. Erste Abhandlung (vorgetragen am 13. August 1829)" (KGA I/11, 599–621, hier 602f.).
[2] Schleiermacher, *Kurze Darstellung des theologischen Studiums zum Behuf einleitender Vorlesungen. Zweite umgearbeitete Ausgabe (1830). Nebst den Marginalien aus Schleiermachers Handexemplar* (KGA I/6, 317–446, hier 375, § 133).
[3] Hendrik Birus, „Zwischen den Zeiten: Friedrich Schleiermacher als Klassiker der neuzeitlichen Hermeneutik", in: *Hermeneutische Positionen: Schleiermacher – Dilthey – Heidegger – Gadamer*, hg.v. H. Birus, Göttingen 1982, 15–58.
[4] Schleiermacher, *Kurze Darstellung des theologischen Studiums zum Behuf einleitender Vorlesungen (1811)* (KGA I/6, 243–315, hier 276, T. II, 1. Abschnitt, § 28).
[5] Friedrich Daniel Ernst Schleiermacher: *Vorlesungen zur Hermeneutik und Kritik*, Nachschrift Jonas (1819) (KGA II/4, 195, – künftig zitiert unter einfacher Seitenangabe im Text). Noch prononcierter heißt es in der Nachschrift Braune (1826/27): „Die Philologie ist [...] der recht eigentliche Ort der Hermeneutik." (459)

keine Neigung diese Theorie aufzustellen weil er selten verstehen will selbst aber glaubt nothwendig verstanden zu werden." (KGA II/4, 119)

Die von Schleiermacher geforderten „festen Principien" beziehen sich zum einen auf die Methoden des Verstehens, die er in zwei voneinander unabhängige (unglücklicherweise sich terminologisch überschneidende!) Gegensatzpaare faßt: Einerseits ein Verstehen „durch Vergleichung mit andern" vs. „durch Betrachtung an und für sich" (58), was er alsbald als „comparative" vs. „unmittelbare" (109) oder auch „divinatorische" (157f.)[6] Methode bezeichnet. Andererseits das „geschichtliche" vs. „profetische[7] [...] Nachconstruiren der gegebenen Rede" (128), denn (wie es in der gleichzeitigen Nachschrift Jonas [1819] heißt):

> Jedes Gegenwärtige ist Product der Vergangenheit und Keim der Zukunft. Darum gehört zum Verstehen auch gleichsam ein prophetisches Talent und es ist klar, daß das Verstehen im höchsten Sinne des Wortes Kunst ist. (219)[8]

In diesem Sinne, freilich terminologisch verwirrend, heißt es einige Jahre später in der Nachschrift Braune (1826/27):

> Eine Schrift, die einen Entwicklungs-Punkt des Schriftstellers selbst bezeichnet, muß eine andre Farbe haben, als eine, die nur wiedergiebt, was ihm schon etwas altes und gewohntes ist. Das Eine ist nun das Rückwärtsgekehrte, das Geschichtliche, das Andre das Vorwärts-Gekehrte, das Divinatorische. (487)

Im letzten Kolleg 1832/33 ist von diesem Methoden-Gegensatz gar nicht mehr die Rede, wie auch die erstgenannte Opposition – angeregt durch F.A. Wolfs Unterscheidung von „beurkundender" und „divinatorischer Kritik" (185) – nur noch in dem der *Kritik* gewidmeten Teil (bes. 1029–1038, 1055–1059, 1093–1059 u. 1101f.) eine Rolle spielt.

Dagegen organisiert ein weiterer Gegensatz der Verstehensrichtungen die gesamte Schleiermachersche Hermeneutik. Gleich in seinen ersten Notizen *Zur Hermeneutik* (1805) hatte Schleiermacher festgehalten: „Alles vorauszusezende in der Hermeneutik ist nur Sprache und alles zu findende, wohin auch die andern objectiven und subjectiven Voraussezungen gehören muß aus der Sprache gefunden werden." (17) Zwar könne die Hermeneutik auf die Poetik und Rhetorik zurück-

---

[6] In der Nachschrift Jonas (1819) werden terminologisch die beiden Wege „der Comparation" und der „unmittelbaren Intuition" (310) einander gegenübergestellt, in der Nachschrift Hagenbach (1822) ein „2faches Verfahren, 1. das komparative 2. das heuristische" (439). Ausführlicher zur „comparativen" vs. „divinatorischen" Methode die Nachschrift Braune (1826/27) (608–612).
[7] Überschrieben: „divinatorisch"(128).
[8] Terminologisch entsprechend die Nachschrift Hagenbach (383f.).

greifen, es mangle aber an einer „Theorie der Kunst die Sprache im Allgemeinen productiv zu behandeln" (196). Dies sollte sich schon mit Schleiermachers Zeitgenossen Wilhelm von Humboldt[9] und dann mit den Russischen Formalisten und Strukturalisten, besonders Roman Jakobson,[10] grundlegend ändern, doch für die literarische Hermeneutik hatte dies kaum Folgen. Worin sie ihm hingegen gefolgt ist, das ist Schleiermachers durchgängige Behauptung einer Duplizität des Verstehens: der „grammatische[n] Interpretation" (6) einer Rede oder Schrift „aus dem Mittelpunkt der Sprache" (16) im Gegensatz zu der zunächst „historische" (6), dann aber „technische" (27 u. ö.) und/oder „psychologische" (121 u. ö.) genannten Interpretation „aus dem Mittelpunkt eines Künstlers" (16); oder wie er es in seiner letzten Hermeneutik-Vorlesung formuliert: „als Complexus von Sprachelementen" vs. „als Einheit einer Handlung" (876). „Jede einzelne ist so weit zu treiben als möglich" (39): „Die absolute Lösung der Aufgabe ist die, wenn jede Seite für sich behandelt die andere völlig ersezt die aber eben so weit auch für sich behandelt werden muß." (121) Daher „sollte jede Seite allein gebraucht werden":

> Will man nun durch die grammatische Seite allein die Interpretation zu Stande bringen, so kann man das nur durch elementarische Construction; die Auflösung eines Gedankens in seine Elemente ist die vollständigste Zerstörung des Psychologischen und die vollständigste Aufhebung in die Sprache hinein. (874)

Diese Gabelung läßt sich unschwer bis zu den vor einem Jahrhundert auf den Weg gebrachten Extrempositionen der formalistisch-strukturalistischen und der psychoanalytischen Textinterpretation verfolgen. Ja, sie vervielfältigt sich noch zu einem Methodenpluralismus, dank dessen „die Literaturwissenschaft in verschiedene Subdiskurse [zerfällt], die nicht einmal die gleichen Kriterien (im Wittgensteinschen Sinne) teilen. Es werden in ihr Sprachspiele gespielt, in denen heterogene Begriffe zu stark divergierenden Zwecken verwandt werden", wobei „zwischen den verschiedenen Subdiskursen keine Vermittlung stattfindet".[11] So

---

9 Vgl. Jürgen Trabant, *Traditionen Humboldts*, Frankfurt/Main 1990, bes. 34–49 (Kap. 2: „Das bildende Organ des Gedanken: Grundzüge des Humboldtschen Sprachdenkens"); sowie Jürgen Trabant, *Mithridates im Paradies: Kleine Geschichte des Sprachdenkens*, München 2003, bes. 260–267 (Kap. 6.5.2: „Humboldt: die Verschiedenheit des menschlichen Sprachbaus").
10 Vgl. Hendrik Birus, „Der Leser Roman Jakobson – im Spannungsfeld von Formalismus, Hermeneutik und Poststrukturalismus", in: Roman Jakobson, *Poesie der Grammatik und Grammatik der Poesie: Sämtliche Gedichtanalysen. Kommentierte deutsche Ausgabe*, 2 Bde, hg.v. Hendrik Birus u. Sebastian Donat, Berlin und New York 2007, Bd. 1, XIII–XLVIII, bes. Teil I.
11 *Positionen der Literaturwissenschaft. Acht Modellanalysen am Beispiel von Kleists „Das Erdbeben von Chili"*, hg.v. David Wellbery, 2., durchges. Aufl., München 1987, 7 („Vorbemerkung"). –

David Wellberys „Vorbemerkung" zu den von ihm angeregten, höchst divergenten *Acht Modellanalysen am Beispiel von Kleists „Das Erdbeben von Chili"* gemäß dem literaturwissenschaftlichen Methodenspektrum von Diskursanalyse, Hermeneutik, Kommunikationstheorie/Pragmatik, Literatursemiotik, Institutionssoziologie, Sozialgeschichtlicher Werkinterpretation, Theorie der Mythologie/Anthropologie und unsagbarem *** (für Derridasche Grammatologie), zu denen der Herausgeber betont, „daß beim gegenwärtigen Stand der Dinge jeder Versuch, die verschiedenen literaturwissenschaftlichen Positionen *systematisch* zu vermitteln, der Überzeugungskraft entbehren muß".[12]

Doch eine solche *enumeración caótica* literaturwissenschaftlicher Positionen ähnelt allzu sehr der von Schleiermacher wiederholt abgelehnten Pluralität von grammatisch-historischer, dogmatischer, mystischer, allegorischer und womöglich kabbalistischer Interpretation (374 u. 733, sowie 205-212 u. 480 f.).[13] Ja, sie widerspricht diametral seinem Bestreben, den „immer noch chaotischen Zustand dieser Disciplin" zu überwinden, indem „die Hermeneutik zu der ihr als Kunstlehre gebührenden Gestalt gelangt und von der einfachen Thatsache des Verstehens ausgehend aus der Natur der Sprache und aus den Grundbedingungen des Verhältnisses zwischen dem Redenden und Vernehmenden ihre Regeln in geschlossenem Zusammenhang entwikkelt".[14] In seiner Ablehnung eines solchen Programms lag Wellbery durchaus auf einer Linie mit Gadamer, der es suspekt fand, daß Schleiermacher – im Einklang mit dem „traditionelle[n] Selbstverständnis der Hermeneutik" – „sich ausdrücklich zu dem alten Ideal der Kunstlehre bekennt".[15] Dagegen kritisierte es Peter Szondi, daß Schleiermacher zwar „durch Diltheys Arbeiten zum Vorbild der Hermeneutik unseres Jahrhunderts" wurde,

---

Vgl. auch 15 Jahre später *Kafkas „Urteil" und die Literaturtheorie. Zehn Modellanalysen*, hg.v. Oliver Jahraus und Stefan Neuhaus, Stuttgart 2002.

12 Ebd., 8. – Vgl. hierzu auch Wellberys ähnlich argumentierende „Einführung" zur Sektion III „Aktuelle Methodenprobleme", in: *Germanistik und Komparatistik. DFG-Symposion 1993*, hg.v. Hendrik Birus, Stuttgart und Weimar 1995 (Germanistische Symposien. Berichtsbände 16), 323– 327.

13 In der Nachschrift Braune (1826/27) wird die letztgenannte Bezeichnung so erläutert: „das Kabbalistische, es sagt: die einzelnen in der Sprache bedeutungslosen Elemente, die Buchstaben, selbst die schriftlichen Zeichen müßten noch einen besonderen Sinn haben." (481) In der Nachschrift Hagenbach (1822) findet sich dazu die hübsche Bemerkung: „Die kabbalistische Interpretation und die trockene sind die Extreme zwischen welchen die Wahrheit eingefaßt ist, in ihnen aber ist verloren gegangen." (379)

14 Schleiermacher, „Über den Begriff der Hermeneutik. Zweite Abhandlung (vorgetragen am 22. Oktober 1829)" (KGA I/11, 623–641, hier 641).

15 Hans-Georg Gadamer, *Hermeneutik I: Wahrheit und Methode. Grundzüge einer philosophischen Hermeneutik*, Tübingen 1999 [= Gesammelte Werke, unveränd. Taschenbuchausg., Bd. 1], 270.

daß es aber „in seiner [sc. Diltheys] Nachfolge immer mehr Brauch [wurde], vom Höhenflug einer Philosophie des Verstehens zur irdischen Praxis der Auslegung und ihrer Methodenlehre nicht mehr zurückzukehren"; und er rühmte „Schleiermacher als möglichen Lehrmeister für eine noch ausstehende neue Interpretationslehre, zu deren Ausarbeitung die Literaturwissenschaft mit der neueren Sprachwissenschaft sich verbünden muß, um über jene heute übliche Praxis der Interpretation hinauszugelangen, die meist wenig mehr ist als der Rechenschaftsbericht eines Literaturgenießenden".[16]

II

Nachdem Schleiermacher anfangs die Grammatische Interpretation nur als „objective", „von Seiten der Construction [...] bloß negative, die Grenzen angebende" (6) Seite der Hermeneutik charakterisiert hatte, fragte er bereits im *Ersten Entwurf* von 1805 nach dem „Geist" einer Sprache und forderte eine „systematische Darstellung der Anschauungsweise der Sprache" (45), so daß er dann seit seiner *Allgemeinen Hermeneutik* von 1809/10 (69 – 116) über die herkömmliche atomistische Aneinanderreihung von Wort- und Formerklärungen hinauskam und statt dessen die Grammatische Interpretation programmatisch auf die Sprache als „Totalität" (75) „mit dem in ihr niedergelegten System der Anschauungen und Abschattung der Gemüthsstimmungen"[17] bezog. Darin liegt ein theoretisches Potential, das weder durch seine eigene hermeneutische Praxis, noch auch durch seine Nachfolger im 19. Jahrhundert, wie Böckh und Dilthey, ausgeschöpft worden ist. Denn nicht nur wird so – im Gegensatz zur bisherigen „grammatischen Interpretation" und in Antizipation Humboldts[18] – die Sprache als „ein geschlossenes Ganze" behandelt,[19]

---

16 Peter Szondi, „Schleiermachers Hermeneutik heute" (1970), in: Ders.: *Schriften II. Essays: Satz und Gegensatz. Lektüren und Lektionen. Celan-Studien; Anhang: Frühe Aufsätze*, hg. v. Jean Bollack [u. a.], Frankfurt/Main 1978, 106 – 130, hier 108 f.
17 Friedrich Schleiermacher, „Über die verschiedenen Methoden des Übersetzens (vorgetragen am 24. Juni 1813)" (KGA I/11, 65 – 93, hier 69). So heißt es in der *Hermeneutik*-Nachschrift Hagenbach (1822): „[...] jede Sprache enthält eine in gewisser Hinsicht eigenthümliche Weltansicht, und so erscheint uns die Sprache nicht als ein Mittel für den einzelnen Menschen; sondern der Mensch erscheint uns als einer durch die Sprache so und so gebildeter, und nur als ein Ort, an welchem sich die Sprache so modifizirt." (367 f.)
18 „Damit der Mensch nur ein einziges Wort wahrhaft [...] verstehe, muss schon die Sprache ganz, und im Zusammenhange in ihm liegen. Es giebt nichts Einzelnes in der Sprache, jedes ihrer Elemente kündigt sich nur als Theil eines Ganzen an." (Wilhelm von Humboldt, „Ueber das vergleichende Sprachstudium in Beziehung auf die verschiedenen Epochen der Sprachentwick-

der zufolge „alles Einzelne in ihr muß aus der Totalität können verstanden werden" (75). Sondern in noch erstaunlicherer Antizipation Humboldts[20] und Whorfs[21] wird hier der Redende als „Organ" der Sprache begriffen:

> Die Sprache ist für jeden leitendes Princip, nicht nur negativ, weil er aus dem Gebiet des in ihr befaßten Denkens nicht herauskann, sondern auch positiv, weil sie durch die in ihr liegenden Verwandtschaften seine Combination lenkt. Jeder kann also nur sagen, was sie will, und ist ihr Organ. (75)

Dementsprechend stellt die Grammatische Interpretation „den Redenden in den Hintergrund, und sieht ihn nur als Organ der Sprache an, diese aber als das eigentlich genetische der Rede" (76). Deshalb könne man (wie Schleiermacher wenig später in der Akademie-Abhandlung *Über die verschiedenen Methoden des Übersetzens* betont) „die Rede auch als Handlung des Redenden" – also in der anderen Interpretationsrichtung – nur verstehen, „wenn man zugleich fühlt, wo und wie die Gewalt der Sprache ihn ergriffen hat, wo an ihrer Leitung die Blitze der Gedanken sich hingeschlängelt haben": ist doch „jeder Mensch [...] in der Gewalt der Sprache, die er redet; er und sein ganzes Denken ist ein Erzeugniß derselben".[22]

Der russische Strukturalist Roman Jakobson war wohl der bedeutendste (fast noch) zeitgenössische Exponent einer so gefaßten Grammatischen Interpretation. Zwar bezieht er sich in seinen nahezu unüberschaubaren Schriften nirgends direkt auf Schleiermacher, doch zitiert er immerhin an exponierter Stelle aus Bettina von Arnims *Günderode*-Buch die – den Interpretationsansatz ihres Freundes Schleiermacher bemerkenswert radikalisierenden – apokryphen Sätze Hölderlins:

> die Sprache bilde alles Denken, denn sie sei größer wie der Menschengeist, der sei ein Sklave nur der Sprache, und so lange sei der Geist im Menschen noch nicht der vollkommene, als die

---

lung" [1820], in: Humboldt, *Gesammelte Schriften*, hg.v. d. Preußischen Akademie der Wissenschaften, Bd. 1–17, Berlin 1903–1936, hier Bd. 4, 1–34, bes. 14f.)
19 In der Nachschrift Calow (1832/33) erläutert Schleiermacher die Bezeichnung „Grammatik" als „die Kenntniß der Sprache als eines organischen Ganzen" (731).
20 Zur „Macht der Sprache" über den Einzelnen vgl. bes. Wilhelm von Humboldt, „Ueber die Verschiedenheiten des menschlichen Sprachbaues" [1827–1829], in: Humboldt: *Gesammelte Schriften*, a.a.O. (Anm. 18), Bd. 6, 111–303, hier 182ff. (§§ 64–66).
21 „It was found that the background linguistic system (in other words, the grammar) of each language is not merely a reproducing instrument for voicing ideas but rather is itself the shaper of ideas, the program and guide for the individual's mental activity, for his analysis of impressions, for his synthesis of his mental stock in trade." (Benjamin Lee Whorf, *Language, Thought, and Reality. Selected Writings*, ed. with an introduction by John B. Carroll, Foreword by Stuart Chase, Cambridge, Mass. 1956, 212.)
22 Schleiermacher, „Über die verschiedenen Methoden des Übersetzens", a.a.O. (Anm. 17), 71f.

Sprache ihn nicht alleinig hervorrufe. Die Gesetze des Geistes aber seien metrisch, das fühle sich in der Sprache, sie werfe das Netz über den Geist, in dem gefangen er das Göttliche aussprechen müsse [...].²³

Ja im Alter befragt, welche deutschen Werke seine sprachwissenschaftliche Entwicklung am meisten gefördert hätten, nennt Jakobson außer dem 2. Band von Edmund Husserls *Logischen Untersuchungen* die „Schriften von Novalis", Schleiermachers romantischem Mitstreiter, bei dem ihn – „wie gleichzeitig bei Mallarmé" – „für immer die unzertrennbare Verknüpfung von großem Dichter und tiefem Sprachtheoretiker" entzückt habe; und er zitiert (neben einer Reihe von Aphorismen) aus dessen „Monolog":

> daß es mit der Sprache wie mit den mathematische Formeln sei – Sie machen eine Welt für sich aus – Sie spielen nur mit sich selbst, drücken nichts als ihre wunderbare Natur aus, und eben darum sind sie so ausdrucksvoll – eben darum spiegelt sich in ihnen das seltsame Verhältnißspiel der Dinge,²⁴

sowie Novalis' abschließende „scharfsinnige Behauptung, ein Schriftsteller sei wohl nur ein Sprachbegeisterter, im buchstäblichen Sinne dieses Wortes".²⁵

Diese doppelte theoretische Herkunft gilt es nicht aus dem Auge zu verlieren, wenn für Jakobson (ganz im Sinne von Schleiermachers Grammatischer Interpretation) „die Poetik, die das Werk eines Dichters durch das Prisma der Sprache interpretiert [...], *per definitionem* den Ausgangspunkt bei der Auslegung von Gedichten darstellt"; wobei selbstverständlich „deren dokumentarischer Wert, sei er psychologischer, psychoanalytischer oder soziologischer Art, für die Erforschung offen bleibt – natürlich durch wirkliche Spezialisten in den fraglichen Disziplinen".²⁶ Während aber dieses methodologische Credo von verschiedensten literaturwissenschaftlichen Richtungen des 20. Jahrhunderts – vom ‚New Criticism' bis hin zur ‚Immanenten Interpretation' Emil Staigers – ohne Zögern un-

---

23 Bettina von Arnim, *Die Günderode. Clemens Brentanos Frühlingskranz*, hg. v. Heinz Härtl, Berlin und Weimar 1989 (Werke 2), 265 f.; zit. in: Roman Jakobson u. Grete Lübbe-Grothues: „Ein Blick auf ‚Die Aussicht' von Hölderlin", in: Jakobson: *Poesie der Grammatik und Grammatik der Poesie*, Bd. 2, 139–249, hier 213 – künftig zit. mit der Sigle PG und Band- und Seitenzahl.
24 Novalis, *Schriften (Die Werke Friedrich von Hardenbergs)*, Bd. 2: *Das philosophische Werk I*, hg. v. Richard Samuel in Zusammenarbeit mit Hans-Joachim Mähl u. Gerhard Schulz, 3., erw. u. verb. Aufl., Darmstadt 1981, 672f.
25 Roman Jakobson, „Nachwort" zu: Jakobson: *Form und Sinn. Sprachwissenschaftliche Betrachtungen*, München 1974 (Internationale Bibliothek für Allgemeine Linguistik, Bd. 13), 176f.
26 Roman Jakobson, „Nachtrag zur Diskussion über die Grammatik der Poesie" (übers. aus dem Frz. v. Elvira Glaser u. Hugo Stopp, aus dem Engl. v. Bernhard Teuber u. Britta Brandt, komm. v. H. Birus, B. Brandt u. B. Teuber), in: PG 2 (a.a.O., Anm. 23), 733–788, hier 740.

terschrieben werden könnte, scheint es doch eher eine linguistische *déformation professionelle* zu verraten, wenn Jakobson eine solche Interpretation ‚durch das Prisma der Sprache' ausgerechnet auf „das poetische Material, das in der morphologischen und syntaktischen Struktur der Sprache verborgen liegt, – kurz, die Poesie der Grammatik und ihr literarisches Produkt, die Grammatik der Poesie –" gerichtet wissen will.[27] Doch auch diese ‚Grammatisierung' der Grammatischen Interpretation ist bereits bei Schleiermacher angelegt. Entsprechend der seit Beginn des 19. Jahrhunderts zunehmend zu beobachtenden Hinwendung zur „grammatischen Struktur"[28] als der primären Schicht der Sprachen fordert Schleiermacher innerhalb der Grammatischen Interpretation eine völlig gleichberechtigte Behandlung des „formellen Elementes" – bzw. der „Structur" (42)[29] – und des „materiellen Elementes" (140); ja: „Eigentlich muß bei Bestimung des Besonderen aus dem Allgemeinen zuerst vom Formellen Element die Rede sein weil dadurch bestimt wird wie jedes zusammengehört." (22)[30] „Formelle Elemente", das sind für Schleiermacher solche Elemente, die „nichts als Beziehungen bezeichnen" (43): also die „Personen des Verbi, [...] Casus, Präpositionen, Tempora, Modi" (90), ferner (als vermittelnd zu den „materiellen Elementen") „Partikeln" und „andere Redetheile, welche sich den Partikeln nähern, wie Pronomina und manche Adjective (80). Freilich sei deren Grundbedeutung weit schwerer zu

---

[27] Roman Jakobson, „Linguistik und Poetik" [1958/59] (übs. v. Stephan Packard, komm. v. Hendrik Birus), in: PG 1 (a.a.O., Anm. 23), 155–216, hier 199.
[28] Vgl. bes. Friedrich Schlegel, „Über die Sprache und Weisheit der Indier. Ein Beitrag zur Begründung der Altertumskunde", in: F. Schlegel: *Studien zur Philosophie und Theologie*, hg.v. Ernst Behler u. Ursula Struc-Oppenberg, München u.a. 1975 (KFSA. 8), 105–433, hier 137–165; sowie hierzu Hendrik Birus: „Zwischen den Zeiten", a.a.O. (Anm. 3), 28 u. 48f.
[29] Structura wird in der Klassischen Rhetorik weitgehend synonym mit compositio verwendet und bezeichnet hier die „syntaktische Gestaltung des Satzkontinuums [...] nach den Gesichtspunkten der Rhetorik, also mit dem Ziel nicht nur des recte dicere [...], sondern des bene dicere" (Heinrich Lausberg, *Handbuch der literarischen Rhetorik. Eine Grundlegung der Literaturwissenschaft*, 2., verm. Aufl., München 1973, 455 [§ 911]). Schleiermachers Begriffsgebrauch liegt ganz auf dieser Linie und enthält gerade im Hinblick auf die von Manfred Frank herangezogenen Stellen schwerlich das ihm unterstellte innovatorische Potential für die Hermeneutik (vgl. die „Einleitung des Herausgebers" zu F.D.E. Schleiermacher, *Hermeneutik und Kritik. Mit einem Anhang sprachphilosophischer Texte Schleiermachers*, hg. u. eingel. v. M. Frank, Frankfurt/Main 1977, 40).
[30] So heißt es in der Nachschrift Jonas (1819): „Man soll vorher eine Uebersicht des Ganzen haben. Wodurch hebt sich ein Satz heraus im Ganzen? Doch nur durch formelle Sprachelemente, wodurch das Spätere an das Frühere angereiht wird. Die Bindewörter und Bindeweisen bedingen also die Gliederung des Ganzen und da das Einzelne nur kann aus dem Ganzen verstanden werden, so hängt es ja von den Gliederungen ab. Wir werden also wohl thun, von den formellen Sprachelementen anzufangen." (252f.)

eruieren als die der „materiellen Elemente"[31] – handle es sich dabei doch nicht wie bei diesen um das „Schema einer Anschauung", sondern um das abstraktere „Schema einer Beziehungsweise" (ebd.). Doch gleichwohl müsse sie „streng grammatisch erweislich" sein (90).

Jakobson geht allerdings einen entscheidenden Schritt über Schleiermacher hinaus, wenn er diese Betrachtungsweise speziell auf kürzere Gedichte anwendet,[32] während Schleiermacher befürchtet hatte, in der ‚lyrischen Gattung' werde der „Sinn des formalen Elements" nur „relativ vag" bestimmbar sein (92).[33] In seinem programmatischen Vortrag *Poėzija grammatiki i grammatika poėzii* (Warschau 1960) betont Jakobson:

> Wenn die unvoreingenommene, aufmerksame, detaillierte und ganzheitliche Beschreibung die grammatische Struktur eines einzelnen Gedichts aufdeckt, dann kann das Bild der Auswahl, Verteilung und Wechselbeziehung der verschiedenen morphologischen Klassen und syntaktischen Konstruktionen den Beobachter durch unerwartete, auffallend symmetrische Anordnungen, proportionale Konstruktionen, kunstvolle Anhäufungen äquivalenter Formen und grelle Kontraste in Erstaunen versetzen.[34]

Vielumstritten war dieser Satz vor allem, weil man aus ihm den Anspruch herauslas:

> that if one follows patiently the procedures of linguistic analysis – and follows them mechanically so as to avoid bias – one can produce a complete inventory of the patterns in a text. The claim seems to be, first, that linguistics provides an algorithm for exhaustive and unbiased description of a text and, second, that this algorithm of linguistic description constitutes a discovery procedure for poetic patterns [...].[35]

---

31 „Mit den formellen ist noch anders, noch schwieriger, die wirkliche Einheit aufzufassen und die Differenzen in den verschiedenen Sprachen, indem die Denkweise des Einzelnen durch das Ganze bestimmt wird, machen das genaue Uebertragen schwierig" (842).
32 Vgl. Roman Jakobson, „Retrospect", in: Jakobson: *Selected Writings*, Bd. 1–7, 's Gravenhage (ab 1966: The Hague und Paris; ab 1979: The Hague u. a.; ab 1985: Berlin u. a.) 1962–1985, Bd. 8, Berlin, u. a. 1988, hier Bd. 3: *Poetry of Grammar and Grammar of Poetry*, 763–789, bes. 770 – künftig zit. mit der Sigle *SW* (Bd. 1 nach der 2., erw. Aufl. 1971).
33 Ohnehin räumt Schleiermacher ein: „es wird viel schwüriger sein, auf dem Gebiet der Poësie diese Regeln der Hermeneutik anzunehmen, als auf dem Gebiet der Prosa." (576) In seinem letzten Hermeneutik-Kolleg betont Schleiermacher zum „Verfahren in der lyrischen Poesie": „daß es seine eigenthümlichen Schwierigkeiten habe, hier zu vollkommener Nachconstruction zu gelangen" (814).
34 Roman Jakobson: „Poesie der Grammatik und Grammatik der Poesie" (übs. u. komm. v. Sebastian Donat), in: PG 1 (a.a.O., Anm. 23), 257–301, hier 272.
35 Jonathan Culler, *Structuralist Poetics: Structuralism, Linguistics and the Study of Literature*, 2nd print., Ithaca, N. Y. 1976, 57; ähnlich auch Manfred Franks Assoziation von Grammatischer In-

Diesem Einwand Jonathan Cullers gegen Jakobsons linguistische Analyse poetischer Strukturen schien durchaus einige Plausibilität zuzukommen – zumal im Hinblick auf Jakobsons (keineswegs Vollständigkeit beanspruchende) Aufzählung derjenigen „grammatischen Kategorien", die in der Dichtung „für Entsprechungen auf der Basis von Ähnlichkeit oder Kontrast verwendet werden", nämlich:

> alle Klassen der flektierbaren und nicht-flektierbaren Wortarten, Numeri, Genera, Kasus, Tempora, Aspekte, Modi, Genera verbi, die Klassen der Abstrakta und Konkreta, Negationen, finite und nicht-finite Verbformen, definite und indefinite Pronomina oder Artikel sowie schließlich die verschiedenen syntaktischen Einheiten und Konstruktionen.[36]

Doch selbst angesichts einer solchen – gegenüber Schleiermacher einschüchternd angewachsenen – Liste kann jener Einwand nur dann Überzeugungskraft beanspruchen, wenn man (wie Culler) ‚unvoreingenommen' mit *mechanisch*, ‚detailliert' mit *erschöpfend* und ‚ganzheitlich' mit *komplett* gleichsetzt und die von Jakobson geforderte ‚Aufmerksamkeit' des Interpreten durch die Suche nach einer aus einem linguistischen Algorithmus ableitbaren *discovery procedure for poetic patterns* ersetzt – und dies dann auch noch als Jakobsons eigentliche Intention unterstellt.[37] Dagegen spricht allein schon, daß eine ganze Anzahl von Jakobsons Gedichtanalysen keineswegs ‚erschöpfend' angelegt ist, sondern sich nur auf einige wesentliche Strukturmomente und ihre Verkettung konzentriert, andererseits aber seine großangelegten Studien jeweils ganz unterschiedlich strukturiert sind. Aus ‚mechanischer' Textdeskription oder linguistischen *discovery procedures* sind sie jedenfalls allesamt nicht gewonnen.

Schon seine Analyse des Hussitenchorals „Ktož jsú boží bojovníci" (‚Die die Gottes-Kämpfer sind')[38] hätte die damals entbrannte Diskussion über die Belie-

---

terpretation und *discovery procedures* (Manfred Frank: *Das individuelle Allgemeine. Textstrukturierung und -interpretation nach Schleiermacher*, Suhrkamp: Frankfurt/Main 1977, 265 u. 275).

36 Jakobson, „Poesie der Grammatik und Grammatik der Poesie", a.a.O. (Anm. 34), 273.

37 Daran krankt ja auch die kritische Jakobson-Rekonstruktion von Roland Posner („Strukturalismus in der Gedichtinterpretation: Textdeskription und Rezeptionsanalyse am Beispiel von Baudelaires *Les Chats*", in: *Literaturwissenschaft und Linguistik: Ergebnisse und Perspektiven*, Bd. II/1: *Zur linguistischen Basis der Literaturwissenschaft I*, hg.v. Jens Ihwe, Frankfurt/M. 1971 (Ars poetica. Texte, Bd. 8), 224–266, bes. 240ff. u. 254f.

38 Roman Jakobson, „‚Die die Gottes-Kämpfer sind'. Der Wortbau des Hussitenchorals", übs. u. komm. v. Hendrik Birus, in: PG 1 (a.a.O., Anm. 23), 509–535; vgl. hierzu Hendrik Birus, „Hermeneutik und Strukturalismus. Eine kritische Rekonstruktion ihres Verhältnisses am Beispiel Schleiermachers und Jakobsons", in: *Roman Jakobsons Gedichtanalysen. Eine Herausforderung an die Philologien*, hg.v. Hendrik Birus u. a., Göttingen 2003 (Münchener Komparatistische Studien, Bd. 3), 11–37, bes. 23 f. u. 309–317.

bigkeit der Jakobsonschen Gedichteinteilungen, seiner grammatischen Kategorisierungen, seiner Verknüpfung formaler und semantischer Strukturen auf eine solidere Grundlage gestellt. Denn diese Analyse beeindruckt durch ihre enge Integration formaler und thematischer, genrespezifischer und intertextueller Beobachtungen, so daß die schon in der gemeinsam mit Claude Lévi-Strauss verfaßten „Les chats"-Analyse proklamierte These von der „semantische[n] Fundierung" der „Phänomene der formalen Distribution"[39] hier tatsächlich mit Anschauung gefüllt wird.

Das wirklich Neue – und zugleich Schleiermachers kühne Ideen einer Grammatischen Interpretation Fortführende – an Jakobsons Gedichtanalysen liegt vor allem in seiner systematischen Einbeziehung formaler, grammatischer Bedeutungen in die Gesamtinterpretation. Begnügt sich doch Jakobson nicht mit einer Klassifikation der verschiedenen grammatischen Formen und der Deskription ihrer Häufigkeit, Verteilung etc. – der Erstellung ihres Pattern also – , sondern es geht ihm wesentlich auch um ihre semantische Interpretation. Wie bei Schleiermacher der für ihn zentrale „Grundsaz der Einheit der Bedeutung auch für das formelle Element, die Structur gilt" (42),[40] so gehörte die Suche nach einer semantischen Charakterisierung der Verbalkategorien,[41] nach ‚Gesamtbedeutungen' der verschiedenen Kasus,[42] nach

---

39 Roman Jakobson, „‚Die Katzen' von Charles Baudelaire" (übs. v. Erich Köhler, V. Kuhn, Roland Posner u. Dieter Wunderlich, überarb. v. Hendrik Birus u. Bernhard Teuber, komm. v. B. Teuber), in: PG 2 (a.a.O., Anm. 23), 251–287, hier 278. Wie zentral diese These für Jakobson ist, zeigt bereits sein Aufsatz „Zur Struktur des Phonems" (1939), in dem betont wird, daß „die grammatischen und stilistischen, im besonderen lautstilistischen, Werte Zeichen der Inhalte sind" und daß das *signans* dem *signatum* „hierarchisch untergeordnet" ist, da „das *signatum* [...] zum Gegenstande der Aussage durchwegs näher als das entsprechende *signans*" ist (SW 1 [2., erw. Aufl. 1971; a.a.o., Anm. 32], 280–310, hier 310 u. 298).
40 „Jede Partikel und jede Flexion hat eine einzige wahre Bedeutung zu der sich jeder Gebrauch verhält wie das besondere zum Allgemeinen" (43). Die *Allgemeine Hermeneutik* (1809/10) präzisiert: „Die Einheit eines materiellen Elementes ist ein weiter bestimmbares Schema einer Anschauung; die eines formellen ein Schema einer Beziehungsweise. [...] Die Vielheit des Gebrauchs beruht im Allgemeinen darauf, daß dasselbe Schema in ganz verschiedenen Sphären vorkommen kann." (80)
41 Vgl. Jakobson, „Zur Struktur des russischen Verbums" (SW II; a.a.O., Anm. 32, 3–15).
42 Jakobson, „Beitrag zur allgemeinen Kasuslehre. Gesamtbedeutungen der russischen Kasus" (ebd. 23–71). Dieser und der vorgenannte Aufsatz widerlegen Szondis skeptische Bemerkung zu Schleiermachers Sprachkonzeption: „Nichts widerspricht den methodologischen Grundsätzen der neueren Sprachwissenschaft mehr als das Postulat einer Einheit des Wortes [bzw. einer grammatischen Form], die als solche nicht gegeben ist, sondern die Konfiguration der verschiedenen Bedeutungsnuancen des Wortes [bzw. der Form] darstellt" (Szondi: „Schleiermachers Hermeneutik heute", a.a.O. [Anm. 16], 123).

der Funktion der Code und Sprechsituation verknüpfenden *shifters*⁴³ zu Jakobsons wichtigsten Beiträgen zur Sprachwissenschaft des 20. Jahrhunderts. Und er hat diese grammatische Invariantenforschung gerade für die Analyse ganz individueller Verwendungsweisen solcher grammatischen Kategorien in einzelnen Gedichten nutzbar gemacht. Etwa im Hinblick auf die dominierende und dabei ganz unterschiedliche Rolle der Pronomina der 1. und 2. Person in Gedichten Dantes, Puškins und Brechts⁴⁴ oder aber ihrer Tilgung in Bloks „Devuška pela"⁴⁵ und in den letzten Gedichten Hölderlins.⁴⁶

Hatte Gérard Genette den Strukturalismus generell als das Mittel gerühmt, „die Einheit eines Werkes wiederherzustellen, sein Kohärenzprinzip, das, was Spitzer sein geistiges *Etymon* nannte",⁴⁷ so erweisen sich Jakobsons Analysen vor allem dann als interpretatorisch ertragreich, wenn es ihm gelingt, das Ensemble der grammatischen Strukturen eines Gedichts aus einem formalen Einheitsgesichtspunkt heraus zu rekonstruieren: etwa des ‚monologischen Nennens' beim späten Hölderlin⁴⁸ oder der „pronominalen Manier" als Brechtschem Kunstgriff.⁴⁹

Wie schon Schleiermacher formuliert hat: „die technische Interpretation setzt die grammatische voraus", aber: „Zur Vollendung der grammatischen Seite wird die technische vorausgesetzt" (101). „Bloß grammatisch behandelt", bleibe nämlich ein Text „immer nur ein Aggregat"; denn selbst wenn man ihn grammatisch verstehe, habe man noch nicht seine innere Notwendigkeit eingesehen. Erst durch die Erkenntnis des individuellen Gestaltungsprinzips – nicht etwa der Autorintention – lassen sich die einzelnen Momente eines Sprachkunstwerks ‚nachkonstruieren'. Und dieses „Nachconstruiren" (128 u. ö., so schon 104) ist die Grundoperation nicht nur der Schleiermacherschen Hermeneutik, sondern auch des Strukturalismus – zumindest wenn man (wie Piaget) den „clef du structuralisme" im „primat de l'opération" erblickt.⁵⁰ In seinen gelungensten strukturalen Analysen ist Jakobson über eine bloße Deskription grammatischer Formen und ihre unmittelbare semantische

---

43 Jakobson, „Shifters, Verbal Categories, and the Russian Verb" (SW II; a.a.O. [Anm. 32], 130 – 147).
44 PG 1 (a.a.O., Anm. 23), 465; 276 f. u. 295; PG 2, 700 – 707
45 PG 1, 469.
46 PG 2, 216 f.
47 „Le structuralisme serait alors [...] le moyen de reconstituer l'unité d'une œuvre, son principe de cohérence, ce que Spitzer appelait son etymon spiritual" (Gérard Genette, „Structuralisme et critique littéraire", in: Genette: *Figures I*, Paris 1976 [Collection Points 74], 145 – 170, hier 157).
48 PG 2 (a.a.O., Anm. 23), 212 – 216.
49 Ebd., 700.
50 Jean Piaget, *Le structuralisme*, 8. Aufl., Paris 1983 (que sais-je? 1311), 124.

Auswertung hinausgelangt zur Nachkonstruktion des individuellen *modus operandi*,[51] der noch die scheinbar disparatesten Details des jeweiligen Gedichts integriert.

III

Auch die entgegengesetzte Aufgabe der Interpretation „aus dem Mittelpunkt eines Künstlers" (16) bzw. „als Einheit einer Handlung" (876) spielt in der modernen Literaturtheorie eine wichtige Rolle. Daß Freuds später programmatischer Aufsatz „Konstruktionen in der Analyse"[52] eine erstaunliche Nähe zu Schleiermachers Explikation des Verstehens als „Nachconstruiren" (nicht aber, wie bei Dilthey, als „Hineinversetzen, Nachbilden, Nacherleben"[53]) zeigt, mag es rechtfertigen, Freuds Arbeiten zur Literatur und Bildenden Kunst systematisch auf Schleiermachers psychologischen Interpretationsansatz zu beziehen,[54] obwohl diese ganz unabhängig von Schleiermachers Hermeneutik konzipiert worden sind. Diese Konvergenz zeigt sich noch kaum in Freuds frühen Arbeiten, denen es vor allem um Parallelen zu theoretischen Konzepten geht, die aus seiner Selbstanalyse und der Behandlung seiner Patienten stammten, noch auch in seiner systematischen Interpretation sämtlicher Phantasiebildungen innerhalb einer Dichtung (W. Jensens *Gradiva*) und der psychoanalytischen Symboldeutung. Dann aber läßt sich bei Freud – durch einzelne Bemerkungen im Fließ-Briefwechsel[55] wie in der *Traumdeutung*[56] von langer Hand angebahnt – eine Hinwendung zu einer genuin ‚psychologischen Interpretation'

---

51 Panofsky entlehnt diesen scholastischen Terminus aus Thomas von Aquins *Summa Theologiae* (qu. 89, art. 1, c) zur Benennung des „method of procedure [...] in what manner the mental habit induced by Early and High Scholasticism may have affected the formation of Early and High Gothic architecture" (Erwin Panofsky, *Gothic Architecture and Scholasticism*, New York u. a. 1976, 27 f.).
52 Sigm[und] Freud, *Gesammelte Werke*, hg.v. Anna Freud [u. a.] unter Mitwirkung v. Marie Bonaparte, Bde. I–XVIII u. Nachtragsband, Fischer: Frankfurt/Main 1940–1987, hier Bd. XVI, 41–56 – künftig mit der Sigle G.W. und Band- u. Seitenzahl.
53 Wilhelm Dilthey, *Gesammelte Schriften*, Bd. VII: *Der Aufbau der geschichtlichen Welt in den Geisteswissenschaften*, 7., unv. Aufl., Stuttgart und Göttingen 1979, 213–216.
54 Vgl. Hendrik Birus, „Psychoanalyse literarischer Werke? Alternativen der Freudschen Literaturinterpretation", in: *Kontroversen, alte und neue: Akten des VII. Kongresses der Internationalen Vereinigung für germanische Sprach- und Literaturwissenschaft, Göttingen 1985*, hg.v. Albrecht Schöne, Bd. 6: *Frauensprache – Frauenliteratur? / Für und Wider einer Psychoanalyse literarischer Werke*, hg.v. Inge Stephan u. Carl Pietzcker, Tübingen 1986, 137–146.
55 Vgl. etwa die Briefe vom 15.10.1897, 20.6., 7.7. und 5.12.1898, in: Sigmund Freud. *Briefe an Wilhelm Fließ 1887–1904. Ungekürzte Ausgabe*, hg.v. Jeffrey Moussaieff Masson, Bearb. d. deutschen Fassung v. Michael Schröter, Transkription v. Gerhard Fichtner, Frankfurt/Main 1986, 293, 347f., 349f. u. 368.
56 Freud, *Gesammelte Werke*, a.a.O. (Anm. 52), II/III, 272.

beobachten. So schreibt er 1912 im „Nachtrag zur zweiten Auflage" von *Der Wahn und die Träume in W. Jensens ‚Gradiva'*:

> In den fünf Jahren, die seit der Abfassung dieser Studie vergangen sind, hat die psychoanalytische Forschung den Mut gefaßt, sich den Schöpfungen der Dichter auch noch in anderer Absicht zu nähern. Sie sucht in ihnen nicht mehr bloß Bestätigungen ihrer Funde am unpoetischen, neurotischen Menschen, sondern verlangt auch zu wissen, aus welchem Material an Eindrücken und Erinnerungen der Dichter das Werk gestaltet hat, und auf welchen Wegen, durch welche Prozesse dies Material in die Dichtung übergeführt wurde.[57] (G.W. VII, 123)

Dieser schrittweise Übergang „von der Traumforschung zur Analyse der dichterischen Schöpfungen und endlich der Dichter und Künstler selbst" (G.W. X, 76) ist motiviert durch die in dem Vortrag „Der Dichter und das Phantasieren" (1907) formulierte These, die Dichtung sei eine Art Tagtraum (G.W. VII, 219–223). Hatte Freud zuvor schon sein Aufsuchen einzelner Parallelen zwischen dichterischen und psychoanalytischen Sachverhalten in eine systematische Analyse der erdichteten Träume und sonstigen Phantasiebildungen im Kontext eines literarischen Werks überführen können, so vollzieht er nun eine Wendung von der Deutung dichtungsimmanenter Ereignisse und Strukturen hin zur Interpretation von Dichtungen als ganzen in Analogie zu Träumen, und das heißt, unter notwendiger Bezugnahme auf ihren Autor als Analogon zum Träumer. Oder anders gefaßt: Freuds Interesse verschiebt sich von der einzelnen Dichtung als fiktionalem Kontext der erdichteten Träume und anderer psychoanalytisch relevanter Details hin zum Autor samt seinen Kindheitseindrücken und Lebensschicksalen als realem Kontext seiner sozialisierten Tagträume, der Dichtungen. Der letzte Schritt in diese Richtung ist dann die Depotenzierung des Kunstwerks zum bloßen biographischen Dokument, indem – einer programmatischen Formulierung des späten Freud zufolge – „die Psychoanalyse sich in den Dienst der Biographik begibt"[58] und ihr Hauptaugenmerk auf das „Genie des Dichters" richtet: „welche Motive es geweckt haben und welcher Stoff ihm vom Schicksal aufgetragen wurde".[59]

Wie Freud schon früh bekannt hatte, es berühre ihn selbst „eigentümlich, daß die Krankengeschichten, die ich schreibe, wie Novellen zu lesen sind, und daß sie sozusagen des ernsten Gepräges der Wissenschaftlichkeit entbehren", und er dies (mit souveränem Understatement) damit rechtfertigt, daß „eine eingehende Darstellung der seelischen Vorgänge, wie man sie vom Dichter zu erhalten gewohnt ist, mir gestattet, bei Anwendung einiger weniger psychologischer Formeln doch eine Art von

---

57 Ebd., VII, 123.
58 Ebd., XIV, 550.
59 Ebd., XVI, 276.

Einsicht in den Hergang einer Hysterie zu gewinnen",[60] so folgen im Gegenzug seine biographisch orientierten Kunst- und Literaturinterpretationen dem therapeutischen Modell des „Bruchstücks einer Hysterieanalyse",[61] der ersten der großen psychoanalytischen Fallstudien Freuds: Am Beginn der Therapie (so lesen wir) seien die Zusammenhänge meist zerrissen; es sei schlechterdings unmöglich, eine geordnete Darstellung der Lebensgeschichte des Patienten zu geben. Ihre Rekonstruktion gelinge dann nicht zuletzt durch die Deutung seiner Träume, d. h. durch die Ersetzung der disparaten, ‚unsinnigen' Trauminhalte durch die latenten, in sich kohärenten Traumgedanken. Die Heilung der Krankheitssymptome (so Freuds ursprüngliche These) falle schließlich mit ihrer Ersetzung durch bewußte Gedanken zusammen, so daß mit dem Ende der Behandlung zugleich „eine in sich konsequente, verständliche und lückenlose Krankengeschichte" überblickt werden könne.[62]

Eben dies ist auch die Methode von Freuds Aufsatz „Eine Kindheitserinnerung aus *Dichtung und Wahrheit*":[63] Die einzige in *Dichtung und Wahrheit* erzählte Begebenheit aus Goethes frühester Kindheit – sein Geschirr–Hinauswerfen unter dem Jubel der Nachbarn – komme wenig unserer Erwartung entgegen, dass die zuerst erzählte Erinnerung eines Autobiographen den Schlüssel zu den Geheimfächern seines Seelenlebens in sich berge; vielmehr erwecke sie den Eindruck der vollen Harmlosigkeit und Beziehungslosigkeit. Als nun aber ähnliche Kindheitserinnerungen seiner Patienten unabweisbar den Sinn einer magischen Abwehrhandlung zeigten, habe er versuchsweise diesen erratenen Sinn anstelle der Goetheschen Kindheitserinnerung eingesetzt und damit einen tadellosen Zusammenhang herzustellen vermocht.[64] – Nichts anderes war ja auch der methodische Kern von Freuds großer Studie *Eine Kindheitserinnerung des Leonardo da Vinci*,[65] über die er gelegentlich mit großartiger Selbstironie schrieb: „Es ist übrigens auch halb Romandichtung. Ich möchte nicht, daß Sie die Sicherheit unserer sonstigen Ermittlungen nach diesem Muster beurteilen."[66]

Wenn Freud bei diesen psychoanalytischen Interpretationen von einzelnen verräterischen Details auszugehen pflegt und sie als Indizien für die latenten Quellen der behandelten Werke zu nutzen trachtet, so ist dies offensichtlich eine Anleihe bei der Technik der Übersetzung des manifesten Traumtextes in die ihm zugrundelie-

---

60 End., I, 227.
61 Ebd., I, 227.
62 Ebd., 174f.
63 Ebd., XII, 13–26
64 Ebd., 17f.
65 Ebd., VIII, 127–211, bes. 150ff.
66 Freud an Hermann Struck, 7.11.1914, in: Sigmund Freud: Briefe 1873–1939, ausgew. u. hg.v. Ernst L. Freud, 3. Aufl., Frankfurt/Main 1980, 318.

genden Traumgedanken, wie sie das reguläre Verfahren der „Traumdeutung" darstellt. Dabei ist dem Psychoanalytiker „nichts zu klein als Äußerung verborgener seelischer Vorgänge";[67] ist es doch geradezu eine Hauptregel der Analyse, daß ein kenntlicher Rest des unentstellten Inhalts irgendwo im manifesten Traum versteckt sein muß.[68]

IV

Zweifellos stehen Freuds spätere Literaturinterpretationen überwiegend in der Tradition der vom späten Schleiermacher inaugurierten „rein psychologischen Interpretation", die den im Werk zur Darstellung kommenden „fruchtbaren Keimesmoment"[69] sowie noch die periphersten Werkdetails aus dem Leben des Verfassers zu begreifen sucht, was aber nicht auf eine „Anekdotenkrämerei" (893) hinauslaufen soll. Doch dies war ja nur die eine Spielart der (wechselnd als „technische" oder „psychologische" bezeichneten) autorbezogenen Interpretation, die Schleiermacher insgesamt der Grammatische Interpretation gegenübergestellt hatte, in der „der Redende ganz als Organ der Sprache gedacht" werde (50, so noch 949). Gleichberechtigt wurde jener „rein psychologischen Interpretation" aber am Ende die „technische Interpretation" gegenübergestellt, die – statt nach den individuellen Entstehungsbedingungen – nach der methodischen, ‚technischen' Realisierung jenes ‚Keimentschlusses' im Rahmen einer alltäglichen oder literarischen Gattung[70] fragt:

> [...] für die psychologische Seite ist die Kenntniß seines Author's die Hauptsache worauf es ankommt, das heißt seines individuellen Lebensgesetzes; für die technische Seite sein Verhältniß zu der zu seiner Zeit bestehenden Form der Rede, also sein Künstlerwerth die Hauptsache (887).

Etwa gleichzeitig notierte Schleiermacher ein Jahr vor seinem Tode die folgende prägnante „Recapitulation des relativen Gegensazes zwischen psychologisch und technisch":

---

67 Freud, *Gesammelte Werke*, a.a.O. (Anm. 52), VIII, 190.
68 Ebd., VII, 88.
69 Schleiermacher, „Über den Begriff der Hermeneutik. Zweite Abhandlung", a.a.O. (Anm. 14), 630. In der „Ersten Abhandlung" benennt es Schleiermacher als die Aufgabe, „eine Reihe von Gedanken zugleich als einen hervorbrechenden Lebensmoment als eine mit vielen anderen auch anderer Art zusammenhängende That zu verstehen" (ebd. 599–621, hier 610).
70 Vgl. Schleiermacher: „Über den Begriff der Hermeneutik. Zweite Abhandlung", ebd. 629.

> Erstere mehr das Entstehen der Gedanken aus der Gesamtheit des Lebensmoments, lezteres mehr Zurükführung auf ein bestimmtes Denken oder Darstellenwollen woraus sich eine Reihe entwickelt. – Am nächsten kommen sich beide Fälle, wenn ein solcher Entschluß nun festgehalten wird und die gelegentliche Wirksamkeit abgewartet. Sonst ist die technische das Verstehen der Meditation und das der Composition. Die psychologische ist das Verstehen der Einfälle [...] und das Verstehen der NebenGedanken. (169)

Wenn Schleiermacher betont: „von dem Augenblicke, wo der Entschluß entstanden zu einer Form, ist der Autor nur Organ derselben" (912; entsprechend 170), so ist diese ‚technische' Interpretationsrichtung zu Beginn des 20. Jahrhunderts kaum irgendwo schlagender demonstriert worden als in Freuds Schrift über den *Witz und seine Beziehung zum Unbewußten.*[71] Trotz ihres unscheinbaren Gegenstands ist diese Untersuchung ein Markstein nicht nur in der Freudschen „Geschichte der psychoanalytischen Bewegung",[72] sondern auch in der literarischen Hermeneutik, ja darüber hinaus der abendländischen Poetik – durchaus vergleichbar Aristoteles' *Poetik*, Lessings *Abhandlungen über die Fabel* und seinen *Zerstreuten Anmerkungen über das Epigramm* oder Vladimir Propps *Morfologija skazki* (‚Morphologie des Zaubermärchens').

Anders als die Analyse von Wilhelm Jensens Novelle *Gradiva*,[73] die als fiktive Fallgeschichte eher zwischen seine Analysen des ‚Falls Dora'[74] und des ‚Kleinen Hans'[75] denn in das Feld der Literaturwissenschaft gehört, anders auch als der Aufsatz über „Eine Kindheitserinnerung aus *Dichtung und Wahrheit*", der sich wie die Schreibtisch-Analyse des ‚Falls Schreber'[76] auf keinen im engeren Sinn literarischen, sondern auf einen rein autobiographischen Text bezieht, und anders als der weit mehr an der reichen Persönlichkeit Dostoevskijs als an seinen Werken interessierte Aufsatz über „Dostojewski und die Vatertötung",[77] die seither die bevorzugten Modelle psychoanalytischer Literaturinterpretation abgegeben haben, erschöpft sich Freuds *Witz*-Buch gerade nicht in einer mehr oder minder unmittelbaren „Anwendung analytischen Denkens auf ästhetische Themata".[78]

---

[71] Freud, *Gesammelte Werke*, a.a.O. (Anm. 52), VI. Vgl. hierzu Hendrik Birus, „Freuds *Der Witz und seine Beziehung zum Unbewußten* als Modell einer Textsortenanalyse, in: *Die Psychoanalyse der literarischen Form(en)*, hg.v. Johannes Cremerius [u. a.], bes. v. Carl Pietzcker, Würzburg 1990 (Freiburger literaturpsychologische Gespräche, Bd. 9), 254–279.
[72] Freud, *Gesammelte Werke*, a.a.O. (Anm. 52), X, 75–78.
[73] Ebd., VII, 29–125.
[74] Freud, „Bruchstück einer Hysterie-Analyse", in: Ebd., V, 161–286.
[75] Freud, „Analyse der Phobie eines fünfjährigen Knaben", ebd., VII, 241–377.
[76] Freud, „Psychoanalytische Bemerkungen über einen autobiographisch beschriebenen Fall von Paranoia (Dementia Paranoides)", ebd., VIII, 239–320.
[77] Ebd., XIV, 397–418.
[78] Ebd., X, 78.

Vielmehr wählt das bei weitem umfangreichste Kapitel II „Die Technik des Witzes"[79] folgenden Einstieg:

> In dem Stück der „Reisebilder", welches „Die Bäder von Lucca" betitelt ist, führt *H. Heine* die köstliche Gestalt des Lotteriekollekteurs und Hühneraugenoperateurs Hirsch-Hyacinth aus Hamburg auf, der sich gegen den Dichter seiner Beziehungen zum reichen Baron Rothschild berühmt und zuletzt sagt: Und so wahr mir Gott alles Gute geben soll, Herr Doktor, ich saß neben Salomon Rothschild und er behandelte mich ganz wie seinesgleichen, ganz *famillionär*.[80]

Und Freud fragt nun nicht etwa nach dem in dieser Äußerung ‚hervorbrechenden Lebensmoment' des Sprechers oder gar des Autors, sondern sein Interesse konzentriert sich stattdessen auf die streng formale Frage: „was es denn ist, was die Rede des Hirsch-Hyacinth zu einem Witze macht"?[81] Mit dieser Konzentration auf das ‚Witzige' als solches antizipiert Freud den Paradigmenwechsel von der positivistischen und geistesgeschichtlichen zur formalistisch-strukturalistischen Literaturwissenschaft, wie ihn Roman Jakobson mehr als ein Jahrzehnt später beispielhaft gefordert hat:

> Gegenstand der Literaturwissenschaft [ist] nicht die Literatur, sondern die Literarizität, d. h. dasjenige, was das vorliegende Werk zum literarischen Werk macht. Doch glichen die Literaturhistoriker bislang meist einer Polizei, die eine bestimmte Person verhaften will und zu diesem Zweck für alle Fälle alles und jeden, was sich nur in der Wohnung anfindet, samt den unbeteiligten Passanten auf der Straße mitnimmt. So kam denn auch den Literaturhistorikern alles zupaß – Soziales, Psychologie, Politik, Philosophie. Statt einer Literaturwissenschaft kam ein Konglomerat von hausbackenen Disziplinen zustande. [...] Wenn aber die Literaturwissenschaft eine Wissenschaft werden will, ist sie genötigt, das „Verfahren" als ihren einzigen „Helden" zu akzeptieren.[82]

Spezifiziert man all das, was hier bei Jakobson über die ‚Literatur', die ‚Literarizität' und die ‚Literaturwissenschaft' gesagt ist, im Hinblick auf den Witz, das Witzige und die Witz-Analyse, so hat man genau den Ausgangspunkt von Freuds Analyse der „Techniken des Witzes" – freilich nicht ihren Endpunkt – bezeichnet.

Das zweite Kapitel des „Synthetischen Teils", überschrieben mit dem Doppeltitel: „Die Motive des Witzes. Der Witz als sozialer Vorgang",[83] enthält sich dann

---

79 Ebd., VI, 14–96.
80 Ebd., 14.
81 Ebd.
82 Roman Jakobson, „Die neueste russische Poesie. Erster Entwurf. Annäherung an Chlebnikov", übs. v. Rolf Fieguth u. Inge Paulmann, komm. v. Aage A. Hansen-Löve u. Anke Niederbudde, in: PG 1 (a.a.O., Anm. 23), 1–123, hier 16.
83 Freud, *Gesammelte Werke*, a.a.O. (Anm. 52), VI, 156–177.

(abgesehen von einem generell möglichen Hineinspielen neurotischer oder exhibitionistischer Motive[84]) aller biographischen Motivsuche für die Witzbildung – ganz im Gegensatz zum Biographismus der Arbeit über „Eine Kindheitserinnerung des Leonardo da Vinci" (1910; G.W. VIII, 127–211), die einen wahren Kometenschweif von Nachfolgeuntersuchungen nach sich gezogen hat. Dieser Verzicht auf eine individualpsychologische Interpretation des Witzes wird aber durch eine Analyse seiner kommunikativen Bedingungen mehr als wettgemacht, indem „Witz", „Komik" und „Humor" nicht nur (wie dann im Schlußkapitel) durch die unterschiedliche Art ihrer Aufwandsersparnis – nämlich an „Hemmungs-", „Vorstellungs-" oder „Gefühlsaufwand"[85] – und ihre unterschiedliche Herkunft aus dem „Bereich des Unbewußten", „des Vorbewußten"[86] und „des Überich"[87] charakterisiert werden, sondern vor allem auch dadurch, daß sich jedes von ihnen „sozial anders verhält",[88] insofern „niemand sich begnügen kann, einen Witz für sich allein gemacht zu haben. Mit der Witzarbeit ist der Drang zur Mitteilung des Witzes unabtrennbar verbunden"; hingegen „kann man das Komische, wo man darauf stößt, allein genießen".[89]

Erst der abschließende „Theoretische Teil"[90] bringt mit dem Kapitel VI „Die Beziehung des Witzes zum Traum und zum Unbewußten"[91] eine im vollen Sinne psychoanalytische Theorie des Witzes, indem Freud hier nach einer systematischen Exposition der durch die *Traumarbeit* geleisteten Transformation von *latenten Traumgedanken* in den *manifesten Trauminhalt*[92] im Hinblick auf die *Witzarbeit* eingesteht: „von den psychischen Vorgängen beim Witze ist uns gerade jenes Stück verhüllt, welches wir der Traumarbeit vergleichen dürfen, der Vorgang der Witzbildung bei der ersten Person", und daran die rhetorische Frage anschließt: „Sollen wir nicht der Versuchung nachgeben, diesen Vorgang nach der Analogie der Traumbildung zu konstruieren?"[93] Mit dem Ergebnis von Freuds berühmter Formel für den „Hergang der Witzbildung bei der ersten Person": „Ein vorbewußter Gedanke wird für

---

84 Ebd., 158–160.
85 Ebd., 269.
86 Ebd., 237.
87 So zumindest in dem späten Aufsatz „Der Humor" (1928; ebd., XIV, 381–389, hier 387 ff.), wo der Humor als der „Beitrag zur Komik durch die Vermittlung des Über-Ichs" charakterisiert wird (ebd., 388), während im Witz-Buch die „humoristische Verschiebung" noch unterschieden von der „Komische[n] Vergleichung" als „vorbewußt" bezeichnet wird (ebd., VI, 266).
88 Ebd., VI, 206.
89 Ebd., 160.
90 Ebd., 179–269.
91 Ebd., 181–205.
92 Ebd., 182–188.
93 Ebd., 189.

einen Moment der unbewußten Bearbeitung überlassen, und deren Ergebnis alsbald von der bewußten Wahrnehmung erfaßt."[94]

Freilich ist diese „Aufklärung der Witzarbeit bei der ersten Person" nach Freuds eigenem Resümee[95] lediglich ein hypothetischer Analogieschluß.

Für ein solches ‚technisches' Verständnis des Sprechers oder Schriftstellers als ‚Organ einer Form' dürfte inzwischen vor allem die Sprechakttheorie und die linguistische Pragmatik theoretische Anknüpfungspunkte bieten; man denke nur an Buchtitel wie Austins *How to do Things with Words*,[96] aber auch Stierles *Text als Handlung*[97] – hatte doch bereits Schleiermacher betont: „Jedes Werk, der Kunst im weitern Sinn angehörig, ist zugleich Handlung, dem Leben im engern Sinn angehörig." (112) So war der Soziolinguist William Labov, indem er zum Verstehen komplexer mündlicher Erzählungen auf die einfachsten und grundlegendsten narrativen Strukturen in direkter Verbindung mit ihren Ursprungsfunktionen zurückging,[98] erstmals in der Lage, eine operative formale Definition von ‚Erzählung' zu geben: „We define narrative as one method of recapitulating past experience by matching a verbal sequence of clauses to the sequence of events which (it is inferred) actually occured."[99]

Was er an der folgenden Erzählung eines Halbwüchsigen exemplifiziert:

a This boy punched me
b and I punched him
c and the teacher came in
d and stopped the fight.[100]

---

94 Ebd.
95 Ebd., 204.
96 John L. Austin, *How to do Things with Words. The William James Lectures delivered at Harvard University in 1955*, ed. James O. Urmson and Marina Sbisà, Cambridge, Mass. 1962; dt. Übs.: *Zur Theorie der Sprechakte*, dt. Bearb. v. Eike von Savigny, Stuttgart 1972. Auf dieser Linie auch John R. Searle, *Speech Acts. An Essay in the Philosophy of Language*, Cambridge 1969; dt. Übs.: *Sprechakte. Ein sprachphilosophischer Essay*, übs. v. R. u. R. Wiggershaus, Frankfurt/Main 1983.
97 Karlheinz Stierle, *Text als Handlung. Perspektiven einer systematischen Literaturwissenschaft*, München 1975; inzwischen auch: *Text als Handlung. Grundlegung einer systematischen Literaturwissenschaft*, neue, veränderte u. erw. Aufl., Paderborn 2012.
98 Vgl. William Labov u. Joshua Waletzky, „Narrative Analysis: Oral Versions of Personal Experience", in: *Essays on the Verbal and Visual Arts. Proceedings of the 1966 Annual Spring Meeting of the American Ethnological Society*, June Helm (Ed.), Seattle and London 1967, 12–44, hier 12.
99 William Labov, *Language in the Inner City. Studies in Black English Vernacular*, Philadelphia 1972, 359 f.
100 Ebd., 360.

Doch fügt Labov aus einer funktionalen Perspektive sogleich hinzu, dass eine solche „primary sequence of narrative" keineswegs die ‚Normalform' mündlichen Erzählens darstellt,[101] da eine Erzählung mit ausschließlich referentieller Funktion abnorm wäre und nur als leer oder ‚witzlos' angesehen werden könnte.[102] Und tatsächlich entpuppt sich sein Beispielfall für ein auf jede Wertung und Hörerorientierung verzichtendes Erzählen als bloße Nacherzählung einer populären TV-Serie durch einen verständnislosen Harlemer Jugendlichen.[103] Indem nämlich das alltägliche Erzählen seine Aufgabe der verbalen Erfahrungsrekapitulation nur durch ein Zusammenspiel von referentieller und evaluativer Funktion erfüllen könne,[104] zeige eine voll entfaltete Erzählung über den obligatorischen Kern temporal geordneter Teilsätze hinaus in der Regel die folgende Struktur:

a. Abstract: what was this about?[105]
b. Orientation: who, when, what, where?[106]
c. Complicating action: then what happened?
d. Evaluation: so what?
e. Result: what finally happened?
f. Coda.[107]

So betont ja auch Schleiermacher im Hinblick auf die Geschichtsschreibung, es gebe „keine Erzählung einer Begebenheit der nicht ein Urtheil beigemischt wäre" (905).[108]

---

101 Vgl. Labov/Waletzky, „Narrative Analysis", a.a.O. (Anm. 98), 40 f.
102 Vgl. ebd., 13.
103 Vgl. Labov, *Language in the Inner City*, a.a.O. (Anm. 99), 367.
104 Vgl. Labov/Waletzky, „Narrative Analysis", a.a.O. (Anm. 98), 13.
105 Gerade im Hinblick auf mündliches Erzählen betont Labov: „It is not uncommon for narrators to begin with one or two clauses summarizing the whole story. [...] When this story is heard, it can be seen that the abstract does encapsulate the point of the story." (*Language in the Inner City*, a.a.O. [Anm. 99], 363.) In Romanen und Erzählungen wird diese Funktion oft in Vorreden, Widmungen oder – zumeist indirekter – in Motti verlagert.
106 Zu diesem Strukturelement der ‚orientation' heißt es bei Labov: „At the outset, it is necessary to identify in some way the time, place, persons, and their activity or the situation. This can be done in the course of the first several narrative clauses, but more commonly there is an orientation section composed of free clauses." (Ebd., 364.)
107 Die ganze Liste findet sich ebd., 363 u. 370. Übrigens wird beim zweitenmal die ‚Koda' (möglicherweise versehentlich) nicht als eigener Punkt aufgeführt; Labov/Waletzky definieren sie als „a functional device for returning the verbal perspective to the present moment" („Narrative Analysis", a.a.O. [Anm. 98], 39). Eine ausgereifte und vorzüglich exemplifizierte Darstellung der Gesamtstruktur von Erzählungen findet sich bei William Labov und David Fanshel, *Therapeutic Discourse. Psychotherapy as Conversation*, New York u. a. 1977, 104–110.
108 So auch im Hinblick auf die drei ersten Evangelien (941).

Doch diese Verflechtung verschiedener Funktionen prägt über die Gesamtstruktur hinaus auch die einzelnen Schritte mündlichen Erzählens. Daher betrachtet Labov die ‚Evaluation' nicht nur als einen begrenzten Erzählabschnitt, sondern genereller als „the means used by the narrator to indicate the point of the narrative, its raison d'être: why it was told, and what the narrator is getting at":

> There are many ways to tell the same story, to make very different points, or to make no point at all. Pointless stories are met (in English) with the withering rejoinder, "So what?" Every good narrator is continually warding off this question; when his narrative is over, it should be unthinkable for a bystander to say, "So what?" Instead, the appropriate remark would be, "He did?" or similar means of registering the reportable character of the events of the narrative.[109]

Und es wirft ein bezeichnendes Licht auf deren artistische Elaboration, „that the use of many syntactic devices for evaluation does not develop until late in life, rising geometrically from preadolescents to adolescents to adults".[110]

Wie hier die Gelingensbedingungen mündlichen Erzählens analysiert werden, so hat der Sprechakttheoretiker Paul Grice ein glückendes Gespräch von der Befolgung der folgenden Konversationsmaximen[111] abhängig gemacht, die er – in Anlehnung an Kants vier „logische Function[en] des Verstandes in Urtheilen"[112] – folgendermaßen formuliert:

> Maxime der Quantität: „Make your contribution as informative as is required."
> Maxime der Qualität: „Be truthful."
> Maxime der Relation: „Be relevant."
> Maxime der Modalität: „Be clear."

Während aber die Verletzung dieser Maximen jedes Gespräch zu sabotieren vermag, kann sie in literarischen Erzählungen (wie z. B. Laurence Sternes *The Life & Opinions of Tristram Shandy, Gentleman* [1759–67]) höchst reizvoll, ja sogar strukturbildend sein. Daher betont Schleiermacher in seiner ersten Akademie-Abhandlung „Über den Begriff der Hermeneutik":

---

109 Labov: *Language in the Inner City*, a.a.O. (Anm. 99), 366.
110 Ebd., 355; eine Darstellung der wichtigsten Evaluierungstechniken findet sich ebd., 370–375.
111 Paul Grice, „Logic and conversation", in: *Speech Acts*, Peter Cole u. Jerry L. Morgan (Ed.), New York and San Francisco 1975 (Syntax and Semantics, vol. 3), 41–58.
112 Immanuel Kant, *Kritik der reinen Vernunft (1. Aufl. 1781)* (I, 1, 2), in: Kant, *Gesammelte Schriften*, hg. v. d. Königl. Preußischen Akademie der Wissenschaften, Bd. 4, Reprint Berlin 1968, 1–252, hier 59 f.

Je mehr [...] ein Schriftsteller [...] *in* dieser oder jener Form dichtet und arbeitet, desto genauer muß man diese kennen um ihn in seiner Thätigkeit ganz zu verstehen. Denn gleich mit dem ersten Entwurf zu einem bestimmten Werk entwikkelt sich auch in ihm die leitende Gewalt der schon feststehenden Form, sie wirkt durch ihre großen Maaße mit zur Anordnung und Vertheilung des Ganzen und durch ihre einzelnen Geseze schließt sie dem Dichter hier ein Gebiet der Sprache und also auch einer bestimmten Modification von Vorstellungen zu und öffnet ihm dort ein anderes, modificirt also im einzelnen nicht nur den Ausdrukk, sondern auch, wie sich denn beides nie ganz von einander trennen läßt, die Erfindung. Wer also in dem Geschäft der Auslegung das nicht richtig durchsieht, wie der Strom des Denkens und Dichtens hier gleichsam an die Wände seines Bettes anstieß und zurükprallte, und dort in eine andere Richtung gelenkt ward als die er ungebunden würde genommen haben: der kann schon den inneren Hergang der Composition nicht richtig verstehen und noch weniger dem Schriftsteller selbst hinsichtlich seines Verhältnisses zur Sprache und ihren Formen die richtige Stelle anweisen. Er wird nicht inne werden, wie der eine die sich in ihm schon regenden Bilder und Gedanken kräftiger und vollständiger würde zur Sprache gebracht haben, wenn er nicht wäre beschränkt worden durch eine mit seiner persönlichen Eigenthümlichkeit in manchen Conflict tretende Form; er wird den nicht richtig zu würdigen wissen, der sich an großes in dieser oder jener Gattung nicht würde gewagt haben, wenn er nicht unter der schüzenden und leitenden Macht der Form gestanden hätte, die ihn eben so wol befruchtete als bewahrte, und von beiden wird er den nicht genug hervorheben, der sich in der stehenden Form ohne irgendwo anzustoßen eben so frei bewegt als wenn er sie eben jezt erst selbst hervorbrächte. Diese Einsicht in das Verhältniß eines Schriftstellers zu den in seiner Litteratur schon ausgeprägten Formen ist ein so wesentliches Moment der Auslegung, daß ohne dasselbe weder das Ganze noch das Einzelne richtig verstanden werden kann.[113]

V

Differenziert Schleiermacher so die verschiedenen Aufgaben der Interpretation, so wird er zugleich nicht müde zu betonen, daß sie in einem Wechselverhältnis stehen und daher nicht als „voneinander trennbare Aufgaben" (366) oder gar als „verschiedene Arten der Interpretation" (738) zu betrachten sind: „das Verstehn besteht nun im Ineinandersein dieser beiden Momente. In der Theorie können wir es trennen, aber in der Praxis ist es immer verbunden." (366)[114] Am prägnantesten ist dies in der *Ethik 1812/13* formuliert:

---

113 Schleiermacher, „Über den Begriff der Hermeneutik. Erste Abhandlung", a.a.O. (Anm. 14), 615 f.
114 So heißt es schon im *Ersten Enwurf* (1805), daß „in concreto die entgegengesezten Operationen immer müssen verbunden werden" (53): „Die Combination beider Operationen ist in der Anwendung. In den Vorschriften muß man es trennen weil jedes seinen besondern Mittelpunkt hat." (39)

> Von Seiten der Sprache angesehen entsteht [...] die technische Disciplin der *Hermeneutik* daraus, daß jede Rede nur als objective Darstellung gelten kann, inwiefern sie aus der Sprache genommen und aus ihr zu begreifen ist, daß sie aber auf der anderen Seite nur entstehen kann als Action eines Einzelnen, und als solche, wenn sie auch ihrem Gehalte nach analytisch ist, doch von ihren minder wesentlichen Elementen aus freie Synthesis in sich trägt. Die Ausgleichung beider Momente macht das Verstehen und Auslegen zur Kunst.[115]

Woraus Schleiermacher in der *Hermeneutik 1819* die Schlußfolgerung zieht:

> Sollte die grammatische Seite für sich allein vollendet werden so müßte eine vollkommne Kenntniß der Sprache gegeben sein, im andern eine vollständige Kenntniß des Menschen. Da beides nie gegeben sein kann: so muß man von einem zum andern übergehen und wie dieses geschehn soll darüber lassen sich keine Regeln geben. (122)

Oder wie er gleichzeitig in seiner Hermeneutik-Vorlesung sagt:

> Die allgemeinen Regeln sind leicht gegeben: wenn dich die eine Seite im Stich läßt, so nimm die andre, aber nur das Gefühl, wenn einen eine Seite im Stich läßt, wenn nichts herausgenommen werden kann, ist ein Talent. Wo dieses Talent nicht ist, da helfen alle Regeln nichts. (201)

Der von den einen gerühmte, von anderen heftig kritisierte ‚Hermeneutische Zirkel',[116] daß nicht nur jede der beiden Seiten die andere voraussetzt, sondern daß überhaupt

---

[115] F.D.E. Schleiermacher, *Werke*, Bd. 2: *Entwürfe zu einem System der Sittenlehre*, nach den Handschriften Schleiermachers neu hg. u. eingel. v. Otto Braun, Leipzig 1913, 241–420, hier 356 (§ 189). Hierzu und zum folgenden vgl. Hans-Georg Gadamer, „Das Problem der Sprache bei Schleiermacher", in: Gadamer: *Neuere Philosophie II: Probleme. Gestalten*, Tübingen 1999 (Gesammelte Werke, unveränd. Taschenbuchausg., Bd. 4), 361–373, bes. 363f.

[116] Zum ‚Pro': In den Fortsetzungsentwürfen zum *Aufbau der geschichtlichen Welt in den Geisteswissenschaften* (a.a.O. [Anm. 48], 254) spricht Wilhelm Dilthey vom unvermeidlichen „Zirkel der Begriffsbildung" (vgl. auch ebd., 152, 162 u. 262); in den handschriftlichen Zusätzen zur Abhandlung über „Die Entstehung der Hermeneutik" nennt er den Zirkel von Ganzem und Einzelnem eine „Aporie" (*Gesammelte Schriften*, Bd. 5: *Die geistige Welt. Einleitung in die Philosophie des Lebens. Erste Hälfte: Abhandlungen zur Grundlegung der Geisteswissenschaften*, 6., unv. Aufl., Stuttgart und Göttingen 1957, 317–338, hier 334). Martin Heidegger betont, „daß, was mit dem unangemessenen Ausdruck ‚Zirkel' bemängelt wird, zum Wesen und zu der Auszeichnung des Verstehens selbst gehört" (*Sein und Zeit*, hg.v. Friedrich-Wilhelm von Herrmann, Frankfurt/Main 1977 [= Gesamtausgabe, 1. Abt., Bd. 2], 416–418 [§ 63]; vgl. auch ebd., 202–204 [§ 32]). Daran anschließend Hans-Georg Gadamer, „Vom Zirkel des Verstehens" (*Hermeneutik II: Wahrheit und Methode. Ergänzungen. Register*, Tübingen 1999 [Gesammelte Werke, unveränd. Taschenbuchausg., Bd. 2], 57–65); vgl. auch *Wahrheit und Methode*, a.a.O. (Anm. 15), 270–274 u. 296–299, speziell zu Schleiermacher: 193f. – Zum ‚Contra': Wolfgang Stegmüller, „Der sogenannte Zirkel des Verste-

das Einzelne nur aus dem Ganzen, das Ganze aber nur aus dem Einzelnen verstanden werden kann (131):[117] wie kann verhindert werden, daß er auf einen *circulus vitiosus* hinausläuft? Darauf hat Schleiermacher eine prinzipielle und eine praktische Antwort. Die prinzipielle lautet, gestützt auf sein Theorem von der Wechselbedingtheit alles endlichen Wissens und der bloß relativen Differenz seiner Momente:[118]

> Ueberall ist das vollkommne Wissen in diesem scheinbaren [!] Kreise daß jedes Besondre nur aus dem Allgemeinen dessen Theil es ist verstanden werden kann und umgekehrt. Und jedes Wissen ist nur wissenschaftlich wenn es so gebildet ist. (129)

Daraus zieht Schleiermacher die praktische Konsequenz, die er in seinen Hermeneutik-Vorlesungen wieder und wieder einschärft:

> Auch innerhalb einer einzelnen Schrift kann das Einzelne nur aus dem Ganzen verstanden werden, und es muß deshalb eine cursorische Lesung um einen Ueberblick des Ganzen zu erhalten der genaueren Auslegung vorangehen[119]
> 1. Dies scheint wieder ein Cirkel; allein zu diesem vorläufigen Verstehen reicht diejenige Kenntniß des Einzelnen hin, welche aus der allgemeinen Kenntniß der Sprache hervorgeht.
> 2. [...]
> 3. Die Absicht ist die leitenden Ideen zu finden nach welchen die andern müssen abgemessen werden; und eben so auf der technischen Seite den Hauptgang zu finden, woraus das Einzelne leichter gefunden werden kann. Unentbehrlich sowol auf der technischen als grammatischen Seite, welches aus den verschiedenen Arten des Mißverstandes leicht ist nachzuweisen. (131)

Aus der Sicht der philosophischen Hermeneutik des 20. Jahrhunderts mag dies einigermaßen naiv und praktizistisch anmuten. Hatte doch Heidegger in *Sein und Zeit* gegen solche Vermeidungsstrategien betont:

> *Aber in diesem Zirkel ein vitiosum sehen und nach Wegen Ausschau halten, ihn zu vermeiden, ja ihn auch nur als unvermeidliche Unvollkommenheit „empfinden", heißt das Verstehen von Grund auf mißverstehen.* [...] *Das Entscheidende ist nicht, aus dem Zirkel heraus-, sondern in ihn nach rechter Weise hineinzukommen.* [...] *In ihm verbirgt sich eine positive Möglichkeit ursprüng-*

---

hens", in: Stegmüller, *Das Problem der Induktion: Humes Herausforderung und moderne Antworten. Der sogenannte Zirkel des Verstehens*, Darmstadt 1975, 63–88, bes. 63–65, 73f. u. 86f.
117 So heißt es schon im *Hermeneutik*-Manuskript zu den Kollegien 1805 und 1809/10: „Man muß den Menschen schon kennen um die Rede zu verstehn, und doch soll man ihn erst aus der Rede kennen lernen." (25) Und: „Jedes Verstehn des Einzelnen ist bedingt durch ein Verstehn des Ganzen." (29)
118 Zu Schleiermachers spekulativer Begründung vgl. Birus, „Zwischen den Zeiten", a.a.O. (Anm. 3), 34–36 u. 54f.
119 So schon im *Ersten Entwurf* von 1805 (38f. u. 49).

lichsten Erkennens, die freilich in echter Weise nur dann ergriffen ist, wenn die Auslegung verstanden hat, daß ihre erste, ständige und letzte Aufgabe bleibt, sich jeweils Vorhabe, Vorsicht und Vorgriff nicht durch Einfälle und Volksbegriffe vorgeben zu lassen, sondern in deren Ausarbeitung aus den Sachen selbst her das wissenschaftliche Thema zu sichern.[120]

Von dieser Duplizität einerseits einer „Anerkennung der wesenhaften Vorurteilshaftigkeit alles Verstehens" und andererseits der Forderung, „aus dem Bannkreis seiner eigenen Vormeinungen überhaupt heraus[zu]finden",[121] ist Schleiermacher gar nicht so weit entfernt, wenn er einerseits „zur Erklärung einer Schrift die Kenntniß einer ganzen Volkslitteratur" für erforderlich hält und einschärft: „Da muß man denn der Tradition trauen und jeder mit vom fremden Gute zehren" (309), andererseits aber fordert er die Beachtung der „Cautel, Alles sei vorher zu vergessen" (931), „um den Leser in jene ursprüngliche Unbefangenheit zurückzusetzen".[122]

Mit welcher Nonchalance Heidegger schließlich die von ihm selbst proklamierte „Zirkelstruktur des Verstehens"[123] thematisierte, mag eine Episode aus seiner letzten Freiburger Lehrveranstaltung, dem *Heraklit*-Seminar im Wintersemester 1966/67, illustrieren. Dort erklärte einer der Teilnehmer salbungsvoll: „Die Grundschwierigkeit, vor der wir stehen, ist also die des hermeneutischen Zirkels." Woraufhin Heidegger zurückfragte: „Können wir aus diesem Zirkel herauskommen?" Doch als Eugen Fink im Sinne von *Sein und Zeit* beflissen erwiderte: „Müssen wir nicht vielmehr in diesen Zirkel hineinkommen?", gab Heidegger die entwaffnend schlichte und zugleich bauernschlaue Antwort:

> Wittgenstein sagt dazu folgendes. Die Schwierigkeit, in der das Denken steht, gleicht einem Manne in einem Zimmer, aus dem er heraus will. Zunächst versucht er es mit dem Fenster, doch das ist ihm zu hoch. Dann versucht er es mit dem Kamin, der ihm aber zu eng ist. Wenn er sich nun drehen möchte, dann sähe er, daß die Tür immer schon offen war. – Was den hermeneutischen Zirkel anbetrifft, so bewegen wir uns ständig in ihm und sind in ihm gefangen.[124]

Um noch einmal auf den Anfang meiner Überlegungen zurückzukommen: Schleiermacher begreift die Hermeneutik als eine philologische Disziplin und plädiert daher für eine klare Trennung von „Interpretation" und „Anwendung" (744) und eine strikte „Unpartheilichkeit des Auslegens" (797):

---

120 Heidegger, *Sein und Zeit*, a.a.O. (Anm. 116), 203 (§ 32).
121 Gadamer, *Wahrheit und Methode*, a.a.O. (Anm. 15), 274 u. 273.
122 Schleiermacher, „Einleitung" zu *Phaidros*, in: Platon: *Werke*, Bd. I.1: *Phaidros – Lysis – Protagoras – Laches*, in der Übersetzung von Friedrich Daniel Ernst Schleiermacher, hg.v. Johannes Irmscher, durchges. v. Regina Steindl u. Christian Krebs, Berlin 1984, 41–59, hier 41.
123 Gadamer, *Wahrheit und Methode*, a.a.O. (Anm. 15), 270.
124 Martin Heidegger, *Seminare*, hg.v. Curd Ochwadt, Frankfurt/Main 1986 (Gesamtausgabe, 1. Abt., Bd. 15), 9–266, hier 32f.

Wird gefragt, soll man sich losmachen von dieser Beziehung auf die eignen Gedanken, so sagen wir; in welchem Maaße man es auf vollständiges Verstehn anlegen will, in dem soll man sich davon losmachen. (953)

Auch wenn Schleiermacher aber keineswegs der These zustimmen würde, „daß Anwendung ein ebenso integrierender Bestandteil des hermeneutischen Vorgangs ist wie Verstehen und Auslegen",[125] so hat er durchaus die von Gadamer gegen ihn ins Feld geführte Anwendungsproblematik der juristischen und theologischen Hermeneutik[126] mit im Blick, wenn er einräumt, daß „die juristische Hermeneutik [...] in ihrer Specialität über das hinausgeht was der Autor wirklich gedacht hat, indem sie in der Regel fragt ob er Fälle an die er nicht denken konnte subsumiren würde" (164), und entsprechend, daß „fürs Neue Testament der dogmatische Gebrauch das Ziel, und der philologische nur das Mittel" sei (287), zu welchem besonderen Zweck aber „das richtige philologische Verständniß die nöthige Grundlage ist". Ja, er ist sogar der Überzeugung, daß „mit Sicherheit [...] das allgemeine hermeneutische Interesse zusammenschrumpfen würde, wenn das religiös hermeneutische verloren gehen sollte" (622). Insofern dürfte Gadamer recht haben, wenn er Schleiermachers Interesse als das des Theologen bestimmt: „Er wollte lehren, wie man Rede und schriftliche Überlieferung zu verstehen hat, weil es auf die eine, die biblische Überlieferung, für die Glaubenslehre ankommt."[127] Wie er gleichwohl behaupten kann, Schleiermachers „Beschreibung des Verstehens" bedeute, „daß das Gedankengebilde, das wir als Rede oder als Text verstehen wollen, nicht auf seinen sachlichen Gehalt hin, sondern als ein ästhetisches Gebilde verstanden wird, als Kunstwerk oder ‚künstlerisches Denken'",[128] dafür sehe ich in Schleiermachers Manuskripten und Vorlesungsnachschriften zur Hermeneutik keinen Anhaltspunkt.

---

125 Gadamer, *Wahrheit und Methode*, a.a.O. (Anm. 15), 313.
126 Vgl. ebd., 313–316 u. 330–338.
127 Ebd., 201.
128 Ebd., 191.

Denis Thouard
Die Sprachphilosophie der Hermeneutik

Die neue Edition der *Vorlesungen zur Hermeneutik und Kritik* wird der Forschung entschieden neue Impulse geben.[1] Bereits die Bekanntmachung der Abschrift der Hermeneutik 1809 von Twesten, die in den *Akten des Internationalen Schleiermacher-Kongresses 1984* herausgegeben wurde, hatte Vieles in Bewegung gebracht.[2] Unter den zahlreichen Gesichtspunkten, die sich anbieten, um dieses Werk zu Recht als eine der markantesten Leistungen Schleiermachers zu würdigen, möchte ich mich hier der Bestimmung seines Sprachbegriffs widmen, nicht zuletzt, weil dieser in der Tat ein Schlüssel zum Verständnis des Schleiermacherschen Denkens als Ganzen ist.

Angesichts der Tatsache, dass die Rezeption der Hermeneutik Schleiermachers meist von einer sehr spezifischen Auffassung seiner Sprachphilosophie mitbestimmt wurde, ist eine nähere Erforschung seiner Sprachkonzeption wünschenswert, ja gar erforderlich, um seine Philosophie angemessen zu verstehen und zu würdigen. Eine solche bleibt dennoch bis heute aus.[3]

Für Schleiermacher steht Sprache im Zentrum nicht nur des Denkens, sondern auch des Handelns. „Kein Denken ohne Sprache" ist für ihn, der doch so viel Wert

---

[1] Friedrich Schleiermacher, *Kritische Gesamtausgabe, II. Abteilung: Vorlesungen Band 4, Vorlesungen zur Hermeneutik und Kritik*, hg. Wolfgang Virmond unter Mitwirkung von Hermann Patsch, Berlin und Boston 2012.
[2] *Allgemeine Hermeneutik* (1809/10). Nachschrift A. Twesten (1811), hg.v. W. Virmond, in: *Internationaler Schleiermacher-Kongress 1984*, 2. Bde., hg.v. K.-V. Selge, Berlin und New York 1985, 1270–1310. Der Text wurde von Christian Berner sowie von M. Marassi übersetzt, jeweils mit verbesserten Lesarten von Virmond: F. Schleiermacher, *Herméneutique*, Paris und Lille 1989, 73–110; *Ermeneutica*, Mailand 1996, 194–293.
[3] Trotz viel Wertvollem in: Andrea Corsano, „La psicologia del linguaggio di F. Schleiermacher", in: *Giornale critico della filosofia italiana* 21 (1940), 385–397; Karl Pohl, „Die Bedeutung der Sprache für den Erkenntnisakt in der Dialektik Friedrich Schleiermachers", in: *Kant-Studien* 46 (1954/55), 302–332; Hans-Georg Gadamer, „Das Problem der Sprache bei Schleiermacher" (1968), in: *Gesammelte Werke* 4, Tübingen 1987, 361–373; Manfred Frank, *Das individuelle Allgemeine*, Frankfurt/Main 1977; Ders., „Le texte et son style. La théorie du langage chez Schleiermacher", in: *L'acte critique. Sur l'oeuvre de Peter Szondi*, hg.v. Mayotte Bollack, Lille und Paris 1985, 15–39; Micaela Verlato, „Sprache und Denken bei F. Schleiermacher", in: *Saïs Arbeitsberichte* 8 (1985), 187–199; Dies., „Sprachinhalt und Interpretation. Bedeutung und Sinn in Schleiermachers Auseinandersetzung mit der hermeneutischen Tradition", in: *Zeitschrift für Theologie und Kirche* 83 (1986), 39–84; Joachim Ringleben, „Die Sprache bei Schleiermacher und Humboldt", in: *Schleiermacher und die wissenschaftliche Kultur des Christentums*, hg.v. Günter Meckenstock in Verbindung mit J. Ringleben, Berlin und New York 1991, 473–492.

auf die Anerkennung der epistemischen Eigenartigkeit des Gefühls legte, eine Selbstverständlichkeit. Die Sprache ist für die Kognition unablässig. Aber die Sprache ist auch etwas Sittliches, laut einer These die weniger geläufig ist. Die ethische Anerkennung der Sprache verleiht ihr eine gestaltende Funktion im Bereich der Praxis.

Die Allgegenwärtigkeit der Sprache hat zwei Folgen. Erstens, Sprache wird eigentlich kaum für sich thematisiert, sondern immer nur vorausgesetzt, egal wie sie aufgefasst wird. Zweitens, sie wird in der Forschung unter variierenden, ja widersprüchlichen Gesichtspunkten sehr unterschiedlich gedeutet. Der Bedarf einer Klärung der Verhältnisse ist unleugbar.

Die Nachschriften der Hermeneutik geben einen Einblick in die Entwicklung und Aneignung des zeitgenössischen Sprachdenkens, zumal ab 1822, wo Schleiermacher auch in der Dialektik die Rolle der Gesprächsführung und folglich die der Sprache betont. Die Nachschriften erlauben eine feinere Wahrnehmung der intellektuellen Wechselwirkung zwischen den Mitgliedern der Akademie der Wissenschaften als es bislang der Fall war. Dies ist für die Rezeption von bestimmten Ideen Wilhelm von Humboldts von besonderer Bedeutung.

Eine Rekonstruktion von Schleiermachers Idee der Sprache ist ein umfangreiches Unterfangen, das im Rahmen dieses Textes nur skizziert werden kann. Es handelt sich hier darum, nicht nur eine Forschungslücke zu schließen, sondern und vor allem darum, ein besseres Verständnis der Hermeneutik und der Philosophie Schleiermachers überhaupt zu ermöglichen. Im Folgenden werden zuerst die Auffassung der Sprache in den Hermeneutik-Vorlesungen untersucht, was auch als Anlass dazu dienen wird, ihre Rezeption kurz zu beobachten; dann wird, erweiternd, die Auffassung der Sprache im philosophischen System Schleiermachers skizziert, in dem sich erst die Hermeneutik einordnen lässt; endlich werden über die besondere Beziehung der Philosophie Schleiermachers zum Sprachdenken Wilhelm von Humboldts Hypothesen aufgestellt. Es folgen also ein rezeptionsgeschichtlicher, ein systematischer und ein philologischer Teil.

1 Die Sprache in der Hermeneutik

„Alles vorauszusezende in der Hermeneutik ist nur Sprache und alles zu findende, wohin auch die andern objectiven und subjectiven Voraussetzungen gehören muß aus der Sprache gefunden werden."[4]

---

[4] KGA II/4, 17 (1805).

Die Gültigkeit dieses frühen Aphorismus wurde in der Rezeption einseitig verabsolutiert, wo er nur bedingt gilt. Dabei wurde die andere Perspektive vernachlässigt, dass man schon einen Vorbegriff der Sache und eine Erfahrung mitbringen solle, und dass man vom Menschen her seine Rede verstehen könne. Würde man tatsächlich nur die Sprache voraussetzen, so würde die individuelle Rede dem Bereich der Hermeneutik entgehen. Die rhetorische *Actio*, die Gestik, der Ton und was man heutzutage zur Pragmatik der Rede zählt, wäre beseitigt. Der oben genannte Aphorismus bezieht sich dagegen nur auf die Texte, und führt deswegen, würde man ihn ins Zentrum rücken, zu einer Überschätzung der Sprache als etwas Geschlossenem.

Diese Überschätzung kann ihrerseits ontologisch gedeutet werden, wie etwa in *Wahrheit und Methode*, wo Schleiermacher zugunsten einer Ontologisierung der Sprache zitiert wurde, indem Gadamer besagten Aphorismus als Motto zu seinem dritten Teil auswählt, und zwar in der verkürzten Form: „Alles vorauszusezende in der Hermeneutik ist nur Sprache".[5] Sprache steht dann für die Seinsgeschichte: Sprache wird zu dem Sein, das verstanden werden kann. Dabei wird die Hermeneutik zu einer Ontologie. An Stelle von Wechselwirkung zwischen Redner und Sprache tritt die undurchschaubare Sprachlichkeit.

Die andere Überschätzung der Sprache wurde wohl als Korrektiv zur ersteren aufgefasst, und versuchte, aktualisierend, die Sprachauffassung Schleiermachers mit der Brille der modernen Linguistik eines Ferdinand de Saussure zu lesen. Ohne die positiven Folgen der Arbeiten Manfred Franks zu leugnen, der nach Szondi Schleiermachers Hermeneutik effizient in die Diskussion holte, sei nur an die forcierte Analogie zur strukturalistischen Linguistik der Siebziger Jahre erinnert, die die Relevanz dieser Arbeit begrenzt.[6]

Die Hermeneutik hat die Rede als gesprochene Sprache zu ihrem Gegenstand. Sie will das Verständnis erleichtern, und zwar indem sie sowohl die Intention des Redners, wie auch seine spezifische Verwendung der allgemeinen Sprache artikuliert. Ihre zweiteilige Gliederung entspricht also einem Verhältnis der doppelten Abhängigkeit: Keine Sprache ohne Reden, kein Reden ohne (vorausgesetzte) Sprache. In anderen Worten stehen Sprache und Rede, d.h. Sprache und Redner, ja Sprache und Denken, in einem Verhältnis der Wechselwirkung. Es gibt eine Polarität, die unmöglich auf einen der Pole zurückgeführt werden kann.

Die Voraussetzung der Sprache hat eine kritische Bedeutung, im Sinne des Spruchs von der *Scriptura interpres sui*, eine Maxime, die seit dem Altertum geläufig war. *Sola scriptura* heißt ohne äußere Einmischung, insbesondere ohne

---

5 Hans Georg Gadamer, *Wahrheit und Methode*, Tübingen ²1965, 361.
6 M. Frank, *Das Individuelle Allgemeine*, a.a.O. (Anm. 2).

Kontrolle der Kirche. Es heißt aber nicht, dass man den Text nur aus sich selbst bzw. aus der „Sprache" selbst heraus auslegen sollte. Der Text ist ein Schütz gegen Fehldeutungen, an sich genommen aber liefert er keine positive Behauptung. Erst die *sola fide* gibt dem Lesen seinen Kern. Die Norm des Lesens wird aus der Lektüre gewonnen und regelt dann die richtige Art des Lesens.

Spricht Schleiermacher von der Sprache als einziger Voraussetzung, so hat diese Einschränkung auch bei ihm eine solche kritische Bedeutung. Was er hier unter Sprache subsumiert, ist aber nicht eindeutig gegeben. Es betrifft sicherlich die Bestätigung des Literalsinns, der auf dem *usus loquendi* fußt.[7] Damit wird auch der ganze Sprachkreis begriffen, der den jeweiligen historischen Kontext der Rede impliziert. Dies kann auch natürlich die ganze Grammatik der betroffenen Sprache implizieren. In allen Fällen wird die Vorstellung einer Sprache als Nomenklatur abgelehnt, wie sie die damaligen Synonymiken konzipierten. Schleiermacher wird die Versuche seines eigenen Lehrers J. A. Eberhard oder auch Reinholds gekannt haben, die die Sprachkritik als Reinigung der lexikalischen Zweideutigkeiten konzipierten.[8] Schleiermacher lehnte grundsätzlich solche Unternehmen ab, wie es seine frühere Diskussion von Adelung bereits zeigte[9] und wie es vor allem das ganze Vorhaben einer Hermeneutik zeigt. Der Sinn kann nur aus der bestimmten, jeweils spezifischen Rede herausgearbeitet werden, und nie aus der reinen Anwendung der Lexika und Synonymiken, die höchstens eine sekundäre Hilfe bringen können.

Die Relativierung der Lexika besagt aber keineswegs, dass man sich für eine holistische, ontologisch gedeutete Auffassung der Sprache entscheiden solle. Es geht immer darum, die spezifische Perspektive des Redners zu eruieren, da nur aus dessen Gebrauch der Rede die letzte Bestimmtheit des Sinns zu gewinnen ist. Von der Sprache gilt immer, dass man nur einen bedingten Zugang zu ihr hat. „Niemand hat sie ganz".[10]

---

[7] Gemäß Johann August Ernesti, *Institutio Interpretis N. T.*, curavit von Ammon, Lipsiae ⁵1809, Pars Prima, Cap. I, De Usu loquendi reperieundo in linguis mortuis et scriptore quolibet universe.
[8] Johann August Eberhard, *Versuch einer allgemeinen deutschen Synonymik in einem kritisch-philosophischen Wörterbuche der sinnverwandten Wörter der hochdeutschen Mundart*, Halle 1795; Karl Leonhard Reinhold, *Grundlegung einer Synonymik für den allgemeinen Sprachgebrauch in den philosophischen Wissenschaften*, Kiel 1812.
[9] Dazu Denis Thouard, „Dalla grammatica allo stile. Schleiermacher e Adelung. Riflessioni sull'individuazione nel linguaggio", in: *Lingua e stile* XXIX (1994), 373–393.
[10] KGA II/4, 39.

2 Die Sprache im System. Die zeitliche Perspektive

Die Hermeneutik betrachtet die Sprache in einer doppelten Perspektive. Die Hermeneutik gehorcht Regeln, und dank dieser Regeln wird auch das bestimmte Verstehen möglich. Das grammatische Verstehen stützt sich also auf die Grammatik. Die Organisation der Sprache kann man bestimmen und erkennen, insofern ist Grammatik unerlässlich. Aber die Grammatik ist keineswegs auf die Aufzählung der Regeln noch auf die Auflistung lexikalischer Elemente zu reduzieren. Die Sprache *gibt es* im emphatischen Sinn der individuellen Instanziierung nur als gesprochene Sprache, *indem* sie gesprochen wird. Anders gesagt: Die Sprache ist oder besteht nur in der Rede – egal ob diese Rede nachträglich verschriftet wurde oder flüchtig sofort ausklingt.

Diese These besagt aber mehr, wie es die Hermeneutik zeigt.

Einerseits ist die behauptete Identität des Sprechens mit dem Denken erst im Akt des Sprechens wirklich gegeben. Wer spricht – im vollen Sinn des Sprechens –, der muss auch denken: nicht nur sich dabei etwas denken bzw. vorstellen, sondern sogar im Sinne der Ausführung der grundsätzlichen Identität beider Funktionen tätig sein. ‚Wir können nicht denken ohne die Sprache'.[11] Ohne Sprache können wir nicht denken – aber wir denken, indem wir sprechen, auch wenn viel Gerede keinen besonderen kognitiven Wert hat. Dort, wo wir denken, ist die Sprache, indem wir sie sprechen. Sprache ist nicht einfach eine Bedingung des Denkens, sondern sie ist der Ort selbst, wo wir denken können. Wohlgemerkt nicht „wo es denkt", sondern wo *wir* denken, wo ein Ich in Gegenüberstellung zu Anderen zum Ausdruck kommt. Im Sprechen ist das Denken nie einsam, auch in Monologen nicht, sondern immer bereits an Andere gerichtet, und deswegen in seiner Individualität auch verallgemeinert, indem es mittteilbar wird. Diese Verallgemeinerung ist eine andere als die von Hegel analysierte „unmittelbare Verkehrung der Meinung" durch das Sprechen – denn Hegel sah die Sprache als die Instanz, die die besondere und vorläufige Wahrheit des Sprechers in die philosophischen Wahrheit des Allgemeinen verwandelt, die der Sprache inne ist.[12] Diese sprachliche Umkehrung der Verhältnisse findet in der philosophischen Hermeneutik Gadamers eine Wiederaufnahme, die in der eben genannten Sprachontologie gipfelt.

---

[11] Schleiermacher, *Hermeneutik und Kritik mit besonderer Beziehung auf das Neue Testament*, hg. v. Friedrich Lücke, Berlin 1838, 261 (aus den Vorlesungen 1826/27).
[12] Hegel, *Phänomenologie des Geistes* (1807), hg. v. J. Hoffmeister, Hamburg 1952, 89.

Andererseits bedarf diese These einer Verortung im Kontext von Schleiermachers Denken. Dort ist die zeitliche Perspektive strukturierend, und zwar dermaßen, dass die sprachliche Aktualisierung des Denkens im Reden (oder mit Kleist die *allmähliche Verfertigung des Denkens beim Reden*)[13] eine eigentliche Verzeitlichung ist. Reden ist aktiv sein, das Geredete dagegen ist Zeichen geworden: es ist eine zu Zeichen gewordene Tat, ein Symbol[14]. Als ein solches kann jeder Ertrag der menschlichen Bildung betrachtet werden.

Die Einheit von Denken und Sprechen bestätigt im Menschen die Einheit von Vernunft und Natur. Sprechen trägt zu dieser Vereinheitlichung bei, ist also Teil des ethischen Prozesses. Die Vereinheitlichung von Vernunft und Natur geschieht *auch* durch die Sprache, was sogar die ethische Bestimmung der Sprache ausmacht. Sich sprachlich zu individualisieren ist zugleich denken, handeln, mitteilen und gemeinsam gestalten. All diese Aspekte werden von Schleiermacher als Organisieren oder als der bildenden Tätigkeit gehörend aufgefasst. Die ethische Perspektive ist grundsätzlich eine zeitliche, indem das ganze Organisieren auf die Zukunft hin gerichtet ist.

Wer spricht und etwas Bedeutendes aussagt, bring ein Neues zustande. Die Hermeneutik hat gerade die Aufgabe, dieses Neue aufzunehmen und zu verstehen, was also nicht aus dem bereits Bekannten her geleistet werden kann. Das zentrale Beispiel eines solchen Aufbruchs des Neuen ist das *Neue* Testament selbst, zu dessen Lektüre und Verständnis die Hermeneutik eben einzuleiten hat.[15] In dieser Hinsicht besteht die Hauptsache nicht darin, ob die Hermeneutik speziell oder allgemein wäre, e. g. speziell wenn auf einen bestimmten Text bezogen und allgemein wenn nicht. Die Hauptsache ist dagegen, dass das, was es zu verstehen gilt, zeitlicher Natur ist, indem es gerade etwas Gedachtes/Gesprochenes ist. Es ist insofern eine sittliche Tat.

Die gesprochene Sprache oder das Gesprochene nennt Schleiermacher (in seiner Skizze der Ethik) Zeichen oder Symbol, also erreichte Einheit von Vernunft und Natur. Symbol ist deren „Einsgewordensein", also das, was gedacht worden und als solches wiedererkennbar ist. Insofern sind Zeichen oder Symbole Gegenstand der Hermeneutik. Weil aber die Perspektive auf die Entstehung des Neuen hin gerichtet ist, kann kein Zeichensystem die Entzifferung der semiotischen Nachrichten hinreichend wiedergeben. Immer bleibt es das unberechenbare Neue, was im Mittelpunkt steht, und von dem her das Verstehen sich erst

---

[13] Heinrich von Kleist, *Sämtliche Werke und Briefe* Bd. 3, hg. H. Sembdner, München 1982, 319–324.
[14] F. Schleiermacher, *Ethik (1812/13)*, hg.v. H.-J. Birkner, Hamburg 1990, hier 1816/17, § 5 – 8.
[15] Dazu beispielsweise Nachschrift Braune 1826/27, KGA II/4, 508; Nachschrift Hagenbach, KGA II/4, 392.

aufstellen kann. Was noch zu erreichen ist, nennt Schleiermacher das Organ, das das „Einswerdensollen" von Natur und Vernunft bewirkt.[16]

Nach der anbildenden sowie nach der bezeichnenden Tätigkeit ist die menschliche Welt für Schleiermacher wohl eine sprachliche. Diese Welt spiegelt die sittliche Handlung durch die Sprache wieder. Wenn Schleiermacher Aspekte des sprachlichen Perspektivismus Herders oder später Humboldts in sein Denken aufnehmen kann, so bekommen diese eine bestimmte Funktion innerhalb seiner eigenen Systematik. Dank der gesamten Architektonik werden die Thesen des sprachlichen Perspektivismus im Kontext einer ausdifferenzierten Artikulation eingeordnet und entradikalisiert

Eine andere zentrale These der damaligen Sprachphilosophie findet ebenfalls eine originelle Anordnung in Schleiermachers Denken. Ich meine hier die Anwendung des kantischen Schematismus auf die Sprache. Bei Kant wird der Schematismus nicht explizit auf die Sprache bezogen. Seine bezeichnende Funktion ist aber klar: Er ist ein Mittel der Einbildungskraft, um die reinen Verstandesbegriffe a priori zu bezeichnen. Sinnlichkeit und Verstand bleiben sich gegenseitig fremd, erst die reine produktive Einbildungskraft kann eine Synthesis betätigen, indem sie zeitlich die Begriffe auf die Bedingungen der Sinnlichkeit „restringiert" (KrV A 140), d. h. „auf die Bedingungen [...] der Sinnlichkeit" einschränkt (KrV A 146).[17] Die Beziehung auf ein Sinnliches verleiht erst der Kategorie einen Gegenstand, also eine „Bedeutung". Die gegenständliche Bedeutung „kommt ihnen [den Kategorien] von der Sinnlichkeit, die den Verstand realisiert, indem sie ihn zugleich restringiert" (KrV A 147). Im Gegensatz zum empirischen Bild ist das Schema ein Produkt der reinen Einbildungskraft a priori (KrV A 142). Deswegen ist bei Kant nicht direkt von der Sprache die Rede, obwohl die Erklärung der Anwendung allgemeiner Begriffe auf zeitlich-räumliche Kontexte sich leicht auf die Sprache übertragen lässt.[18]

Die Möglichkeit einer Erweiterung des Schematismus auf die Sprache ist übrigens schon vor Schleiermacher mehrmals bemerkt worden, so in Herders *Metakritik. Verstand und Erfahrung*, die er zu rezensieren bedachte oder in Schellings *Philosophie*

---

16 Ethik 1816/17, a.a.O. (Anm. 14), 240, § 23.
17 Immanuel Kant, *Kritik der reinen Vernunft*, hg.v. Jens Timmermann, Hamburg 2003 (zitiert nach der ersten Ausgabe der Kritik = A).
18 Manfred Riedel, „Vernunft und Sprache. Grundmodell der transzendentalen Grammatik in Kants Lehre vom Kategoriengebrauch", in *Urteilskraft und Vernunft. Kants ursprüngliche Fragestellung*, Frankfurt/Main 1989, 44–60; Josef Simon, *Kant. Die fremde Vernunft und die Sprache der Philosophie*, Berlin und New York 2003.

der Kunst, die teilweise bekannt war.[19] Unter der Voraussetzung des Absoluten, wird quasi selbstverständlich der Schematismus auf die Sprache angewandt, so bei Schelling: „Diejenige Darstellung, in welcher das Allgemeine das Besondere bedeutet, oder in welcher das Besondere durch das Allgemeine angeschaut wird, ist Schematismus" und da wir uns in der Sprache „auch zur Bezeichnung des Besonderen doch immer nur der allgemeinen Bezeichnungen" bedienen, so ist „die Sprache nichts anderes als ein fortgesetztes Schematisieren".[20]

Schleiermachers Anwendung des sprachlichen Schematismus ist aber viel breiter konzipiert. Zu finden ist sie nicht nur in der *Hermeneutik*, wo er die Grundzüge seiner Semantik aufstellt, sondern auch in der *Ethik* sowie in der *Dialektik*, dort allerdings erst ab 1822 auf die Sprache angewandt. Indem jeder Dualismus zwischen Verstand und Sinnlichkeit zugunsten des Ineinander von Vernunft und Natur aufgegeben wird, stellt sich das kantische Problem der Vereinigung des Reinen mit dem Empirischen nicht mehr. Dagegen hat man es mit einem Kontinuum zu tun, das Schleiermacher meist als Oszillation zwischen zwei Polen des organischen Affizierens und der Verstandesformen beschreibt, im hiesigen Kontext zwischen der Gestalt einer gegebenen Erscheinung und dem davon herausgenommenen Schema.[21] Das Schema steht zwischen der Formel und dem Bild, zwischen den intellektuellen und den organischen Funktionen. Die Vermittlung des Schematismus ermöglicht die Erkenntnis, indem dieser Schematismus für die Identität und für die Übertragbarkeit der sprachlichen Zeichen bürgt.

In den ersten Ausführungen zur Semantik erklärt Schleiermacher „die Einheit des Wortes" als „Schema", also als eine „verrükbare Anschauung", die sich erst im jeweiligen Gebrauch durchaus bestimmen lässt und damit einen präzisen Sinn verleiht.[22] Ein Wort hat demnach eine relativ bestimmte Einheit, seine „Bedeutung", die sich im Gebrauch zu einem „Sinn" realisieren, das heißt beschränken lässt.[23] Die Bestimmung der „Sphäre" jedes Ausdrucks ist die Aufgabe der Hermeneutik.

---

19 Diese Interpretation liegt bereits in Schellings *System des transzendentalen Idealismus*, Tübingen 1800, vor, das Schleiermacher besaß (Vgl. das Verzeichnis von Schleiermachers Bibliothek, Nr. 1689, in: KGA I/15); F.W.J. Schelling, *Sämmtliche Werke*, Bd. I/3, Stuttgart und Augsburg 1858, 505–511, bes. 509–510.
20 Schelling, *System* (Anm. 19), 407 f.
21 Friedrich Daniel Ernst Schleiermacher, *Vorlesungen über die Dialektik*, hg.v. Andreas Arndt, *Kritische Gesamtausgabe* II/10, 1–2, Berlin und New York 2002; hier: KGA II/10, 1, 170 f.
22 KGA II/4, 29.
23 KGA II/4, 80. Vgl. *Die allgemeine Hermeneutik 1809/1810:* I 2. „Die Aufgabe ist, aus der Sprache den Sinn einer Rede zu verstehn." I 4. „Soll das Auslegen eine eigne Kunst seyn, so müssen die Elemente der Sprache in ihrer Bedeutsamkeit an und für sich unbestimmt bleiben." I 7. „An jedem [Element der Sprache, D.T.] ist also zu unterscheiden die Vielheit des Gebrauchs und die Einheit der Bedeutung." I 8. „Jedes einzelne Vorkommen eines Element ist eine von den

3 Schleiermacher und Humboldt

Woher nimmt Schleiermacher die Grundzüge seiner Auffassung der Sprache? Einerseits verlässt er keineswegs die philosophische Grammatik und würdigt sogar, wenn nur im Ansatz, das Leibnizsche Muster einer allgemeinen Sprache. Andrerseits teilt er die Überzeugungen mancher Romantiker über den nationalen Charakter der Sprache, die Rolle der Einbildungskraft und die Aufwertung der Dichtung. Leider lässt sich nicht genau ermitteln, was seine Auffassung der Sprache bestimmt haben kann. In Halle nahm er viel von Eberhard und Wolf auf. Die Auseinandersetzung mit Adelung und Herder – aber was genau aus Herders Schriften? – kann wohl auch vorausgesetzt, ja gar teilweise belegt werden. Von Schleiermachers Zeitgenossen erwähnt Dilthey ebenfalls die *Sprachlehre* von A. F. Bernhardi als mögliche Inspiration, ohne dass es zu eindeutigen Bezügen kommt.[24] Einige verhältnismäßig frühe Aussagen entfalten aber dann noch nicht ihre volle Tragweite. Das Paradigma der vergleichenden Sprachwissenschaft wird sich beispielsweise erst gegen 1820 befestigen, mit Franz Bopp und Humboldt. Im Entwurf der Hermeneutik 1805 heißt es: „Die Comparation verschiedner Sprachen wenn man nur gleich von der absoluten Verschiedenheit ausgeht ist freilich ein vortreffliches Mittel die eigenthümliche Anschauungsweise einer jeden in dieser Hinsicht, nemlich die Anschauung der Verhältnisse zu finden".[25] Allerdings ist diese Aussage nicht damit gleichzusetzen, dass er eine bestimmte Einsicht in eine solche „Comparation" gehabt hätte. Diese Überlegung ist Teil einer allgemeinen Überlegung, die mit den Begriffen Verschiedenheit versus Identität arbeitet und die auf die Auflösung einer praktischen Aufgabe abzielt. Die erste Benennung einer „vergleichenden Grammatik" hätte Schleiermacher in der Zeitschrift *Europa* 1803 lesen können,[26] wo August Wilhelm Schlegel seine Rezension der *Sprachlehre* Bernhardis mit ebendieser Idee schloss. Die Diskussion bleibt aber hier allgemein und unbestimmt.

Vielheiten des Gebrauchs; die Einheit der Bedeutung erscheint nirgends in einem einzelnen Falle." I 10. „Die Einheit eines materiellen Elementes ist ein weiter bestimmbares Schema einer Anschauung; die eines formellen ein Schema einer Beziehungsweise." I 11. „Die Vielheit des Gebrauchs beruht im Allgemeinen darauf, daß dasselbe Schema in ganz verschiedenen Sphären vorkommen kann". (KGA II/4, 79–80).

24 W. Dilthey, *Leben Schleiermachers II*. hg.v. M. Redeker, *Gesammelte Schriften* XIV, Göttingen, 1966, 741–742.
25 KGA II/4, 46.
26 *Europa* II, 1, 1803, 203: „Die *vergleichende Grammatik*, eine Zusammenstellung der Sprachen nach ihren gemeinschaftlichen und unterscheidenden Zügen, würde dazu ungemein behülflich seyn."

In einem Fall lohnt es sich dennoch, das Verhältnis zum Sprachdenken Wilhelm von Humboldts genauer zu untersuchen, zumal das hierzu nötige Quellenmaterial heute noch vorliegt. Damit meine ich die Nachschriften der Vorlesungen aus den 1820er Jahren, die nun in der kritischen Ausgabe zugänglich sind.[27] Diese erlauben es, in dieser Sache weiter und präziser vorzugehen als es bislang möglich war, da meist eher allgemeine begriffliche, thematische oder strukturelle Verwandtschaften unter die Lupe genommen wurden. Schleiermacher wie Humboldt waren beide Mitglieder der Akademie der Wissenschaften, Schleiermacher sogar seit 1814 dessen langjähriger Sekretär,[28] während Humboldt erst nach seinem Rücktritt aus dem politischen Leben regelmäßig die Sitzungen besuchen konnte, dabei oft selbst beitragend.[29] Die erstaunliche Nähe ihrer Ausführungen zur Übersetzung mag noch dem Zufall zuzurechnen sein.[30] Humboldt hatte zu diesem Thema noch kaum veröffentlicht und war mit seinen politischen Aufträgen so beschäftigt, dass er der Rede Schleiermachers nicht beiwohnen konnte. Aber diese Situation änderte sich ab 1820, als Humboldt sein eigenes Programm eines „vergleichenden Sprachstudiums" in drei grundlegenden Reden darstellte. Da diese Reden teils in Plenarsitzungen, teils in öffentlichen Sitzungen gelesen bzw. wiederholt wurden, bevor sie gedruckt erschienen, wissen wir, dass der Sekretär diesen beiwohnte und entsprechend früh davon Kenntnis nahm. Die Neubewertung der Sprache 1822 in der Dialektik hängt wohl damit zusammen.

Humboldt trug seine programmatische Rede *Über das vergleichende Sprachstudium in Beziehung auf die verschiedenen Epochen der Sprachentwicklung* am 29. Juni 1820 in Plenarsitzung vor, Philipp Buttmann verlas den zweiten Teil in Humboldts Abwesenheit am 3. August desselben Jahres. Ein Jahr später las er – wieder persönlich – seine methodische Rede *Über die Aufgabe des Geschichtsschreibers* (12. April 1821) in Plenum vor so wie die erste Skizze seiner Sprachtypologie *Über das Entstehen der grammatischen Formen* in Januar 1822.[31] Von ebendiesem Jahr stammt das Fragment *Über den Nationalcharakter der Sprachen*.

---

27 KGA II/4, Nachschrift Hagenbach SS 1822, 357–447, und Nachschrift Braune WS 1826/27, 449–723.
28 Kurt Nowak, *Schleiermacher. Leben, Werke und Wirkung*, Göttingen 2001, 427.
29 Vgl. Jürgen Trabant, „Humboldts Akademie-Reden über die Sprache", in: *Berichte und Abhandlungen der Berlin-Brandenburgischen Akademie der Wissenschaften*, Bd. 2, Berlin 1996, 311–343.
30 Denis Thouard, „Zentrale Außenseiter im Vergleich. Wilhelm von Humboldt und Friedrich Daniel Ernst Schleiermacher in Berlin", in: *Netzwerke des Wissens. Das intellektuelle Berlin um 1800*, hg.v. Anne Baillot, Berlin 2011, 113–130; Ders., „Passer entre les langues. Réflexions en marge du discours de Schleiermacher sur la traduction. Avec un appendice sur la traduction de Mungo Park ", in: *Friedrich Schleiermacher and the Question of Translation, 1813–2013*, hg.v. Larissa Cercel und Adriana Serban (Schleiermacher Archiv 25, Berlin, Boston, 2015, 59–73).
31 Am 17. Jan. in Plenum, am 24. Jan. in einer öffentlichen Sitzung.

Schleiermacher hat nach den *Acta* und *Protokollen* der öffentlichen Sitzungen sowie nach den Gesamtsitzungsprotokollen der Königlichen Akademie der Wissenschaften[32] also folgende Reden Humboldts zugehört:

Am 29. Juni 1820 (Plenum), *Über das Sprachstudium in Beziehung auf die verschiedenen Epochen der Sprachentwicklung.*

Am 3. August 1820 (öffentliche Sitzung), *Über das vergleichende Sprachstudium in Beziehung auf die verschiedenen Epochen der Sprachentwicklung* (vorgelesen von Philipp Buttmann in der Abwesenheit von Humboldt).

Am 17. Januar 1822 (Gesamte Sitzung), *Über das Entstehen der grammatischen Formen*[33].

Am 20. Mai 1824 (Plenum), *Über die Buchstabenschrift und ihren Zusammenhang mit dem Sprachbau.*

Am 24. März 1825 (Plenum), *Über die Erklärung von vier ägyptischen löwenköpfigen Bildsäulen in der hiesigen Königlichen Antikensammlung.*

Am 21. März 1826 (hist.-phil. Klasse), *Über den grammatischen Bau der chinesischen Sprache.*

Am 15. Juni 1826 (öffentliche Sitzung), *Über die Bhagavadgita.*

Am 17. Dezember 1829 (Plenum), *Über die in einigen Sprachen vorhanden Verwandschaft der Orts-Adverbien mit den Pronomen.*

Schleiermacher hat anscheinend folgende Vorträge verpasst: *Über die Urbewohner von Spanien und Portugal* (19. Dezember 1820), *Über die Aufgabe des Geschichtschreibers* (12. April 1821), *Über die Bagavad-Gita* (1. Teil am 30. Januar 1825), *Über das Dualis* (26. April 1827).

Die ganz wichtigen programmatischen Reden *Über das vergleichende Sprachstudium* und *Über die Entstehung der grammatischen Formen* hat er also zugehört, allem Anschein nach sogar zweimal für die erste genannte Rede. Humboldt entwarf in ihnen sein Forschungsprogramm, das bereits auf einer langen Vorbereitung zurückblicken konnte.[34] Sie haben bestimmt einen starken Eindruck auf Schleiermacher gemacht, ohne dennoch ihn zu grundsätzlichen Änderungen zu bewegen. Eher handelt es sich um Akzentverschiebungen. Für die späteren Reden dagegen, gilt dass sie konkrete Beispiele von der Verschiedenheit

---

[32] Archiv der Königlichen Akademie der Wissenschaften, *Gesamt Sitzungsprotokolle*, Bde. 3 bis 12; Acta und Protokolle der öffentlichen Sitzungen I–II.

[33] Im Bd. 4 der Protokolle der Gesamtsitzungen von 1821 bis 1823, liest man „den 17. Januar"; in der Liste von W. Witzel „den 24. Januar". Es handelt sich sicher um dieselbe Sitzung.

[34] Siehe Peter Schmitter, „Das ‚allgemeine' und ‚vergleichende Sprachstudium' bei W. von Humboldt. Zur Inhalt und Genese eines linguistischen Forschungsprogramms (1789 – 1820)", in: *Sprachdiskussion und Beschreibung von Sprachen im 17. und 18. Jahrhundert*, hg. v. G. Hassler und P. Schmitter, Münster 1999, 455–491.

der Sprachen gaben, die hier und da in den Vorlesungen über die Hermeneutik sowie über die Dialektik wieder auftauchen. Humboldt war aber nicht der einzige Lieferant an Exotica: Bopp hat auch regelmäßig vorgetragen, und auswärtige Kollegen wie A. W. Schlegel kamen auch vorbei, so im Frühling 1827.

Inwiefern können wir danach eine Vertiefung der sprachphilosophischen Ansichten Schleiermachers feststellen? Nach dem Erscheinen seines theologischen Hauptwerkes 1821 las Schleiermacher im Sommersemester 1822 gleichzeitig Hermeneutik und Dialektik. Die Befreiung von der zuvor belastenden Arbeit an der *Glaubenslehre* ermöglichte anscheinend eine Wiederaufnahme dieser Vorlesungen angereichert von nennenswerten Neuerungen. Vor allem bei der Dialektik ist dies auffällig. Wo diese 1814 vorwiegend als philosophische Konstruktion um die Prinzipien des Philosophierens konzipiert war, so rückt 1822 die Gesprächsführung in den Vordergrund. Die sprachliche Dimension, die vorher nur beiläufig erwähnt wurde, bekommt dann eine zentrale Funktion. Nicht nur das Gespräch macht den Anfang des Philosophierens aus, sondern die Sprachgebundenheit des Denkens und die Wichtigkeit des jeweiligen „Sprachgebietes"[35] werden verstärkt betont, zumal in der späteren *Einleitung in die Dialektik* von 1833, wo der Begriff des „Sprachkreises" eingeführt wird. Die Ausgaben von Rudolf Odebrecht (1942) und die italienische Übersetzung von Sergio Sorrentino (2004) haben diese dialogische Dimension hervorgehoben. Beide basieren auf der Vorlesung von 1822.[36] Seit den Ersten Entwürfen wurde die Sprache immer stärker, auch wenn die Gesamtgliederung ihre stabile Struktur behielt.[37]

1814 war die Sprache als Mittel gegen die Irrationalität des Einzelnen eingesetzt worden, also als Mittel gegen einen möglichen Skeptizismus, da die Identität der Sprache eine Vermittlung bietet. Daraus folgt die relative Abhängigkeit der Dialektik von der Hermeneutik.[38] Dagegen steht 1822 die Sprache sofort im Mittelpunkt, insofern als die „Kunst des Lesens und Schreibens" in der Gestalt der Gesprächsführung bereits einbegriffen wird.[39] Eine innere Beziehung zur Hermeneutik wird also ausdrücklich betont.

---

35 KGA II/10, 2, 400–401.
36 *Friedrich Schleiermachers Dialektik. Im Auftrage der Preussischen Akademie der Wissenschaften auf Grund bisher unveröffentlichten Materials* hg. von Rudolf Odebrecht, Leipzig 1942, Reprint Darmstadt 1988; F.D.E. Schleiermacher, *Dialettica. Appunti dell'Autore (1822) e Nachschrift Kropatschek (corso 1822). In appendice gli appunti autografi della Dialettica (1814/15) e Introduzione alla Dialettica (1832/33)*, a cura di Sergio Sorrentino, Turin 2004.
37 Aber eine „entscheidende Wendung" zu sehen, wie Odebrecht (*Dialektik*, a.a.O. [Anm. 36], XXI), ist wohl übertrieben.
38 KGA II/10, 1, 190–191.
39 KGA II/10, 1, 219, 2. Stunde 1822; II/10, 2, 403.

Wenn das Interesse für die Sprache von Anfang an präsent war, so bekommt dieses erst in der Spätphase eine Erweiterung, die wir jetzt mithilfe der Nachschriften genau beobachten können. In der Nachschrift Hagenbach lesen wir, dass „die Sprache und die Kunst, einzelne Reden zu verstehen" sich „gegenseitig durcheinander beding[en]".[40] Schleiermacher scheint hier enger als anderswo die Nähe der Hermeneutik zur Dialektik gesucht zu haben, da er die Identität der Bedeutung oder „das gleichbedeutende" auf den „dialectischen Gehalt der Rede" bzw. „Inhalt der Rede"[41] bezieht. Die Sprachsemantik ließe sich also auf die Ebene der Begriffe und damit der Dialektik erweitern. Diese Engführung der Hermeneutik und der Dialektik spiegelt anscheinend die verstärkte Inkaufnahme der Verschiedenheit der Sprachen für den Erkenntnisakt. Sprache ist kein bloßes Mittel, sondern sie ist die Voraussetzung jedes Denkens, das bereits von ihr gebildet und begrenzt ist. Dass „uns die Sprache, in welcher sich [das menschliche] Denken entwickelt, schon vorher gegeben ist",[42] widerspricht keineswegs die Erträge der *Glaubenslehre* über das „unmittelbare Selbstbewußtsein",[43] sondern verträgt sich sehr wohl damit. So wenn Schleiermacher schreibt: „Vergleichen wir die verschiedenen Sprachen, so haben sie im Ganzen genommen denselben Zug; aber er ist in jeder modifizirt; jede Sprache enthält eine in gewisser Hinsicht eigenthümliche Weltansicht, und so erscheint uns die Sprache nicht als ein Mittel für den einzelnen Menschen; sondern der Mensch erscheint uns als einer durch die Sprache so und so gebildeter, und nur als ein Ort, an welchem sich die Sprache so modifizirt".[44]

Wenn Schleiermacher den dritten Teil seiner *Monologen* „Weltansicht" betitelt,[45] so heißt es dort noch etwa „Ansicht der Welt", so wie der Ausdruck „Weltanschauung", der vier Mal in den *Reden über die Religion* vorkommt, dort nichts Weiteres als „Anschauung der Welt" bedeutet.[46] Man findet sich hier dagegen in einem neuen Bereich – einem Bereich, den eben Humboldt betreten hatte. Es lässt sich fragen, ob wir es hier mit einer einfachen Kompatibilität beider Auffassungen zu tun haben, oder ob Schleiermacher durch Humboldt zu dieser Akzentuierung der Sprachphilosophie inspiriert wurde.[47] Bei Humboldts *Über das vergleichende Sprachstudium* lesen wir:

---

40 KGA II/4, 366.
41 KGA II/4, 367.
42 Ebd.
43 KGA I/7, 1, 123; KGA II/10, 1, 266.
44 KGA II/4, 367–368.
45 KGA I/3, 28.
46 KGA I/2, 226.
47 Ein weiterer Indiz einer Aufnahme der akademischen Reden Humboldts lässt sich in der Nachschrift Braune (Kolleg 1826/27) finden: Schleiermacher erwähnte die Buchstabenschrift und zitierte, wohl zum ersten Mal, den Fall des Chinesischen (KGA II/4, 456). Im März 1824 hatte Humboldt seine Rede *Über die Buchstabenschrift und ihren Zusammenhang mit dem Sprachbau*

„Durch die gegenseitige Abhängigkeit des Gedankens, und des Wortes von einander leuchtet es klar ein, dass die Sprachen nicht eigentlich Mittel sind, die schon erkannte Wahrheit darzustellen, sondern weit mehr, die vorher unerkannte zu entdecken. Ihre Verschiedenheit ist nicht eine von Schällen und Zeichen, sondern eine Verschiedenheit der Weltansichten selbst."[48] Die Rolle des Gesprächs, also der Sprache in ihrem aktuellen Gebrauch, wird hier in seiner epistemologischen Relevanz begründet. Die Dimension des Neuen, die in der Hermeneutik im Mittelpunkt der Debatte stand, wird dadurch anerkannt. Die Polyperspektivität der Erkenntnis entgeht dem Skeptizismus nur durch die Konstruktion des Streites im Gespräch. Die Subjektivität jeder Sprache, ja jedes Sprachkreises wird durch die Hermeneutik gewürdigt, während die Dialektik sich prinzipiell mit dem objektiven „Inhalt" befasst. Erst durch jene kommt man sicher zu dieser.

Diese Verwendung einiger Humboldtscher Sprachphilosopheme führt keineswegs Schleiermacher zu einer Relativierung seiner Wissensauffassung, da – so wie bei Humboldt selbst – die Anerkennung der Verschiedenheit der Sprachen auch in ihrer Inzidenz für die Erkenntnis nicht besagt, dass es keine „allgemeine Grammatik" gäbe, die sozusagen jeder speziellen Grammatik ihre Richtlinien verleihen würde. Eine solche wird in Schleiermachers Dialektik ebenso wie in Humboldts Reden bestätigt.[49]

Schleiermacher bewegt sich immer zwischen den Polen der Identität und der Individualität. Dabei versucht er, kraft seines Systems, die Verschiedenheit zu integrieren, ohne sie aufzulösen. Die Engführung von Dialektik und Hermeneutik in den 20er Jahren zeigt die feine Artikulation innerhalb des komplexen, „verrükbaren" Rahmen seiner Philosophie.

---

gehalten, im März 1826 *Über den grammatischen Bau der Chinesischen Sprache*, eine Zusammenfassung der wichtigsten Punkte seiner *Lettre à Monsieur Abel-Rémusat sur le génie de la langue chinoise*. Schleiermacher erwähnt dazu das Kriterium der Erkennbarkeit in der Form bestimmter grammatischen Funktionen, was in *Über die Entstehung der grammatischen Formen* (1822) benutzt wurde: „Die Andeutungen zu allen sind wirklich vorhanden, da die Sprache dem Menschen immer ganz, nie stückweise beiwohnt, und der feinere Unterschied, ob und inwiefern diese Bezeichnungsarten grammatischer Verhältnisse nun wirkliche Formen sind, und als solche auf die Ideenentwicklung der Eingebohrnen einwirken, wird leicht übersehen". (Wilhelm von Humboldt, *Gesammelte Schriften*, Bd. 1–17, Berlin 1903–1936, Bd. 4, 287).

48 W. von Humboldt, *Gesammelte* Schriften, a.a.O. (Anm. 47), Bd. 4, 27, 33.
49 KGA II/10, 1, 190; vgl. W. v. Humboldt, „Über den Nationalcharakter der Sprachen", in: *Gesammelte Schriften*, a.a.O. (Anm. 47), Bd. 4, 421.

Zum Schluss

Die Rolle der Sprache in Schleiermachers Hermeneutik kann zu sehr unterschiedlichen Deutungen führen und eben das macht ihre Untersuchung erforderlich. Eine solche wurde hier nur skizzenhaft durchgeführt, und dabei die wichtigsten Züge von Schleiermachers „Idee der Sprache" dargestellt. Das genauere Bild der Sprache selbst kann man aus dem grammatischen Teil der *Hermeneutik* herauslesen, aber auch, im technischen Teil der *Dialektik*, wo die Funktion von Begriff und Urteil erklärt werden.

Für die Idee der Sprache selbst sowie für die zunehmend große Bedeutung, die ihr zuerkannt wird, kann man folgendes feststellen. Die Sprache kann nicht ohne ihre Wechselwirkung mit den individuellen Reden verstanden werden, so dass eine ontologische Deutung ebenso wie eine reine strukturalistische Lesart gezwungenermaßen wesentliche Aspekte übersehen. Will man Schleiermachers eigene philosophische Auffassung der Sprache ernst nehmen, so wird man auf die Ethik verwiesen, die nicht nur die Sprache als Handlung und Bildung feiert, sondern auch die Artikulation der aktiven und passiven Sprache behandelt. Dieser Unterschied, der an den spinozistischen Gegensatz der *natura naturans* und *natura naturata* erinnert, gipfelt in der Hervorhebung der zeitlichen Perspektive in Bezug auf die Sprache. Durch die Betrachtung des Neuen nimmt die Hermeneutik diese Dimension ernst. Nicht nur die individuelle Rede macht den Mittelpunkt dieser Sprachphilosophie aus, sondern das Verhältnis der Sprache zu der Zeit. Diese Dimension lässt sich auch in der Theorie der Übersetzung auffinden.

Außer dieser systematischen und noch sehr allgemeinen Ansicht, kann man auch erkennen, mit einiger philologischer Akribie, wie Schleiermacher wichtige Sprachphilosopheme Humboldts ab 1822 übernahm. Die hier angeführten Beispiele geben also eine Einsicht in die Art und Weise der intellektuellen Interaktionen an der Akademie der Wissenschaften.

Sarah Schmidt
Die Kunst der Kritik: Schleiermachers Vorlesungen zur Kritik und ihre Einordnung in das philosophische System

1 Einleitung:

Die Kritik, als Programmbegriff ebenso wie als Genre, nimmt in der Theorie und literarischen Praxis der Frühromantik eine zentrale Position ein und steht unter dem Vorzeichen der Wechselwirkung der Disziplinen und Gattungen. Als Kritik ist sie immer transzendental, denn sie untersucht die Bedingungen der Möglichkeit dessen, was sie kritisch reflektiert. Zu den transzendentalen Einsichten gehört die unhintergehbare Verschränkung von Form und Inhalt, Prozess und Produkt, Methode und Ergebnis, sodass Kritik kein von außen an einen Gegenstand herangetragenes Instrument ist, sondern in Auseinandersetzung und wechselseitiger Modifikation mit ihrem Gegenstand entsteht. Dieses grundsätzliche Involviert-Sein erhebt Friedrich Schlegel zum Programm und fordert eine Grenzüberschreitung zwischen Gegenstand und Methode der Kritik: Alle Kritik soll produktiv, alle Produktion selbst kritisch werden: Schön ist das zur Individualität gebildete Werk, und eine Kunstkritik „soll die Werke nicht nach einem allgemeinen Ideal beurtheilen, sondern das *individuelle* Ideal jedes Werkes aufsuchen".[1] Da das individuelle Ideal des Kunstwerkes nicht immer zur vollen Entfaltung gekommen ist – denn auch Kunstwerke sind immer nur auf dem Weg ihrer eigenen Vollendung –, muss die Kritik selbst produktiv und mithin auch poetisch werden: „Poesie kann nur durch Poesie kritisiert werden. Ein Kunsturteil, welches nicht selbst ein Kunstwerk ist, entweder im Stoff, als Darstellung des notwendigen Eindrucks in seinem Werden, [...] hat gar kein Bürgerrecht im Reiche der Kunst."[2]

---

[1] Friedrich Schlegel, „Fragmente zur Poesie und Literatur II. Und Ideen zu Gedichten", KFSA 16, 270, Nr. 197. Als der ‚Prototyp' dieser neuen Literatur, die erst nach noch zu findenden Regeln beurteilt werden muss, gilt Goethes Wilhelm Meister, vgl. auch Friedrich Schlegel, „Lyceums-Fragmente", KFSA 2, 162, Nr. 120. Ästhetische Urteile folgen keinen allgemeinen Regeln, sondern sind vielmehr „Machtsprüche", die sich nicht beweisen jedoch legitimieren lassen müssen: „Alle eigentl.[ichen] aesthet.[ischen] Urteile s[ind] ihrer Natur nach *Machtsprüche* und können nichts andres sein. Beweisen kann man sie nicht, legitimieren aber muß man s.[ich] dazu. –" (Friedrich Schlegel, „Fragmente zur Literatur und Poesie", KFSA 16, 91, Nr. 71).
[2] Friedrich Schlegel, „Lyceums-Fragmente", KFSA 2, 162, Nr. 117. Vgl. auch Schlegel, Friedrich, „Lessings Gedanken und Meinungen", KFSA 3, 82: „Einer Kritik, die nicht so wohl der Kommentar

Anders als Friedrich Schlegel, der dieses Programm kritisch-poetischer Grenzüberschreitung – wie beispielsweise im theoretisch-poetischen Zwittertext *Gespräch über Poesie* – zur Meisterschaft getrieben hat, lassen sich bei Friedrich Schleiermacher nur wenige Texte, wie etwa der fiktive Briefwechsel *Vertraute Briefe über Friedrich Schlegels Lucinde* benennen, die in diesem kunst-kritischen Programm aufgehen.[3]

Im Vergleich zu seinen frühromantischen Mitstreitern ist Friedrich Schleiermacher wesentlich weniger an der literarischen und künstlerischen Produktion seiner Zeit und deren ästhetischen Kritik interessiert. Schleiermachers Interesse gilt nicht dem Kunsturteil (und dessen programmatische Verstrickung in den künstlerischen Prozess), sondern – ähnlich wie in Schillers *Briefen zur ästhetischen Erziehung* – der *jedem* Menschen eigenen künstlerischen Tätigkeit als freies Spiel der Gedanken und ihrer Bedeutung und Funktion im Prozess einer sich entfaltenden Vernunft. Weniger prominent als in Schlegels Werk und zum Teil rhetorisch schlecht platziert, kommt dem Kritikbegriff bei Schleiermacher als kritisches Verfahren im Prozess des werdenden Wissens und als philologische Kritik dennoch eine zentrale Funktion zu.[4]

In der 2013 von Wolfgang Virmond in Zusammenarbeit mit Hermann Patsch besorgten historisch-kritischen Ausgabe der Hermeneutik werden nun nicht nur Manuskripte und Vorlesungsmitschriften zur Hermeneutik vorgelegt, sondern ebenso die Vorlesungen Schleiermachers zur philologischen Kritik, die dieser ab 1826/27 an den Vortrag der Hermeneutik anschloss und insgesamt dreimal las. Diese Vorlesungen werden zwar immer in einem Atemzug mit den Hermeneutikvorlesungen genannt, und sie wurden von Lücke orientiert an der letzten Nachschrift von 1832/33 bereits herausgegeben, traten und treten aber bis heute nicht wirklich aus dem Schatten der Hermeneutik und finden in der Forschung nur eine

---

einer schon vorhandnen, vollendeten, verblühten, sondern vielmehr das Organon einer noch zu vollendenden, zu bildenden, ja anzufangenden Literatur wäre. Ein Organon der Literatur, also eine Kritik, die nicht bloß erklärend und erhaltend, sondern die selbst produzierend wäre, wenigstens indirekt durch Lenkung, Anordnung, Erregung."

3 Die Kritik an Friedrich Schlegels Roman *Lucinde* ist ein gelungenes Beispiel romantischer (Literatur)kritik, die poetisch und kritisch zugleich verschiedene Literaturgattungen anspielt und mit einer Reflexion auf ihre Möglichkeiten und Grenzen verbindet. Gegenüber dem polemischen Schlegel, der als Meister in diesem Fach gilt, fällt Schleiermachers Kritik wesentlich filigraner aus. Neben der Auseinandersetzung mit der Rolle der Geschlechter und dem Liebeskonzept enthält sie vor allem im Rahmenbriefwechsel auch eine Reflexion über die Möglichkeit und Form literarischer Kritik überhaupt.

4 Vgl. Sarah Schmidt, *Die Konstruktion des Endlichen. Schleiermachers Philosophie der Wechselwirkung*, Berlin und New York 2005, insbesondere Kapitel 4.

sehr geringe Resonanz.⁵ Aus Anlass der neu erschienenen kritischen Edition, die auch eine neue Materiallage generiert, möchte ich mich im Folgenden den Kritikvorlesungen zuwenden und neben der Frage ihrer grundsätzlichen Charakteristik insbesondere ihre Einbindung in das philosophische System untersuchen, was zugleich auch die Frage nach einem einheitlichen Kritikbegriff umfasst.

2 Zur Materiallage und Genese der Kritik-Vorlesungen

Im Gegensatz zur Lückeschen Ausgabe in den sämtlichen Werken,[6] die sich auf die Nachschrift der Vorlesung von 1832/33 beschränkt (und dort z.T. auch stilistisch eingreift) liegen nun in der Wiedergabe der Braune-Nachschrift die Vorlesung von 1826/27[7] und Schleiermachers Manuskripte zur Kritik von 1826 zum ersten Mal vor, sodass ein Einblick sowohl in die Genese[8] als auch einiger Aufschluss über die Vortragspraxis der Kritik möglich ist.

Verfolgt man die Genese des Kritikbegriffs in den Hermeneutik- und Kritikvorlesungen, dann wird deutlich, dass mit den Kritikvorlesungen kein Teil der Hermeneutik ausgelagert wird, sondern die Kritik in ihrem Detailreichtum tatsächlich als etwas vollkommen Neues und Eigenständiges 1826/27 hinzukommt. Die spärlichen Bemerkungen zur philologischen Kritik innerhalb der Hermeneutik-Vorlesung betonen und wiederholen jedoch das strukturell grundlegende enge Wechselverhältnis von Grammatik, Hermeneutik und Kritik, und vermittelt über das Wechselverhältnis von Hermeneutik und Dialektik auch das zwischen philologischer Kritik und Dialektik.[9]

---

[5] Virmond bestätigt in seiner Einleitung, dass die Kritikvorlesungen bisher kein besonderes Echo gefunden haben und vermutet, dass es u.a. daran liegt, dass sie zwei verschieden große Anwendungsfelder bespielen: einmal die Altphilologie und dann die neutestamentliche Philologie (vgl. Wolfgang Virmond, „Einleitung des Bandherausgebers", in: KGA II/4, VII–LI, hier XXX).
[6] Friedrich Schleiermacher, *Hermeneutik und Kritik mit besonderer Beziehung auf das Neue Testament. Sämtliche Werke* Bd. 1, 7, aus Schleiermachers handschriftlichem Nachlasse und nachgeschriebenen Vorlesungen herausgegeben von Friedrich Lücke, Berlin 1838.
[7] Schleiermacher las insgesamt drei Mal über die Kritik, die Kritische Gesamtausgabe gibt jedoch nur die Vorlesung von 1826/27 und die späte von 1832/33 wieder, da die Nachschrift von 1828 nach Einschätzung des Editors den Charakter einer Abschrift und mangelhaftes Verständnis aufweist, vgl. KGA II/4, XXX.
[8] Vgl. KGA II/4, XXXVII.
[9] So wird beispielsweise in den frühen Notizen von 1805 die Kritik als Kunstkritik und als „historische Kritik" erwähnt (Vgl. KGA II/4, 53). Das Grundheft 1809/1810 formuliert, dass die Kritik mit ihren beiden Zweigen, dem „höheren" und „niederen" auf die Grammatik „gepfropft" sei

Dieses enge triadische Wechselverhältnis sich wechselseitig voraussetzender und generierender Wissenschaften bestimmt übrigens schon 1797 das Programm von Schlegels Notizheft „Zur Philologie", das von Körner als *Philosophie der Philologie* veröffentlicht wurde und gehört zu einem Projekt, das Schlegel als „Begriff der Philologie" Niethammer ankündigt und in dessen *Philosophischen Journal* zu veröffentlichen gedenkt.[10] Die noch vorhandenen Notizen sind Bemühungen zur Selbstverständigung über Art, Umfang und Systematik des geplanten Unternehmens, entwerfen diese enge Wechselbeziehung zwischen Grammatik, Kritik und Hermeneutik, aber auch zwischen Philosophie und Philologie[11] jedoch nur als Programm, d. h. sie unterstreichen, *dass* es eine enge Beziehung gibt, das *wie*, die konkrete Struktur und Systematik dieser Wechselbeziehung bleibt aber ohne Ausführung.[12]

In der Hermeneutik-Vorlesung Schleiermachers von 1822 (also derjenigen Vorlesung, die der ersten Kritik-Vorlesung vorangeht), lässt sich nun ein steigendes Interesse für die Kritik beobachten, das sich jedoch nicht allein auf die philologische, sondern ebenso auf die historische und philosophische Kritik sowie die Kunstkritik bezieht[13] und diese kritischen Praxen als integrativen Bestandteil des hermeneutischen Prozesses deutet.[14]

---

und schließt sogar mit dieser Bemerkung (vgl. KGA II/4, 116). Das Grundheft von 1819 erwähnt die dogmatische und die historische Kritik (vgl. KGA II/4, 144). In der Nachschrift des Collegs von 1819 (Jonas) wird die Kritik als integraler Bestandteil des hermeneutischen Prozesses verstanden und steht im Kontext einer Reflexion über die Aufgaben des Herausgebers.

10 Diese frühen unsystematischen Notizen, die letztendlich zu keiner separaten Veröffentlichung führten, finden Eingang in die *Lyceums-* und *Athenäums-Fragmente*.

11 Jeder φλ [Philolog] muß ein φσ [Philosoph] seyn– dies gehört schon zu den *Gesetzen* der φλ [Philologie], könnte also wegbleiben. In so fern es aber auch zum *Ideal* gehört, mags stehn. (Friedrich Schlegel, „Zur Philologie", KFSA 16, 47, Nr. 153).

12 „Der Grammatiker muß φλ [Philolog] seyn; der Kritiker (κατ' εξοχην d. h. der aesthetische) desgleichen; der Exeget." (Ebd., 47, Nr. 145); „Die φλ [Philologie] ist selbst jeder ihrer Bestandteile ganz, und umgekehrt (Hermeneutik und Kritik) –" (Ebd., 50, Nr. 177); „Hermeneutik und Kritik sind *absolut* unzertrennlich dem Wesen nach; ob sie gleich in Ausübung, Darstellung getrennt werden können, und die Tendenz jeder φλ [Philologie] auf einer Seite gewöhnlich überwiegt." (Ebd., 50, Nr. 178); „Ueber den *Primat der Kritik oder der Hermeneutik* findet eine wahre *Antinomie* Statt." (Ebd., 55, Nr. 236). Dass Schlegel um eine Systematik ringt und immer wieder Gliederungsversuche vornimmt, wird an vielen Notaten der Sammlung *Zur Philologie* deutlich (vgl. ebd., 74, Nr. 144, u. Nr. 142, 73, Nr. 134, 66, Nr. 64 u. Nr. 63).

13 Vgl. KGA II/4, 434.

14 In der Nachschrift von 1822 (Hagenbach) spricht sich Schleiermacher offenbar bereits gegen die vermeintliche Hierarchisierung von höherer und niederer Kritik aus (vgl. KGA II/4, 367) und bezeichnet die „historische Konjekturalkritik" als wichtiges Hilfsmittel der Hermeneutik (vgl. KGA II/4, 388). Die „höhere Kritik" wird 1822 als philosophierende bzw. dogmatische Kritik verstanden, die ein integrativer Bestandteil des hermeneutischen Vorgehens sei (vgl. KGA II/4, 409 f.),

Dieses Interesse an einem breiten und umfassenden Kritikbegriff, das sich in der Hermeneutik-Vorlesung von 1822 abzeichnet, findet eine Wiederaufnahme in den beiden Einleitungen der Kritik-Vorlesung, auf die ich später noch zu sprechen kommen werde.

Den ausführlichen Vorlesungen zur Kritik – sie umfassen in den letzten drei Vorlesungsjahrgängen über 30 Stunden, steht ein auffällig schmaler Manuskriptbestand aus Schleiermachers eigener Hand gegenüber. Die Notate zur Kritik lassen den groben Verlauf der Vorlesung erkennen und fassen einzelne Hauptthesen zusammen, sind jedoch derart hermetisch, dass sie sich sinnhaft erst vor dem Hintergrund der Vorlesungsnachschriften lesen lassen. Da bereits Lücke auf diesen schmalen Manuskriptbestand verweist ist davon auszugehen, dass Schleiermacher die umfängliche Vorlesung im Gegensatz zu seinen anderen Vorlesungen freihändig und nur mit wenigen Gedankenstützen sozusagen ‚aus dem ff' vorgetragen hat. Dies ist ebenso beeindruckend wie glaubhaft, insofern Schleiermacher seine Vorlesungen zur Kritik erst sehr spät beginnt, und auf eine über Jahrzehnte ausgeübte altphilologische und neutestamentarische Editionspraxis zurückblicken kann. Dies ist bekanntlich zum einen die mit Friedrich Schlegel gemeinsam geplante Platon-Ausgabe; sie ging über die Übersetzung hinaus, insofern sie neue, im Prozess der Übersetzung gewonnene Einsicht über Echtheit und Datierung der einzelnen Dialoge vertrat. Der Text musste – dort wo man sich auf die Heindorfsche Ausgabe nicht stützen konnte – überhaupt erst einmal konstituiert werden und Schleiermacher realisierte die Ausgabe schließlich im Alleingang von 1804–1828.[15] Und es sind zum anderen Schleiermachers neutestamentarische Editionen wie das Projekt der Paulinischen Briefe, die das Problem der Autorschaft aufwerfen.[16]

Von einer schöpferischen Kritik der Kunst und Kunst der Kritik, die in Form gezielter Auswahl und Zusammenstellung auch Friedrich Schlegels editorischen

---

ebenso wird die künstlerische und die grammatische Kritik als integrativer Bestandteil der Kritik gewertet (vgl. KGA II/4, 421). Die späten Schleiermacher Manuskripte zur Hermeneutik – als da sind Randnotizen von 1822 und 1832 – betonen die Verwandtschaft und wechselseitige Voraussetzung von Hermeneutik und Kritik (vgl. KGA II/4, 161), und verstehen die Kritik als integrativen Bestandteil der Hermeneutik (vgl. KGA II/4, 162).

15 Schleiermachers Praxis altphilologischer Kritik reicht dabei weit vor diese späten Vorlesungen zurück und beginnen selbst vor seiner eigenen Platonausgabe. So arbeitete er bereits bei Ludwig Heindorfs Auswahlausgabe von Platons „Dialogi selecti" mit, wie Briefstellen belegen.

16 Vgl. dazu das kritische Sendschreiben von 1807 „Ueber den sogenannten ersten Brief des Paulos an Timotheos". Das Projekt, die Briefe des Paulus textkritisch herauszugeben wurde nicht weiter verfolgt, weil, wie Virmond vermutet, Schleiermacher stattdessen seine Energie und Zeit für die Edition des Neuen Testaments von Karl Lachmann verwendet hat (vgl. KGA II/4, XXXXIV), die 1831 erschien.

Projekten wie der Lessingausgabe noch eigen sind,[17] scheinen Schleiermachers Vorlesungen zur Kritik weit entfernt zu sein. Sie ist „pünktlichste Kritik",[18] die über weite Strecken, wie Virmond zu Recht bemerkt, einer peniblen Anweisung zur Herstellung einer historisch-kritischen Ausgabe gleichkommt.[19]

Die auf dem Detail insistierende Darstellung geht auf die Bedeutung von Überschriften ein, setzt sich mit dem Unterschied von Handschrift und Typographie auseinander,[20] führt in die Grundlagen des Handschriftenvergleichs ein,[21] reflektiert über Abschriftfehler, die über Kopie oder Diktat entstehen,[22] untersucht die Frage, wann und wie sich ein Autor nachträglich selbst korrigiert und wie mit diesen Autorkonjekturen umzugehen ist, untersucht Abbreviationen[23] oder den Status von Randkorrekturen im Manuskript,[24] von Handschriftenkunde (Palaeographie)[25] – uvm.

Wer mit dem Geschäft kritischer Editionen betraut ist, kann diesen akribischen und klugen Bemerkungen nur zustimmen und mitunter Spaß haben an der inneren Dramaturgie dieser Vorlesungen, in der Schleiermacher gleich einem Jonglierkünstler peu à peu die Zahl der in der Luft befindlichen Kegel erhöht und mit beeindruckender Sicherheit das Ensemble dieser im hermeneutischen Zirkel verbundenen Variablen vorbeischnellen lässt.

Eine straffe Reflexion auf die Bedingungen der Möglichkeit und Wissenschaftlichkeit der philologischen Kritik, auf grundsätzliche Regeln und Methoden, droht in der Detailfülle der philologischen Kritik unterzugehen. Diese implizit dennoch vorhandene Struktur hervorzuheben, bedeutet zugleich die philologische Kritik im philosophischen System zu verorten, was ich im Folgenden in sechs Punkten versuchen möchte.

---

[17] Abgesehen von den Einleitungen zur Schlegelschen Lessingausgabe (*Lessings Gedanken und Meinungen*), die eine längere Reflexion über Geschichte und Wesen der Kritik enthalten (*Vom Wesen der Kritik*), finden sich die wesentlichen Aussagen zur Kritik Schlegels vor allem in den Fragmenten der Jahre 1797–1801.
[18] Vgl. den Brief Schleiermachers an F. Schlegel vom 24.1.1801, KGA V/5, 37, Nr. 1017.
[19] KGA II/4, XXXI.
[20] Vgl. KGA II/4, 630f.
[21] Vgl. KGA II/4, 634.
[22] Vgl. KGA II/4, 635f.
[23] Vgl. KGA II/4, 642.
[24] Vgl. KGA II/4, 641.
[25] Vgl. KGA II/4, 647 sowie Handschriftenvergleich vgl. KGA II/4, 643.

3 Die Einbindung der philologischen Kritik in das hermeneutisch-dialektische System

a) Universalisierung des Verdachtes

Um die Hermeneutik aus dem Stand der Spezialhermeneutik in eine allgemeine philosophische Hermeneutik zu überführen, der es um die Bedingungen der Möglichkeit des Verstehens geht, universalisiert Schleiermacher bekanntlich das Missverständnis. Anstatt von einem grundsätzlichen Verstehen, dass nur in einzelnen Fällen gehemmt wird (die dann Gegenstand eines hermeneutischen Bemühens werden), geht die Hermeneutik von einem permanent latenten Missverstehen aus, sodass *jede* Rede zum hermeneutischen Gegenstand wird: „Die Kunst geht davon aus daß sich das Mißverstehen von selbst ergiebt und das Verstehen auf jedem Punkt muß gewollt und gesucht werden."[26]

Diese Universalisierung des Missverständnisses findet ihr Pendant in der Kritik in der Universalisierung des editorischen Verdachts. Erst dort, wo ein Verdacht an der Echtheit eines Dokumentes bzw. seiner Teile besteht, kann die kritische Arbeit beginnen und um sie wissenschaftlich zu betreiben, darf man nicht warten bis einem ein Verdacht kommt, der Verdacht ist zu suchen: „Wir können noch weiter zurückgehen u*nd* sagen, das Erste wodurch alle Operationen d*er* Kritik bedingt ist, ist, *daß* ich Verdacht bekomme, es sei etwas, wie es nicht sein solle; ist das nicht da, so ist es auch kein kritisches Verfahren einzuleiten möglich."[27]

---

26 KGA II/4, 127 (1819). Grondin, der in Schleiermachers Ansatz keinen grundsätzlich neuen Ansatz erblickt, nennt dies die „Universalisierung des Mißverständnisses" und sieht darin Schleiermachers großes Verdienst (Jean Grondin, *Einführung in die philosophische Hermeneutik*, Darmstadt 1991, 88 ff.). In der Vorlesung von 1809/10 formuliert Schleiermacher diese Universalisierung des Missverständnisses als „höhere Maxime" des Verstehens KGA II/4, 74 f. (1809/10).
27 KGA II/4, 1022 (1832/33). Schleiermacher untersucht auch die Verdachtsmomente detailliert, gleichwohl sie durch keine Regel produziert werden können (vgl. KGA II/4, 634) und bezeichnet in der Vorlesung von 1826/27 den Verdacht als einen „Mangel an Befriedigung" (vgl. KGA II/4, 635).
– Voraussetzung dieser Universalisierung von Missverständnis und Verdacht ist für die Hermeneutik wie für die Kritik die Annahme einer Totalität und Ganzheit des Textes (vgl. KGA II/4, 628), die es als Totalität und Ganzheit zu verstehen bzw. zu rekonstruieren gilt.

b) Kritik als Rekonstruktion des Fehlers

Geht man von einem konkreten Verdacht aus, der sich an inhaltlichen oder sprachlichen Unstimmigkeiten entzünden kann, so besteht die Aufgabe des Kritikers nicht in erster Linie darin, die Unstimmigkeit zu verbessern oder zu emendieren, sondern darin, diesen Fehler *als Fehler* zunächst einsichtig zu machen.[28] Denn erst dann, wenn die Genese des Fehlers plausibel rekonstruiert ist – beispielsweise als Abschriftfehler, als Zahlendreher, als Hörfehler oder psychologischer Lapsus –, wird überhaupt erst deutlich, wie mit ihm im Folgenden umzugehen ist.

Interessanterweise besteht auch die Kritik bzw. das „kritische Verfahren" in Schleiermachers Dialektik-Vorlesungen in der Rekonstruktion einer Genese. Dem im zweiten technischen Teil der Dialektik eingeführten kritischen Verfahren kommt eine zentrale systematische Funktion zu, denn es ist das eigentliche Streit schlichtende Verfahren im ewigen Streit der Meinungen.

Die erkenntnistheoretische Kritik der Dialektik setzt die im ersten Teil der Dialektik vorgenommene Analyse der Idee des Wissens voraus, in der jedes Wissen als ein individuelles, kontingentes und nur vermeintliches Wissen ausgewiesen wurde. Um zwei miteinander streitende Positionen miteinander zu vermitteln, muss nun geklärt werden, *inwiefern* ein Denken relativ oder nur von individueller Geltung ist. Der individuelle Geltungsbereich eines vermeintlichen Wissens kann jedoch nur dann beurteilt werden, wenn sich die Kritik dem Kontext zuwendet, aus dem heraus sich ein relatives Denken als Wissen behauptet.[29] Oder anders formuliert: Die Kritik muss die Genese der Bildung oder Begriffsbildung des vermeintlichen Wissens (re)konstruieren und in diesem Sinne bezeichnet Schleiermacher die philosophische Kritik auch als ein „geschichtliches Erkennen"[30].

---

[28] Vgl. KGA II/4, 635 ff. So äußert sich Schleiermacher in der Vorlesung von 1826/27: „Es fehlt auch im Gebiet der klassischen Literatur nicht an solchen frivolen Verbesserungen des Textes." (KGA II/4, 633).

[29] „Woher kommt denn diese Verschiedenheit? Die Antwort ist, weil jeder auf einem andern Wege, in einem andern Zusammenhange zu seinen Vorstellungen gekommen ist als der andre." (KGA II/10, 2, 406, Std. 3.) Vgl. auch KGA II/10, 2, 406, Std. 3: „In einem gewissen Sinne können 2 Parteien nie zugleich Recht haben, in einem verschiedenen Zusammenhange wohl beide." Vgl. auch KGA II/10, 2, 406, Std. 3: „Betrachten wir aber 2 verschiedene Vorstellungen über dasselbe natürliche Phänomen, so werden sich diese wohl nicht auf einen Rechenfehler zurückführen lassen, sondern wir werden den Grund der Differenz in einem verschiedenen Zusammenhange der Vorstellungen suchen müssen".

[30] Friedrich Schleiermacher, *Ethik (1812/13)*, hg. von Hans-Joachim Birkner, Hamburg 1990, 192, § 19.

Bei der Frage, wie sie bei dieser Aufgabe eigentlich *verfahren* soll, findet die Kritik in der Hermeneutik eine Anleitung. Auch das Verstehen in seiner strengeren Praxis wird von Schleiermacher als eine Rekonstruktion der Genese beschrieben – es ist die Umkehrung eines Aktes des Redens. Denn erst, wenn wir wissen, *wie* die Rede aus der Totalität der Sprache und aus der Totalität des Redenden entstanden ist, können wir behaupten, dass wir verstehen. Dazu ist auf grammatischer Seite keine möglichst allgemeine, sondern eine möglichst genaue lokale Kenntnis der Sprache nötig, wie sie dem ursprünglichen Redner und Hörer eigen war.[31] Auf der technischen oder psychologischen Seite, die sich nicht dem Sprachsystem, sondern dem individuellen Redner oder dem Denken zuwendet, geht es zum einen um eine idealtypische Gedankengenese und deren Ablenkung durch die individuellen Lebensumstände des Redners.

c) Quadruplizität

Diese Rekonstruktionsarbeit der philologischen Kritik geschieht nach zwei Seiten hin, die die bipolare Binnenstruktur der Kritik bestimmt: Die bisherige Einteilung in eine höhere und eine niedere Kritik von Ast und Wolf aufnehmend, schließt sich Schleiermacher sowohl der Astschen als auch der Wolfschen Bestimmung an. Wolf versteht unter niederer Kritik eine beurkundende Kritik – also eine Kritik, die sich bei der Beantwortung der Frage der Echtheit auf andere Textquellen und Textvergleiche stützt. Die höhere Kritik hingegen argumentiert aus der inneren Stringenz eines Werkes heraus, um die Echtheit einer Quelle oder eines Textes zu klären.

Ast hingegen unterscheidet nicht die „Verfahrensweisen",[32] sondern dem Umfang nach in eine niedere Kritik als Stellen- und Wortkritik, die sich mit der Frage beschäftigt, ob ein Wort oder eine Textstelle als echt angesehen werden kann und einer höheren Kritik als Werkkritik, die sich der Frage widmet, ob ein Werk als Ganzes einem Autor zugeschrieben werden kann oder nicht.

Kombiniert man, wie es nach Schleiermacher die editorische Praxis nahe legt, die Astsche mit der Wolfschen Bestimmung, so erhalten wir eine für Schleiermacher typische quadruplizitäre Struktur, in der Quellenvergleich und textimmanente Argumentation sowohl auf der Ebene von Satz und Wort als auch auf der Ebene eines ganzen Werkes anzuwenden ist.

---

31 Vgl. KGA II/4, 132: „1. Erster Kanon. Alles was noch einer näheren Bestimmung bedarf in einer gegebenen Rede, darf nur aus dem dem Verfasser und seinem ursprünglichen Publikum gemeinsamen Sprachgebiet bestimmt werden."
32 KGA I/11, 647.

Niedere beurkundende Kritik (mechanische Fehler)	höhere/hermeneutische Kritik (Fehler aus freier Synthesis)
grammatische Kritik (Satz-/Stellenebene)	immanente/divinatorische Kritik (Satzebene)
recensierende Kritik (Werkebene)	immanente/divinatorische Kritik (Werkebene)

Die Einteilung in eine sogenannte „niedere Kritik" und eine „höhere Kritik", die sich einmal auf das Sprachsystem und einmal auf den Sprecher und sein Denken bezieht, entspricht jedoch nicht nur Ast und Wolf, sondern vor allem der Einteilung in einen grammatischen und einen technischen bzw. psychologischen Teil der Hermeneutik.

Beide Teile der Kritik sind – ebenso wie die der Hermeneutik[33] und trotz der Titulierung in hoch und niedrig – einander *nicht* über- oder unterzuordnen, sondern wechselseitig aufeinander angewiesen.[34]

Die Begründung der wechselseitigen Voraussetzung geschieht in der Kritik-Vorlesung via Beispielen, in der Hermeneutik-Vorlesung jedoch philosophisch grundlegender über das Wechselverhältnis von Denken und Sprechen.[35]

d) Wechselwirkung

Dem Grundschema seiner philosophischen Vorlesungen folgend, geht auch der Kritikvorlesung eine Einleitung voran, in der der „Begriff" der philologischen Kritik geklärt werden soll, d.i. Klärung von Umfang und Inhalt, Aufgabe und Einteilung der Kritik, um sie als eigenständige und wissenschaftliche Disziplin auszuzeichnen und mit „philosophischer Genauigkeit" aufzustellen.

---

33 Beide „Auslegungsarten", wie Schleiermacher die grammatische und die technische bzw. psychologische Auslegung nennt, werden, wie Schleiermacher in seinem ersten Hermeneutik Entwurf von 1805 bemerkt, als niedere und höhere Hermeneutik bezeichnet (KGA II/4, 38).
34 Vgl. KGA II/4, 1005 f. Ebenso wie sich Stellenkritik und Werkkritik wechselseitig voraussetzen, sind auch Quellenvergleich und immanente Argumentation aufeinander angewiesen, sodass ihr Verhältnis zueinander, das betont Schleiermacher obwohl er die Benennung in höhere und niedere Kritik beibehält, nicht als Hierarchisierung oder Wertung missverstanden werden darf.
35 Die zwei Teile der Kritik begründet Schleiermacher in den Einleitungen der Hermeneutik-Vorlesungen von 1826/27 aus dem Verhältnis Sprache – Rede – Redner und bezieht sich so noch einmal deutlich auf die Einleitung der Hermeneutik-Vorlesung. Dieses Verhältnis wechselseitiger Modifikation von Denken und Sprechen wird lediglich in der Vorlesung von 1826/27 in der Einleitung noch einmal kurz aufgenommen.

Diese Begriffsklärung soll Aufschluss über die Binneneinteilung der philologischen Kritik verschaffen, aber ebenso das Verhältnis der philologischen Kritik zu anderen Wissenschaften klären und nicht zuletzt ihr Verhältnis zu anderen möglichen Formen der Kritik.

Für die interne Vernetzung des philosophischen Systems sind diese Einleitungen der Vorlesung insgesamt von großer Bedeutung und es ist nicht schwer einzusehen, dass gerade diese Einleitungen der unausgereifteste Teil der Kritik-Vorlesungen sind. Als Ersatz mag streckenweise die Akademierede „Über Begriff und Einteilung der philologischen Kritik" dienen, die Schleiermacher 1830 hielt und die somit genau zwischen den in der Kritischen Gesamtausgabe abgedruckten Vorlesungsnachschriften liegt, denn sie versucht ebenfalls eine Begriffsklärung und kann vom Inhalt her auch als eine ausgelagerte Einleitung begriffen werden. Obgleich sie jedoch argumentativ stringenter ist als die Einleitungen der Vorlesungen zur Kritik, geht sie über viele Probleme hinweg, die in den Einleitungen der Kritik-Vorlesung offen liegen und diese umso wertvoller machen.

Deutlich wird in den Einleitungen der Vorlesungen zur philologischen Kritik, dass die philologische Kritik nur im Verbund mit anderen Wissenschaften arbeiten kann. Diese Wechselwirkung der Wissenschaften, die in Schleiermachers Ethik-Vorlesungen ihre philosophische Begründung erfährt, bestimmen den progressiven und potentiell unendlichen Charakter der philologischen Kritik, denn sie setzt ein Wissen voraus, welches sie selbst erst mit generiert.

„Diese Trias von Diciplinen [aus Grammatik, Hermeneutik und Kritik, S.S.] befindet sich in vollkommenen cyklischem Verhältniß." heißt es in der Mitschrift der Kritikvorlesung von 1826/27 und Schleiermacher fährt fort: „Die Aufgabe jeder dieser 3 Disciplinen ist also unendlich, kann also nur durch Approcimation, nicht ursprünglich gelöst werden. [...] Die Idee eines vollkommenen φιλολογος [Philologos] ist, daß er in allen 3 Beziehungen vollkommen sei, also das Unendliche durchmessen habe, d. h. aber nur, daß jeder in einer Approximation dazu ist."[36]

Die enge Wechselwirkung mit der Dialektik, die die Einleitungen ebenfalls programmatisch äußern, zeigt sich insbesondere in Schleiermachers Ausführungen zur höheren Kritik, die nicht urkundlich oder im Vergleich mit anderen Dokumenten, sondern werkimmanent argumentiert. Hier wird die Eloquenz des Denkens ebenso wie der Denkstil eines Autors in Betracht gezogen.

---

36 KGA II/4, 454. Dem entspricht, dass Schleiermacher durchgehend immer wieder von höheren und niederen Wahrscheinlichkeitsgraden spricht, die man für seine Hypothesen erreichen kann, vgl. z. B. KGA II/4, 640 u. 626 f. So führt zum Beispiel erst eine grammatische oder hermeneutische Unstimmigkeit zu einem editorischen Verdacht, mit dem die kritische Arbeit beginnt, vgl. KGA II/4, 627.

Eine interessante Stelle hinsichtlich möglicher Überschneidungspunkte mit der Dialektik findet sich in der Einleitung von 1832/33 in der Calow-Nachschrift. In der Reflexion über die Genese möglicher Fehler reflektiert Schleiermacher nicht nur über das Verschreiben und Verhören, sondern zieht auch ein ‚Verdenken' in Betracht, das ebenso Gegenstand der philologischen Kritik werden soll. Leider wird dieser Hinweis nicht systematisch entwickelt, denn er würde unmittelbar in die Dialektik führen.[37]

Diese enge Verwebung von Grammatik, Hermeneutik und Kritik und dieser Trias wiederum mit der Dialektik ist, wie bereits erwähnt, diejenige Einsicht, die Schleiermacher auch in den Hermeneutik-Vorlesungen immer wieder betont und die Schlegels Programm einer *Philosophie der Philologie* entspricht.[38]

Deutlich wird in den Einleitungen zur Kritik-Vorlesung ebenfalls, dass der wissenschaftliche Status der philologischen Kritik einen umfassenden Kritikbegriff voraussetzt und Schleiermacher um die Bestimmung des Verhältnisses der unterschiedlichen Kritikbegriffe zueinander rang. Neben der philologischen Kritik, die die mündliche oder schriftliche Rede auf ihre Echtheit überprüft, benennt Schleiermacher noch die „historische Kritik", die Tatsachen aus einer vorliegenden Schrift (oder Rede) ermitteln soll,[39] sowie die „doktrinale Kritik", die das Werk mit seinem „Urbild" vergleicht. Von diesen drei Kritikbegriffen ist die doktrinale Kritik die umfassendste, denn das Werk ist nicht nur als Kunstwerk zu verstehen, sondern umfasst, wie Schleiermacher in der Vorlesung von 1832 formuliert „alle menschlichen Productionen vom Mechanischen an d*urch die* Gebiete d*er* Kunst *und* Wissenschaft"[40] hindurch. Auch in der Akademierede ist der Gegenstandsbereich der doktrinalen Kritik unbeschränkt und betrifft neben den schriftlichen Werken auch die Gegenstände der bildnerischen und mimischen Künste und alle politischen und ethischen Werke, „so daß alle politische und ethische Würdigung eines in sich abgeschlossenen ganzen unter denselben Begriff gehörte"[41].

---

37 Vgl. KGA II/4, 1018.
38 Vgl. dazu die Randnotizen von 1828: „Aber da nicht nur die Mittheilung des Wissens, sondern auch kein festhalten desselben giebt ohne diese drei und zugleich alles richtige Denken auf richtiges Sprechen ausgeht so sind auch alle drei mit der Dialektik genau verbunden." (KGA II/ 4, 161).
39 Zum Begriff der historischen Kritik vergleiche die Akademierede zur Kritik vom 30. 3. 1830, KGA I/11, 643–656, hier 651 f., aber auch Schleiermachers Programmschrift *Kurze Darstellung des theologischen Studiums zum Behuf einleitender Vorlesungen* von 1810, insbesondere KGA I/6, 278, §§ 43–47 (1. Aufl.). Wesentlich im Zusammenhang der historischen Kritik ist Schleiermachers Neubestimmung von „Tatsache", deren Konstruktion als „Verknüpfung des Aeußeren und Inneren zu einer geschichtlichen Anschauung, als eine freie geistige Tätigkeit anzusehen ist" (KGA I/11, 381, § 152, 2. Aufl.).
40 KGA II/4, 1008 (1832/33).
41 KGA I/11, 649.

„Die Tripartition" in doktrinale, historische und philologische Kritik mag nicht recht in das Schleiermachersche System passen und Schleiermacher betont in der Akademieabhandlung, dass er sie nicht abgeleitet, sondern zunächst einmal vorgefunden und in ihrem Verhältnis zueinander untersucht habe. Der Rekursivität des Schleiermacherschen Systems entsprechend ist jedoch die These, dass sich doktrinale und historische Kritik zumindest wechselseitig einander unterordnen lassen.

Dass sich Kritik im Grunde genommen auf alle Produkte der vernünftigen Tätigkeit beziehen lassen können muss, deutet sich in Schleiermachers weiter Fassung der doktrinalen Kritik an, die, wie Schleiermacher in der Akademierede und den Einleitungen der Vorlesungen formuliert, über die eigentlichen Werke hinaus auch auf Taten bezogen werden müsste[42]. Mit diesem ebenso kurzen wie entscheidenden Hinweis, der sich auch in den Einleitungen der Vorlesungen von 1826/27 und 1832/33 befindet, markiert Schleiermacher eine Leerstelle in seinem eigenen System, nämlich die der ‚praktischen' oder ‚ethischen' Kritik und allein aus diesem Grunde sind die Einleitungen der Kritik-Vorlesungen ausgesprochen wertvoll. Welche Ausmaße dem Kritikbegriff zukommen würde, berührt Schleiermacher jedoch nur ganz kurz. Es gäbe, würde man den Kritikbegriff so allgemein und umfassend verstehen, nur noch eine andere Tätigkeit, die man der kritischen Tätigkeit gegenüberstellen müsste – „nämlich die productive in eben so mannigfaltigen Abstufungen, und beide in ihrer Beziehung aufeinander constituiren das ganze geistige Leben".[43]

e) Kritik als Kunst im zweifachen Sinne

Schleiermacher betitelt die philologische Kritik als Kunstlehre und das Wort Kunst hat dabei einen zweifachen Sinn. Zum einen meint es Kunstlehre im Sinne einer zu gebenden Technik, denn als Rekonstruktionshandwerk der „peinlichsten" Art, wie Schleiermacher das Editorenhandwerk betitelt, unterliegt sie zahlreichen Regeln und Kautelen, denen folgend man ihr Geschäft zu lösen habe. Zum anderen ist jedoch auch Kunst im Sinne von künstlerisch oder talentiert gemeint, Kunst als „höhere Kunst", die über das rein mechanische Regelfolgen hinausgeht.

Die Notwendigkeit einer „höheren Kunst" ergibt sich daraus, dass wir nicht alle nötigen Informationen vorliegen haben, um einen Fehler in seiner Genese zu rekonstruieren. Um die Echtheit eines Werkes oder einer Stelle im Text zu prüfen,

---

42 Vgl. KGA I/11, 649.
43 KGA I/11, 654.

gehen wir von einem editorischen Verdacht aus, sind jedoch mit der Lückenhaftigkeit der historischen Überlieferung konfrontiert. Die Rekonstruktionsarbeit muss so zwangsläufig zu einer Konstruktionsarbeit werden, die ein entwerfendes Moment enthält und ohne Talent, Gespür, Ahnung nicht sehr weit käme.[44]

Eine implizite Hauptregel der philologischen Kritik besteht darin, möglichst viele Wege der Rekonstruktion zu bestreiten und die Ergebnisse der niederen und höheren Kritik beständig aufeinander zu beziehen. *Wie* sich jedoch dieser wechselseitige Bezug der unterschiedlichen Wege im einzelnen Fall zusammenweben lässt, dafür gibt es keinerlei Regeln und auch hier ist Kunst im zweiten oder höheren Sinne gefragt.[45]

Diesen doppelten Kunstcharakter teilt die philologische Kritik mit allen Kunstlehren wie der Dialektik und der Hermeneutik, die zum einen in der Kunstfertigkeit, im Beherrschen von Regeln besteht, in der Anwendung dieser Regeln jedoch auf kein Metaregelwerk zurückgreifen kann. Die Lückenhaftigkeit, mit der es der Editor zu tun hat und aus der sich die Notwendigkeit eines divinatorischen Momentes ergibt, erweist sich dabei gerade mit Blick auf die Hermeneutik und Dialektik nicht nur als ein Problem der historischen Überlieferung, sondern von grundsätzlicher Art für den erkenntnistheoretischen Prozess: „Sollte die grammat*ische* Seite für sich allein vollendet werden so müsste eine vollkom*mene* Kenntniß der Sprache gegeben sein, im andern eine vollständige Kenntniß des *Menschen*. Da beides nie gegeben sein kann: so muß man von einem zum andern übergehen u*nd* wie dieses geschehen soll darüber lassen sich keine Regeln geben."[46]

In der Hermeneutik entwickelt Schleiermacher aus diesem doppelten Kunstcharakter zwei Auslegungsmethoden, die nicht alternativ und in Konkurrenz zueinander stehen, – die nicht wie in Gadamers missverstandener Schleiermacher Lektüre einem subjektiven und nicht kommunizierbaren Einfühlen den Vorrang geben – sondern nur im steten Wechsel das Auslegungsgeschäft betreiben können: divinatorischer Entwurf und komparative Prüfung. Lehnt sich die philologische Kritik hinsichtlich höherer und niederer Kritik an die zwei Auslegungsarten der Hermeneutik an, so werden diese beiden Auslegungsmethoden in der Einleitung leider nicht systematisch entwickelt. Unglücklicherweise verwirrt sich die Begrifflichkeit auch noch dadurch, dass Schleiermacher die höhere werkimmanente Kritik als divinatorisch bezeichnet.

In der Ausführung seiner Beispiele führt Schleiermacher jedoch immer wieder vor, dass die philologische Arbeit der Kritik, besonders solche, die den Bedin-

---

44 Vgl. KGA II/4, 634.
45 Vgl. KGA I/11, 655 f.
46 KGA II/4, 122 (1819).

gungen zeitlicher Alterität unterworfen sind, immer nur Wechselerweise sind, mit denen man zu keinen absoluten Urteilen gelangen kann und deren Lösungsentwurf auf eine fortlaufende komparatistische Probe angewiesen sind.

f) Symkritik

Gerade weil das kritische Unternehmen ein unendliches ist, das mit anderen Kunstlehren im Wechselverhältnis steht, sie voraussetzt und zugleich generiert, und selbst nur im stetigen Wechselerweis niederer und höherer Kritik funktioniert, ist die philologische Arbeit kein Einzelunternehmen, sondern wie die Hermeneutik und Dialektik nur als Gemeinschaftswerk zu betreiben. Ist der Erkenntnisprozess in der Dialektik als Kunstlehre des Streitgespräches von vorne herein als ein gemeinschaftlicher angelegt, so unterstreicht auch die Hermeneutik die notwendige Kollektivität des hermeneutischen Geschäftes: „Das Verstehen in seiner Totalität", formuliert Schleiermacher die Konklusion des technischen Teils im Hermeneutikmanuskript von 1809/1810, „ist also immer ein gemeinsames Werk."[47]

Der symkritische Charakter der Kritik, wie ich ihn in Anlehnung an den frühromantischen Neologismus der Symphilosophie nennen möchte, findet sich nun in dem immer wiederkehrenden Hinweis, einen kritischen Leser zu generieren. Denn erst wenn der Leser in den Stand gesetzt wird, die kritische Arbeit des Editors nachzuvollziehen – beispielsweise mit Hilfe eines kritischen Apparates –, kann er sich selbst ein Urteil bilden und dort ansetzen, wo die Arbeit des Editors aufhörte: „Diese [die Leser, S.S.] muss man in den Stand setzen, ihr Urteil selbst zu machen, und das Verfahren des Auslegers zu prüfen. Das läßt sich nicht ohne kritischen Apparat denken, der aber von verschiedenem Umfang sein kann."[48]

Dass das ‚symkritische' Projekt der Platonedition mit Friedrich Schlegel scheiterte, mag nicht nur, aber auch eben an einem unterschiedlichen Verständnis von ‚Symkritik' gelegen haben. Darüber gibt ein längerer Brief Schleiermachers an Boeck aus dem Jahre 1808 Auskunft: Aus Anlass grassierender Vorwürfe des ehemaligen Mitstreiters Friedrich Schlegel, Schleiermacher habe die Ergebnisse seiner kritischen Arbeit an den Dialogen ohne ihn zu erwähnen geklaut, legt Schleiermacher Boeckh eine ausführliche Begründung der von ihm vertretenen Datierungen und Echtheitsthesen vor. Darin beschwert sich Schleiermacher u. a. darüber, dass Schlegel ihm zwar mitunter ‚Ergebnisse' wie eine Liste zur Anordnung der Dialoge zuspielte, jedoch mit der Geste eines Künstlers, der über die

---
47 KGA II/4, 115.
48 KGA II/4, 633.

Genese dieser Ergebnisse keinerlei Rechenschaft ablegt und so jede Form gemeinsamer Arbeit vereitelt.[49]

4 Schluss

Unter den sechs Stichwörtern – Universalisierung des editorischen Verdachtes, Kritik als Rekonstruktion des Fehlers, Quadruplizität, Wechselwirkung, Kritik als Kunst im zweifachen Sinne und Symkritik – habe ich zu zeigen versucht, dass die Kritik-Vorlesungen strukturell und methodisch Anschluss an und Begründung in der Hermeneutik, Dialektik und Ethik findet und als Teil der Trias Grammatik, Hermeneutik und Kritik – einer *Philosophie der Philologie* – ihren Platz im philosophischen System hat.

Deutlich ist, dass Schleiermacher die philosophische Reflexion zur philologischen Kritik und seine Überlegungen zu einem umfassenden Kritikbegriff noch nicht zu einem ihn selbst befriedigenden Ergebnis geführt hat und in diesem Sinne sind die Vorlesungen zur philologischen Kritik trotz des beindruckenden Praxiswissens noch als *work in progress* anzusehen.[50] Eine dem Niveau von Dialektik-, Ethik- und Hermeneutik-Vorlesungen entsprechende Ausarbeitung der Einleitung zur Kritik-Vorlesung fehlt. Nicht nur für die Einordnung der philologischen Kritik in das Wissenschaftssystem, sondern ebenso für das Verhältnis von Hermeneutik, Dialektik und Ethik wäre sie von entscheidender Bedeutung.

Schleiermacher nannte die verschlungene Argumentationsführung seiner 1803 erschienenen *Kritik der Sittenlehre* in einem Brief an seinen Freund Brinckmann ein „Westindisches underwood aus Cactus", und diese Bezeichnung trifft auch auf die verwirrende Detailfülle der ohne ausführliches Manuskript gehaltenen Vorlesungen zur philologischen Kritik zu.[51]

Trotz dieser Integration in das philosophische System, mit dem die philologische Kritik, wie ich zu zeigen versucht habe, ihre Grundsätze und Anlage teilt, scheint Schleiermacher mit zunehmendem Alter vor allem an der Kritik als

---

[49] Schleiermacher an Boeckh, 18.6.1808, vgl. KGA V/10, Brief Nr. 2701.
[50] Trotz oder gerade wegen seinem umfangreichen Praxiswissen, äußert Schleiermacher Zweifel, ob ihn die Einordnung in das philosophische System und eine Klärung von Umfang und Inhalt der philologischen Kritik gelungen ist, vgl. KGA I/11, 654f.
[51] Auf das anerkennende Lob Brinckmanns der *Grundlinien* antwortet Schleiermacher in einem Brief vom 14.12.1803: „Mit dem Gedankenw a l d e aber lieber Freund sieht es sehr mißlich aus. Zeugs genug freilich, aber es kommt mir vor wie ein Westindisches underwood von Cactus und dgl., durch das man sich schwer durcharbeitet, das aber am Ende Alles aus einer einzigen Wurzel gewachsen ist; […]." (KGA V/7, 157, Nr. 1612).

Technik oder Handwerk interessiert, und weniger an ihrem Kunstcharakter im „höheren Sinne".

Diese philologische Potenz, zu der es Schleiermacher am Ende seines Lebens gebracht und die er mit aller Brillanz und Akribie vorführt, mag ihn auch zu der Aussage verleitet haben, dass das philologische Unternehmen im Gegensatz zum hermeneutischen ein endliches und irgendwann einmal abzuschließendes sei.[52] Dass die Geschichte der kritischen Editionen eher seine Philosophie der Philologie bestätigt, zeigt sich nicht zuletzt daran, dass auch die Ergebnisse des durchaus genialen Editors Schleiermacher nicht unumstößlich sind.

---

[52] So formuliert Schleiermacher in seinen Randnotizen von 1828, dass die Kritik „aufhören soll ausgeübt zu werden", KGA II/4, 161.

Andreas Arndt
Hermeneutik und Einbildungskraft

1

Ich habe gleich mit einem Geständnis zu beginnen: Der Begriff der Einbildungskraft kommt in Schleiermachers *Vorlesungen über die Hermeneutik und Kritik*, soweit ich sehen kann, gar nicht vor. Auch sonst spielt er in Schleiermachers Theoriehaushalt eigentlich kaum eine Rolle, selbst in den Vorlesungen über die *Ästhetik* nicht.[1] Die *Psychologie* allerdings belehrt uns darüber, dass „Gefühl auch durch Sprache mitgetheilt wird, [...] insofern es sich durch ein inneres Gedankenspiel kund giebt, welches auf der mit dem Namen Einbildungskraft bezeichneten Thätigkeit beruht".[2] Hier wird über die Versprachlichung des Gefühls eine Brücke zur *Hermeneutik* immerhin angedeutet. Gleichwohl: weshalb stelle ich meine Ausführungen unter den Titel „Hermeneutik und Einbildungskraft"? Ich will durch die Einführung des Begriffs der Einbildungskraft keineswegs Schleiermacher besser verstehen, als er sich selbst verstanden hat, wiewohl das nach den Regeln seiner *Hermeneutik* durchaus legitim wäre. Vielmehr stütze ich mich darauf, dass in Schleiermachers *Hermeneutik* ein Begriff auftaucht, der zwar meist übel beleumdet ist, aber doch eine nicht zu unterschätzende Funktion spielt, und dieser Begriff hängt historisch und systematisch mit dem der Einbildungskraft nicht nur zusammen, sondern wird teilweise identisch mit ihm gebraucht. Es ist dies der Begriff der Divination.

Hans-Georg Gadamer hat dieses Konzept distanziert betrachtet, steht es ihm doch für eine eher fragwürdige Voraussetzung der sogenannten psychologischen Interpretation, die eine Einfühlungshermeneutik begründe. Schleiermachers Voraussetzung sei, „daß jede Individualität eine Manifestation des Allebens ist und daher" – hier zitiert er Schleiermacher – „‚jeder von jedem ein Minimum in sich trägt und die Divination wird sonach aufgeregt durch Vergleichung mit sich selbst'. [KGA II/4, 158] So kann er sagen, daß die Individualität des Verfassers unmittelbar aufzufassen ist, ‚indem man sich selbst gleichsam in den anderen verwandelt'."[3] Gadamer sieht darin eine „ästhetische[] Metaphysik der Individualität"[4] und den Kern des Schleiermacherschen Romantizismus.

---

1 Friedrich Schleiermacher, *Ästhetik*, hg.v. R. Odebrecht, Berlin und Leipzig 1931.
2 Friedrich Schleiermacher, *Schriften*, hg.v. Andreas Arndt, Frankfurt/Main 1996, 890.
3 Hans-Georg Gadamer, *Wahrheit und Methode. Grundzüge einer philosophischen Hermeneutik*, Tübingen ⁶1990, 193. Das zweite Zitat ist in der KGA nicht identifizierbar; vgl. Schleiermacher,

Zu einer entgegengesetzten Auffassung kommt Gunter Scholtz, der ich mich auch deshalb anschließen möchte, weil sie meinen Titel rechtfertigt. „Erläuterungsbedürftig", so schreibt er, „ist [...] immer aufs neue die Divination, da man hier den Irrationalismus eines Schleier-Macher vermutet. Sie ist aber nichts als eine Leistung der Einbildungskraft, auf die keiner verzichten kann. Jeder diviniert schon, wenn er in einem Brief ein undeutlich geschriebenes Wort entziffert. [...] ja, die Erfassung der Werkform, der ‚Structur des Ganzen' (HL 256), ist in der Kunst nur durch die Leistung der Phantasie möglich".[5] Scholtz sieht zutreffend eine *Technik* am Werk, wo Gadamer metaphysischen Tiefsinn vermutet. Dies entspricht in der Tat dem systematischen Status, den die *Hermeneutik* bei Schleiermacher hat: sie ist eine technische, an die Ethik anschließende Disziplin, deren psychologischer Teil (im Unterschied zum grammatischen) von Schleiermacher auch als technischer Teil bezeichnet wird.

Ich werde im Folgenden zunächst die Verwendungsweisen des Begriffs der Divination in Schleiermachers *Hermeneutik* kurz beleuchten (2) und dann auf die historischen und systematischen Kontexte dieses Begriffs eingehen (3). Es wird sich zeigen, dass Schleiermacher keineswegs in eine schlechte Metaphysik abgleitet, sondern ein Verfahren reflektiert, das unverzichtbar gerade zum historischen Verstehen gehört.

2

Der Begriff des Divinierens taucht erstmals im Zusammenhang mit der „Anwendung der Kenntniß der Eigentümlichkeit des Schriftstellers auf die Interpretation" im ersten Entwurf von 1805 auf, und zwar geht es hier um die Nebenvorstellungen des Schriftstellers, die „nie von Anfang herein nach Auswahl und Art zu errathen" seien, da sie auch beim Schriftsteller erst „successive angeregt" würden (KGA II/4, 67). Das Divinieren, das diese „Nenenabsichten" zu erschließen suche, müsse den Charakter des Schriftstellers auf dessen Kenntnisse und persönlichen Umstände beziehen, sich dabei aber „auf das nächste erstrekken" (ebd.). Dies ist offenbar als Warnung gerade an eine überschwängliche Einfühlungshermeneutik zu verstehen. Schleiermacher weist hier übrigens auch darauf hin, dass das Divinieren nicht die Eigenart einer wissenschaftlich begründeten Auseinandersetzung mit

---

Hermeneutik und Kritik mit besonderer Beziehung auf das Neue Testament, hg.v. Friedrich Lücke, Berlin 1838, 146 f.
4 Ebd.
5 Gunter Scholtz, *Ethik und Hermeneutik. Schleiermachers Grundlegung der Geisteswissenschaften*, Frankfurt/M 1995, 116; das Zitat aus Schleiermacher, *Hermeneutik und Kritik*, a.a.O. (Anm. 3), 256.

Texten sei, sondern im „gemeinen Leben [...] weit gewöhnlicher" sei, aber „doch in mancher Hinsicht schwerer" (ebd.). Dies zielt offenbar darauf, dass wir im alltäglichen Leben Nebenabsichten einer Person weit eher nach ersten, in der Regel unzureichenden Eindrücken über deren Charakter und Umstände bestimmen, während im Umgang mit Texten die Grundlagen des Divinierens kritisch zu bestimmen sind. Dies weist bereits auf eine Eigenart des divinatorischen Verfahrens hin: Es ist zwar für sich genommen kein nach wissenschaftlichen Regeln durchkalkulierbares Verfahren, aber es ist deswegen nicht irrational oder der Wissenschaft entgegengesetzt.

Die divinatorische Methode ist damit, wie bereits erwähnt, Bestandteil der *technischen* Interpretation, die es im Unterschied zur *grammatischen* mehr mit der subjektiven Seite der Interpretation zu tun hat (und daher auch als *psychologische* Interpretation bezeichnet wird). Schleiermacher unterscheidet hier das „comparative" vom „divinatorischen" Verfahren, „welche aber" – so fügt er hinzu – „wie sie aufeinander zurükweisen auch nicht dürfen voneinander getrennt werden". (KGA II/4, 157) Betrachten wir zunächst das komparative Verfahren. Nach Schleiermacher sucht es das Besondere zum Allgemeinen durch Vergleich der unter das (zu verstehende) Allgemeine gefassten Eigentümlichkeiten. Hiermit ist das Verhältnis des Ganzen und der Teile angesprochen. Da das Ganze hier nicht als ein Aggregat, sondern als eine organische Totalität angesehen wird, in der Ganzes und Teile sich wechselseitig bedingen, tritt das Mangelhafte der komparativen Methode sofort hervor. Sie „gewährt keine Einheit; das allgemeine und besondre müssen einander durchdringen und dies geschieht immer nur durch die Divination." (KGA II/4, 158)

Hier wird eine zentrale Leistung des Divinatorischen angesprochen, das Synthetisieren der Elemente zu einer Totalität. Diese synthetische Leistung kommt mit dem überein, was seit Kant die Funktion der reinen produktiven Einbildungskraft ist. Ich komme darauf zurück. Im vorliegenden Fall – ich habe aus Schleiermachers Manuskript von 1819 zitiert – ist von Bedeutung, dass mit der Totalität – das „Allgemeine" des komparativen Verfahrens – die Individualität des Urhebers einer Rede oder Schrift gemeint ist, also die Subjektivität des Autors. Es wäre m. E. jedoch einseitig und falsch, das divinatorische Verfahren *allein* auf diese Totalität zu beziehen, die vielmehr nur einen, wenn auch für Schleiermacher sicher ausgezeichneten Fall von Ganzheit unter denen darstellt, die in der *Hermeneutik* eine Rolle spielen. Die divinatorische Methode – und diese Bestimmung hat Gadamer in den Mittelpunkt seiner Auseinandersetzung gestellt – „ist die welche indem man sich selbst gleichsam in den andern verwandelt, das individuelle unmittelbar aufzufassen sucht" (KGA II/4, 157). Diese unmittelbare Anverwandlung der Individualität eines Anderen sei, wir haben das schon von Gadamer gehört, dadurch möglich, dass jeder Mensch dadurch, dass er selbst ein

Individuum ist, empfänglich für fremde Individualität sei und diese im Vergleich mit sich selbst sich erschließen könne.

Das ist mit Sicherheit problematisch. Gadamer ist zunächst darin Recht zu geben, dass Schleiermacher die Möglichkeit eines unmittelbaren Zugangs zur Individualität des Autors letztlich durch die weitergehende, hier allerdings nicht angesprochene, Annahme begründet, Alles sei Individuation eines Allgemeinen – des Universums oder des einigen, relationslosen „Seins" – und dadurch, ungeachtet aller Eigentümlichkeiten, im Kern miteinander identisch. Ob diese Annahme, die auf eine systematische Einheit der „Welt" als einer organischen Totalität zielt und ein Ganzes an die Stelle des einzelwissenschaftlich fragmentierten, durch Arbeitsteilung erworbenen Wissens setzt, auf schlechter Metaphysik beruht, möchte ich hier nicht im Detail erörtern. Nur so viel sei angemerkt: das Totalisieren oder, wie Novalis es nennt, das „Verganzen", hat mit Sicherheit auch eine eminent kritische Funktion gegenüber den Bornierungen arbeitsteilig betriebener und gegeneinander verselbständigter Spezialdisziplinen. Um solche weitergehenden Fragen nach den Chancen und Grenzen der Konstruktion von systematischen Einheiten geht es aber bei den angeführten Zitaten gar nicht. Es geht vielmehr darum, dass wir, nach Schleiermachers Auffassung, intuitiv wissen, was eine Individualität ist und daher – gemäß dem alten Satz, nur Gleiches könne Gleiches erkennen – auch eine fremde Individualität erfassen können.

Ob diese Intuition und mit ihr das Sich-Hineinversetzen in die fremde Individualität schlechthin *unmittelbar* ist, wie Schleiermacher behauptet, möchte ich jedoch bezweifeln. Dass wir mit uns schon immer in der Weise vertraut sind, dass wir uns als Individuum verstehen und von daher auch Anderen Individualität zuschreiben, könnte genauso gut (und nach meiner Auffassung besser) als eingeschliffene Erfahrung und damit als vermittelte Unmittelbarkeit erklärt werden. Dass die divinatorische Synthesis selbst, jenseits dieser Voraussetzung, Unmittelbarkeitscharakter habe, dementiert Schleiermacher selbst eigentlich dadurch, dass er das Sich-Hineinversetzen in den Anderen als Komparation des Fremden mit sich selbst versteht. Hierin realisiert sich die wechselseitige Bedingtheit und Durchdringung von Komparation und Divination. Keineswegs steht die Komparation erst, wie Schleiermacher dies an einer Stelle nahe zu legen scheint, am Ende des Verfahrens, wenn die Divination „ihre Sicherheit erst durch die bestätigende Vergleichung" erhält, „weil sie ohne dieses immer fantastisch sein kann" (KGA II/4, 158). Was Schleiermacher hier gegen den möglichen Überschwang des Divinierens einschärft, wäre dem divinatorischen Verfahren von Anfang an eingeschrieben, wenn es nicht durch die Behauptung einer Unmittelbarkeit belastet wäre.

Das divinatorische Vermögen, so hatten wir gesehen, ist wesentlich ein Vermögen, das auf die synthetische Einheit eines Ganzen, also die Einheit eines Mannigfaltigen, gerichtet ist. Einer der in den Vorlesungen erörterten Fälle betrifft dann auch die Ergänzung einer Gedankenreihe auf ihre zukünftige Entwicklung hin: „Hat einer das Talent, sich in die GedankenWeise eines Einzelnen hineinzubilden, so wird daraus ein divinatorisches Vermögen, wenn man den GedankenGang bis auf einen Punkt kennt, den künftigen GedankenGang zu ahnen." (KGA II/4, 369; Kolleg 1826/27) Auf dieser Basis kann Schleiermacher in seinem Manuskript von 1819 „prohetisch" und „divinatorisch" synonym gebrauchen.⁶ Damit ist, über den eben zitierten Zusammenhang hinaus, eine wesentliche Dimension des von Schleiermacher vorgefundenen Bedeutungsfeldes von „Divination" angesprochen, nämlich ihr geschichtsphilosophischer Kontext. „Divination" – ich komme darauf zurück – hat etwas zu tun mit dem, was Kant wahrsagende Geschichtsschreibung nennt, also mit der Extrapolation der Tendenzen künftiger Entwicklung aus dem Gegebenen.

Das Verhältnis des Geschichtlichen und Divinatorischen wird in Schleiermachers Vorlesungen – hier dem Kolleg 1826/27 in der Nachschrift Braune – ebenfalls angesprochen. Das Geschichtliche, so erfahren wir hier, sei „das Rückwärtsgekehrte", das Divinatorische „das VorwärtsGekehrte" (KGA II/4, 486 f.). Wie aber das Kombinatorische und Divinatorische aufeinander verweisen und nur zusammen bestehen können, so auch das Geschichtliche und Divinatorische. Die Blickrichtung, die Schleiermacher zur Unterscheidung anführt, enthält ja auch zumindest den versteckten Hinweis auf Friedrich Schlegels bekanntes *Athenaeum*-Fragment „Der Historiker ist ein rückwärts gekehrter Prophet".⁷ Das meint: auch der Historiker braucht die „Sehergabe", um aus den Fragmenten der Überlieferung ein genetisches Ganzes zu bilden, das das Jetzt aus dem erklärt, was gewesen ist. Ein „reines Ineinander des geschichtlichen und divinatorischen" ist jedoch für Schleiermacher die Ausnahme.⁸

Generell gilt für Schleiermacher: „Das Wirkliche aus dem Möglichen zu finden ist die divination" (KGA II/4, 609) Sie ist die Fähigkeit, ein Ganzes aus den gegebenen mannigfaltigen Elementen zu bilden und diese wiederum aus dem Ganzen zu erklären. In diesem zweiten Schritt, wenn das Einzelne als enthalten im Allgemeinen gedacht wird, vollendet sich zugleich das Geschäft der Kombination, die aber für sich allein genommen unfähig ist, ein organisches Ganzes zu konstituieren. Die Diviniation ist damit wesentlich Moment eines totalisierenden Verfahrens. Dass Schleiermacher sie als Unmittelbarkeitsfigur modelliert, hat daher offenbar damit zu tun, dass er den Bezug auf die vorausgesetzte unmittelbare Einheit generell als unmittelbares Innewerden des Ganzen ansieht, so z. B. in den *Reden über die Religion* Gefühl und Anschauung, so in der *Dialektik* das unmit-

---

6 Vgl. KGA II/4, 128, Textapparat zu Zeile 21.
7 KFSA 2, 176, Nr. 80.
8 Vgl. KGA II/4, 490.

telbare Selbstbewusstsein. Unabhängig von dieser Unmittelbarkeitsfigur ist aber das Divinatorische in seiner Einheit mit dem kombinatorischen Verfahren rational legitimierbar als Methode des Totalisierens.

Ich breche die Rekonstruktion der Verwendungsweisen des Begriffs der „Divination" in der *Hermeneutik* hier ab, obwohl ich keineswegs bereits alle Details erschöpft habe. Es kam mir aber vor allem darauf an, dem Konzept der Divination gegen den Anschein einer fragwürdigen Metaphysik und eines rational nicht kontrollierten Verfahrens einen rationalen Sinn zuzusprechen. Dabei wurden systematische Voraussetzungen und Kontexte angesprochen, denen ich mich jetzt ausdrücklich zuwende.

3

Eine Begriffsgeschichte von „Divination" bzw. „divinieren" scheint, so weit ich sehen kann, noch nicht geschrieben zu sein.[9] Von allen Autoren, auf die Schleiermacher sich bei seiner Verwendungsweise des Begriffs mutmaßlich hat inspirieren lassen, ist an erster Stelle sein Freund und langjähriger Weggefährte Friedrich Schlegel zu nennen. Für Schlegel ist die Divination eine auch in Bezug auf die Geschichte im Ganzen zu vollziehende Totalisation, ein Totalisieren, das dem poetischen Gesetz der Einbildungskraft folgt. So heißt es zum Schluss der programmatischen *Rede über die Mythologie* im *Gespräch über die Poesie:* „Alles Denken ist ein Divinieren, aber der Mensch fängt erst eben an, sich seiner divinatorischen Kraft bewußt zu werden. Welche unermeßliche Erweiterungen wird sie noch erfahren; und eben jetzt. Mich däucht wer das Zeitalter, das heißt jenen großen Prozeß allgemeiner Verjüngung, jene Prinzipien der ewigen Revolution verstünde, dem müßte es gelingen können, die Pole der Menschheit zu ergreifen und das Tun der ersten Menschen, wie den Charakter der goldnen Zeit die noch kommen wird, zu erkennen und zu wissen. Dann würde das Geschwätz aufhören, und der Mensch inne werden, was er ist, und würde die Erde verstehn und die Sonne. Dieses ist es, was ich mit der neuen Mythologie meine."[10]

Die „neue Mythologie" hat genau die Aufgabe, eine poetische Verganzung gegen das fragmentierte Wissen zu stellen. Hierin kommt sie mit Friedrich Schlegels transzendentalphilosophischer Dialektik überein, das auf eine systematische Einheit der geschichtlich konstituierten und sich entwickelnden „Welt"

---

[9] Der entsprechende Arikel im *Historischen Wörterbuch der Philosophie*, Bd. 2, Darmstadt 1972, Sp. 272f. geht auf die philosophische und hermeneutische Bedeutung des Bergriffs überhauopt nicht ein und bleibt völlig unbefriedigend.
[10] KFSA 2, 322.

zielt, diese aber auch immer verfehlt, weil sie – als sich entwickelnd – abschließend nicht zu bestimmen ist. Die poetische Synthesis der „Neuen Mythologie" – die Divination – ist daher Komplement der Dialektik, die auf der begrifflichen Ebene operiert und deren – im Letzten immer wieder scheiternden – Bezug zur Totalität reflektiert. Nur nebenbei sei bemerkt, dass die Auffassung der Dialektik als Ausgreifen auf die Totalität den modernen, Kantischen Typus von Dialektik bezeichnet und auch Schleiermacher in seiner *Dialektik*, die ja im Hintergrund auch seiner *Hermeneutik* steht,[11] sich dieser Auffassung anschließt. Das divinatorische steht damit in einem systematischen Zusammenhang mit den dialektischen Verfahren, ein Zusammenhang, der bisher in der Literatur, so weit ich sehen kann, noch nicht ausgeleuchtet wurde.

In Friedrich Schlegels *Philosophie der Philologie*,[12] seiner Theorie der Hermeneutik und Kritik, spielt übrigens der Begriff des Divinatorischen gar keine Rolle. Dies dürfte daran liegen, dass Schlegel den hermeneutisch-kritischen Prozess, der beim historisch bedingten Einzelnen einsetzt und von ihm aus das geschichtliche Ganze erfasst, als eine „Totalisazion von unten herauf"[13] ansieht. Indem mit kritischen Verfahren die historischen Bedingungen des Verstehensprozesses ins Spiel kommen, erweitert sich der Prozess schrittweise zu einer Enzyklopädie, welche die Geschichte überhaupt zum Gegenstand hat. Die „vollendete, absolute Philologie", wie Schlegel sie nennt, „*annihilirt*"[14] sich schließlich selbst und geht in Philosophie über, d. h. in die transzendentalphilosophische Dialektik. Eine solche „Totalisation von unten herauf" (die stark empiristische Züge trägt), ist Schleiermacher fremd. Für ihn ist das Ganze ein Voraus- und Zugrundeliegendes, das *als* ein Ganzes nur einer unmittelbaren Erfassung zugänglich ist. Für Schlegel sind dagegen sowohl die poetische Einbildungskraft, die Divination, als auch die dialektische Konstruktion der Totalität Reflexions-, nicht Unmittelbarkeitsfiguren.

Nun hat die Divination unter den Zeitgenossen Schlegels und Schleiermachers meist keinen guten Ruf. Wilhelm Traugott Krug definiert sie noch 1838 in seinem *Allgemeinen Handwörterbuch der philosophischen Wissenschaften* wie folgt: „Divination [...] etwas nach göttlicher Weise voraussehn, entweder vermöge unmittelbarer göttlicher Eingebung, oder vermöge gewisser Zeichen, die man als göttliche Andeutungen betrachtet, sie wenigstens so auslegt; wobei denn natürlich eine Menge willkürlicher Voraussetzungen gemacht werden, in welche sich theils

---

11 Vgl. Andreas Arndt, *Friedrich Schleiermacher als Philosoph*, Berlin und Boston 2013, 299 ff.
12 Vgl. KFSA 16, 35–81.
13 KFSA 16, 68, 84.
14 Ebd., 48, 158.

das Spiel der Einbildungskraft theils die Kunst der Betrügerei mischt."[15] Divination ist, kurz gesagt, wenn es der Herr den Seinen im Schlaf gibt, sofern nicht – was ein aufgeklärter Geist immer unterstellen wird – Betrug im Spiel ist.

Indessen hatte bereits Immanuel Kant den Begriff des Divinatorischen aus seiner Engführung befreit. In seiner *Anthropologie* handelt er unter dem Titel „Von dem Vermögen der Vergegenwärtigung des Vergangenen und Künftigen durch die Einbildungskraft" eben auch vom (rückwärts gerichteten) Erinnerungs- und dem auf die Zukunft gerichteten Divinationsvermögen; Schleiermachers Charakteristik des Geschichtlichen und Divinatorischen ist hier vorgebildet,[16] und es ist zu betonen, dass Kant beides unter den Titel der Einbildungskraft stellt. So prekär für Kant auch das divinatorische Vermögen sein mag, so hat es doch außerordentliche Bedeutung, „weil es die Bedingung aller möglichen Praxis und der Zwecke ist, worauf der Mensch den Gebrauch seiner Kräfte bezieht."[17] Als Form der Einbildungskraft stellt sie Zukünftiges durch eine Verknüpfung der Wahrnehmungen in der Zeit vor, indem sie „das, was *nicht mehr ist*, mit dem, was *noch nicht ist*, durch das, was *gegenwärtig ist*, in einer zusammenhängenden Erfahrung" verknüpft.[18] Kant, wie gesagt, bleibt hier äußerst misstrauisch, was die Verlängerung der Erfahrung in die Zukunft angeht, er hat sich dem aber auch nicht entziehen können. In seiner Schrift *Zum ewigen Frieden* hatte Kant die Idee einer Naturabsicht bemüht, um den dadurch bezeichneten weltbürgerlichen Zustand zwar nicht zu weissagen – dafür gebe es keine Sicherheit –, es uns aber doch zur Pflicht zu machen, „zu diesem (nicht bloß schimärischen) Zwecke hinzuarbeiten."[19] Friedrich Schlegel hatte dies für ungenügend erklärt und in seinem *Republikanismus-Aufsatz* – ganz gemäß seiner Auffassung der Divination – eine Antwort darauf gefordert, durch welche Gesetze und empirischen Fakten der geschichtliche Fortschritt als gewährleistet angesehen werden könne.[20] Kant reagierte hierauf im *Streit der Fakultäten* und gab Schlegel darin Recht, dass man „Daten", „Erfahrungen" und „Begebenheiten" finden müsse, welche sowohl auf eine Ursache des Fortschritts „hinweisen" als auch auf die wahrscheinlichen Wirkungen dieser Kausalität in der Geschichte, also nach empirischen „Zeichen" für den Fortschritt.[21] Eine solche Erfahrung, an welche eine „wahrsagende Geschichte des Menschengeschlechts angeknüpft werden" könne,

---

15 Bd. 5, Leipzig 1838, 301.
16 Immanuel Kant, *Werke*, Bd. 1–10, Darmstadt 1968, Bd. 10, 485 f. (*Anthropologie*, BA 92).
17 Ebd., 490 (BA 98).
18 Ebd., 486 (BA 92).
19 Immanuel Kant, *Werke. Akademie-Textausgabe*, Bd. 9, 226 f.
20 Vgl. Andreas Arndt, „‚Geschichtszeichen'. Perspektiven einer Kontroverse zwischen Kant und F. Schlegel", in: *Hegel-Jahrbuch* 1995, Berlin 1996, 152–159.
21 Immanuel Kant, *Werke*, a.a.O. (Anm. 19), Bd. 9, 356 f. (Nr. 5).

nennt Kant ein „*Geschichtszeichen* (signum rememorativum, demonstrativum, prognosticon)". Ein solches Geschichtszeichen sei der Enthusiasmus der Beobachter der Französischen Revolution.

Schleiermacher hält sich sowohl zu Schlegels Versuch einer Totalisierung der Geschichte im Medium einer neuen Mythologie als auch zu Kants Zugeständnissen an eine prognostische Geschichtsschreibung auf Distanz. Das Divinatorische ist ihm in einer im engeren Sinne geschichtstheoretischen Perspektive nicht von Bedeutung. Er berührt diese Problematik nur in der Hinsicht, dass die Bildung eines Autors und die Umstände, unter denen er schreibt, eine Prognose darüber erlauben können, in welche Richtung seine Gedankenentwicklung sich fortsetzt und dadurch auch Überlieferungslücken geschlossen und Korruptelen am Text aufgespürt werden können. Eine solche Divination bezieht sich auf einen vergleichsweise bescheidenen Bereich und ist zudem durch die Rückbindung an kombinatorische Verfahren gegenüber einem Selbstlauf der Phantasie abgesichert. Dass aber auch dies nicht immer schützt, musste Schleiermacher selbst erfahren, der mit seinen hermeneutischen Annahmen bei der Bestimmung der Abfolge der Platonischen Dialoge, wie Wolfgang Virmond gezeigt hat, gründlich daneben griff und von der historisch-philologischen Forschung zu Recht kritisiert wurde.[22]

Die eigentliche Leistung der Divination scheint bei Schleiermacher in der generellen Funktion der Synthesis des Mannigfaltigen zu einem organischen Ganzen zu bestehen. Hier schließt er sich offenkundig an Kant an, der die Einbildungskraft dadurch aufgewertet hatte, dass er ihr als reine, produktive Einbildungskraft eine ursprüngliche synthetische Funktion *vor* aller begrifflichen Bestimmung der Einheit zuschrieb: „Die Synthesis überhaupt ist, wie wir künftig sehen werden, die bloße Wirkung der Einbildungskraft, einer blinden, obgleich unentbehrlichen Funktion der Seele, ohne die wir überall gar keine Erkenntnis haben würden, der wir uns aber selten nur einmal bewußt sind. Allein, diese Synthesis *auf Begriffe* zu bringen, das ist eine Funktion, die dem Verstande zukommt, und wodurch er uns allererst die Erkenntnis in eigentlicher Bedeutung verschaffet."[23] Die reine Einbildungskraft, so heißt es in der ersten Auflage der *Kritik der reinen Vernunft*, sei „ein Grundvermögen der menschlichen Seele, das aller Erkenntniß a priori zum Grunde liegt. Vermittelst deren bringen wir das Mannigfaltige der Anschauung einerseits mit der Bedingung der nothwendigen Einheit der reinen Apperception anderseits in Verbindung. Beide äußerste En-

---

22 Wolfgang Virmond, „Der fiktive Autor. Schleiermachers technische Interpretation der platonischen Dialoge (1804) als Vorstufe seiner Hallenser Hermeneutik (1805)", in: *Archivio di Filosofia* 52, 1984, 225–232.
23 Immanuel Kant, *Werke*, a.a.O. (Anm. 19), Bd. 3: *Kritik der reinen Vernunft (2. Aufl.)*, 117.

den, nämlich Sinnlichkeit und Verstand, müssen vermittelst dieser transcendentalen Function der Einbildungskraft nothwendig zusammenhängen".[24]

Schleiermachers Einsatz dieser synthetisierendenden bzw. totalisierenden Funktion der Einbildungskraft qua Divination erfolgt nun aber nicht im Bereich einer transzendentalphilosophischen Fundamentalphilosophie – das wäre die *Dialektik* –, sondern im Bereich einer technischen Disziplin, der *Hermeneutik*. Entsprechend zugeschnitten ist auch das, was hier als Totalität in den Blick kommt: die Einheit des Autors bzw. des Werks. Das ist weniger als das, was Schlegels *Neue Mythologie* umspannen wollte, und es ist nüchterner als das, was Niebuhr, Ranke und Droysen als Divination in den Historismus einführten, ein Verfahren, das letztlich – so bei Ranke – dazu beitragen sollte, Geschichte aus der Perspektive Gottes wahrzunehmen, in der Alles gleich unmittelbar zu Gott sei. Aber auch unbelastet von solchen, nun in der Tat schlecht-metaphysischen Annahmen bleibt das Geschäft der Divination eine riskante Technik. Schleiermacher wusste darum und ist diesen Risiken z.T. auch erlegen. Aber wer darf auch im unendlichen Geschäft des Verstehens absolute Sicherheit erwarten? Ohne das Spiel der Einbildungskraft, auch der divinatorischen, würde es die Interpretation wohl kaum über Wortregister hinaus bringen.

---

24 Immanuel Kant, *Werke*, a.a.O. (Anm. 19), Bd. 4: *Kritik der reinen Vernunft (1. Aufl.)*, 91.

Wilhelm Gräb
Schleiermachers Beitrag zu einer Hermeneutik der Religion

Weil er als außerordentlicher Theologieprofessor in Halle exegetische Vorlesungen zu halten hatte, kündigte Schleiermacher gleich in seinem zweiten Semester, im Sommersemester 1805, eine Vorlesung zur Hermeneutik an. Noch bevor er mit den Vorarbeiten recht begonnen hatte, schreibt er an seinen Freud Christian Gaß: „Den Anfang will ich mit der Hermeneutica Sacra machen, die hier so gut als gar nicht gelehrt wird"[1] und bittet diesen gleichzeitig um Literaturangaben. Gaß bestätigt Schleiermacher in seinem Plan einer Hermeneutica Sacra, die „längst aus den theologischen Disziplinen verschwunden und [...] in die geistliche Polterkammer geworfen" sei.[2] Er weist ihn auf Ernesti und Semler hin, da die Disziplin immer noch auf dem Punkt stehe, auf dem diese sie gelassen hätten. Schleiermacher geht unverzüglich an die Ausführung seines Planes, um freilich gerade im Verlauf seiner Beschäftigung mit Ernestis historisch-grammatischen Interpretationsanweisungen zum Neuen Testament (1761) die Einsicht zu gewinnen, dass mit einer Hermeneutica Sacra doch nicht der Anfang zu machen ist. „Denn wenn es etwas Rechtes werden soll", schreibt er bereits zwei Monate später an Gaß, „so müssen doch alle Prinzipien der höheren Kritik, die ganze Kunst des Verstehens, der analytischen Rekonstruktion hineingearbeitet werden".[3]

1 Allgemeine und spezielle Hermeneutik

So wollte Schleiermacher also doch von Anfang an keine spezielle theologische Hermeneutik entwickeln, sondern eine allgemeine Hermeneutik, die dann freilich auch ihre besondere Anwendung auf die Heilige Schrift, des näheren auf das Neue Testament sollte finden können. Aber die Texte der Heiligen Schrift sind eben nach Regeln auszulegen, wie sie für alle Texte gelten, wobei Schleiermacher gleich zu Beginn seines Entwurfs zur ersten Hermeneutik-Vorlesung von 1805 bemerkt, dass die heiligen Bücher „heilig sind weiß man nur dadurch, daß man sie verstanden hat"[4].

---

[1] Friedrich Schleiermacher, *Briefwechsel mit J. Chr. Gaß*, hg.v. W. Gaß, Berlin 1852, 6.
[2] Ebd., 9.
[3] Ebd., 14.
[4] Friedrich Schleiermacher, *Hermeneutik*. Nach den Handschriften neu hg.v. H. Kimmerle. Heidelberg 1959, 55; KGA II/4, 37.

Die allgemeine, philosophisch-philologische Hermeneutik sollte deshalb die theologische Hermeneutik als einen Spezialfall in sich aufnehmen. Von einer theologischen Hermeneutik hat Schleiermacher allerdings nie gesprochen, sondern nur von der Anwendung der allgemeinen Hermeneutik auf das Neue Testament. Die entscheidende Frage ist deshalb, was die Anwendung der allgemeinen Hermeneutik auf die heiligen Schriften, des näheren das Neue Testament zu einer speziellen hermeneutischen Aufgabe macht.

Theologie war für Schleiermacher ja spätestens seit den ‚Reden über die Religion' keine die scriptura sacra zu Auslegung bringende biblische Theologie mehr. Allein schon deshalb konnte es für ihn auch keine Hermeneutica sacra mehr geben. Theologie war für Schleiermacher zur Auslegung des religiösen Bewusstseins geworden, zur Reflexion auf den individuellen Selbstausdruck des sich in religiöser Rede und heiligen Schriften ausdrückenden religiösen Selbstbewusstseins. Diesem Theologiebegriff folgte er dann auch in seiner allgemeinen Hermeneutik. Er steuert deren Anwendung auf die heiligen Schriften. Denn bereits die allgemeine Hermeneutik sieht ihre Aufgabe darin, Texte immer auch als sprachlichen Ausdruck des Denkens ihrer Verfasser zu rekonstruieren. Ihre Anwendung auf die heiligen Schriften verlangt dann, den religiösen Gedanken ihrer Verfasser aus den Texten heraus zugänglich zu machen, diese Texte als Ausdruck religiöser Erfahrung bzw. des religiösen Denkens, bzw. des das religiöse Gefühl ausdrückenden Redens ihrer Verfasser zu lesen.

Schleiermachers allgemeine Hermeneutik schlägt den Bogen zur Theologie deshalb nicht mehr über spezielle Auslegungsregeln, die für kirchlich autorisierte heilige Texte zu gelten hätten. Was die Texte der Bibel zu heiligen Texten macht, ist vielmehr der Tatbestand, dass sich ein originärer religiöser Grundimpuls in ihnen artikuliert. Das ist für das Christentum nur im Neuen Testament der Fall, da nur dort der von Christus ausgehende Impuls eines neu formatierten religiösen Bewusstseins sich niedergeschlagen hat, weshalb Schleiermacher die Anwendung der allgemeinen Hermeneutik auch nur auf das Neue Testament, nicht auf die ganze Hl. Schrift der Kirche, Alten und Neuen Testaments, ins Auge gefasst hat.

Weil die Anerkennung der Heiligkeit eines Textes aus der Erfassung seines für eine bestimmte Glaubensgemeinschaft relevanten religiösen Gehaltes allererst hervorgeht und nicht vorweg schon auf Basis kirchlicher Autorität behauptet werden darf, weist Schleiermacher in seinem ersten Hermeneutik-Entwurf eine hermeneutica sacra mit dem schon zitierten Einwand zurück: „Daß sie (sc. die heiligen Schriften) heilig sind weiß man nur dadurch, daß man sie verstanden hat."[5] Und deshalb sollte für ihn auch gelten: Nur wenn die Hermeneutik von dem

---

5 KGA II/4, 37 (Schleiermacher, *Hermeneutik*, a.a.O. [Anm. 4], 55).

„beschränktesten Zwekke der Auslegung der heiligen Bücher"[6] zu einer solchen erweitert wird, die für alle Texte gleichermaßen geltende Auslegungsregeln entwickelt, ist das Besondere der heiligen Texte, das, was sie zu heiligen Texten macht, in diesen Texten selbst und dem, was sie zu verstehen geben, begründet und nicht nur auf eine kirchliche Doktrin bzw. steile dogmatisch-theologische Wahrheitsbehauptungen gestützt.

Zu dieser Sicht der Dinge sah Schleiermacher sich deshalb gedrängt, weil ihm die Heiligkeit der heiligen Texte zu deren religiösen Inhalt geworden war. Heilig sind die Texte der Heiligen Schrift, nicht weil Gott ihr Schriftsteller wäre, eine These, die der aufklärungskritische Johan Georg Hamann noch kurz zuvor vertreten hatte,[7] sondern weil sich das religiöse Bewusstsein ihrer Verfasser auf besonders kräftige Weise in ihnen ausspricht. Im Neuen Testament insbesondere hat die von der Person Jesu ausgehende Formation des christlich-religiösen Bewusstseins ihre grundlegende literarische Ausdrucksgestalt gefunden. Zu verstehen, was die heiligen Texte der Bibel zu heiligen Texten macht, heißt, sie als literarische Artikulation der religiösen Selbstauslegung ihrer differenten Autoren verstehen zu können. Deshalb wird dann auch die philologische Kritik, Quellenkritik und Literarkritik, zum konstitutiven Element der Hermeneutik.

Auf ein solch kritisches, die ursprüngliche Autorschaft ermittelndes Ausdrucksverstehen stellte Schleiermacher nun allerdings die Hermeneutik überhaupt ab. Alles reflektierte, kunstmäßige Verstehen verlangt Texte als literarischen Ausdruck der Mitteilungsintention ihrer ursprünglichen Verfasser zu lesen. Denn es geht um ein Verstehen in der Sache, um die es in einem Text geht. Dazu muss ich die Sprache des Textes verstehen, muss mit dessen Lexik, Grammatik und Semantik vertraut sein. Darüber hinaus gehört zum Verstehen eines Textes die Rekonstruktion des Interesses, den sein Autor an der Sache, um die es in ihm geht, genommen hat. Ich als Interpret muss den Text auch betrachten als einen solchen, der zuvor eine „Tatsache im Denken" seines Verfassers war. Ich muss als Interpret darauf reflektieren, dass der Text immer auch der sprachliche Ausdruck der intentional ausgerichteten, eine bestimmte Mitteilungsabsicht verfolgenden Gedankenproduktion seines Autors ist. Neben die grammtische, Syntax und Semantik berücksichtigende Interpretation muss deshalb in Schleiermachers Hermeneutik die auf die Textpragmatik achtende psychologisch-technische Interpretation treten. Die psychologisch-technische Interpretation sollte die Re-

---

6 Ebd.
7 Vgl. Heinzpeter Hempelmann, *Gott – ein Schriftsteller. Johann Georg Hamann über die End-Äußerung Gottes ins Wort der Heiligen Schrift und ihre hermeneutischen Konsequenzen*, Wuppertal 1988.

konstruktion des Sinns eines Textes unter Einbeziehung der Reflexion auf die eigentümliche Sinnintention ihres Autors ermöglichen.

Genau damit leistet Schleiermachers allgemeine Hermeneutik zugleich einen Beitrag nicht zu einer Hermeneutica Sacra, auch nicht zu einer theologischen Hermeneutik, sehr wohl aber zur Hermeneutik der Religion bzw. des religiösen Bewusstseins. Schleiermachers allgemeine Hermeneutik ist eine historisch-philologische Texthermeneutik, die zugleich so konzipiert ist, dass sie eine religionshermeneutische Anwendung ermöglicht, sowohl auf explizit religiöse Texte, bei Schleiermacher selbst insbesondere aufs Neue Testament als auch darüber hinaus. Dass Schleiermachers allgemeine Hermeneutik sich zugleich als Beitrag zu einer Hermeneutik der Religion lesen lässt, darum soll es im Folgenden gehen.

2 Die religionstheoretischen Implikationen in der Fassung des hermeneutischen Problems

Ein angemessenes Verstehen einer Rede oder Schrift verlangt, das zu verstehen, was diese Rede oder Schrift auf besondere, ihr eigentümliche Weise zu verstehen gibt. Was sagt dieser Text so wie es ein anderer nicht oder noch nicht zu sagen vermochte? Mit dieser Frage ist das hermeneutische Problem für Schleiermacher auf den Brennpunkt eingestellt. Es will jedoch, so beklagt er, den meisten so erscheinen, als sei für gewöhnlich, sofern wir uns nur im Allgemeinen einer Sprache, ihrer Grammatik und Semantik bewegen, alles klar und das Verstehen kein Problem. Weil die Individualität des Autors und das, was er im Gebrauch der Sprache aus dieser macht, übersehen wird, deshalb meint man, erst bei schwierigen Textstellen ein hermeneutisches Problem zu sehen, was wiederum dazu führt, so Schleiermacher, dass sich nicht das Verstehen, sondern „das Mißverstehen" von „selbst ergibt". In alle sprachliche Äußerung ist eine individuelle Sinnspur eingezeichnet. Um sie zu erkennen, deshalb ist das hermeneutische, regelgeleitete Verstehen, das „auf jedem Punkt muß gewollt und gesucht werden"[8] notwendig.

Was Schleiermacher eine allgemeine Hermeneutik hat einfordern lassen, war somit die Einsicht in die unhintergehbare Individualität aller in Rede oder Schrift eingehenden Sinngehalte. Jeder Text ist auf einen individuellen Verfasser zurückzuführen, aufzufassen als Äußerung seines Denkens und sofern es sich um einen religiösen Text handelt, dann eben auch als Äußerung der religiösen Gemütsbewegung bzw. der religiösen Erfahrung, die in diesem Text zur sprachlichen Mitteilung drängt. Ebenso ist darauf zu sehen, dass das Subjekt des Verstehens, der Interpret

---

8 KGA II/4, 127 (Schleiermacher, *Hermeneutik*, a.a.O. [Anm. 4], 86).

eines Textes, sein Verstehen immer aus einer individuellen Perspektive heraus prozediert, aus seinem Verständnishorizont heraus, mit seinem Vorverständnis von der Sache, um die es im Text geht, mit seinen Fragen und Problemstellungen.

In der Theorie des geselligen Betragens, die m. E. zur Interpretation der Hermeneutik heranzuziehen ist, hat Schleiermacher das Bild von sich überschneidenden Sphären gebraucht, um deutlich zu machen, wie die je individuellen Perspektiven, die in die sprachlichen Äußerungen eingehen, sich ineinander verschränken. Nicht verlangt er dort von einem Interpreten, dass dieser sich die individuelle Perspektive eines Redenden oder des Autors eines Textes aneignet. Es ging Schleiermacher um die Nachkonstruktion der individuellen Perspektive eines anderen, aber eben vom je eigenen individuellen Standpunkt aus. Der allgemein verständliche, sprachliche Selbstausdruck eines individuellen Gedankens bzw. dann eben auch der allgemeine sprachliche Ausdruck des individuellen religiösen Selbstbewusstseins soll dem anderen, der einen Text seinem Ausdrucksverstehen zugänglich macht, zur Erweiterung seiner eigenen je individuellen Weltsicht und Religionsauffassung werden können.

So sah Schleiermacher auf dem Wege hermeneutischer Kommunikation einen Zustand eintreten wie er ihn in seinem Essay zu einer Theorie des geselligen Betragens beschrieben hat, nämlich, dass er

> „die Sphäre eines Individui in die Lage bringt, daß sie von den Sphären Anderer so mannigfaltig als möglich durchschnitten werde, und jeder seiner eigenen Grenzpunkte ihm die Aussicht in eine andere und fremde Welt gewähre, so daß alle Erscheinungen der Menschheit ihm nach und nach bekannt, und auch die fremdesten Gemüter und Verhältnisse ihm befreundet und gleichsam nachbarlich werden können".[9]

Wenn Schleiermacher in den ersten Notizen zum Entwurf seiner Hermeneutik das Verstehen als „unendliche Aufgabe" bezeichnet und dies mit der zunächst verwunderlichen Behauptung verbindet, dass ich nichts verstehe, „was ich nicht als nothwendig einsehe und construiren kann",[10] so darf daraus also keineswegs der Gedanke eines unendlichen, die Zeiten und seine eigene Standortgebundenheit überfliegenden Bewusstseins herausgelesen werden. Die These von der Nachkonstruktion des Gedankengangs, der sich in einem Text artikuliert, ist vielmehr ebenfalls im Kontext von Schleiermachers Individualitätskonzept zu sehen, wonach eine allgemein verständliche sprachliche Äußerung doch immer erst dann

---

9 Friedrich Schleiermacher, „Versuch einer Theorie des geselligen Betragens", in: *Werke*. Auswahl in 4 Bänden, Bd. 2, hg.v. O. Braun, Reprint Aalen 1967, 3 f.
10 „Ich verstehe nichts was ich nicht als nothwendig einsehe und construiren kann. Das Verstehen nach der lezten Maxime ist eine unendliche Aufgabe." KGA II/4, 6 (Schleiermacher, *Hermeneutik*, a.a.O. [Anm. 4], 31).

angemessen verstanden ist, wenn auch dasjenige erfasst ist, was sie auf spezifische, ihr eigentümliche Weise zu sagen hat. Immer gilt es damit zu rechnen, dass ein Text einen anderen als den eingespielten Gebrauch von der Sprache macht, lexikalische und semantische Innovationen, metaphorische Verschiebungen vor allem realisiert, schließlich eben ein redendes oder schreibendes Individuum sich mit seinen ihm eigentümlichen Gedanken bzw. der Bewegtheit seines religiösen Bewusstseins in ihm ausdrückt. Der Interpret muss auf diese sich im Text äußernde individuelle Gedanken- bzw. gedanklich sich äußernde Religionsproduktivität reflektieren. Indem Schleiermacher vom Verstehen als einer Konstruktion mit notwendiger Einsicht spricht, geht es ihm gerade darum, die sich in einem Text zeigende individuelle Sinnspur zu erfassen, den Textinhalt in seinem „grade so und nicht anders"-Sein verstehen zu können.[11]

Schleiermacher hat das Verstehen als einen Konstruktions- bzw. Rekonstruktionsvorgang bezeichnet. Er meint damit den produktiven, schöpferischen Akt, den das Verstehen als Nachbildung der produktiven Gedankenarbeit, die in eine Rede bzw. einen Text eingeht, verlangt. Texte freilich, insbesondere historisch abständige Texte, stellen im Vergleich mit der Rede die ungleich größere hermeneutische Herausforderung dar, weil sich Kenntnisse sowohl über deren impliziten wie auch über deren empirischen Autor oft wiederum nur durch den Text gewinnen lassen. Im Grunde verweist Schleiermacher damit auf den hermeneutischen Zirkel, der zwischen dem Interpreten und dem Text wie zwischen dem Text und der Rekonstruktion seines Verfassers durch den Interpreten verläuft.

3 Grammatische und psychologische Interpretation

Wer verstehen will, muss sich natürlich immer an die Sprache halten. Das zu betonen war Schleiermacher ebenso wichtig. Denn die Sprache ist die Vermittlung für die Gemeinschaftlichkeit des Denkens, ein identisches System von Bezeichnungen, das allen Sprachteilnehmern gemeinsam ist bzw. im Erlernen der Sprache gemeinsam werden kann. So eröffnet sie auch das Verstehen eines Textes bzw. einer Rede. Es ist, wie Schleiermacher sagen kann, „jeder Akt des Verstehens [...] die Umkehrung eines Aktes des Redens; indem in das Bewußtsein kommen muß welches Denken der Rede zum Grunde gelegen".[12] Das Verstehen ist also ein

---

11 KGA I/11, 609 (Schleiermacher, *Hermeneutik*, a.a.O. [Anm. 4], 130, Akademierede 1829).
12 KGA II/4, 120 (Schleiermacher, *Hermeneutik*, a.a.O. [Anm. 4], 80).

Verstehen von Sprache und ein Verstehen durch Sprache, ein Verstehen dessen, was die gesprochene und geschriebene Sprache zu verstehen gibt.

Aber nun spricht und schreibt die Sprache eben nicht selber, und obwohl jedes Denken nur in der Rede sich vollendet, ist es doch nicht die Rede bzw. das Wort, das selber denkt. Die Sprache existiert vielmehr immer nur als „Vermögen", „nicht wirklich".[13] Sie ist ein System von Bezeichnungen, das seine Funktion des Bezeichnens immer nur ausübt, indem es in Gebrauch genommen wird. Die Sprache spricht nur, weil und insofern sie von Sprechern gesprochen wird. Insofern erkennt Schleiermacher in der Sprache selber das individualisierende Moment, aufgrund dessen sie das Verstehen nicht nur möglich, sondern als kunstvoll geübte Praxis immer auch unabweisbar nötig macht. Genau wegen des intrikaten Ineinander von Sprecher und Sprache, allgemeiner Sprache und individuellem Sprachgebrauch braucht es die Hermeneutik als die Kunstlehre des Verstehens.

So stellt das hermeneutische Verfahren darauf ab, dass „jede Rede eine zwiefache Beziehung hat, auf die Gesamtheit der Sprache und auf das gesamte Denken ihres Urhebers" und deshalb auch jedes Verstehen „zwei Momente" zu unterscheiden hat, nämlich „die Rede zu verstehen als herausgenommen aus der Sprache, und sie zu verstehen als Thatsache im Denkenden".[14] Diese Unterscheidung macht Schleiermacher zum Organisationszentrum seiner ganzen Kunstlehre des Verstehens. Weil alles Verstehen nicht nur den Text, sondern auch das ihm zugrundeliegende Denken, nicht nur die Sprache, sondern auch ihren individuellen Sprecher zu verstehen hat, müssen im hermeneutische Verfahren eine grammatische und eine psychologisch-technische Interpretation ineinander spielen.

Die grammatische Interpretation hält sich an die Sprache eines Textes. Sie sucht im Verstehen der Sprache zu verstehen, was ein Text zu sagen hat. Das Sprachverstehen ist also durchaus ein In-der-Sache-Verstehen, sofern es die Sache nicht anders als in ihren sprachlichen Bedeutungen gibt. Dabei kennzeichnet es allerdings die Weite des Schleiermacherschen Grammatikbegriffs, dass sich ihm in der Totalität einer Sprache immer auch ganze kulturelle Welten dokumentieren. Das Verstehen eines Textes in der Sprache und durch die Sprache dringt so bis in die sozialen und geschichtlichen Lebensbezüge vor.

Die grammatische Interpretation gelangt jedoch nicht zum produktiven Akt des Redens oder Schreibens selber. Damit bleibt das Verstehen um den entscheidenden Aspekt verkürzt, dass zwar die Sache eines Textes in ihrem historisch-kulturellen Kontext verstanden wird, nicht aber, dass und warum dieser Text eine spezifische, ihm eigentümliche Auffassung von dieser Sache entwickelt. Die

---

13 Friedrich Schleiermacher, „Brouillon zur Ethik", in: *Werke*, Bd. 2, a.a.O. (Anm. 9), 100.
14 KGA II/4, 120 (Schleiermacher, *Hermeneutik*, a.a.O. [Anm. 4], 80).

grammatische Interpretation stellt einen Text in seinen sprachlich-historischen Kontext, sie versteht ihn aus seiner Zeit und ihren Sprachspielen. Sie nimmt aber explizit keine reflexive Rücksicht darauf, daß jede Rede oder Schrift immer ein konstruktives gedankliches Tun eines sich in ihr ausdrückenden Menschen zur Voraussetzung hat, dass es immer einen Sprecher bzw. einen Autor gibt, der die Sprache in der Verfertigung einer Rede bzw. eines Textes in Gebrauch nimmt, um eine bestimmte Intention zu verfolgen – wie eben vermittels der Sprache sein eigenes Denken nicht nur zu verfertigen, sondern auch mitteilbar zu machen. Genau damit rückt der Text die Auffassung von der Sache, um die es geht, immer in eine individuelle Perspektive – und dies umso auffälliger, je origineller das sich in einer Rede bzw. einem Text ausdrückende Denken ist.

„Ich ergreife mich", sagt Schleiermacher in seiner Akademieabhandlung zur Hermeneutik von 1829, um auf das Erfordernis dieser die individuelle Produktionssubjektivität einbeziehenden hermeneutischen Praxis, sei es das Verstehen einer Rede oder eines Textes, hinzuweisen, „ich ergreife mich sehr oft mitten im vertraulichen Gespräch auf hermeneutischen Operationen, wenn ich mich mit einem gewöhnlichen Grade des Verstehens nicht begnüge sondern zu erforschen suche, wie sich wol in dem Freunde der Übergang von einem Gedanken zum anderen gemacht habe, oder wenn ich nachspüre, mit welchen Ansichten Urtheilen und Bestrebungen es wol zusammenhängt, daß er sich über einen besprochenen Gegenstand grade so und nicht anders ausdrückt".[15]

Schleiermacher betont in diesem Zusammenhang, dass die Nötigung zu einem hermeneutischen Verfahren, das auf die subjektive Gedankenproduktivität reflektiert „keinesweges an dem für das Auge durch die Schrift fixirten Zustande der Rede hängt, sondern daß sie überall vorkommen wird wo wir Gedanken oder Reihen von solchen durch Worte zu vernehmen haben".[16]

Was für die lebendige Rede gilt, gilt auch für die literarische Produktion. Dort erst recht verlangt die Frage nach der Sinnintention eines Textes die Unterstellung einer individuellen, vom Autor ausgehenden Textproduktion.

> „Insbesondere ... möchte ich", sagt Schleiermacher, „dem Ausleger schriftlicher Werke dringend anrathen die Auslegung des bedeutsameren Gesprächs fleißig zu üben. Denn die unmittelbare Gegenwart des Redenden, der lebendige Ausdrukk welcher die Theilnahme seines ganzen geistigen Wesens verkündigt, die Art wie sich hier die Gedanken aus dem gemeinsamen Leben entwikkeln, dies alles reizt weit mehr als die einsame Betrachtung einer ganz isolirten Schrift dazu eine Reihe von Gedanken zugleich als einen hervorbrechenden Lebensmoment als eine mit vielen anderen auch anderer Art zusammenhängende That zu verstehen."[17]

---

[15] KGA I/11, 609 (Schleiermacher, *Hermeneutik*, a.a.O. [Anm. 4], 130, Akademierede 1829).
[16] Ebd.
[17] KGA I/11, 610 (Schleiermacher, *Hermeneutik*, a.a.O. [Anm. 4], 131, Akademierede 1829).

Wenn Schleiermacher der grammatischen Interpretation daher eine psychologisch-technische Interpretation zuordnet, so geht es ihm eben nicht um Einfühlung in das Seelenleben des Autors, das war Diltheys Missverständnis, sondern darum, die spezifische Sinnintention eines Textes, die intentio operis, könnte man vielleicht mit Umberto Eco sagen, zu erschließen. Es gilt die Textstrategie zu rekonstruieren, auf dem Wege der Analyse der Komposition des Textes und seines Stils, um auf die individuelle Sinnspur, die in ihm verfolgt wird, zu finden. Die psychologisch-technische Interpretation versucht auf dem Wege insbesondere der Stilanalyse hinter den individuellen „Keimentschluß"[18] bzw. den „Grundgedanken"[19] zu kommen, den der Text ausführt, der aber letztlich auf eine Idee, oder besser eine ursprüngliche Einsicht seines Verfassers muss zurückgeführt werden können – dann jedenfalls wenn man verstehen will, was den besonderen gedanklichen Gehalt gerade dieses Textes ausmacht. Der vielleicht doch etwas mißverständliche Terminus „psychologisch" rechtfertigt sich, in Abgrenzung zum Grammatischen, aus dieser Überlegung, dass es gilt, den Gedanken, den ein Text ausführt bzw. die Einsicht, die er zur Sprache bringt, als Resultat einer individuellen Gedankenproduktivität zu erfassen. Dazu muss man ein Denkoperationen vollziehendes und diese in Textproduktionen einbringendes Subjekt unterstellen. Der Zusatz *„technisch*-psychologisch" zielt auf diesen Vorgang der Umsetzung einer subjektiven gedanklichen Operation in ihren sprachlichen Ausdruck in Rede oder Schrift.

4 Das Verstehen als Leistung des Interpreten

Schleiermacher hat nicht nur den Rückgang auf die Individualität und die Sinnproduktivität des Autors eines Textes gefordert. Er hat ebenso der Individualität des Interpreten eine fürs hermeneutische Verfahren konstitutive Rolle zugewiesen. Auch der sinndeutenden Aktivität des Interpreten kommt eine für das Verstehen einer Rede oder Schrift konstitutive Funktion zu. Soll die individuelle Sinnspur, die sich in einen Text eingeschrieben hat, vom Interpreten erfasst werden können, so muss dieser sich in die Gedankenproduktivität seines Autors hineinzuversetzen versuchen. Anders dürfte er zur Nachkonstruktion seines Denkens, vor allem aber zur Bestimmung des „Keimentschlusses", aus dem sie hervorgegangen ist, kaum in der Lage sein. Doch wie soll dem Interpreten dieser Sprung in den Anfang einer Gedankenbewegung, die ihm doch nur in ihrem zum

---

[18] Friedrich Schleiermacher, *Hermeneutik und Kritik mit besonderer Beziehung auf das Neue Testament*, hg.v. Friedrich Lücke, Berlin 1838, 160.
[19] Ebd., 155.

Text geronnen Resultat zugänglich ist, möglich sein? Mit dieser Frage thematisiert Schleiermacher den hermeneutischen Zirkel, der vom Verstehenden die permanente Wanderung verlangt vom Ganzen eines Textes auf diejenigen Einzelstellen in ihm, die den Rückschluss auf das aus ihnen hervorgegangene Ganze erlauben könnten und ebenso in der umgekehrten Richtung. Wie aber ist in diesen Zirkel hineinzukommen, solange weder ein Verständnis des Ganzen, noch des Individuellen, aus dem das Ganze hervorgegangen ist, gegeben sind?

Schleiermacher beantwortet diese Frage mit dem Verweis auf das Vermögen der Divination. Die Interpretation verlangt, wenn sie die individuelle Sinnspur, die sich in einen Text eingeschrieben hat, soll erfassen können, immer auch den divinatorischen Akt des Interpreten. Schleiermacher beschrieb diesen divinatorischen Akt, der in der Leistung des Verstehens eines individuellen Allgemeinen, das eine in einer allgemein verständlichen Sprache vorgehende Rede oder Schrift immer darstellt, als das Vermögen einer „innere(n) Beweglichkeit zur eignen Erzeugung, aber mit der ursprünglichen Richtung auf das Aufnehmen von Andern".[20] Die „innere Beweglichkeit zur eignen Erzeugung" eines individuellen Denkens, das in den allgemein verständlichen Text Eingang gefunden hat, verlangt den divinatorischen Akt des Interpreten im textphilologischen Sinn. D.h. der divinatorische Akt trägt Konjekturen in den Text ein, er ergänzt, was nicht in ihm steht, um genau dadurch von der individuellen gedanklichen Bewegung, der der Text indirekt Ausdruck verleiht, eine Ahnung zu bekommen. So kommt der divinatorische Akt der sinninvestiven Aktivität des Interpreten gleich, mit der er die individuelle Sinnspur in einem Text markiert und so hervortreten lässt, welche ursprünglich neue Idee möglicherweise in ihm zur Sprache kommt. Da anders in den hermeneutischen Zirkel, der zwischen der Individualität des Autors eines Textes und der Allgemeinheit der Sprache, die er spricht, nicht hineinzukommen ist, sind die divinatorischen Textkonjekturen, die Schleiermacher auch mit dem Vorgang des „Errathen"[21] in Verbindung bringen kann, die aber doch so etwas wie eine aktive Sinndeutungsproduktivität des Interpreten darstellen, nicht zu vermeiden. Die Konjekturen, mit denen die Divination in den Text einträgt, was nicht in ihm drin steht – nämlich aus welcher Idee er ursprünglich hervorgegangen ist und der er recht eigentlich zum Ausdruck verhelfen will – demonstrieren geradezu die Notwendigkeit zu seiner Interpretation. Denn, wenn schon im Text stünde, was die Interpretation in ihn hineinliest, dann bräuchte es diese notwendigerweise ja nicht.

Der divinatorische Akt wäre unterbestimmt, würden wir ihn als den Versuch des Interpreten auffassen, die schöpferische Produktivität des Autors eines Textes

---

20 KGA I/11, 620 (Schleiermacher, *Hermeneutik*, a.a.O. [Anm. 4], 140, Akademierede 1829).
21 KGA I/11, 611 (Schleiermacher, *Hermeneutik*, a.a.O. [Anm. 4], 132, Akademierede 1829).

nachzuahmen. Es ist mehr verlangt, als dass der Interpret „der Autor selbst seyn (könnte)".[22] Es geht um eine genetische Interpretation, darum, die Bedingungen so weit als möglich ausdrücklich zu machen, die den Autor eines Textes zu seiner individuellen Gedankenproduktion, seiner ursprünglichen Einsicht, befähigt haben, ohne dass er selbst sie auf bewusste Weise vor sich zu bringen in der Lage war. Deshalb nahm Schleiermacher die ihm schon überlieferte hermeneutische Maxime auf, dass wir „die Rede besser verstehen [müssen], als der Autor, sofern er der Hervorbringende ist, weil wir auch das in ihm Unbewußte zum Bewußtseyn bringen müssen."[23] Weder die in die Individualität eines Autors noch in das Insgesamt der Kontextbedingungen eines Textes fallenden Entstehungszusammenhänge, der ursprüngliche Gedankenimpuls vor allem, der die Textproduktion in Gang gesetzt und getragen hat, sind dem Autor je in Gänze und auf gegenständliche Weise zugänglich. Es kommt einem divinatorischen Akt des Interpreten gleich, diesen Impuls zu erfassen. Der Interpret muss ihn „erraten". Ob der Interpret richtig geraten hat, muss er dann allerdings am Text, in dessen fortgehender Interpretation zeigen, womit er sich im hermeneutischen Zirkel immer weiter dreht.

5 Texthermeneutik als Religionshermeneutik

Indem Schleiermacher das divinatorische Verfahren in seine Hermeneutik einbaut, trägt er schließlich auch dem den transzendentalen Teil seiner Dialektik bestimmenden Gedanken Rechnung, dass die schöpferische Produktivität der humanen Individualität ihre eigene Voraussetzung gedanklich nicht in sich einholen kann. Dem humanen Subjekt wird der Grund seines Befähigtseins zum Verstehen der individuellen Sinnproduktion humaner Subjektivität im religiösen Gefühlsbewusstsein zugänglich, nicht aber in der Form eines gegenständlichen Wissens. Mit dem divinatorischen Moment im Verstehen, das den Einstieg ins Verstehen des Individuellen ermöglicht, geht es insofern immer auch um die Präsenz des Religiösen in den Ermöglichungsbedingungen des Verstehens und darum, wie sich diese Ausdruck verschafft. Im Ausgang von und im Sich-Einlassen auf die sich in der Welt der Texte Ausdruck verschaffende Individualität, geschieht, wie Schleiermacher in der ersten Akademierede zur Hermeneutik sagt, immer auch das „allmählige Sichselbstfinden des denkenden Geistes".[24]

---

22 KGA II/4, 219.
23 KGA II/4, 219.
24 KGA I/11, 621 (Schleiermacher, *Hermeneutik*, a.a.O. [Anm. 4], 141, Akademierede 1829).

Das ist das höhere Interesse an der Hermeneutik, von dem Schleiermacher am Schluss der Hermeneutik-Vorlesung im Wintersemester 1826/27 redet und das er dort sowohl von der Philosophie wie von der Religion des näheren verfolgt sieht.[25] Philosophie und Religion, so sagt er, geht es um das Höchste, nämlich dass der Mensch sich über sich selbst klar wird. Ihr Ziel ist es, „den Menschen in der Erscheinung aus dem Menschen als Idee zu verstehen".[26] Das aber geht für beide nur im „Verkehr durch die Sprache", denn „wir können nicht denken ohne die Sprache".[27] Die Regelung in unserem „Verkehr durch die Sprache", dessen höchstes Interesse es ist, dass der Mensch sich über sich selbst klar wird, ist die Hermeneutik.

Worauf Schleiermachers Hermeneutik letztlich zielt, ist die Aufklärung des Menschen über sich selbst, wie sie allein von einem verständigen, hermeneutisch reflektierten Umgang mit der Vielfalt seiner Sprach- und Textwelten erwartet werden kann. Dieses höchste Interesse des Menschen, das auf ein Verstehen seiner selbst in seiner geschichtlichen Existenz zielt, muss sich der Vielfalt seiner Sprach- und Textwelten zuwenden, eben weil in ihnen sich immer auch das je individuelle Selbstverständnis des Menschen artikuliert. Philosophie und Religion wissen dies. In ihnen verschafft sich deshalb auch das höchste hermeneutische Interesse, das im Verständnis der Sprach- und Textwelten Antwort sucht auf die Frage danach, was der Mensch ist, die größte Aufmerksamkeit. Das ist in der Philosophie wie in der Religion der Fall. Aber die Philosophie bleibt, so Schleiermacher, ein elitäres Geschäft. Im Unterschied zur Religion, so sagt er, erhebt sich zur Philosophie nur ein kleiner Teil der Menschen.[28] An der Religion hingegen haben alle Menschen teil. Sie ist auf eine allen Menschen zugängliche und nachvollziehbare Weise Ausdruck individuellen Gefühlsbewusstseins. Die Religion hält deshalb auch nachdrücklich dazu an, den individuellen Selbstausdruck und damit die Artikulation individuellen Sich-selbst-Verstehens des Menschen in den allgemeinen Sprach- und Textwelten aufzufinden und immer wieder neu dem je eigenen Verständnis zugänglich zu machen.

Alle Texthermeneutik ist für Schleiermacher also zugleich ein Beitrag zur Religionshermeneutik und alle Religionshermeneutik letztlich ein Beitrag zum Verständnis des geschichtlichen Daseins des Menschen. So kann man vielleicht sogar sagen, dass Schleiermacher mit seiner Hermeneutik, die ihren Ausgang von den Anforderungen einer biblischen Hermeneutik genommen hat, auf dem Umweg über die Entwicklung einer allgemeinen Texthermeneutik doch noch die Tür zu einer weit gefassten Daseinshermeneutik aufstößt. Allerdings, diese Öffnung

---

25 KGA II/4, 620–623.
26 KGA II/4, 622.
27 Ebd.
28 Ebd.

ergibt sich für Schleiermacher genau deshalb, weil es für ihn die Religion ist, in ihrer Zugehörigkeit zum Menschsein, die es macht, dass der Mensch in seinem individuellen Gefühlsbewusstsein sich unmittelbar erschlossen ist, und gerade deshalb zum Verständnis seiner selbst nur auf dem Weg über die Auslegung seiner Sprach- und Textwelten findet. Selbst für die auf den religiösen Gehalt reflektierende Auslegung gelten jedoch keine anderen Regeln als sie Schleiermacher für alles Verstehen von Rede und Schrift entwickelt hat. Sie setzt ihren religiösen Gehalt vielmehr gerade dann frei, wenn sie im Zusammenspiel von grammatischer und psychologisch-technischer Methode die Texte so auslegt, dass Menschen sowohl durch das, was diese Texte sagen, wie durch das, was sie nicht sagen, sich selbst zu verstehen geben werden.

6 Ein Beispiel fürs text- und religionshermeneutische Verfahren: Das Leben Jesu

Ein besonders deutliches Beispiel solcher Auslegungskunst hat Schleiermacher mit seinen Vorlesungen über das „Leben Jesu" gegeben. In seinem Versuch einer Lebensbeschreibung Jesu – Schleiermacher war ja auch da der erste, der über diesen Gegenstand theologische Vorlesungen gehalten hat – wird in besonderer Weise anschaulich, wie Schleiermacher den grammatischen und den psychologischen Aspekt des Verstehens miteinander verschränkt und dabei die komparativ-geschichtliche Rekonstruktion divinatorisch überschreitet.

Schleiermacher setzt sich die Aufgabe, die Geschichte Jesu aus der Sprache, aus den Texten zu verstehen, die von ihm zeugen. Es geht ihm um den geschichtlichen, historischen Jesus, um die Grundtatsache des Christentums. Es muss deshalb die Grammatik des Sprachkreises rekonstruiert werden, in den die neutestamentlichen Quellen hineingehören. Die Sprache der Evangelien, die von Jesus erzählen, zeigt bereits, dass auch Jesus eingesenkt war in die Geschichte seiner Zeit- und Weltansicht. Er hat keine neue Sprache gesprochen. Dann hätte er ja auch gar nicht verstanden werden können. Dennoch stößt man auf Spuren einer Neubestimmung der überkommenen sprachlichen Bedeutungen, die den spezifischen Impuls zeigen, die Verschiebungen im religiösen Sinn, die von ihm ausgegangen sind. Welches Gewicht Schleiermacher auf diese Spuren einer Neubestimmung sprachlicher Bedeutungen gelegt hat, zeigt der Sachverhalt, dass er dann doch noch eine spezielle neutestamentliche Hermeneutik aus Gründen der im Neuen Testament vorliegenden irregulären Sprachmischung gefordert hat, nämlich der Aufpfropfung eines griechischen Zweiges auf einen hebräisch-aramäischen Stamm[29].

Das Verstehen der Geschichte Jesu durch die Texte, die von ihm berichten, hat Schleiermacher jedoch keineswegs dazu veranlasst, diese Texte selbst zum Träger der Neubestimmung des Gottesbewusstseins zu erheben. Dann wäre, so sein Argument, „Christus gar nicht nöthig gewesen, sondern die Gotteserkenntniß hätte sich von selbst mittelst der Sprache weiter verbreitet"[30]. Die Sprache spricht nicht selber, und so ist es auch kein Sprachgeschehen, das sich autonom ins Werk setzt und Geschichte macht. Die Neubestimmung des Gottesbewusstseins, von der die Texte zeugen, muss vielmehr aus der „Selbstverkündigung Christi" verstanden werden. Das ist die Sache der psychologischen Interpretation. Sie überschreitet die sprachlich-literarischen Objektivationen auf den Grundakt des Gottesbewusstseins hin, wie er nicht in den Texten, sondern in einem Individuum, der Person Jesu, aufgebrochen ist. Es gilt, diese Individualität in ihrer „Selbstverkündigung", d. h. in ihrem individuellen sprachlichen Selbstausdruck zu verstehen.

Dies geschieht auf dem Wege historischer Rekonstruktion, durch ein methodisch kontrolliertes komparativ-geschichtliches Verfahren, das auch am Alten Testament nicht vorbeikommt. Gleichwohl lässt sich das unvergleichlich Neue des Gottesbewusstseins Jesu auf diesem Wege gerade nicht verstehen. Alles, womit es im Kontext seiner Zeit und des ihm vorausliegenden Überlieferungszusammenhanges verglichen werden könnte, hat es im Moment seines schöpferischen Hervorbrechens ja gerade überschritten. Was den Späteren geblieben ist, das sind seine Folgen, die Sinnspuren, die sich in den überlieferten Texten niedergeschlagen haben. Wer das Hervorbrechen des Neuen verstehen will, der muss sich jetzt aus diesen Sinnspuren ein Bild zusammensetzen. Dies gelingt aber nur, wenn dieses Bild nicht in einer Fülle von Perspektiven verschwimmt. Es muss bereits auf einen Einheitspunkt bezogen sein, von dem aus sich die Person Jesu in der Kontinuität ihres geschichtlichen Lebens zeigt. Um einen mit Leben gesättigten und Leben stiftenden „Totaleindruck" entstehen zu lassen, braucht es die Divination, die Konjekturen wie sie nur aus der produktiven Deutungsaktivität des Interpreten hervorgehen können.

Indem sich Schleiermacher die Frage vorlegt, wie denn Christus für uns Heutige vergegenwärtigt werden könne, antwortet er dann auch mit dem Verweis darauf, dass Christus, obwohl in sein Zeitalter eingesenkt, vermöge der „Urbildlichkeit" seines Gottesbewusstseins doch zugleich unendlich über seine histori-

---

[29] Schleiermacher, *Hermeneutik und Kritik*, a.a.O. (Anm. 18), 27 f.
[30] Friedrich Schleiermacher, *Das Leben Jesu*, hg.v. K. A. Rütenik, Berlin 1864, 13.

schen Verhältnisse hinaus war.[31] Das ganze Leben Jesu stellt gewissermaßen die Probe auf den Versuch dar, in den produktiven Verstehensakten des Nachbildens und Neuschöpfens das Bild Christi wieder so zu zeichnen, dass es auch noch die Gegenwart des Nachbildners einholt und ihm auf produktive Weise zum Medium seiner eigenen religiösen Selbstauslegung wird.

---

31 Ebd., 15 f.

Simon Gerber
Hermeneutik als Anleitung zur Auslegung des Neuen Testaments

I

„Die beständige Thätigkeit im Schriftverständniß muß zu den natürlichen Lebensbewegungen in der Evangelischen Kirche gehören und diese Thätigkeit muß in verschiednen Graden von Spontaneität und Receptivität so weit verbreitet sein, wie möglich."

So sagt es Schleiermacher in einer Vorlesung über die praktische Theologie.[1] Das beständige, freie Forschen in der Schrift ist das eine Unterscheidungsmerkmal der evangelischen Kirche in ihrem Gegensatz zum römischen Katholizismus, und mit ihm hängt auch das andere Unterscheidungsmerkmal zusammen, die Art nämlich, wie sich innerhalb der Kirche der Unterschied von Klerikern und Laien konstituiert: Die Kleriker sind nicht die Priester, die kraft ihrer höheren Weihen den Laien den Zugang zu Gott eröffnen, sondern sie sind diesen gegenüber dadurch hervorgehoben, dass sie die wissenschaftlich qualifizierten Fachleute bei der Auslegung der Schrift sind;[2] an der „Thätigkeit im Schriftverständniß" ist die ganze Gemeinde beteiligt, aber die Geistlichen sind es überwiegend spontan, sozusagen als Lehrer und Anleiter, die Laien überwiegend rezeptiv.[3]

---

[1] Friedrich Schleiermacher: Praktische Theologie 1824 (Nachschrift Palmié, Berlin-Brandenburgische Akademie der Wissenschaften, Archiv, Schleiermacher-Nachlaß 554, pag. 43)

[2] Vgl. Schleiermacher: Praktische Theologie 1824 (Nachschrift Palmié [wie Anm. 1], pag. 46 f.): „Es frägt sich nun: Welche von den verschiednen Verfassungen [also die Episkopal-, Konsistorial- oder Presbyterialverfassung] hat in der Hinsicht einen Vorzug, daß sie am geeignetsten ist, das Wesen der Evangelischen Kirche zu erhalten in ihrem Gegensatz gegen die Katholische? Wir haben hier auf zwei Punkte zu sehn, auf die freie Entwickelung der Lehre und des Schriftverständnisses und auf die freie Entwickelung des Gegensatzes zwischen Clerus und Laien. Was den ersten Punkt betrifft, ist offenbar daß die zweckmäßigste Entwickelung der Lehre und des Schriftverständnisses nur eine wissenschaftliche sein kann und daß der Proceß selbst immer wesentlich durch die wissenschaftlichen Mitglieder muß geleitet werden und diese nur ein Urtheil darüber haben können, wiefern er richtig geleitet wird. Das ist ein Punkt, der den Gegensatz zwischen Clerus und Laien zugleich mit afficirt. So wie dies anerkannt ist, wird den wissenschaftlichen Gliedern der Kirche etwas zugeschrieben, was den nicht wissenschaftlichen abgesprochen wird."

[3] Vgl. auch Schleiermacher, *Der christliche Glaube nach den Grundsäzen der evangelischen Kirche im Zusammenhange dargestellt*, 2. Aufl., Band 2, Berlin 1831, § 133 (KGA I/13, 2, 342–346).

Konsequenterweise machte Schleiermacher die Auslegung des Neuen Testaments zum Schwerpunkt seiner theologischen Lehrtätigkeit, deren Endzweck ja die Ausbildung künftiger Geistlicher war.

Als frisch gebackener Extraordinarius in Halle legte Schleiermacher im Dezember 1804 seinem Freund und damals wichtigsten theologischen Gesprächspartner Joachim Christian Gaß seine akademischen Pläne dar. Die Art, wie die Kollegen Georg Christian Knapp und Johann August Nösselt (beide lehrten schon in Halle, als Schleiermacher dort Ende der 1780er Jahre studiert hatte) Exegese unterrichteten, nämlich als zweisemestrigen Kursus durch das ganze Neue Testament, sei für die Studenten doch wenig lehrreich. Er, Schleiermacher, wolle das Neue Testament lieber kursorisch lesen (also in ausgewählten charakteristischen Passagen), durch zwei Semester oder, wenn anders zwei Stunden täglich möglich seien, sogar in einem. Den Anfang aber wolle er machen „mit der Hermeneutica sacra [...], die hier so gut als gar nicht gelehrt wird."[4] Die *Hermeneutica sacra* las Schleiermacher dann schon im folgenden Semester, dem Sommersemester 1805.

II

Die *Hermeneutica sacra* als mehr oder weniger systematische Sammlung von methodischen Hinweisen und Regeln für die Schriftauslegung lässt sich zurückverfolgen bis auf das vierte Buch der Prinzipien des Origenes und auf Augustins Bücher über die christliche Lehre. Es geht hier bevorzugt um das Problem der dunklen, schwer verständlichen Schriftstellen (schon Augustin riet dazu, von den klaren Stellen auszugehen und anhand ihrer zu den dunklen Stellen fortzuschreiten[5]), um die Frage, welche Ausdrücke und Aussagen uneigentlich zu verstehen seien, also als Tropen (Wörter mit verschobener Bedeutung), als Typologie oder als Allegorie, und um philologische, historische und naturkundliche Hilfskenntnisse für den Ausleger. Besonders bei Aussagen, die als dogmatisch problematisch oder als philosophisch-wissenschaftlich oder historisch schwer haltbar empfunden wurden, die aber als heiliger Text doch nicht einfach beseitigt werden konnten, bot sich die Allegorese an[6] – oder auch bei Hermeneutikern der Aufklärung die Auskunft, es liege eine Akkomodation an die Vorstellungswelt und das Fassungsvermögen der damaligen Zeitgenossen vor.[7] – Muss eine Stelle ei-

---

4 Schleiermacher, Brief 1881 (17.12.1804) an Joachim Christian Gaß (KGA V/8, 67f.).
5 Augustin, D*e doctrina Christiana* II, 6, 8; III, 26, 37.
6 Vgl. Origenes, *De principiis* IV, 2, 1–3, 4; Augustin, *Confessiones* VI, 3, 4–4, 6.
7 Vgl. dazu z.B. Schleiermacher, Brief 138 (6.5.1790) von Johann Gottlieb Adolph Schleyermacher (KGA V/1, 198f.): „Ich habe wenigstens 12 Jahr lang als ein würcklicher Ungläubiger

gentlich einen eindeutigen Sinn haben? Augustin meinte, man dürfe eine Stelle durchaus verschieden auslegen, sofern sich die Auslegungen nur im Rahmen der katholischen Wahrheit bewegten; die Frage, was der Autor eigentlich gemeint habe, könne dabei ruhig offen bleiben.[8] Die Reformatoren machten dagegen geltend, dass Gottes Wort um der Glaubensgewissheit willen eine klare Bedeutung haben müsse, und verwarfen die Lehre vom mehrfachen allegorischen Schriftsinn als alberne Spielerei und Willkür.

Der Pietismus brachte enorme Fortschritte für die biblische Philologie, nicht zuletzt bei den semitischen Sprachen, zugleich aber auch die Vorstellung, der wahre biblische Sinn erschließe sich erst jenseits des Wortsinnes, wenn der Geist den, der dazu gerüstet sei, erleuchte und ihm offenbare, was er durch das Wort mitteilen wolle.[9] Dagegen schrieb Johann Salomo Semler, vielleicht in Halle Schleiermachers Lehrer, alle Übel in Theologie und Kirche kämen daher, daß man den richtigen historischen Verstand der heiligen Schrift verachte und unordentlichen Phantastereien, Allegorien und inneren Erfahrungen den Vorzug gebe.[10] Semlers kleine Vorbereitung zur theologischen Hermeneutik ist weniger eine Methodik der Auslegung als eine religionsgeschichtliche Nachkonstruktion und Dekonstruktion dessen, wie aus der bildhaften biblischen Sprache durch kulturelle Transformationen und Missverständnisse die Vorstellung vom mehrfachen Schriftsinn wurde.[11]

Gaß bestätigte Schleiermachers Eindruck, dass die Hermeneutica sacra nicht mehr ordentlich betrieben werde; an ihre Stelle seien sich aufgeklärt gebende Allgemeinplätze von Akkomodation, jüdischen Vorstellungen und Psychologie (eben als Erklärung und Entschuldigung für modernem Empfinden quer liegende Stellen) getreten; Schleiermacher aber sei der rechte Mann, hermeneutische Grundsätze festzustellen und die Sache wieder in ein besseres Gleis zu bringen.[12]

---

gepredigt. Ich war völlig damals überzeugt, daß Jesus in seinen Reden sich den Vorstellungen und selbst den Vorurtheilen der Juden accommodirt hätte, aber diese Meinung leitete mich dahin, daß ich glaubte, ich müste eben so bescheiden gegen Volcks-Lehre seyn".
8 Augustin, *De doctrina Christiana* III, 27, 38.
9 Vgl. Ulrich Barth, „Hallesche Hermeneutik im 18. Jahrhundert", in: *Die Hermeneutik im Zeitalter der Aufklärung*, hg.v. Manfred Betz und Giuseppe Cacciatore (Collegium Hermeneuticum 3), Köln 2000, 69–98, hier 71–76.
10 Johann Salomo Semler, *Vorbereitung zur theologischen Hermenevtik*, Band 1, Halle 1760, Vorrede (ohne Seitenzählung).
11 Vgl. Ulrich Barth, „Hallesche Hermeneutik", a.a.O. (Anm. 9), 86–88.
12 Schleiermacher, Brief 1908 (25.1.1805) von J.C. Gaß (KGA V/8, 107–109).

III

Auch ein Kolleg über eine Spezialdisziplin wie die biblische Hermeneutik kann Schleiermacher nicht ausarbeiten, ohne die Disziplin ins System des Wissens und der Wissenschaft einzuordnen – gerade in den Hallenser Vorlesungen hat Schleiermacher die Grundlagen seines Wissenschaftssystems ausgearbeitet und auf die Einzelwissenschaften angewendet. So schreibt er im Juni 1805 an den Freund Ehrenfried von Willich in Stralsund:

> „Ich lese Hermeneutik und suche was bisher nur eine Sammlung von unzusammenhängenden und zum Theil sehr unbefriedigenden Observationen ist zu einer Wissenschaft zu erheben welche die ganze Sprache als Anschauung umfaßt und in die innersten Tiefen derselben von außen einzudringen strebt."[13]

Von dieser ersten hermeneutischen Vorlesung Schleiermachers gibt es keine studentischen Nachschriften; sie ist nur durch Schleiermachers eigene Aufzeichnungen dokumentiert, durch gesammelte Maximen, Einfälle und Exzerpte und durch eigene Stundenausarbeitungen, durch Texte also, die oft in einer enigmatischen Kürze gefasst sind. Deutlich ist aber, dass Schleiermacher zwei ältere Darstellungen der neutestamentlichen Hermeneutik konsultiert hat, die *Institutio interpretis Novi Testamenti* von Johann August Ernesti und die *Super Hermeneutica Novi Testamenti acroases academiae* von Samuel Friedrich Nathanael Morus. Ernesti wie sein Schüler Morus, damals beide schon verstorben, waren Gelehrte der Leipziger Universität; beide gingen von der Altphilologie zur Theologie über. Ernestis *Institutio*, ein Kompendium als Grundlage für Vorlesungen, zuerst 1761 erschienen, war nach seinem Tod neu bearbeitet in vierter Auflage neu herausgegeben worden;[14] bei Morus' zweibändiger Hermeneutik handelt es sich um eine aus dem Nachlass herausgegebene Vorlesung, der Ernestis Institutio als Lehrbuch zugrunde liegt.[15] Schleiermacher hat beide Werke Ende 1804 bei seinem Buchhändler und Verlegerfreund Georg Reimer geordert[16] und

---

13 Schleiermacher, Brief 1979 (13.6.1805) an Ehrenfried und Henriette von Willich (KGA V/8, 234f.). Vgl. ders., *Kurze Darstellung des theologischen Studiums zum Behuf einleitender Vorlesungen*, 2. Aufl., Berlin 1830, § 133 (KGA I/6, 375).
14 Johann August Ernesti, *Institutio interpretis Novi Testamenti*, 4. Aufl., hg.v. Christoph Friedrich Ammon, Leipzig 1802.
15 Samuel Friedrich Nathanael Morus, *Super Hermeneutica Novi Testamenti acroases academiae*, hg.v. Heinrich Karl Abraham Eichstädt, Band 1–2, Leipzig 1797–1802.
16 Schleiermacher, Brief 1876 (6.12.1804) an Georg Reimer (KGA V/8, 60).

dann durchstudiert. Zur Grundlage seiner eigenen Hermeneutik wollte er den Ernesti aber nicht machen, wie er an Gaß schrieb.[17]

Schleiermachers Gesamturteil, die bisherige theologische Hermeneutik sei bloß ein unzusammenhängendes Aggregat von Observationen und Ratschlägen, erscheint für Ernestis Kompendium als ungerecht. Aufbau und Inhalt verraten den versierten Philologen und erklären den anhaltenden Erfolg des Buches. Einer Rezeption heute, die sicher lohnend wäre, steht freilich entgegen, daß das Buch auf Latein geschrieben ist.

IV

Schleiermacher eröffnet seine Ausarbeitungen des Kollegs mit der Bemerkung:

> „Ausgehn von dem beschränkten Zwekke der Auslegung der heiligen Bücher
> a Sind die heiligen Bücher als solche in einem andern Falle als die profanen[?]
> Daß sie heilig sind weiß man nur dadurch, daß man sie verstanden hat.
> [...]
> b Haben nicht die heiligen Bücher vermöge ihrer besondern Beschaffenheit auch eine besondre Hermeneutik? Allerdings. Aber das Besondre ist nur zu verstehn durch das Allgemeine."[18]

Dies ist Schleiermachers erste Grundentscheidung: Die *Hermeneutica sacra* ist durchaus eine eigene Disziplin; aber als etwas Besonderes bewegt sie sich im übergeordneten Allgemeinen, und dies Allgemeine sind eben die Grundgegebenheiten menschlichen Sprach- und Textverständnisses. Wäre es anders, so fiele das Verständnis der heiligen Schrift aus dem Zusammenhang der menschlichen Gedankenweitergabe und Gedanken- und Wissensproduktion hinaus.[19] Aber dass die theologische Hermeneutik von der allgemeinen Hermeneutik her zu konstruieren ist, begründet Schleiermacher nicht nur kultur- und wissenschaftstheoretisch, sondern auch protestantisch-theologisch: Dass man die Schrift nur im Heiligen Geist recht verstehe, sei ja durchaus richtig, nur könne man daraus nicht ableiten, dass der Heilige Geist etwas anderes sage als das, was nach den Regeln der allgemeinen Hermeneutik dasteht. Denn entweder müsste man dann eine Gruppe als vom Geist erleuchtete Ausleger aussondern oder sich auf authentische Traditionen neben der Schrift beziehen, und das liefe auf die katholische Vor-

---

17 Schleiermacher, Brief 1914 (3. 2. 1805) an J.C. Gaß (KGA V/8, 125).
18 Schleiermacher, Hermeneutik 1805, 1. Stunde (KGA II/4, 37).
19 Vgl. dazu auch Schleiermacher, *Der christliche Glaube*², Bd. 2, a.a.O. (Anm. 3), § 130, 2; 131, 1 (KGA I/13, 2, 327, 334).

stellung hinaus, nur der Klerus dürfe die Schrift auslegen, und zwar im Sinne der kirchlichen Tradition und des Lehramtes; oder es müsste eine dem Schriftverständnis vorangehende, von ihm unabhängige Inspiration und Erleuchtung postuliert werden, und das wäre das von den Reformatoren zu Recht bekämpfte fanatische Schwärmertum. Die ursprünglichen Adressaten der heiligen Bücher konnten schließlich auch nichts anderes verstehen als das, was nach dem allgemeinen Sprachsinn geschrieben steht.[20]

Schleiermacher ist sich hier mit Semler und Ernesti einig: Gerade wer den Sinn historisch-grammatisch erforscht, dient der Kirche zum Besten, sagt Semler (vgl. oben Abschnitt II), und Ernesti schreibt, die *interpretatio* bestehe darin, dass ein anderer dasselbe denke wie der Schriftsteller, und die Hermeneutik als Wissenschaft solle dazu geschickt machen, die Meinung eines Autors zu verstehen und zu erklären.[21] In diesem letzten Punkt, dem Erklären, setzt Schleiermacher sich dann aber wieder ausdrücklich von Ernesti ab. Hatte der – ausgehend von der Grundbedeutung von ἑρμηνεύειν als verdolmetschen oder erklären – das Erklären als zweiten Schritt nach dem Verstehen mit zum Gebiet der Hermeneutik geschlagen, also z. B. die Herstellung eines Kommentars, so meint Schleiermacher, die Darstellung des Verstandenen sei nicht Teil der Hermeneutik, sondern als eigene sprachliche Äußerung selbst schon wieder ihr Gegenstand.[22]

Andererseits faßt Schleiermacher das Gebiet der Hermeneutik insofern anders als Ernesti, als der noch der alten Auffassung näher steht, die Hermeneutik sei für die schwierigen Fälle zuständig, unbekannte Wörter, schwierige Konstruktionen oder Nonsens, während das meiste ohne Kunstregeln einfach so verstanden werden könne (nur mache man oft den Fehler, vorschnell zu denken, man habe schon verstanden).[23] Für Schleiermacher bezieht sich das Mißverstehen nicht bloß auf einzelne unverständliche Elemente; ist bei einem Text in einer bekannten Sprache Einzelnes schwierig und unverstanden, dann kann auch das scheinbar Einfache noch nicht recht verstanden sein. Es geht also um das Verstehen des untrennbar miteinander zusammenhängenden Ganzen.[24]

---

[20] Schleiermacher, Zur Hermeneutik 1805 (KGA II/4, 10, Zeilen 19–21); ders.: Hermeneutik 1805, 1. Stunde (ebd., 37); vgl. ders.: Hermeneutik und Kritik 1826/27, 4. Stunde (ebd., 463 f.). Die antischwärmerische Argumentation steht auch bei Ernesti, *Institutio*⁴, a.a.O. (Anm. 14), 24 f. (Teil I, 1, 1, § 16).
[21] Ernesti, *Institutio*⁴, a.a.O. (Anm. 14), 7, 11 (Prolegomena, § 3, 10).
[22] Schleiermacher, Zur Hermeneutik 1805 (KGA II/4, 5, Zeilen 3–10; 9, Zeilen 13–15); ders.: Hermeneutik 1805, 1. Stunde (KGA II/4, 38).
[23] Ernesti: Institutio⁴ (wie Anm. 14), 8 f. (Prolegomena, § 5 f.).
[24] Schleiermacher, Zur Hermeneutik 1805 (KGA II/4, 6, Zeilen 1–10); ders.: Hermeneutik 1805, 2. Stunde (KGA II/4, 38).

Schließlich aber beschränkt Schleiermacher die Hermeneutik auf das Gebiet der Sprache. Augustin hatte allgemein Sachen (*res*) und Zeichen (*signa*) unterschieden: Zeichen stünden nicht für sich selbst, sondern deuteten auf die Sachen, aber Sachen könnten selbst auch Zeichen sein, also etwas bezeichnen, was sie nicht selbst sind.[25] Die Vorstellung von der Zeichenhaftigkeit der Sachen ist die Grundlage der Lehre vom mehrfachen Schriftsinn.[26] Schleiermacher gründet die Bibelhermeneutik nur auf eine allgemeine Sprachhermeneutik, nicht auf eine universale Zeichentheorie oder auf eine Hermeneutik, die zugleich die Kunst und die Phänomene der Kultur und Geschichte zum Gegenstand hätte.

V

Am Anfang der Hermeneutica sacra stehen bei Ernesti und Schleiermacher *prolegomena de interpretatione universa:* Die Auslegungsregeln für das Neue Testament können – als Spezialfall – erst nach Feststellung der allgemeinen Regeln bestimmt werden. Und die allgemeinen Regeln, die ja, wenn anders sie wissenschaftlich sein sollen, nicht ein bloßes Aggregat sein können, konstruiert Schleiermacher nach seiner Weise auf einer obersten Antithese; diese beruht auf dem Gegensatz von individuell und allgemein, der auch für die Konstruktion von Schleiermachers Ethik grundlegende Bedeutung hat.[27] Im Sprechakt treffen sich das allgemeine Zeichensystem der Sprache und die Individualität des Sprechenden; so ist der Sprechende einerseits das Organ der Sprache, andererseits die Sprache das Organ des Sprechenden. Und so hat das Verstehen zwei Hauptteile (die sich in der Praxis freilich wechselseitig durchdringen und miteinander vermitteln müssen): das Verständnis von der Sprache her, die grammatische Interpretation, und das Verständnis vom Sprechenden her, die technische Interpretation, die Schleiermacher hier auch die subjektive oder historische,[28] später gern die psychologische Interpretation nennt. Dieser Grundkonstruktion ist Schleiermacher dann auch in seinen hermeneutischen Vorlesungen bis zuletzt treu ge-

---

25 Augustin, *De doctrina Christiana* I, 2, 2; II, 1, 1–2, 3.
26 Z. B. Thomas von Aquino, *Summa theologiae* I, q 1, a 10. – Vgl. Hendrik Birus, „Zwischen den Zeiten. Friedrich Schleiermacher als Klassiker der neuzeitlichen Hermeneutik", in: *Hermeneutische Positionen. Schleiermacher – Dilthey – Heidegger – Gadamer,* hg. v. H. Birus, Göttingen 1982, 15–58, hier 19.
27 Vgl. z. B. Schleiermacher, Ethik 1812/13, Güterlehre, Einleitung, § 9–23 (*Werke*, Bd. 2, hg. von Otto Braun, Leipzig 1913, 260–262).
28 Schleiermacher, Zur Hermeneutik 1805 (KGA II/4, 6, Zeilen 14 f.; 15, Zeilen 5–7; 25, Zeilen 8 f.); ders.: Hermeneutik 1805, 2.–3. Stunde und nach der 23. Stunde (KGA II/4, 38 und 54–56)

blieben.²⁹ Nach seinen Notizen scheint er allerdings, eingedenk dessen, daß der Sprachakt nicht nur zwei, sondern drei Brennpunkte hat, nämlich Sprache, Sprechenden und Hörer bzw. Leser, zunächst an eine Dreiteilung gedacht zu haben: das dem Schriftsteller und Leser Gemeinsame (die Sprache), das Eigentümliche des Schriftstellers, das der Leser nachkonstruiert, und das Eigentümliche des Lesers, auf das sich der Schriftsteller einstellt.³⁰

Das Problem, dass die Bedeutung immer auch vom Autor und Kontext abhängt, hatte auch die Hermeneutik der Aufklärung thematisiert; sie differenzierte zwischen dem *sensus literae*, der wörtlichen Bedeutung, und dem *sensus literalis*, dem, was der Autor eigentlich sagen wollte. Ernesti lehnt diese Unterscheidung, jedenfalls für die Bedeutung der Einzelwörter, ab: Bei den alten und guten Auslegern fielen beide zusammen, und dazwischen zu differenzieren, sei neumodischer Unsinn. Der Sinn sei eben diejenige Idee oder Vorstellung, die beim Hören des Wortklanges entsteht.³¹ Ernestis Lösung geht dann aber doch in eine ähnliche Richtung: Die *interpretatio* hat zwei Teile, den kontemplativen, der nach der Bedeutung der Wörter und nach möglichen tropischen (verschobenen) Bedeutungen fragt, die ein Wort haben kann, und den präzeptiven, der anhand von Zusammenhang, Parallelstellen, Eigenheiten der Sprache und möglichen Anlehnungen an andere Sprachen den Sinn an der bestimmten Stelle ermittelt.³² Hier geht es also auch um die Zweiheit von allgemeiner Bedeutung und spezieller Bedeutung an einer bestimmten Stelle – nur spielt bei Ernesti (anders als bei Schleiermacher) dafür die individuelle Eigenart des Autors keine hervorgehobene Rolle.

VI

Die Ausführungen zur grammatischen Interpretation eröffnet Schleiermacher mit dem Kanon, die möglichen Bedeutungen müssten aus demjenigen Sprachvorrat innerhalb der Sprache genommen werden, der Autor und Adressaten gemeinsam sei;

---

29 Vgl Schleiermacher, Brief 2026 (6.9.1805) an J.C. Gaß (KGA V/8, 304): „Die Hermeneutik ist dies mal noch sehr unvollkommen in der Ausführung gewesen; das war auch kaum anders möglich. Aber die Idee und Construction des Ganzen hat sich mir immer mehr bestätigt, je tiefer ich hineingekommen bin".
30 Schleiermacher, Zur Hermeneutik 1805 (KGA II/4, 9, Zeilen 17–25).
31 Ernesti: *Institutio⁴*, a.a.O. (Anm.14), 15, 23f. (Teil I, 1, 1, §§ 2, 14). Vgl. Birus, „Zwischen den Zeiten", a.a.O. (Anm. 26), 24f.; Andreas Arndt, „Hermeneutik und Kritik im Denken der Aufklärung", in: *Die Hermeneutik*, a.a.O. (Anm. 9), 211–236, hier 232.
32 Ernesti, *Institutio⁴*, a.a.O. (Anm. 14), 12 (Prolegomena, § 11).

die Sprache sei nämlich etwas Teilbares (z. B. nach räumlichen Besonderheiten wie Dialekten und nach der zeitlichen Entwicklung), niemand habe sie ganz.[33]

Die weitere grammatische Interpretation unterteilt er in die Analyse der materiellen und die der formellen Elemente der Sprache; das eine sind die Wörter, das andere die syntaktische Verknüpfung, gegenseitige Zuordnung und Konstruktion der Wörter. Und bei den materiellen wie den formellen Elementen muss man nach Schleiermacher nicht von einer Mehrdeutigkeit, sondern von einer Einheit der Bedeutung ausgehen, andererseits aber auch von einer unübertragbaren Eigenart jeder Sprache. Jede Sprache hat ihre Art, durch Wortstellung, Flexionen, Partikel und Pronomina aus einzelnen Wörtern ein Sinngefüge zu konstruieren; das Griechische etwa vereinigt den hebräischen Reichtum an Flexionen (zu denen auch die Possessiv- und Objektsuffixe gehören) mit dem deutschen Reichtum an Partikeln.[34]

Bemerkenswert ist aber vor allem, dass Schleiermacher auch bei den Wörtern von einer Einheit der Bedeutung ausgeht. Hier steht er im Gegensatz zur hermeneutischen Tradition, die davon ausging, dass ein Wort verschiedene Bedeutungen habe und dass die Kunst des Interpreten darin bestehe, anhand von Indizien die richtige Bedeutung für eine bestimmte Stelle auszumitteln. Ernesti etwa schreibt, Wörter hätten je nach Zusammenhang verschiedene Bedeutungen, wenn auch nicht beliebig viele, und auch den einzelnen Wortbedeutungen eigne eine *ambiguitas*, eine Unschärfe.[35] Nach Schleiermacher stehen Wörter nicht für Sachen (das wäre die alte augustinische Auffassung, vgl. oben Abschnitt IV), aber auch nicht für Begriffe, sondern für Anschauungen. Begriffe sind Produkte des menschlichen Verstandes, durch sie werden Wahrnehmungen und Denkinhalte klassifiziert, einander über- und untergeordnet, miteinander logisch verknüpft und in ein System gebracht. Wörter sind keine logischen und wissenschaftlichen Begriffe; sie entsprechen Anschauungen, stehen also dafür, wie die Sachen uns erscheinen und wie sie auf uns wirken. Durch die Art, wie sie angeschaut werden und uns anschauen, lassen sich Dinge aus der Natur und aus der Welt des Geistes oder sinnliche und allgemeine Empfindungen unter ein gemeinsames Wort bringen (man denke z. B. an das auch in den Sprachen der Bibel bedeutungsvolle Wort Licht), und je nach Anschauung kann eine Sprache Ein Wort haben, wo in einer anderen verschiedene Wörter sind, sie kann auch für äußerlich oder begrifflich scheinbar Identisches mehrere Wörter darbieten (z. B. Berg und Hügel im Deutschen), oder sie kann aus

---

[33] Schleiermacher, Hermeneutik 1805, 5. Stunde (KGA II/4, 39).
[34] Schleiermacher, Zur Hermeneutik 1805 (KGA II/4, 7, Zeilen 7 – 10; 20, Zeilen 4 – 9; 23, Zeilen 3 – 13; vgl. auch 19, Zeilen 6 – 13); ders., Hermeneutik 1805, 6. und 8.–10. Stunde (KGA II/4, 40 und 42 f.).
[35] Ernesti, Institutio⁴, a.a.O. (Anm. 14). 16 – 18 und 23 (Teil I, 1, 1, § 4 f. und 13).

technischen Gründen für äußerlich geringe Abstufungen verschiedene Wörter haben, so wie sie Jäger und Bauern für Tiere haben.[36]

Stehen Wörter aber für Anschauungen, dann stellt sich die Frage nach den Tropen auch noch einmal neu. Was aussieht wie zweierlei Bedeutung, die eigentliche und die uneigentliche, verschobene, kann Eine ursprüngliche Anschauung sein. So kommt es für den Übersetzer und Ausleger an, die in einer Sprache mit einem Wort verbundene Anschauung in ihrem ganzen Umfang zu erfassen.[37]

Dass es Tropen gibt, will Schleiermacher nicht rundweg bestreiten. Aber was als Tropus erscheint, ist entweder ein Teil der ursprünglichen Anschauungen, der als Wortbedeutung außer Gebrauch gekommen ist, oder eine subjektive Anschauung (die also nicht zur grammatischen, sondern zur technischen Interpretation gehört); z.B. wenn jemand Blätter das Haar der Bäume nennt, heißt das noch nicht, daß das Wort Haar die tropische Bedeutung Blatt hat, sondern daß man Blätter in Beziehung auf einen Baum als Haar anschauen und so nennen kann. Erst wo so eine subjektive Anschauung (oder z.B. auch historische Anspielung) objektiv wird, wo sie Teil des allgemeinen Sprachgebrauchs wird, kann man sie eigentlich einen Tropus nennen.[38]

VII

Schleiermacher geht von der ursprünglichen Einheit der Wortbedeutung als Anschauung aus. Die Praxis macht das aber nicht unbedingt einfacher: Die ursprüngliche Einheit der Bedeutung kann – selbst bei denen, die eine Sprache

---

36 Schleiermacher, Zur Hermeneutik 1805 (KGA II/4, 7, Zeilen 7 – 16; 11, Zeilen 7 – 15; 17, Zeilen 14 – 19; 18, Zeile 12 – 19, Zeile 5; 22, Zeilen 1 – 4); ders., Hermeneutik 1805, 6.–8. Stunde (KGA II/4, 40 – 42). – Man kann diese Einsicht auch auf das Problem anwenden, ob man Religion und Philosophie auf eine allgemein anerkannte Weise einander zuordnen und gegeneinander abgrenzen kann (vgl. dazu z.B. Andreas Arndt, „On the Amphiboly of Religious Speech", in: *Interpreting Religion*, hg.v. Dietrich Korsch und Amber L. Griffoien (Religion in Philosophy and Theology 57), Tübingen 2011, 99 – 111, bes. 110 f.): Sind die Wörter „Religion" und „Philosophie" Anschauungen und keine Begriffe, wird man darauf verzichten, nach einer allgemein- und letztgültigen wissenstheoretischen und kulturphänomenologischen Definition zu streben, und es nicht verwunderlich finden, dass Dinge wie die frühe griechische Naturwissenschaft, das Hegelsche System, die Strategie eines Geschäftsführers und die Taktik eines Fußballtrainers gemeinsam als „Philosophie" angeschaut werden, während die Rituale der Fußballanhänger eher unter die Anschauung „Religion" fallen.
37 Schleiermacher, Zur Hermeneutik 1805 (KGA II/4, 22, Zeilen 1 – 4; 24, Zeilen 14 – 16); ders., Hermeneutik 1805, 6. Stunde (KGA II/4, 40).
38 Schleiermacher, Zur Hermeneutik 1805 (KGA II/4, 12, Zeilen 1 – 18; 20, Zeilen 1 f.; 21, Zeilen 5 – 12); ders., Hermeneutik 1805, 8. Stunde (KGA II/4, 42).

sprechen – im Laufe der Entwicklung außer Bewusstsein kommen und in Vergessenheit geraten, und finden und anschauen lässt sich die ursprüngliche Einheit auch nur im besonderen Sprachgebrauch; so lernen ja auch Kinder sprechen, indem sie beobachten, nachvollziehen und nachsprechen und so durch kritische Vergleichung des Besonderen zur inneren Einheit kommen. Man muss vom Besonderen zur Einheit und von ihr wieder zum Besonderen an der speziellen auszulegenden Stelle gehen.[39] Und da kommt dann Schleiermacher dann doch zu ähnlichen Methoden und Ratschlägen wie Ernesti, wenn der sagt, wie man unter den vielen Bedeutungen eines Wortes die richtige an einer bestimmten Stelle trifft: anhand der formellen Elemente, also der Satzkonstruktion, anhand der im Satz- und Aussagezusammenhang stehenden anderen Wörter und anhand von Parallelstellen.[40] (Zu der Frage nach der richtigen qualitativen Bedeutung, also nach dem, was denn gemeint sei, kommt noch die nach der quantitativen Bedeutsamkeit, also das alte Problem, ob ein Wort emphatisch gemeint ist, wie das denn besonders dann vorkommt, wenn eine Sprache für die erhöhte Bedeutsamkeit noch kein eigenes Wort entwickelt hat.[41])

Die technische Interpretation versucht dann, den individuellen Stil des Autors zu bestimmen, aber auch Thema, Komposition und Gedankengang des auszulegenden Werkes, um anhand dessen wiederum eine bestimmte Passage zu verstehen. Der Stil eines Autors hängt aber nicht nur an Zeit, Volkseigenart und Schule, sondern variiert auch nach den Formen, in denen er schreibt; die Schreibart einen Autors muss also wo möglich in verschiedenen Formen verglichen werden. Immer geht das freilich nicht; wir wissen nicht, wie Plato eine historische Darstellung verfasst hätte.[42]

VIII

Wie sieht nun vor dem Hintergrund des Allgemeinen das Besondere aus, also die Regeln für die Auslegung des Neuen Testaments? Überliefert sind uns vom Kolleg

---

39 Schleiermacher, Zur Hermeneutik 1805 (KGA II/4, 13, Zeilen 8–11); ders.: Hermeneutik 1805, 7.–8. und 11.–14. Stunde (KGA II/4, 41 f., 44–46).
40 Schleiermacher, Hermeneutik 1805, 23.–30. Stunde (KGA II/4, 48–51); vgl. Ernesti, *Institutio*[4], a.a.O. (Anm. 14), 49–73 (Teil I, 2, 1 f.), wo auch Stilfragen behandelt werden, die bei Schleiermacher zur technischen Interpretation gehören.
41 Schleiermacher, Hermeneutik 1805, 23.–30. Stunde (KGA II/4, 51 f.).
42 Schleiermacher, Zur Hermeneutik 1805 (KGA II/4, 8, Zeilen 9–12 und 19–21; 9, Zeilen 4–8; 10, Zeilen 1–5; 13, Zeilen 1–3; 17, Zeilen 5–7; 24, Zeilen 21–24; 25, Zeile 13–28, Zeile 4); ders., Hermeneutik 1805, 32. Stunde und später (KGA II/4, 56–68).

1805 nur Schleiermachers eigene Aufzeichnungen, die dazu nicht allzu viel enthalten. Schleiermacher schrieb auch selbst an Willich, es fehle ihm noch an einer tüchtigen Masse von Beispielen und Belegen, er wolle von nun an fleißig sammeln.[43] Trotzdem erfahren wir noch wichtige Dinge.

Zunächst einmal ist das Neue Testament sprachlich ein Grenzphänomen. Sein Griechisch ist nicht rein, sondern voll von Barbarismen und Semitismen, das eine ein Kennzeichen davon, dass die Autoren ihre Sprache nur unvollkommen beherrschen, das andere davon, dass das Christentum im alttestamentlichen und jüdischen Denken und Sprechen verwurzelt ist, das seinerseits vom hebräischen Anschauungs- und Sprachsystem geprägt ist. Oft lässt sich eine Stelle nur dann erklären, wenn man die hebräische Weise, einen Gedanken zu formulieren, mitberücksichtigt; in solchen Fällen muss der Ausleger das Grammatische dem Technischen aufopfern, also den Sinn mehr nach Denk- und Ausdrucksweise der hinter dem Text stehenden Gruppe erschließen als nach der Bedeutung, die eine Phrase wörtlich genommen im reinen Griechisch hätte.[44] Auch Ernesti hatte auf den stark semitisierenden Charakter des neutestamentlichen Griechisch hingewiesen und zahlreiche Beispiele angeführt, die sich erst durch Berücksichtigung der Bedeutungsfelder der entsprechenden hebräischen Wörter und Satzkonstruktion erklären.[45] Nach Schleiermacher muss man selbst bei der Frage, ob etwas emphatisch oder poetisch geschrieben ist, den hebräischen Sprachgebrauch mitberücksichtigen.[46] (Andererseits ist der Apostel Paulus nach einer Notiz Schleiermachers der einzige, der den Schatz der griechischen Konjunktionen wirklich als Instrument zur exakten Formulierung seiner Gedanken zu handhaben wusste – ob der einzige im Neuen Testament oder in der griechischen Literatur überhaupt, bleibt allerdings offen.[47])

Eine Religion gründet sich nach Schleiermacher auf einen spontanen, individuellen Ursprung (wie das Auftreten Jesu Christi) und ist auf Gemeinschaft und Kommunikation ausgerichtet.[48] So ist es kein Wunder, dass Schleiermacher die

---

43 Schleiermacher, Brief 1979 (13.6.1805) an E. und H. von Willich (KGA V/8, 235).
44 Schleiermacher, Zur Hermeneutik 1805 (KGA II/4, 6, Zeilen 13–19; 9, Zeilen 4–8; 19, Zeilen 6–10); ders., Hermeneutik 1805, 5. und 22.–30. Stunde (KGA II/4, 39, 48f., 51); vgl. Schleiermacher, *Kurze Darstellung*², a.a.O. (Anm. 13), § 127f., 131, 135 (KGA I/6, 373–376).
45 Ernesti, *Institutio*⁴, a.a.O. (Anm. 14), 65, 69, 73–90, 118 (Teil I, 2, 2, §§ 7, 12; 2, 3, §§ 2–27; 2, 5, § 11).
46 Schleiermacher, Hermeneutik 1805, 22. Stunde (KGA II/4, 48).
47 Schleiermacher, Zur Hermeneutik 1805 (KGA II/4, 20, Zeilen 10–12).
48 Vgl. z.B. Schleiermacher, Ethik 1812/13, Güterlehre, Vollkommene ethische Formen, § 196–209 (*Werke* 2, a.a.O. [Anm. 27], 359–361); ders., *Der christliche Glaube nach den Grundsäzen der evangelischen Kirche im Zusammenhange dargestellt*, Band 1, Berlin 1821, § 20, 2 (KGA I/7, 1, 79–

Religion einmal einen bildenden Sprachgeist nennt;⁴⁹ vom Christentum schreibt er, es habe Sprache gemacht, es sei von Anfang an ein potenzierender Sprachgeist gewesen. Nur musste es die neuen Gedanken, die es kommunizierte, zunächst mit denjenigen sprachlichen Mitteln formulieren, die ihm von der vorchristlichen Welt her zur Verfügung standen. Und hier kann Schleiermacher es dann als Werk der göttlichen Providenz ansehen, dass das, was dem Christentum für Entwicklung einer eigenen Sprache zur Seite stand, nicht die griechische Weisheit war, sondern die jüdische Religion.⁵⁰ Das Neue Testament ist dann der Maßstab für alles spätere individuell Christliche.⁵¹

Am Ende seiner Ausführungen zur technischen Interpretation versucht Schleiermacher eine kurze Charakterisierung der neutestamentlichen Autoren: Johannes' Schreibart ist abgebrochen, Paulus ergeht sich in verwickelten Perioden. Paulus und Matthäus greifen stärker als Johannes auf Erläuterungen aus der jüdischen Literaturgeschichte (d.h. dem Alten Testament) zurück. Während Paulus seine Gedanken als Einen fortschreitenden Zusammenhang vorträgt, legt Johannes mehr das Einzelne nebeneinander und verweilt dabei. Petrus (gemeint ist wohl der erste Petrusbrief; oder sind es die Petrusreden der Apostelgeschichte?) ist ein verwirrter Schriftsteller; er hält keinen roten Faden fest, bei ihm gibt es daher schwer zu erklärende Stellen.⁵²

---

81); ders., *Der christliche Glaube nach den Grundsäzen der evangelischen Kirche im Zusammenhange dargestellt*, 2. Aufl., Band 1, Berlin 1830, § 6, 4 (KGA I/13, 1, 57 f.).
49 Schleiermacher, Hermeneutik 1805, 3. Stunde (KGA II/4, 38).
50 Schleiermacher, Zur Hermeneutik 1805 (KGA II/4, 17, Zeilen 1 – 3); ders., Hermeneutik 1805, 23.–30. Stunde (KGA II/4, 51 f.); vgl. ders., *Kurze Darstellung²*, a.a.O. (Anm. 13), § 136 (KGA I/6, 375 f.).
51 Vgl. z. B. Schleiermacher, Praktische Theologie 1824 (Nachschrift Palmié [Anm. 1], pag. 202): „In einem jeden christlichen Kultus müssen auch die individuellen christlichen Elemente dominiren und für die gibt es kein andres Darstellungsmittel als die Schrift und die Beziehung auf sie. Damit hängt zusammen, daß die ganze Schrift sofern sie dem Christenthum ausschließlich angehört; den Inbegriff dieser Darstellungsmittel für alles individuell christliche in sich schließt." – Ders., Praktische Theologie 1826 (Nachschrift Bindemann, Berlin-Brandenburgische Akademie der Wissenschaften, Archiv, Schleiermacher-Nachlaß 555, fol. 107v): „Es gehört mit zu dem Wesen der evangelischen Kirche daß das religiöse Bewußtseyn des Einzelnen auch in Übereinstimmung erscheinen soll mit dem gemeinsamen Ausdruk der apostolischen Kirche. Es mögen religiöse Vorstellungen so richtig als möglich entwickelt seyn so fehlt ihnen immer etwas wenn man nicht die Stelle dafür in der Schrift gefunden hat."
52 Schleiermacher, Hermeneutik 1805, nach der 32. Stunde (KGA II/4, 68 f.).

IX

Einige Auslegungen, besonders aus Morus' Hermeneutik, hat Schleiermacher als falsch aufgespießt; die Fehler kommen daher, dass die Ausleger sich nicht richtig in die Sprachsituation hineinversetzt haben. So legen sie Bildworte Jesu als Anspielungen auf Ereignisse der Zukunft aus, die damals gar nicht im Horizont des Gesprächs waren.[53] Und so meint Morus, daß, wenn Paulus sage, alles, was nicht aus der πίστις komme, sei Sünde (Röm 14,23), πίστις dem Zusammenhang nach mit Überzeugung wiedergegeben werden müsse, Paulus also sagen wolle, wenn man nicht aus Überzeugung handele, falle man leicht in Sünde. Nach Schleiermacher ist Morus nicht genügend aus seiner eigenen ethischen Idee in diejenige des Paulus eingegangen und deshalb auch das Wort „alles" nicht verstanden.[54]

Zu den Sonderregeln, die nicht in die allgemeine Hermeneutik, wohl aber in die des Neuen Testaments gehören, zählt nach Ernesti, dass das Neue Testament als inspiriertes Textcorpus auszulegen sei; da der inspirierende Geist sich nicht selbst widersprechen könne, auch nicht vergessen haben könne, was er vordem geredet hat, sei das Neue Testament erst dann richtig ausgelegt, wenn am Ende keine Selbstwidersprüche übrigblieben.[55] Schleiermacher ist, wie wir sahen, nicht der Auffassung, dass die Inspirationslehre zu den Voraussetzungen für die Auslegung des Neuen Testaments gehöre – den göttlichen Geist darin finde man ja gerade, wenn man das Neue Testament wie sonst einen Text nach seinem Wortsinn gelesen und verstanden habe. Widersprüchlichkeiten bei historischen Angaben im Neuen Testament machen ihm kein besonderes Kopfzerbrechen; die seien normal, wenn Berichte über dieselben Ereignisse aus verschiedenen Perspektiven und für verschiedene Adressaten überliefert seien. Die Konstruktion von Harmonien bei vorliegenden Widersprüchen gehöre auch nicht in die Hermeneutik, sondern in die historische Kritik.[56]

Anders ist es mit den dogmatischen Widersprüchen; hier erklärt Schleiermacher, die meisten seien nur scheinbar. Am bekanntesten ist die Differenz zwischen Paulus und Jakobus: Martin Luther hatte den Jakobusbrief zum Rang eines Apokryphons degradiert, weil der der paulinischen Lehre von der Gerech-

---

[53] Schleiermacher, Zur Hermeneutik 1805 (KGA II/4, 13, Zeilen 4–7; 22, Zeilen 5–7; 27, Zeilen 15–20).
[54] Schleiermacher, Zur Hermeneutik 1805 (KGA II/4, 7, Zeilen 1–6); vgl. Morus, *Super Hermeneutica Novi Testamenti acroases academiae* 1, a.a.O. (Anm. 15), 17f. (Prolegomena, § 7).
[55] Ernesti: *Institutio*⁴, a.a.O. (Anm. 14), 29, 121–129 (Teil I, 1, 1, § 23; 2, 6).
[56] Schleiermacher, Hermeneutik 1805, 23.–30. Stunde (KGA II/4, 53).

tigkeit aus Glauben ohne Werke widerspreche.[57] Schleiermacher hält Paulus und Jakobus (wie er in mehreren Hermeneutik-Kollegien darlegt) für miteinander vereinbar, sofern man nur berücksichtigt, dass beide den Begriff πίστις in verschiedener Bedeutung verwenden.[58]

Es ist (abgesehen von der grammatischen und technischen Analyse des Kontextes) wohl auch eine Inspirationslehre, die Schleiermacher zu diesem Urteil bringt. Inspiration ist dann aber nicht die Annahme des Geistes als eines zwar überpersönlichen, aber mit sich selbst übereinstimmenden Autors hinter den Schriften des Neuen Testaments; inspiriert sind die neutestamentlichen Schriften dadurch, dass sie das Werk einer gemeinsamen Schule und eines gemeinsamen Geistes sind, des Geistes Christi. Die Inspiriertheit der Schrift erschließt sich erst im Glauben:[59] Der Glaube erkennt in den neutestamentlichen Schriften, die dann als Kanon zusammengestellt wurden, das authentische, noch von späteren äußeren Einflüssen ungetrübte und daher der Kirche für alle Zeiten maßgebende Zeugnis des Geistes, der in Christus war und den Christus den Aposteln weitergegeben hat.[60] Der Hermeneut des Neuen Testaments geht ohne Vorurteile, Künsteleien und Sonderregeln ans Werk, aber doch mit dem Vorvertrauen, dass sich bei seiner Arbeit die Inspiriertheit und Kanonizität der Schrift zuletzt bewähren und bestätigen wird.[61]

* * *

Anhang: Zur Edition der Hermeneutik

Wolfgang Virmond und Hermann Patsch haben mit ihrer Edition (KGA II/4) aller künftigen wissenschaftlichen Arbeit an Schleiermachers Hermeneutik die lang

---

57 Martin Luther, *Septembertestament 1522, Vorrede zum Jakobusbrief* (Kritische Gesamtausgabe [Weimarer Ausgabe], *Deutsche Bibel* 7, Weimar 1931, 384, 386).
58 Schleiermacher, Hermeneutik 1805, 23.–30. Stunde (KGA II/4, 53); ders., Hermeneutik 1819, 32.–34. Stunde (KGA II/4, 287); ders., Hermeneutik 1822 (KGA II/4, 411f.); ders., Hermeneutik und Kritik 1832/33 (KGA II/4, 837f.).
59 Vgl. Schleiermacher, *Der christliche Glaube*², Bd. 1, a.a.O. (Anm. 48), § 13, Zusatz (KGA I/13, 1, 112–114); Bd. 2, a.a.O. (Anm. 3), § 128, 1f. (KGA I/13, 2, 316–319).
60 Vgl. Schleiermacher, *Kurze Darstellung*², a.a.O. (Anm. 13), § 84. 87f. (KGA I/6, 358–360); ders., *Der christliche Glaube*², Bd. 2, a.a.O. (Anm. 3), § 129; 130, 1f.; 131, 2 (KGA I/13, 2, 320–327 und 334–336).
61 Vgl. Schleiermacher, *Der christliche Glaube*², Bd. 2., a.a.O. (Anm. 3), § 130, 4; 131, 1 (KGA I/13, 2, 329–334). Kritischer liest sich ders., *Kurze Darstellung*², a.a.O. (Anm. 13), § 103–114, 136 (KGA I/6, 365–369 und 376).

ersehnte, zuverlässige Textgrundlage gegeben. Bei meiner Arbeit mit dieser Ausgabe habe ich noch einige Beobachtungen gemacht, die auch für andere nützlich sein könnten:

a) Zur Hermeneutik 1805 und Hermeneutik 1805

Bevor Schleiermacher an die eigentliche Ausarbeitung der Hermeneutik ging, hat er (nach seiner Sitte) Aphorismen und Exzerpte zum Thema zusammengetragen (in dem Manuskript „Zur Hermeneutik"). Bei der Ausarbeitung der Vorlesung hat er diese Notizen teilweise wiederaufgenommen. Im Einzelnen (ohne den Anspruch, dass diese Liste nicht noch ergänzt werden könnte):

Zur Hermeneutik 1805: 5, 4–10: vgl. 38, 2–5; 6, 2–5: vgl. 38, 6f.; 6, 14–19: vgl. 38, 16–23; 7, 8–10: vgl. 40, 6–12; 7, 12–16: vgl. 41, 3–6; 9, 14–19: vgl. 38, 2–23; 10, 20f.: vgl. 37, 15f.; 11, 8f.: vgl. 41, 11; 16, 11–17: vgl. 38, 8–14; 18, 1–4: vgl. 41, 21–26; 19, 1f.: vgl. 41, 13f.; 20, 3: vgl. 44, 18–21; 20, 4–9: vgl. 44, 1–13; 20, 18–20: vgl. 42, 9–14; 21, 5–12: vgl. 42, 16–20; 22, 1f.: vgl. 41, 11–13; 24, 21–24: vgl. 50, 35–38; 25, 1f.: vgl. 51, 1–5; 27, 4f.: vgl. 56, 36–57, 5

Hermeneutik 1805: 37, 15f.: vgl. 10, 20f.; 38, 2–5: vgl. 5, 4–10, 9, 14f.; 38, 6f.: vgl. 6, 2–5; 38, 8–14: vgl. 16, 11–17; 38, 16–23: vgl. 6, 14–19, 9, 17–21; 40, 6–12: vgl. 7, 8–10; 41, 3–6: vgl. 7, 12–16; 41, 11: vgl. 11,8f.; 41 ,11–13: vgl. 22, 1f.; 41, 13f.: vgl. 19, 1f.; 41, 21–26: vgl. 18, 1–4; 42, 9–14: vgl. 20, 18–20; 42, 16–20: vgl. 21, 5–12; 44, 1–13: vgl. 20, 4–9; 44, 18–21: vgl. 20, 3; 50, 35–38: vgl. 24, 21–24; 51 ,1–5: vgl. 25, 1f.; 56, 36–57,5: vgl. 27, 4f.

b) Teilung der Stunden 1–39 in der Nachschrift Jonas (1819)

Das Kolleg von 1819 ist als einziges der Hermeneutik-Kollegien sowohl als Ausarbeitung Schleiermachers als auch als Nachschrift überliefert. Ludwig Jonas hat die Einteilung der Stunden in seiner Nachschrift zwar nicht festgehalten, doch lässt sie sich für die ersten 39 Stunden der Schleiermacherschen Ausarbeitung entnehmen. Mit Hilfe dieses Gerüstes lassen sich der Text Schleiermachers und der Text der Nachschrift bequemer miteinander vergleichen.

Einleitung: 1. Stunde: 193, 6–196, 7 (entspricht 119, 4–120, 6); 2. Stunde: 196, 8–199, 39 (entspricht 120, 7–121, 14); 3. Stunde: 199, 39–203, 13 (entspricht 121, 15–123, 9); 4. Stunde: 203, 14–206, 15 (entspricht 123, 10–124, 21); 5. Stunde: 206, 16–209, 2 (entspricht 124, 22–125, 11); 6. Stunde: 209, 3–212, 16 (entspricht 125, 11–126, 6); 7. Stunde: 212, 17–215, 19 (entspricht 126, 7–127, 6); 8. Stunde: 215, 19–217, 2 (entspricht 127, 7–128, 19); 9. Stunde: 217, 3–221, 16 (entspricht 128, 20–129, 33);

10. Stunde: 221, 17–224, 25 (entspricht 129, 34–131, 11); 11. Stunde: 224, 26–228, 5 (entspricht 131, 12–132, 6)

Erster Teil: 12. Stunde: 228, 7–230, 29 (entspricht 132, 7–21); 13. Stunde: 230, 29–233, 8 (entspricht 132, 21–133, 20); 14. Stunde: 233, 9–235, 235, 35 (entspricht 133, 21–134, 19); 15. Stunde: 235, 36–239, 3 (entspricht 134, 19–135, 25); 16. Stunde: 239, 3–241, 3 (entspricht 135, 26–136, 8); 17. Stunde: 241, 4–243, 24 (entspricht 136, 9–137, 7); 18. Stunde: 243, 25–246, 29 (entspricht 137, 8–138, 11); 19. Stunde: 246, 29–248, 24 (entspricht 138, 12–139, 21); 20. Stunde: 248, 25–251, 36 (entspricht 139, 22–140, 23); 21. Stunde: 251, 36–255, 28 (entspricht 140, 24–141, 27); 22. Stunde: 255, 28–258, 30 (entspricht 141, 28–142, 25); 23. Stunde: 258, 31–261, 7 (entspricht 142, 26–143, 22); 24. Stunde: 261, 8–262, 31 (entspricht 143, 23–144, 13); 25. Stunde: 261, 32–265, 12 (entspricht 144, 14–145, 29); 26. Stunde: 265, 13–268, 16 (entspricht 145, 30–146, 12); 27. Stunde: 268, 17–271, 27 (entspricht 146, 13–27); 28. Stunde: 271, 28–273, 17 (entspricht 146, 28–147, 25); 29. Stunde: 273, 17–275, 34 (entspricht 148, 1–12); 30. Stunde: 275, 35–278, 24 (entspricht 148, 13–149, 5); 31. Stunde: 278, 25–281, 30 (entspricht 149, 6–150, 4); 32.–34. Stunde: 281, 31–290, 7 (entspricht 150, 5–151, 8); 35. Stunde: 290, 8–292, 34 (entspricht 151, 9–24); 36. Stunde: 292, 35–294, 28 (entspricht 151, 25–152, 21); 37. Stunde: 294, 29–297, 14 (entspricht 152, 22–153, 11); 38. Stunde: 297, 15–299, 21 (entspricht 153, 12–154, 19); 39. Stunde: 299, 22–301, 22 (entspricht 154, 20–155, 7)

c) Ein paar Ergänzungen zum Sachapparat

Zu 11, 14 f.: Vgl. Morus Bd. 1, 260 („cutes nivea")

Zu 32, 4–12: Kolleg 1809/10, 20. Stunde (entspricht 104, 1–105, 17)

Zu 32, 15 f.: Kolleg 1809/10, 22. Stunde (entspricht 107, 1–108, 21)

Zu 32, 17–33, 7: Kolleg 1809/10, 23. Stunde (entspricht 108, 22–109, 31)

Zu 33, 18–26: Kolleg 1809/10, 24. Stunde (entspricht 110, 1–111, 14)

Zu 34, 1–7: Kolleg 1809/10, 25. Stunde (entspricht 111, 15–112, 33)

Zu 62, 25–63, 3: Hier liegt offenbar eine Dublette zu dem vor, was 61, 5–62, 24 dargelegt ist (ein kürzerer Entwurf oder auch eine Zusammenfassung).

Zu 377, 25–379, 5: Origenes, *In Matthaeum commentarius* X, 2 (Opera, ed. Charles Delarue OSB und Charles Vincent Delarue OSB [SB 1413], Bd. 3, Paris 1733, 443–445)

Hermann Patsch
Hermeneutica sacra in zweiter Potenz?
Schleiermachers exegetische Beispiele

Wenn man von Schleiermacher als einem Klassiker der Hermeneutik spricht, meint man den Schöpfer einer Allgemeinen Verstehenslehre.[1] Von Dilthey bis Gadamer war dies communis opinio, und diesen Eindruck erweckte auch Kimmerles die weitere Diskussion bestimmende Edition.[2] Hier sah es in der Tat so aus, als sei die „Anwendung auf das Neue Testament" – so Schleiermachers eigene Bezeichnung – nur ein Appendix zu den eigentlichen neuen Gedanken, deren Ausformung sich von selbst verstünde und die darum nicht näher notiert zu werden brauchte. Dabei hatte Friedrich Lücke seiner Ausgabe von 1838, ohne die Schleiermachers Hermeneutik erst gar nicht in die wissenschaftliche Diskussion gefunden hätte, den klaren Titel gegeben: „Hermeneutik und Kritik mit besonderer Beziehung auf das Neue Testament".[3] Die neue Ausgabe von Wolfgang Virmond (2012) hat sichergestellt, dass diese Bezeichnung Lückes sachlich zutreffend ist, wenn man die Formulierung „mit besonderer Beziehung" genau beachtet. Schleiermacher hat in seinen Vorlesungen niemals – von einer kriegsbedingten Ausnahme abgesehen – nur eine allgemeine Verstehenslehre aufgestellt, sondern diese immer auf seine exegetische Arbeit bezogen, für die er allerdings und betont dieser übergreifenden Hermeneutik bedurfte. Die Bedeutung dieser „Anwendung" muss näher geklärt werden.

Als Schleiermacher seine genialen Gedanken von 1805 in Halle in seinen Notizheften zur Hermeneutik für die erste Vorlesung zu Papier brachte, hatte er noch keine einzige exegetische Vorlesung gehalten, wodurch sich die von Heinz Kimmerle edierte Fassung mit den völlig unausgeführten Hinweisen auf das Neue Testament ganz natürlich erklärt. Es fehlten ihm noch – wie er in einem Brief an seinen Freund

---

[1] Zum Aspekt des „Klassikers" Schleiermacher vgl. die nicht überholte Darstellung durch Hendrik Birus, „Zwischen den Zeiten. Friedrich Schleiermacher als Klassiker der neuzeitlichen Hermeneutik", in: *Hermeneutische Positionen. Schleiermacher – Dilthey – Heidegger – Gadamer*, hg.v. H. Birus, Göttingen 1982, 15–58. Zur neueren Diskussionslage vgl. Oliver Robert Scholz, „Jenseits der Legende – Auf der Suche nach den genuinen Leistungen Schleiermachers für die allgemeine Hermeneutik", in: *Theorie der Interpretation vom Humanismus bis zur Romantik – Rechtswissenschaft, Philosophie, Theologie*, hg.v. Jan Schröder, Stuttgart 2001, 265–285.
[2] Schleiermacher, *Hermeneutik*. Nach den Handschriften neu hg. und eingeleitet v. Heinz Kimmerle, Heidelberg 1959 (Nachbericht 1968).
[3] Schleiemacher, *Hermeneutik und Kritik mit besonderer Beziehung auf das Neue Testament. Aus Schleiermachers handschriftlichem Nachlasse und nachgeschriebenen Vorlesungen*, hg. von Dr. Friedrich Lücke, Berlin 1838.

Joachim Christian Gaß beklagt[4] – die Anwendungsbeispiele. Was ihm zu eigen war, war die – allerdings frappante – Bibelkenntnis des begeisterten Predigers. Umso kühner konnte er einen neuen, revolutionär erscheinenden Ansatz gegenüber der aufklärerischen Hermeneutik behaupten, die er von seiner ersten Bemerkung ab überwinden wollte, und diesen Gaß gegenüber entwickeln.[5] Das Stichwort, das in die Zukunft wies, hieß in Abwehr der bloß „einseitigen" grammatischen Erklärung die parallele Ergänzung durch „die Ansicht der Sprache und des Sprechens überhaupt".[6] Nur so schien ihm die Hermeneutik zu einer Wissenschaft werden zu können.[7] Dabei entfernte er sich von der Göttinger bzw. Leipziger Historisch-Grammatischen Schule weniger, als ihm bewusst war. 1819, als er parallel zu seiner Vorlesung ein neues Heft anzulegen begann zum Zwecke des Druckes, war er zwischenzeitlich ein erfahrener Exeget geworden, der einen guten Teil des Neuen Testaments in Vorlesungen behandelt hatte, natürlich unter Berücksichtigung der zeitgenössischen wissenschaftlichen Diskussion, und der zwei Monographien (zum 1. Brief an Timotheus, zum Lukas-Evangelium) veröffentlicht hatte. Man darf von vornherein annehmen, dass man einen reifen und durchdachten Entwurf lesen kann, der umfassender sein und sein eigenes Profil deutlicher erkennen lassen wird.

Diese Entwicklung soll im Folgenden untersucht werden. Wir sind dabei in der erfreulichen Lage, dass wir sowohl Schleiermachers handschriftlichen (leider nicht fertig gestellten) Entwurf für ein Lehrbuch besitzen als auch die sehr sachkundige und allem Anschein nach zuverlässig ausgearbeitete Nachschrift von Ludwig Jonas der Vorlesung des Sommersemesters, die als „Hermeneuticen tam generalem quam N. T. specialem" bzw. als „Die Hermeneutik, sowohl im Allge-

---

4 Brief vom 3.2.1805 (KGA V/8, 107–109).
5 Zur biographischen Vorgeschichte (Platon-Edition) vgl. Wolfgang Virmond, „interpretari necesse est. Über die Wurzeln von Schleiermachers ‚Hermeneutik und Kritik'", in: *Friedrich Schleiermacher in Halle 1804–1807*, hg.v. Andreas Arndt, Berlin 2013, 67–76; ders., „Der fiktive Autor. Schleiermachers technische Interpretation der platonischen Dialoge (1804) als Vorstufe seiner Hallenser Hermeneutik (1805)", in: *Archivio di Filosofia* 52 (1984), 225–232. Schleiermachers Zusammenhang mit dem Kreis um das „Athenaeum" und seine Kunstkritiken in dieser Zeitschrift berücksichtigt eindrücklich Manuel Bauer, *Schlegel und Schleiermacher. Frühromantische Kunstkritik und Hermeneutik*, Paderborn u.a. (Schlegel-Studien 4) 2011; vgl. dazu meine Rezension in *Journal for the History of Modern Theology/Zeitschrift für neuere Theologie-Geschichte* 19, 2 (2012), 309–314.
6 Brief an Gaß, Ende Mai 1805 (KGA V/8, 215).
7 Deutlich ist das in seinem Brief vom 11.06.1805 an Ehrenfried von Willich ausgesprochen: „Ich lese Hermeneutik und suche was bisher nur eine Sammlung von unzusammenhängenden und zum Theil sehr unbefriedigenden Observationen ist zu einer Wissenschaft zu erheben welche die ganze Sprache als Anschauung umfaßt und in die innersten Tiefen derselben von außen einzudringen strebt." (KGA V/8, 234)

meinen als die des N. T." angekündigt war.[8] Der doppelte Aspekt ist in der Ankündigung deutlich angesprochen.

1 Keil, Lehrbuch der Hermeneutik des neuen Testamentes von 1810

Es ist sinnvoll für eine historische Einschätzung, eine zeitgenössische neutestamentliche Hermeneutik zu vergleichen, die Schleiermacher 1812 gekauft und in der Vorlesung von 1819 wahrscheinlich, in der von 1822 nachweislich benutzt hat:

> Karl August Gottlieb Keil, Lehrbuch der Hermeneutik des neuen Testamentes nach Grundsätzen der grammatisch-historischen Interpretation. Leipzig 1810 (144 S.).[9]

Man kann Keils Hermeneutik als einen Spätling der Leipziger Grammatisch-Historischen Schule[10] bezeichnen, deren bekannteste Namen Johann August Ernesti und dessen Schüler Samuel Friedrich Morus sind, auf deren Hermeneutiken des Neuen Testamentes sich Schleiermacher gleich zu Anfang seiner Überlegungen in Halle 1805 abgrenzend bezieht.[11] Keil (1754–1818) war 1793 Nachfolger seines Lehrers Morus an der Theologischen Fakultät in Leipzig geworden. Er beruft sich in seiner Hermeneutik grundsätzlich auf Ernesti, dessen enzyklopädisch angelegte *Institutio Interpretis Novi Testamenti* von 1792 er von den Einleitungsfragen und der Behandlung der Kritik befreien will, um sich ganz auf die Wissenschaft der Hermeneutik zu konzentrieren. Wie seine Vorgänger lässt er dem Teil, der der

---

8 KGA II/4, XLVf.
9 Vgl. KGA I/15, Verzeichnis von Schleiermachers Bibliothek Nr. 1023. Zum Gebrauch des Buches siehe KGA II/4, 419.
10 Dilthey spricht von einem Vollender dieser Richtung, dessen abschließende Theorie zu spät komme (Wilhelm Dilthey, *Leben Schleiermachers. Zweiter Band. Schleiermachers System als Philosophie und Theologie*, hg.v. Martin Redeker, Berlin 1966, 646–649, aus: *Das hermeneutische System Schleiermachers in der Auseinandersetzung mit der älteren protestantischen Hermeneutik* von 1860, 597–787). Vgl. zum zeitgenössischen Umfeld Lutz Danneberg, „Schleiermachers Hermeneutik im historischen Kontext – mit einem Blick auf ihre Rezeption", in: *Dialogische Wissenschaft. Perspektiven der Philosophie Schleiermachers*, hg.v. Dieter Burdorf und Reinold Schmücker, Paderborn u. a. 1998, 81–105 sowie zur auch Schleiermacher bestimmenden Vorgeschichte ders., „Schleiermacher und das Ende des Akkomodationsgedankens in der *hermeneutica sacra* des 17. und 18. Jahrhunderts", in: *200 Jahre „Reden über die Religion". Akten des 1. Internationalen Kongresses der Schleiermacher-Gesellschaft Halle 14.–17. März 1999*, hg.v. Ulrich Barth und Claus-Dieter Osthövener (Schleiermacher-Archiv 19), Berlin und New York 2000, 194–246.
11 KGA II/4, 5–7.

richtigen Erkenntnis des „Sinnes" der Bücher des Neuen Testaments gewidmet ist, einen zweiten Teil folgen, der von der Belehrung anderer über den richtig erkannten Sinn der Bücher des Neuen Testaments handelt. Das ist die Verknüpfung von „subtilitas intelligendi" mit der „subtilitas explicandi" bei Ernesti, die Schleiermacher von seinen ersten Sätzen ab verabschieden will.

Der Beginn formuliert, was der Gewinn der Aufklärung mit der Beschäftigung antiker Texte war und der auch Schleiermacher wie selbstverständlich folgt: „Da nun die Bücher des N. T. nach eben den Grundsätzen erkläret werden müssen, nach welchen jedes andere von Menschen geschriebene Buch zu erklären ist, so setzt die Auslegungskunst derselben insoferne nothwendig die Grundsätze der allgemeinen Hermeneutik voraus, und wendet sie auch auf diese Bücher an. Weil jedoch diese Bücher nicht nur in Ansehung der Sprache, in welcher sie abgefaßt sind, und in mancher andern Rücksicht mehreres eigne haben, sondern auch besondere Hülfsmittel für ihre Auslegung vorhanden sind, so ergeben sich daraus mehrere ihnen eigenthümliche Auslegungsregeln, aus deren Verbindung mit jenen und [deren] wissenschaftlichen Zusammenstellung eine besondere Hermeneutik des N. T. erwächst, so wie dieß bey jedem älteren Schriftsteller in gewisser Rücksicht der Fall ist."[12] Keil fordert also eine Spezialhermeneutik auf dem Boden einer allgemeinen Verstehenslehre, ohne dass diese grundsätzlich verlassen werden müsste. Sichtlich ist das bei Schleiermacher nicht anders.

Natürlich lehnt Keil im Sinne der Aufklärung einen mehrfachen Schriftsinn ab; bei einem „vernünftigen Schriftsteller" könne nur eine einzige Auslegung die „rechte und wahre" sein.[13] Diese Auslegung kann dann nur auf historischem Weg gefunden werden, und zwar so, dass die Methode der Untersuchung der einzelnen Wörter und Vorstellungen die grammatische Erklärung sein müsse. Das seien keine von einander grundsätzlich zu scheidenden Methoden. „Die historische [sc. Erklärung] kann und darf nie eine andere, als grammatische seyn; dagegen soll und muß aber auch die grammatische immer eine historische seyn."[14] So kommt es zu der Doppelung „historisch-grammatische Methode". Das erinnert an die Wechselwirkung von grammatischer und technischer bzw. psychologischer Interpretation bei Schleiermacher.

Die Kenntnis der zeitgenössischen Historie und Geographie, der Chronologie und Kultur sowie die Sprachkenntnisse (der Dialekte des Griechischen, Chaldäischen, Syrischen, Rabbinischen und Lateinischen) muss der Ausleger mitbringen oder sich aneignen, zumal Jesus und seine Jünger sich in ihrem Unterricht des

---

12 Keil, 1 f.
13 Ebd., 8.
14 Ebd., 9.

Chaldäischen (Aramäischen) bedient hätten. Diese linguistische Virtuosität setzte Schleiermacher zum mindesten theoretisch auch voraus. Zusammenfassend kann man sagen, dass Keil den allwissenden Ausleger voraussetzt bzw. mit seinen ausufernden Literaturangaben erzeugen möchte. Das zeigt sich in einer Zielbestimmung: „Wenn einen Schriftsteller verstehen [...] nichts anders heißt, als sich überall dasselbe denken, was er sich bey Verfertigung seiner Schrift dachte und von seinen Lesern gedacht wissen wollte, so ist es offenbar nicht genug, daß man bloß den Sinn einzelner Worte und Sätze, so wie auch ganzer Stellen kenne, sondern man muß sich nun auch von allen in seiner Schrift erwähnten, oder auch nur berührten, sowohl sinnlichen, als intellectuellen Dingen und Gegenständen eben dieselben Vorstellungen zu verschaffen suchen, die er davon hatte, und die seiner Seele bey Verfertigung der zu erklärenden Schrift vorschwebten."[15] Unter dieser Voraussetzung kann Verstehen dann kein Problem mehr sein. Das war die Überzeugung auch etwa von Friedrich August Wolf, das war philologische Schultradition.[16] Schleiermachers berühmte Einleitung seiner allgemeinen Hermeneutik, dass diese „auf dem Factum des Nichtverstehens der Rede" beruhe,[17] steht für Keil ganz außerhalb seiner Vorstellung. Immerhin klingt bei der Erwähnung der „Seele" des Schriftstellers oder (später) der „Erkenntnis des Charakters und Geistes des zu erklärenden Schriftstellers, sowie die Kenntniß der Eigenthümlichkeiten seiner Schreibart"[18] an, was Schleiermacher bei der Technischen bzw. Psychologischen Auslegung bedenken wird.

Die einzelnen grammatischen, semantischen und syntaktischen Vorkommnisse im Neuen Testament werden theoretisch deduziert und dann mit Belegstellen versehen; das gilt dann auch von den Formen wie Gleichnissen oder Parabeln, Reden oder Zitaten, Briefen oder Evangelien, d. h. wir haben bei Keil eine Stellenhermeneutik vor uns. Darin steckt die höchst beachtliche Arbeit von hunderten Jahren exegetischer Forschung, die hier zusammengefasst ist. Schleiermachers Vorwurf einer bloßen Sammlung von „Observationen"[19] ist etwas hochmütig, da Forschung ja weithin in einem Austausch von Beobachtungen und deren inhaltlicher Begründung besteht. Freilich wird der Leser mit den in den Anmerkungen gehäuften Bibelstellen nicht viel anfangen können, die die im Haupttext behaupteten Regeln belegen sollen, da er selbst das theoretische Werkzeug zum Auffinden und Beurteilen der hermeneutischen Regeln nicht hat

---

15 Ebd., 98.
16 Vgl. Hermann Patsch, „Friedrich August Wolf und Friedrich Ast: Die Hermeneutik als Appendix der Philologie", in: *Klassiker der Hermeneutik*, hg.v. Ulrich Nassen, Paderborn u. a. 1982, 76–107.
17 KGA II/4, 73 (*Die allgemeine Hermeneutik* von 1809–1810).
18 Keil, 110.
19 An Ehrenfried von Willich (s. Anm.7). Vgl. auch KGA II/4, 136.

gelehrt bekommen. Eher wird der Benutzer des Lehrbuches zur Abhängigkeit von Schriften der älteren und neueren Ausleger eingeladen[20] als zur Reflexion des hermeneutischen Geschäftes insgesamt. Das ist eine Muster- oder Nützlichkeits-Hermeneutik,[21] die den Ausleger nicht – wie Schleiermacher sich das wünschte – zum „selbstständigen Interpreten" zu bilden vermochte.[22] Bei Keils *Lehrbuch der Hermeneutik des neuen Testamentes* handelt es sich – etwas flapsig gesagt – um eine hilfreiche Hermeneutik für die Proseminararbeit eines jungen Studenten, der sicher gehen will, nichts falsch zu machen, nicht für die Ausbildung eines Bibelwissenschaftlers. Verachten wird man das nicht.

2 Schleiermachers geplantes Lehrbuch von 1819

Nun hat Schleiermacher ja auch Beispiele für die „Anwendung auf das Neue Testament" gebraucht. Wie und in welcher Weise nutzt er sie? Um das Ergebnis vorwegzunehmen: Es sind wenige, und es sind von Anfang an über die Jahre überwiegend dieselben. Sie spielen erst dann eine Rolle, wenn die Entfaltung der Theorie so weit ist, und illustrieren diese. Dabei unterscheiden sich die Beispiele aus der antiken Literatur und aus dem Neuen Testament grundsätzlich nicht, weil beide Arten ja jeweils Formen des allgemein menschlichen Redens und Denkens darstellen. Wenn jede gegebene Rede (mündlicher oder schriftlicher Art) die Gesamtheit der Sprache und das gesamte Denken des Urhebers voraussetzt, d. h. die grammatische und die technische bzw. psychologische Seite, dann ist klar, dass ein vollkommenes Verstehen nicht möglich ist. Verstehen ist stets endlich, weshalb immer von der Möglichkeit des Nichtverstehens ausgegangen werden muss, und ist immer korrigierbar.

Was das Neue Testament angeht, so setzt Schleiermacher der notwendigen und bejahten historischen Interpretation allerdings eine deutliche Grenze, nämlich dann, wenn die neutestamentlichen Schriftsteller aus ihrem Zeitalter abgeleitet werden sollen und die begriffsbildende Kraft des Christentums geleugnet wird. Hier hat die grammatische Interpretation ihre Grenze und es setzt die technische ein, die anerkennen muss, dass die neuen Begriffe aus der (vom historischen Jesus herzuleitenden) „eigenthümlichen Gemüthserregung" erfolgten. Bei dieser Grenzüberschreitung wäre die (bloße) historische Interpretation abzulehnen. Man dürfe nicht „alles aus dem schon vorhandenen erklären" wollen.[23] Schleiermacher ist überzeugt, dass er

---

20 Keil, 115 f.
21 Von „Muster" spricht Keil 116, von „nützlichen Diensten" 121 u. ö.
22 Brief an Gaß, 17. 12. 1804 (KGA V/8, 67 f.).
23 KGA II/4, 124, § 13, 1 (*Hermeneutik* 1819). Dass damit – wird man schlussfolgern müssen – das Alte Testament nicht seinen historischen, aber seinen theologischen Wert verliert, wird verständlich.

hier, bei der Ablehnung einer Ableitung der neutestamentlichen Denkweise aus ihrer Umwelt, selbst historisch argumentiert, aber es ist deutlich, dass ein dogmatisches Interesse hinter dieser Zurückweisung steht. (Schleiermacher gehört sichtlich nicht zu den Vätern der Religionsgeschichtlichen Schule.)

An dieser Stelle seiner Darstellung kommt Schleiermacher auf die allegorische Interpretation zu sprechen. Die eigentliche Allegorie „wo der uneigentliche Sinn der einzige ist, ohne Unterschied ob wahres zum Grunde liegt wie in der Parabel vom Säemann [Mk 4, 1–9 par.] oder Fiction wie in der vom reichen Mann" [Lk 16,19–31]",[24] wird allerdings nur mit einem Nebensatz gestreift, weil deren Verständnis offenbar kein interpretatorisches Problem darstellt. Im Kolleg 1819 erläutert er das etwas ausführlicher. „Die Parabel vom Sämann hat ein wahres Fundament, denn mit dem Saamen geht es so. Die Parabel vom reichen Mann ist Fiction. Was macht das für einen Unterschied? Christus hat in der Parabel vom Sämann dies eben so wenig lehren wollen als ein Geschichtliches als er in der Parabel vom reichen Mann hat lehren wollen, daß es einen solchen gegeben und dazu einen Lazarus [Lk 16,19–31]."[25] In dem Kolleg 1826/27 wird klar, warum beim Gleichnis vom Sämann gar kein Missverständnis aufkommen kann: Da Schleiermacher die markinische Geheimnistheorie für jesuanisch hält, ist die folgende Erklärung (Mk 4, 15–20) authentisch. Interessanterweise unterscheidet er hier einen „exegetischen Geschmak, wonach Einer sich mehr zur Künstelei, der Andre mehr zur Oberflächlichkeit neigt".[26] Da er der „neoterischen" (neologischen) Auslegung Oberflächlichkeit im eigentlich Christlichen vorwirft, möchte er „lieber zu viel hineinlegen". So hat er es zumindest in seinen Predigten über dieses Gleichnis – mit dem Recht des Homileten – auch gehalten.[27] In seiner Vorlesung über Praktische Theologie hat er dieses „Recht" für den christlichen Prediger eigens verteidigt.[28]

1819 geht es ihm eher um Anspielungen im Text, die einen „zweiten Sinn" erzeugen neben dem eigentlichen; die uneigentlichen Ausdrücke gelten als Anzeichen für ein „dunkles Schattenbild".[29] Er findet diese bei Homer und im Alten

---

24 Ebd., 124.
25 Ebd. 207 (Nachschrift Jonas).
26 Ebd., 600, auch für das folgende Zitat (Kolleg 1826/27).
27 Vgl. Hermann Patsch, „Vier Predigten über das Gleichniß vom Säemann gehalten von Fr. Schleiermacher im Sommer 1826", in: *Schleiermacher on Workings of the Knowing Mind. New Translations, Resources, and Understandings*, ed. by Ruth Drucilla Richardson, New Athenaeum/ Neues Athenaeum Volume 5, Lewiston u. a. 1998, 81–113.
28 Vgl. Simon Gerber, „Schleiermacher und die allegorische Schriftauslegung", in: *Begriff und Interpretation im Zeichen der Moderne*, hg. v. Sarah Schmidt, Dimitris Karydas und Jure Zovko. Mit Zeichnungen von Nader Ahriman. Für Andreas Arndt zum 65. Geburtstag, Berlin und Boston 2015, 159–170, hier 169 (Zitat aus einer noch ungedruckten Nachschrift von 1824).
29 KGA II/4, 124 f.

Testament, aber auch im Neuen Testament im Rückbezug auf das Alte. Daraus habe sich die Erklärungsart entwickelt, den heiligen Geist als Verfasser anzusehen, d.h. in jedem Text Alles zu finden. Aber da der heilige Geist nicht als zeitlich wechselndes Bewusstsein gedacht werden könne und alle Schriften des N. T. an bestimmte Menschen und nicht an zukünftige gerichtet gewesen seien, verbiete sich die Inspirationstheorie. Also müssten die Texte so ausgelegt werden, wie die zeitgenössischen Menschen sie hätten auslegen können: „Also müssen auch wir sie eben so auslegen und deshalb annehmen daß wenn auch die Verfasser todte Werkzeuge gewesen wären der heilige Geist durch sie doch nur könne geredet haben so wie sie selbst würden geredet haben."[30] Für diese Grundsatzaussage braucht Schleiermacher keine Textbelege. Es genügt – um das Extrem anzugeben – zu betonen, dass die christliche Exegese keine Kabbala sei.

In dem Teil über die grammatische Auslegung betont Schleiermacher, dass es eigentlich keiner Spezialhermeneutik bedürfe, die immer ein „abgekürztes Verfahren" darstelle; die allgemeinen Regeln müssten ausreichen. Wenn die Spezialhermeneutik nicht nur eine „Sammlung von Observationen" werden wolle, müsse sie „ordentlich construirt" werden, d.h. aus der Gesamtheit der Sprache.[31] Das geschieht rein theoretisch, ohne Anwendungsbeispiele, für das Griechisch des Neuen Testamentes im Vergleich mit anderen Idiomen des gleichen Sprachkreises, das geschieht mit den einzelnen formellen Bestimmungen der Semantik und Syntax. Hier erwägt Schleiermacher besonders den Einfluss des Hebräischen auf das neutestamentliche Griechisch. Offenbar hielt er einzelne Beispiele für in eine exegetische Vorlesung gehörig, nicht in eine Hermeneutik. Aber an einer Stelle fügt er in sein geplantes Lehrbuch, noch völlig unausgeführt, eine Sammlung von Belegstellen mit griechischen Zitaten ein, die ihm möglicherweise aus seinen Vor-lesungen erwachsen waren. Sie scheinen ihm das inhaltlich füllen zu sollen, was er in den Übergangssätzen so formuliert hatte: „Das Interesse genauer zu bestimmen als die Verfasser selbst gethan[,] hängt von dem dogmatischen ab und von dem der historischen Kritik. Daher alles philosophirend sowie kritisch schwierige von der Interpretation abhängt."[32] Hier folgen Stellenangaben und Teilzitate, etwa zu πνεῦμα ἅγιον oder φῶς, die noch ausgearbeitet werden sollten.[33] Das gleiche kann man zu der Stellenkatene vermuten, die den Grundsatz erläutern soll „Wenn die unmittelbare Bestimmung nicht ausreicht muß die mittel-

---

[30] Ebd., 126. Vgl. 211 f. (Kolleg 1819).
[31] Ebd., 136. Vgl. 241 (Kolleg 1819).
[32] Ebd., 144.
[33] Ebd., 145. Schleiermacher hatte zuvor einzelne Teile mit den Punkten 1 bis 4 versehen und fährt nach der Liste mit Punkt 9 fort, d.h. er wollte mit den Belegstellen die Teile 5 bis 8 ausarbeiten. (Die Sammlung ist mehrfach nicht mehr eindeutig lesbar und deutbar. Ob Schleiermacher sie anderswoher genommen hat, muss offen bleiben.)

bare eintreten durch Identität und Gegensaz".[34] Für die Identität führt er gut zwei Dutzend Stellen an, die er mit dem offenbar geläufigen Lehrsatz („Kanon") „In scriptura sacra tautologia non est admittenda" überprüfen wollte. Für den Gegensatz notiert er sich als „dialektische Composition" 1. Korinther 6,12 („Alles ist erlaubt, aber nicht alles gehört sich") und Titus 1,15 („Alles ist rein den Reinen") – natürlich auf Griechisch!

Im Folgenden ist Schleiermacher die Unterscheidung zwischen der philologischen Ansicht, die jede Schrift jedes Schriftstellers isoliere, und die dogmatische, die das Neue Testament als Ein Werk Eines Schriftstellers ansehe, wichtig. Für beide sieht er die Gefahr der Einseitigkeit, nämlich dass die philologische Methode, wenn sie die Abhängigkeit der Individualität etwa des Paulus oder Johannes von Christus nicht ernstnehme, das Christentum zerstöre und umgekehrt die dogmatische Methode bei der Überdehnung der Analogie des Glaubens die Schrift vernichte. Auch hier versucht der auf Ausgleich bedachte Schleiermacher beiden Seiten gerecht zu werden, um diese Folgen zu vermeiden. Welche Stellen er im Auge haben könnte, verrät er nicht. Es gibt nur noch eine einzige Stellenangabe, und zwar bei der Erörterung der geläufigen Methode, Parallelen zum besseren Verständnis einer „dunklen" Bemerkung zu suchen. Es geht dabei um das Verständnis von Johannes 7,39, wo es ein Jesuswort deutend heißt, dass die Glaubenden den Geist noch nicht hätten, da Jesus noch nicht verherrlicht worden sei. „Es ist immer eine Art Willkühr Ein Wort für das dunkle zu erklären denn es kann eben so gut das andere sein. Vgl. Johannes 7,39 wo man sich vergeblich mühen würde wenn man auf Gerathewohl wollte unter den verschiedenen Bedeutungen von πνευμα αγιον herum suchen sondern die echte Parallele ist Acta 19, 2. und man kann wirklich sagen die Schwierigkeit liegt in dem ειναι welches hier nicht streng zu nehmen ist, sondern heißt: in der Erscheinung vorhanden sein, geoffenbart sein."[35]

Nun wird man aus heutiger Sicht einwenden, dass das ἅγιον in Johannes 7,39 inzwischen textkritisch unsicher geworden ist, so dass die Frage nach dem Besitz des heiligen Geistes in der Acta-Stelle nicht mehr wirklich parallel ist, aber Schleiermachers Arbeits-weise ist doch klar: Es entscheidet neben dem semantischen der sachliche Zusammenhang, zumal wenn die Parallele den gleichen Wortlaut hat. In seinen Worten: „Da der Sinn nicht in den einzelnen Elementen sondern nur in ihrem Zusammensein ist: so sind die nächsten Parallelen die, welche dasselbe Zusammensein darbieten."[36] Das ist die philologische Methode, die in diesem Falle auch die dogmatische befriedigt. Damit hat er den Zwiespalt vermieden zwischen der Maxime, alles „möglich[st] tautologisch" zu nehmen, und

---

34 Ebd., 146.
35 Ebd., 151.
36 Ebd., 150.

der Maxime, soviel als möglich „emphatisch" anzusehen, d. h. vom heiligen Geist mit eigener, vielfältiger Bedeutung versehen zu lassen. „Indem nun die Wahrheit in der Mitte liegt[,] läßt sich keine andere allgemeine Regel der Beurtheilung angeben, als daß man beide Abweichungen immer im Auge habe, und sich frage welche mit der wenigsten Unnatur könnte angewendet werden."[37]

Den zweiten Teil über die „Technische Interpretation" hat Schleiermacher nur noch angefangen und nicht mehr im Einzelnen ausgearbeitet. Auch dieser Teil entwirft eine allgemeine Verstehenslehre, die die Interpretation antiker Texte als eine unendliche Aufgabe ansieht, die nur durch Annäherung zu erreichen sei. Beispiele sind ihm Homer und die griechischen Tragiker. Zur Anwendung auf das Neue Testament ist er nicht mehr gekommen.

Im Vergleich mit der Hermeneutik des Neuen Testamentes von Keil kann man sagen: Schleiermacher wollte in seinem geplanten Lehrbuch keine bloße Hermeneutik der guten Ratschläge zur Auslegung von Texten geben, was er natürlich auch tat, sondern er wollte das Fragen lehren, wie man der „Idee des Werkes"[38] ansichtig werden könnte, indem nach der Sprache (grammatische Interpretation) und dem individuellen Werkstil des Autors (technische/psychologische Interpretation) geforscht wird. Deshalb verzichtete er weithin auf Anwendungsbeispiele. Es wird sich zeigen, ob er in seiner Vorlesung zum gleichen Thema anders verfuhr. Immerhin konnte er hier von seinen Studenten erwarten, dass sie in seine Vorlesungen zum Neuen Testament kamen, um dort zu erfahren, wie er methodisch die heiligen Texte zum Sprechen brachte.

3 Das Hermeneutik-Kolleg Sommer 1819

Die ersten Sätze von Schleiermachers Vorlesung aus dem Sommer 1819 klären schon alles: „Wir beschäftigen uns mit der Auslegungskunst: freilich in Beziehung auf die heiligen Bücher, allein wir können doch nicht mit dem Besonderen beginnen, sondern wir müssen auf die allgemeinen Principien zurückgehn. Es ist auch weit wichtiger, daß diese aufgefaßt werden. Die Anwendungen ergeben sich leichter. Das umgekehrte Verfahren kann nur höchst fragmentarisch und unsicher seyn."[39] Es ist gleich zu Anfang deutlich, dass die Spezialhermeneutik des Neuen Testamentes in eine allgemeine Auslegungskunst eingelagert ist, zu der sie zwar einen Beitrag leisten, in der sie aber keine Vorrechte grundsätzlicher Art – etwa

---

37 Ebd., 152 f.
38 Ebd., 158.
39 Ebd., 193 (Nachschrift Jonas).

durch eine Inspirationslehre – beanspruchen kann. Damit ist zugleich gesagt, dass die Anwendungsbeispiele von überall her genommen werden können, nicht nur aus den „heiligen Büchern". Und so begegnen dem gegenwärtigen Leser die wenigen (wenn überhaupt), die er schon aus den Aufzeichnungen kennt. Das kann auch nicht verwundern, denn diese Aufzeichnungen entstanden ja im zeitlichen und sachlichen Zusammenhang mit der Vorlesung.

Die lebendige Vortragsweise ließ Schleiermacher die Probleme, die er behandeln wollte, einsichtiger und farbiger darstellen, als es die raffende Schreibweise des künftigen Lehrbuches möglich sein ließ. So wird die folgende Definition sicher klassisch werden: „Eine Rede muß verstanden werden 1. in Beziehung auf die Sprache auf objective Weise, sie muß aus der Sprache heraus verstanden werden 2. auf eine subjective Weise als ein factum in demjenigen, die die Rede hervorgebracht hat, aus seiner Rede muß uns das innere factum, wovon die Rede der Spiegel ist, klar werden und nur in wiefern dies beides der Fall ist, hat man eine Rede verstanden."[40] Da die Sprache ebenso unendlich ist wie das Wesen des Einzelnen, „denn alles Individuelle ist innerlich unendlich"[41], ist diese Aufgabe unendlich und die neutestamentlich Exegese niemals fertig und „beständig noch im Werden"[42]. Das erklärt die Notwendigkeit der Wechselwirkung beider Zugangsweisen, der grammatischen und der psychologischen Auslegung.

Bei den formalen und materiellen Elementen der Sprache beschränkt sich Schleiermacher ganz auf die Theorie. Sehr allgemein bleibt auch die Besprechung weniger zentraler Wörter, die er für spezifisch christlich hält: „Sieht man zB. auf πιστις, αγαπη, ελπις u.s.w., so sind das Wörter, die auch sonst vorkommen. Hier aber in einem ganz andern Sinne, welchen zu finden wir freilich einen Führer haben an unserm religiösen Bewußtseyn, aber das gehört nicht zur Interpretation, denn das religiöse Bewußtseyn hat sich nur fortgepflanzt durch die Rede, also muß man immer fragen, ob es auch richtig fortgepflanzt ist."[43] Hier scheint Schleiermacher doch die grammatisch-historische, die philologische Auslegungsweise verlassen zu haben bzw. er setzt ihr eine nichthistorische Grenze. Was soll eine Interpretation aus einem religiösen – also christlichen – Bewusstsein sein? Für Schleiermacher mag das kein Widerspruch sein, denn auch das religiöse Bewusstsein ist ein endliches, das seine Herkunft und seinen historischen Grund in Christus hat. Es geht dem Verstehen voraus. Schleiermacher kann darum auch von einer im Neuen Testament vorfindlichen religiösen „Schule" sprechen und

---

40 Ebd., 199.
41 Ebd., 201. Vgl. ähnlich 122 § 9, 1.
42 Ebd., 268.
43 Ebd.

diese mit der sog. sokratischen Schule vergleichen. Bei beiden Schulen kommt es auf den Gründer an. In Christus war die eigentümliche christliche Religiosität, alles andere ist Entwicklung von daher: „Das Ganze war in der höchsten Vollkommenheit in ihm, ausgesprochen hat er die Principien."⁴⁴ Umgekehrt könnten beide Gründer nicht rückläufig aus ihren Schulen abgeleitet werden. Dieser hermeneutische Grundsatz ist Schleiermacher wichtig.

Sehr aufschlussreich ist Schleiermachers Behandlung des Wortes πίστις bei Paulus. Hier wird der Unterschied zwischen einer Vorlesung über Hermeneutik und einer exegetischen Vorlesung besonders deutlich. Er gibt keine einzige Belegstelle an, sondern diskutiert grundsätzlich. Zunächst ist ihm wichtig, dass man die Wortbedeutung nicht mit dem der patristischen Schriften verwechseln dürfe. Bei der Ausscheidung der Nebengedanken und Konzentration auf die Hauptgedanken findet er bei Paulus eine dogmatische Gebrauchsweise, in den Evangelien nicht in derselben Weise. Bei Paulus findet er die „Idee" in dem Gegensatz von Gerechtigkeit aus dem Glauben und Gerechtigkeit aus dem Gesetz (vgl. Röm 3, 21ff.; 4, 1–5), während der Begriff bei den Evangelisten, wo vom Glauben der Kranken die Rede ist (vgl. Mt 9, 22), aus dem „gemeinen Leben" stamme und nicht dasselbe meine, aber in Analogie dazu stehe.⁴⁵ So kann er die philologische und die dogmatische Methode unterscheiden. „Die eine will bloß die einzelnen Stellen verstehen, die andere den ganzen Zusammenhang und für letztere ist alles Parallelstelle, was denselben Gedanken hat, wenn auch andre Ausdrucksweise ist."⁴⁶ Die Beachtung dieser Unterscheidung hätte, so folgert er, die kontroversen Auslegungen des Jakobusbriefes und des Römerbriefes (vgl. Jak 2, 18–26 mit Röm 4) vermeiden helfen. „Nun freilich ist fürs Neue Testament der dogmatische Gebrauch das Ziel, und der philologische nur das Mittel. Aber wir erreichen das Ziel nicht, wenn wir nicht den philologischen Gebrauch ohne Beziehung auf das Ziel für sich so vollkommen handhaben wie möglich und diese Basis macht eben den Unterschied zwischen dem Theologen und dem Laien."⁴⁷ Damit ist das eigentliche Anliegen noch einmal ausgedrückt: Es bedarf der allgemeinen Auslegung – hier in Gestalt der grammatischen –, weil sonst alle Auslegung des Neuen Testaments nicht über eine laienhafte Analyse hinauskäme.

In der „Psychologischen Auslegung" benutzt Schleiermacher wie in den Anfängen des Lehrbuchs überhaupt keine biblischen Stellendiskussionen mehr. Das heißt natürlich nicht, dass es an Anwendungen der allgemeinen Gedanken auf das

---

44 Ebd., 281f.
45 Ebd., 286.
46 Ebd., 287.
47 Ebd.

Neuen Testaments fehlte. Aber hier geht es Schleiermacher um das Thema des Werkes, um seine Form (Komposition) und sein bewegendes Prinzip. „[D]er Gegenstand in seiner Totalität und Mannigfaltigkeit ist das Seyn des Verfassers und es muß nun alles, was in der Schrift vorkommt, aus dem Interesse, was der Verfasser an dem Gegenstande nimmt erklärt werden können."[48] Da geht es dann bei der Anwendung auf die Interpretation des Neuen Testaments etwa um die Form des Briefes, d. h. ob es sich um echte Briefe handelt oder ob sie nur äußerlich der Briefform entsprechen. Hier sieht Schleiermacher die Individualität des Autors sich entfalten. Entsprechendes muss auch für die historischen oder didaktischen Schriften gelten, gerade weil es so viele strittige Meinungen über ihre „Grundidee" gibt. Die Antwort könne nur aus den Werken selbst genommen werden. Das ist bei den Evangelien und der Apostelgeschichte besonders schwierig – wobei Schleier-macher gern auf Augenzeugen rekurriert[49] –, aber auch bei den Briefen verschiedenster Art. Den Weg muss ganz allgemein die Suche nach dem „Hauptgedanken" weisen. Die Briefe sind stets Gelegenheitsschriften, eher historischer oder didaktischer Art, deren Wahl der Verfasser getroffen hat. Dessen „freies religiöses Phantasieren" bestimme auch die Anspielungen aus dem Alten Testament.[50] Das sieht Schleiermacher als eine Art von „Accomodation" an, die man – als allgemein den frühen Christen begleitendes Bewusstsein – nicht allzu streng nehmen dürfe. „In dieser Art von Gebrauch müssen wir sagen, daß das religieuse Princip da gar keine Aenderung macht. Sie haben gar nicht die Sachen falsch anführen wollen, ja sie haben sie auch nicht falsch verstanden, sondern sie haben nur den ihnen vorschwebenden Gedanken modificirt dargestellt, wie das einem jeden ja sehr oft geschieht."[51] Das nicht vor Missverstehen gefeite gegenwärtige Verstehen hilft, bei gleichem religiösem Bewusstsein, sich den antiken christlichen Texten mit Nachsicht zu nähern. Vielleicht ist das Schleiermachers hübschester hermeneutischer Gedanke.

* * *

War bzw. ist Schleiermachers Hermeneutik eine Hermeneutica sacra in zweiter Potenz? Das kann man so sagen, da er sich eine Hermeneutica sacra, die er als protestantischer Exeget braucht, weil sie auf die Heilige Schrift bezogen ist, nicht anders denken kann als eingelagert in eine allgemeine Hermeneutik. Er will wissenschaftlich verstehen (subtilitas intelligendi). Und er will Theologen aus-

---

48 Ebd., 302.
49 Ebd., 335, auch 973 (Kolleg 1832/33, Nachschrift Calow). Vgl. besonders seine Monographie über das Lukas-Evangelium (KGA I/8).
50 Ebd., 345 f.
51 Ebd., 347.

bilden, die das auch vermögen, und zwar selbständig. „Es ist eines protestantischen Theologen nicht würdig, abhängig zu sein; er muß sich in den Stand setzen, sein Urtheil überall selbst zu rechtfertigen", hat er in seiner Vorlesung zur *Einleitung in das Neue Testament* gesagt.⁵² Das unterschied ihn aber noch nicht von der historisch-grammatischen Schule. Die höhere Potenz ergibt sich aus dem dauernden Wechselverhältnis zwischen grammatischer und technischer bzw. psychologischer Auslegung, d.h. von Werk- bzw. Sprachbezogenheit und Autorbezogenheit, und zwar sowohl auf der Ebene der allgemeinen Hermeneutik als auch auf der Ebene der Hermeneutik des Neuen Testaments Das reflektiert er dialektisch in aller Ausführlichkeit auf beiden Ebenen, und dazu braucht er erstaunlich wenig Belege – man kann sagen: fast gar keine. Eine Vorlesung über Hermeneutik ist Philosophie oder (in der Vorlesung von 1832/33) allgemeine Literaturtheorie,⁵³ kein exegetisches Kolleg.

Dieses zirkulare Verstehen, das von der Anmutung des Missverstehens ausgeht, ist notwendigerweise niemals vollendet, sondern immer nur vorläufig. Darum kann Schleiermacher 1822 am Ende seiner Vorlesung auch sagen, dass die Wissenschaft der Hermeneutik noch „auf schwachen Füßen" stehe.⁵⁴ Es fragt sich, ob diese „schwache" Wissenschaft inzwischen stärker geworden ist.⁵⁵

---

52 Schleiermacher, *Einleitung ins Neue Testament.* Aus Schleiermacher's handschriftlichem Nachlasse und nachgeschriebenen Vorlesungen mit einer Vorrede von Dr. Friedrich Lücke hg. von G. Wolde, Berlin 1845, 4f.
53 Diese Behauptung kann hier nicht bewiesen werden.
54 KGA II/4, 447 (Nachschrift Hagenbach).
55 In seinem klugen Aufsatz „Fortschritt der Hermeneutik?" (in: *Fortschritt?* Hg. v. Andreas Arndt und Jure Zovko. *Studia philosophica Iaderensia 1*, Hannover 2011, 39–56) kehrt Jure Zovko nach seiner Dekonstruktion der Dekonstruktion über die Hermeneutik der Aufklärung zurück zu Friedrich Schlegel. Vielleicht erlaubt die neue Ausgabe der *Hermeneutik und Kritik* den deutlicheren Schritt zu Schleiermacher, der freilich mit Schlegel zusammenzusehen ist und der aus dessen genialen Einzelbemerkungen eine zusammenhängende Verstehenslehre für (nicht nur antike) Texte entwickelt hat. Vgl. meinen Aufsatz „Friedrich Schlegels ‚Philosophie der Philologie' und Schleiermachers frühe Entwürfe zur Hermeneutik. Zur Frühgeschichte der romantischen Hermeneutik" , in: *Zeitschrift für Theologie und Kirche* 63 (1966), 434–472.

Wolfgang Virmond
Statische und Dynamische Hermeneutik

Die Aufklärung des 18. und frühen 19. Jh. hat viele Werke zur Hermeneutik hervorgebracht, besonders zur biblischen oder neutestamentlichen Hermeneutik; da ist etwa Johann Salomo Semler in Halle, dessen Vorlesung Schleiermacher wohl gehört hat und dessen Büchlein („Vorbereitung zur theologischen Hermeneutik', 1760) er jedenfalls lebenslang aufbewahrt hat; andere Aufklärer haben eine mehr philosophische „Allgemeine Auslegungskunst' vorgelegt (so Semlers Hallenser Kollege Georg Friedrich Meier 1757) oder auch Johann Martin Chladni in Leipzig und Erlangen, bekannter als Chladenius („Einleitung zur richtigen Auslegung vernünftiger Reden und Schriften', 1742).

All diese wissenschaftlichen Bemühungen der Aufklärer gelten fertigen Schriften, worunter die biblischen Bücher eine herausgehobene Stellung einnehmen; in jedem Fall ist es eine statische Hermeneutik. Etwas anderes konnte man sich wohl nicht vorstellen; und eine Schrift in statu nascendi zu beobachten, ihre Entstehung zu interpretieren und mithin eine dynamische Hermeneutik zu versuchen – ein solcher Gedanke musste damals abwegig erscheinen. Und doch ist es gerade dies, was die neuere Philologie, besonders die des 20. Jh., in Angriff genommen hat; es ist besonders die historisch-kritische Edition, die HKA, die die Entstehungsstufen (samt den kleineren Varianten) so weit wie nur möglich versammelt, dokumentiert und verständlich zu machen sucht. Bei einem Autor wie Kafka, der seine Texte weitgehend im Kopf konzipiert, sie in einer Nacht aufs Papier wirft (so „Das Urteil' von 1912) und dann selbst nicht weiß, was es bedeutet, ist in dieser dynamischen Hinsicht nicht viel zu holen; bei dem Schreibtischtäter Thomas Mann sieht es da schon ganz anders aus.

Die Goethezeit war einer solchen dynamischen Auffassung ohnehin nicht günstig,[1] es gab so gut wie kein Anschauungsmaterial, nicht aus der Antike, nicht aus der frühchristlichen Zeit, nicht aus dem Mittelalter und auch nicht aus der Neuzeit. Aber es gab Goethe, und Goethe hatte einen langen Atem: am Faust hat er lebenslang laboriert und erst das „Fragment' drucken lassen, später den „Ersten Theil' und am Schluß noch den „Zweiten Theil': hier konnte man allenfalls eine Ahnung von der stufenweisen Entwicklung einer Konzeption bekommen. Den Urfaust freilich hat Goethe (mit vielem andern) verbrannt, und wir kennen ihn nur aus einer viel später (1887) entdeckten Abschrift, – ebenso die voritalienische, im

---

[1] Die Begriffe Entwicklung, Wandlung, Metamorphose waren zwar in der Epoche allgegenwärtig, fanden jedoch auf die Genese von Texten und Kunstwerken keine Anwendung.

Original vernichtete ‚Theatralische Sendung' des Wilhelm Meister, von der immerhin 6 Bücher in einer Schweizer Abschrift der Barbara Schultheß 1909 entdeckt und 1911 publiziert wurden – zu Kafkas Begeisterung, der ja der größte aller Goethe-Fans war.

Dies – ein fanatischer Bewunderer Goethes – war Schleiermacher nicht: er hielt Goethes Oeuvre für wichtig, auch für bedeutend, und er hat nach Möglichkeit alles zur Kenntnis genommen, selbst die späte Publikation des Briefwechsels mit Schiller (den er ja gar nicht mochte). Wenn also Schleiermacher zu einer dynamischen Auffassung des Werks (oder des Kunstwerks) gekommen ist (und das soll hier gezeigt werden), dann wohl kaum aufgrund seines Goethe-Studiums.

Nicht mit Goethe und seiner oft wilden und ungebärdigen Art ist Schleiermacher aufgewachsen, sondern mit dem sanften und eleganten Wieland, und im Grunde ist er in seinem Geschmack, in seinen Vorlieben wohl immer auf dieser Stufe stehen geblieben – das gilt natürlich auch gerade für die Malerei, wo ihm ein genialer Revolutionär wie C.D. Friedrich äußerst suspekt sein musste, auch wenn heute jedermann das Gegenteil zu wissen glaubt.

* * *

Hat Schleiermacher wirklich eine Konzeption der dynamischen Entwicklung, der Entfaltung eines (Kunst)Werks vorgetragen, die unserer, im 20. Jh. herrschend gewordenen Auffassung nahekommt? – Die Vorstellung von der Genese des Werks bewegt Schleiermacher mindestens seit 1819, jedenfalls hat sein Hörer Ludwig Jonas in diesem Semester die Frage aufgeschrieben: „Was ist aber das, was zwischen diesen beiden Puncten liegt" (KGA II/4, 312, 17 f.) nämlich zwischen der „Idee des Werkes" und ihrer Ausführung; es bleibt aber bei der bloßen Frage und der Feststellung: es sei „die Idee der unmittelbare Keim des Ganzen" (312, 32); dabei seien „die Grundzuege der Ausführung in der Idee gegeben" (312, 26 f.), und der Antrieb zur Ausführung ist dabei der Publikumsbezug.

Erst im letzten, im neunten der Hermeneutik-Semester, also 1832/33, entfaltet er diese blassen Gedanken ein wenig. Hier führt er den Terminus ‚Keimentschluss' ein (171, 30; 172, 7), der eine entschiedene Dynamik anzeigt. So redet denn die Calow-Nachschrift von dem „Entschlusse, dem lebendigen Keim einer Schrift"; in diesem organischen Keim liege „die ganze Gestalt ihren Elementen nach" (949, 23–25). „Die Schrift ist hernach nur die weitere Entwicklung" des anfänglichen Entschlusses oder Keimentschlusses (949, 31 f.), den er auch den ‚ursprünglichen Willensact' nennt (951, 20).

* * *

Was Schleiermacher hier in aller Kürze und Blässe vorgetragen hat, sieht fast nach nichts aus; es ist kaum mehr als eine erste Idee, dass man nämlich ein Werk geradezu in seiner Entstehung, in seiner Entfaltung aus der eigentlichen Idee, dem Keimentschluss sollte beobachten können. Wie gesagt, gab es dazu keinerlei Anschauungsmaterial, auf keinen Fall in den Büchern des Neuen Testaments, mit denen sich ja Schleiermacher im Lauf der Vorlesung immer wieder beschäftigte; man glaubt sogar zu sehen, dass er aus Verzweiflung über den völligen Mangel an genetischer Information immer wieder ausweicht auf ein Feld, wo er sich sicher fühlt, nämlich die ‚Einleitung ins Neue Testament', was ja für die Studenten immerhin nützlich gewesen sein mag, für uns aber die Lektüre doch vielfach zäh und partienweise ätzend langweilig macht, ja man muss sagen, dass ganze Passagen schadlos getilgt werden könnten. Denn mit seiner dynamischen Idee konnte Schleiermacher in der Praxis gar nichts anfangen.

Und mitsamt der ganzen Vorlesung sind auch diese psychologischen Überlegungen Schleiermachers der wissenschaftlichen Disziplin einer Kunstpsychologie, wie sie mit Macht seit etwa 1960 auftrat[2], völlig entgangen.

Wie kam nun Schleiermacher auf die genetische Idee?

Generell war man in der Epoche der Auffassung, dass nach der Publikation eines Textes das Manuskript des Autors ohne weiteres vernichtet werden könne und solle, und es ist ein schwer erklärbarer Sonderfall, dass das Manuskript zur 2. Auflage von Schleiermachers Glaubenslehre sich großenteils im Verlag erhalten hat. Auch Schleiermacher folgt nur dem allgemeinen Brauch, wenn er nach der Drucklegung eines seiner Werke – so etwa seiner „Kurzen Darstellung des theologischen Studiums" (1811) – regelmäßig auch alle Vorarbeiten vernichtet und damit eine Katastrophe für die historich-kritische Edition verursacht.

Goethe selbst war an der Bewahrung früher Stufen seiner Texte, besonders solcher aus der voritalienischen Zeit, nicht eigentlich interessiert und hat vieles verbrannt. Dennoch sind mehrere seiner Texte in unterschiedlichen Fassungen gedruckt, und man hätte dies zum Anlass einer Reflexion nehmen können; seine Werke waren ja gerade (1827–30) in einer ‚Ausgabe letzter Hand' erschienen und mögen eine Anregung gegeben haben, doch haben wir keine Hinweise auf Erwerb oder Studium dieser Ausgabe, und wie schon anfangs gesagt, ist diese Theorie von Goethes Werken als Modellen für die genetische Hermeneutik nicht überzeugend.

---

2 Besonders Rudolf Arnheim, *Art and visual perception, a psychology of the creative eye*, Berkeley and Los Angeles 1954; auch ders., *Toward a psychology of art*, Berkeley and Los Angeles 1966. – Ernst Gombrich, *Art and illusion, a study in the psychology of pictorial representation*, London 1956.

Nun gab es in der Altphilologie eine genetische Vorstellung; Schleiermachers Hallenser Lehrer und Berliner Freund und Kollege, Friedrich August Wolf, hatte sie 1795 vorgetragen (Prolegomena ad Homerum), indem er die alleinige Autorschaft Homers an den beiden großen Epen zurückwies und zahlreiche Vorstufen anonymer Rhapsoden postulierte. Dieses weltweit anerkannte und später besonders von Lachmann auf die mittelalterliche Epik übertragene genetische Modell war natürlich Schleiermacher bekannt, aber es war einerseits inzwischen ein alter Hut und ging zum andern gerade über das, was im Kern von Schleiermachers Interesse stand, nämlich den individuellen Autor, hinaus in ein Gebiet anonymer Literaturgeschichte, das ihm unheimlich sein mochte, und man kann sich sogar vorstellen, dass er die Wolffsche These geradezu ablehnte.[3]

Plausibler ist wohl eine andere und weitaus schlichtere Lösung. Zunächst ging es Schleiermacher um den Interpreten und seine anfängliche Grundidee, die sich nach und nach entfaltete zu einem lebendigen und vollständigen Verständnis des fraglichen Werks (so noch in Jonas' Nachschrift 1819 weithin). Unvermittelt aber wurde dieser Gedanke verschoben vom Interpreten auf den Autor selbst und seinen Produktionsprozess. An manchen Stellen lässt sich nicht sicher entscheiden, was von beiden gemeint ist. Anscheinend ist Schleiermacher in sein dynamisches Modell auf diese Weise unmerklich hineingeraten und hat sich weder über Goethe noch über Wolf viele Gedanken gemacht.

Was ist aus der Idee der dynamischen Entfaltung geworden?

Sie wurde überhaupt nicht wahrgenommen und selbst in der engeren Schleiermacherforschung nicht thematisiert. Wenn sie auch, unabhängig von Schleiermacher, vielfach auftaucht und sich im Lauf des 19. und 20. Jh. breit entfaltet, nicht nur in der Philologie, sondern auch in der Kunstgeschichte, Musikgeschichte etc., ja sogar manchen Künstler begeistert, so hat es doch bis 1937 gedauert, dass endlich einmal ein Künstler die Genese eines seiner Werke von Beginn an dokumentiert und dem Publikum darbietet. Es ist Pablo Picasso, der noch im Entstehungsjahr seines Hauptwerks ‚Guernica' (1937) sämtliche Zeichnungen (von der ersten Keimidee an) und Aquarelle über die von Dora Maar während des Mal-

---

3 Man könnte auch denken, dass Friedrich Schlegel seinem Freund in der Zeit des Zusammenwohnens und Symphilosophierens Anregungen solcher Art gegeben hätte, doch finden sich in Schlegels (nur teilweise erhaltenen) Notizheften der Zeit keine entsprechenden Aufzeichnungen (KFSA 16). – Die Feststellung der Reihenfolge der Platonischen Dialoge, um die Schlegel und Schleiermacher sich bemühten, ist hingegen eine durchaus traditionelle philologisch-philosophische Aufgabe, die sich mit der Vorstellung von Entstehungsstufen eines einzelnen Werks nicht berührt.

prozesses fotografierten (mehrfach dramatisch veränderten) Leinwandstufen bis hin zum fertigen Bild und sogar den (späteren) Paralipomena in der weltweit verbreiteten, bedeutendsten modernen Kunstzeitschrift (Cahiers d'art) publizierte (oder durch seinen Freund Zervos publizieren ließ) – gerade so als hätte er zuvor einen Intensivkurs bei Schleiermacher belegt.[4] Eine auf Schleiermachers Vorstellungen gestützte dynamische Hermeneutik wird sich darum mit diesem allbekannten und doch unbekannten Werk befassen müssen.

Die Idee einer vom Künstler geplanten und beherrschten stufenweisen Entwicklung eines Werks von den ersten Anfängen bis zur Vollendung (wie sie eben Schleiermacher vorschwebte), also das Konzept des Schöpfungsprozesses wurde spätestens in der Malerei des Impressionismus erschüttert; in den frühen 1890er Jahren haben Claude Monets Serienbilder der ‚Heuschober' (oder Getreideschober), der ‚Pappeln' oder der ‚Fassade der Kathedrale von Rouen' (jeweils in anderem Licht) große Beachtung gefunden. Hier ist von einer Keimidee kaum etwas zu finden; jedes dieser multiplen Bilder zeigt die momentanen Lichtverhältnisse ohne etwas ‚dahinter'.

Noch weiter gingen die Dadaisten und besonders Marcel Duchamp mit seinen Objets trouvés oder Ready-mades seit 1913 (Fahrradhocker; Flaschentrockner 1914; Urinal-‚Fountain' 1915), die eben ‚gefunden' sind und mithin keine Vorstufen kennen; die Originale landeten allesamt auf dem Müll, sind heute freilich als irreführende Repliken (‚blitzneu' statt ‚alter Kram') in vielen Museen zu finden.[5]

---

4 Das bloße Faktum ist allbekannt, seine Bedeutung ist freilich niemandem aufgefallen – auch nicht Rudolf Arnheim in seinem Standardwerk *Picasso's Guernica, the genesis of a painting*, Berkeley and Los Angeles 1962. – An der Interpretation des Wandbilds sind die Kunsthistoriker seit Jahrzehnten allesamt gescheitert, was nunmehr ein weiteres Buch zum Thema notwendig macht.

5 Dazu auch: Holger Schulze, *Das aleatorische Spiel. Erkundung und Anwendung der nichtintentionalen Werkgenese im 20. Jahrhundert*, München 2000.

Heinz Kimmerle
Interpretationen der Hermeneutik Schleiermachers in den 1950er Jahren in Heidelberg

Einleitung

Den Band *Vorlesungen zur Hermeneutik und Kritik* in der Kritischen Schleiermacher Gesamtausgabe, der im vorigen Jahr erschienen ist,[1] möchte ich eine herausgeberische *Großtat* nennen. Es ist mir bewusst, dass ein solches Buch, wie es einmal ein Rezensent eines vergleichbaren Bandes der historisch-kritischen Ausgabe der Gesammelten Werke Hegels gesagt hat, das Resultat einer „quasi-unendlichen Mühewaltung" ist. Es ist zu wünschen, dass dieser Band nicht nur die Schleiermacher-Forschung im engeren Sinn, sondern die philosophische Forschung insgesamt und besonders die Arbeiten am Problem der Hermeneutik tiefgehend beeinflussen wird.

53 Jahre vor *dato* habe ich der Heidelberger Akademie der Wissenschaften den Text der nach den Handschriften neu herauszugebenden *Hermeneutik* Schleiermachers zur Veröffentlichung angeboten.[2] Im Rückblick scheint es mir angemessen, diesen Band eine herausgeberische *Pioniertat* zu nennen. Was inzwischen – nach mehr als einem halben Jahrhundert – an Verbesserungen und Erweiterungen im Hinblick auf diesen Text erfolgt ist, hat Wolfgang Virmond in seiner ‚Einleitung' und in zahlreiche Fußnoten zu dem von ihm herausgegebenen Band der Kritischen Schleiermacher Gesamtausgabe in klarer und fairer Weise zusammengefasst.[3]

Kurz nach dem Erscheinen der Heidelberger Ausgabe der *Hermeneutik* Schleiermachers, noch im Jahr 1959, hat Heinz Wenzel vom Verlag Walter de Gruyter den Plan einer neuen Schleiermacher Gesamtausgabe bedacht und in

---

[1] Friedrich Daniel Ernst Schleiermacher, *Vorlesungen zur Hermeneutik und Kritik*, hg. von Wolfgang Virmond, unter Mitwirkung von Hermann Patsch, Berlin/Boston 2012. (F.D.E. Schleiermacher, Kritische Gesamtausgabe, II. Abt., Bd 4, im Folgenden zitiert als KGA II/4.)
[2] F.D.E. Schleiermacher, *Hermeneutik*. Nach den Handschriften neu herausgegeben und eingeleitet von Heinz Kimmerle, Heidelberg 1959. (Abhandlungen der Heidelberger Akademie der Wissenschaften. Philosophisch-historische Klasse, Jg. 1959, 2. Abh.), zweite Auflage 1974, nach der hier zitiert wird.
[3] KGA II/4, XXXVIII–XL und XLIV, sowie entsprechende Hinweise in den Fußnoten.

einer kleinen Konferenz mit Hans-Georg Gadamer und mir in der Heidelberger Akademie besprochen. Für die Ausführung dieses Planes fehlte in diesem Augenblick ein passender institutioneller Rahmen. Diesen fand Heinz Wenzel, eine Reihe von Jahren später, indem Hans-Joachim Birkner hierfür seinen Lehrstuhl an der Theologischen Fakultät der Universität Kiel zur Verfügung stellte. Unter der Leitung Birkners wurde eine Herausgeberkommission zusammengestellt, die auf Kosten des Verlages mehrfach tagte, um diese Ausgabe zu konzipieren und zu begleiten. Bekanntermaßen ist 1980 als der erste Doppel-Band dieses Projekts die erste Auflage der Schleiermacherschen *Glaubenslehre* erschienen.[4]

Es ist hier nicht meine Absicht, die Geschichte der Schleiermacher Gesamtausgabe darzustellen. Es geht mir lediglich um die Feststellung, dass die Neuedition der *Hermeneutik* von 1959 offenbar eine gewisse Signalwirkung hatte, die bis zum heutigen Tag spürbar ist. Im Folgenden werde ich darauf eingehen, was der äußere Rahmen und was die inhaltlichen Fragen gewesen sind, die in den 1950er Jahren in Heidelberg zu dieser Edition geführt haben.

1 Der äußere Rahmen für die Erarbeitung der Edition von 1959

Kurz zusammengefasst, lässt sich sagen, dass sich die erste vollständige Herausgabe der Manuskripte Schleiermachers zur Hermeneutik aus der Arbeit an meiner Dissertation ergeben hat, die ich unter der Anleitung von Hans-Georg Gadamer verfasst habe. Die Dissertation war ihrerseits die nähere Ausarbeitung eines Kapitels der Preisarbeit zur Geschichte und zum Problem des Verstehens, mit der ich im Studienjahr 1955/56 den von der Philosophischen Fakultät der Universität Heidelberg ausgelobten Preis gewonnen habe.[5] Im Anhang zu dieser Preisarbeit hatte ich bereits eine erste Transkription der noch nicht veröffentlichten Manuskripte Schleiermachers zur Hermeneutik abgedruckt. Diesen Anhang habe ich ein Jahr später in meine Dissertation übernommen.[6] Nach einer

---

4 Schleiermacher, *Der christliche Glaube nach den Grundsätzen der evangelischen Kirche im Zusammenhange dargestellt (1821/22)*, hg. von Hermann Peiter, Berlin/New York 1980, 2 Bde. (Schleiermacher, Kritische Gesamtausgabe, I/7, 1–2.)

5 Heinz Kimmerle, *Die Stellung der Schleiermacherschen Hermeneutik in der Geschichte der geisteswissenschaftlichen Methodenlehre. Ein wissenschaftlicher Versuch über das sachliche Problem des Verstehens*, Heidelberg 1956, Masch.schr. (Preisarbeit der Philosophischen Fakultät der Ruprecht Karls Universität Heidelberg im Studienjahr 1955/56).

6 Heinz Kimmerle, *Die Hermeneutik Schleiermachers im Zusammenhang seines spekulativen Denkens*. Phil. Diss. Heidelberg 1957, Masch.schr., Anhang ab 124 (nicht durchnummeriert).

erneuten Durchsicht der Manuskripte Schleiermachers und der Vervollständigung ihrer Transkription glaubte ich das Material für eine Edition in Händen zu haben, zu der mich auch Gadamer ermuntert und ermutigt hat.

In den ‚Abhandlungen der Heidelberger Akademie der Wissenschaften' erschien dann als ‚2. Abhandlung des Jahrgangs 1959 der Philosophisch-historischen Klasse' der Band ‚Fr.D.E. Schleiermacher, *Hermeneutik*. Nach den Handschriften neu herausgegeben und eingeleitet von Heinz Kimmerle'. Diese Veröffentlichung hat zahlreiche, auch kritische Reaktionen hervorgerufen, die interessante und fruchtbare Diskussionen ausgelöst haben, bis hin zu der leider nicht ganz sachgerechten Kennzeichnung dieses „Unternehmens" in der Einleitung der 20 Jahre später erfolgten Ausgabe von Schleiermachers *Hermeneutik und Kritik*, die Manfred Frank besorgt hat.[7] Die von Frank besorgte Ausgabe hat indessen wohl das Verdienst, den Text des von Friedrich Lücke herausgegebenen Bandes wieder zugänglich zu machen, der im Wesentlichen auf Vorlesungsnachschriften zur Hermeneutik und Kritik beruht und 1838 im Rahmen der Veröffentlichung von Schleiermachers ‚Sämmtlichen Werken' erschienen war.[8]

Wie man in der Einleitung des Herausgebers der *Vorlesungen zur Hermeneutik und Kritik* im Rahmen der Schleiermacher-Gesamtausgabe lesen kann, habe ich 1968 einen ‚Nachbericht' zu meiner Edition vorgelegt, „der neben einzelnen Textkorrekturen vor allem zahlreiche sachliche ‚Nachweise' enthält"[9]. Für die letzteren konnte ich mich vor allem auf einen Artikel von Hermann Patsch stützen, den er 1966 in der *Zeitschrift für Theologie und Kirche* veröffentlicht hatte.[10] Die Angaben des ‚Nachberichts' und die Vorschläge von Patsch zu einer anderen Datierung der Hermeneutik-Entwürfe Schleiermachers, die sich allerdings später zum Teil als falsch herausstellten,[11] habe ich in die zweite Auflage meiner Edition übernommen, die 1974 erschienen ist.

Soviel zum äußeren Rahmen der ersten vollständigen Edition der Manuskripte Schleiermachers zur *Hermeneutik*. Wenn ich die inhaltlichen Fragen kurz umrei-

---

7 F.D.E. Schleiermacher, *Hermeneutik und Kritik. Mit einem Anhang sprachphilosophischer Texte Schleiermachers*, hg. und eingeleitet von Manfred Frank, Frankfurt/M. 1977, 58–62.
8 Schleiemacher, *Hermeneutik und Kritik mit besonderer Beziehung auf das Neue Testament. Aus Schleiermachers handschriftlichem Nachlasse und nachgeschriebenen Vorlesungen*, hg. von Dr. Friedrich Lücke, Berlin 1838. (Sämmtliche Werke, I. Abt., Bd 7).
9 Siehe oben Anm. 3.
10 Hermann Patsch, „Friedrich Schlegels ‚Philosophie der Philologie' und Schleiermachers frühe Entwürfe zur Hermeneutik. Zur Frühgeschichte der romantischen Hermeneutik", in: *Zeitschrift für Theologie und Kirche* 63 (1966), 434–472.
11 Wolfgang Virmond, „Neue Textgrundlagen zu Schleiermachers früher Hermeneutik", in: *Internationaler Schleiermacher-Kongreß Berlin 1984*, hg. von K.-V. Selge, Berlin und New York 1985, 575–590.

ßen darf, die bei diesen Arbeiten im Spiel waren, sollte ich zunächst auf Gadamers Interpretation der „romantischen Hermeneutik" eingehen, wie er sie in der Mitte der 1950er Jahre an der Universität Heidelberg in seinen Vorlesungen vorgetragen hat und wie sie dann 1960 in *Wahrheit und Methode* veröffentlicht worden ist.[12]

2 Gadamers Interpretation der „romantischen Hermeneutik" in ‚Wahrheit und Methode'

Gadamer entfaltet seine Interpretation der Hermeneutik Schleiermachers in dem Kapitel: „Fragwürdigkeit der romantischen Hermeneutik und ihrer Anwendung auf die Historik". Mit dem Ausdruck ‚Fragwürdigkeit' möchte er andeuten, dass diese Phase in der Geschichte der Hermeneutik einerseits bestimmte Fortschritte in der Interpretation des sachlichen Problems des Verstehens gebracht hat, andererseits aber auch bestimmte Fehlentwicklungen in der Hinsicht auf die Klärung dieses Problems hervorrufen sollte. Die Kennzeichnung der Theorie des Verstehens, die überwiegend an Hand der Hermeneutik Schleiermachers dargestellt wird, durch das Wort „romantisch" erscheint als angemessen, da in dieser Theorie dem ‚Gefühl' und der ‚Divination' sowie auch der ‚Ahndung' wichtige Rollen zugewiesen werden.

Im Blick auf die *Vorgeschichte* der ‚romantischen' bzw. Schleiermacherschen Hermeneutik wird von Gadamer in erster Linie auf die „biblische Hermeneutik" seit der Reformation verwiesen und ferner auf die „Auseinandersetzung mit den Philologen F.A. Wolf und F. Ast". In beiden Fällen vollzieht Schleiermacher eine Lösung von „aller dogmatischen Beschränkung", sei es durch die im vorhinein angenommene Autorität der biblischen Autoren oder den Vorbildcharakter der Texte aus dem klassischen Altertum. Für diese „Befreiung der Auslegung vom Dogma" beruft sich Gadamer auf Diltheys wirkungsvolle Interpretation der Schleiermacherschen Hermeneutik. Dabei sieht Gadamer Diltheys Interpretationsansatz durchaus kritisch. Die „Wendung zum historischen Bewußtsein", die auf diese Weise eingeleitet worden ist, bildet in Gadamers Augen für die Hermeneutik nicht nur ein bedeutungsvolles Geschehen in der Entwicklung der bestehenden hermeneutischen Theorien, sondern einen „Wandel ihres Wesens". Das fasst Gadamer in der Formulierung zusammen: es kommt zur „Konzeption einer universalen Hermeneutik".

---

[12] Hans-Georg Gadamer, *Wahrheit und Methode. Grundzüge einer philosophischen Hermeneutik*, Tübingen 1960, 162–185.

Die Bedeutung des Übergangs von speziellen Hermeneutiken der Bibel und der klassischen Texte zu einer allgemeinen Verstehenslehre, den Schleiermacher in direkter Auseinandersetzung vor allem mit der theologischen Hermeneutik J.A. Ernestis und S.F.N. Morus', sowie mit den philologischen Auffassungen F.A. Wolfs und F. Asts vollzieht, wird von Gadamer ausführlich gewürdigt. Auch wenn der Gedanke einer allgemeinen Hermeneutik nicht neu ist, wird doch erst jetzt „das Verstehen als solches zum Problem gemacht". Wenn Gadamer sagt: „Die Bemühung des [methodischen] Verstehens hat überall statt, wo sich kein unmittelbares Verstehen ergibt, bzw. wo mit der Möglichkeit eines Mißverstehens gerechnet werden muß", bestimmt er die Aufgabe der Hermeneutik im Sinn Schleiermachers noch nicht radikal genug. Denn für Schleiermacher kommt Verstehen *schlechthin überall* nur mit Hilfe oder auf Grund der hermeneutischen Regeln zustande. Bekanntlich geht er soweit zu behaupten: auch „jedes Kind kommt nur durch Hermeneutik zur Wortbedeutung".[13] Entscheidend ist für Gadamer, dass nach Schleiermacher immer ein „Kanon grammatischer und psychologischer Auslegungsregeln" zur Anwendung kommen muss, damit Missverstehen vermieden werden kann. Dabei stellt Gadamer zutreffend heraus, dass dieser Konzeption der Individualitätsgedanke Schleiermachers zugrunde liegt. Es geht jeweils um die besondere Ausformung eines vorgegebenen, aber als solchen nicht unmittelbar erfassbaren Allgemeinen. Das Fragwürdige der Auffassungen Schleiermachers liegt dann darin, dass sich das Verstehen von aller inhaltlichen „Bindung auch im Bewußtsein des Auslegers ganz und gar" absondert. Anders gesagt: Schleiermacher „sucht die Einheit der Hermeneutik [...] abgelöst von aller inhaltlichen Besonderung in der Einheit eines Verfahrens", das universell angewendet wird.

Das Verstehen wird aber bei Schleiermacher nicht nur „von allen Inhalten" abgelöst, sondern auch von dem Umgang mit den besonderen Schwierigkeiten einer fremden Sprache und der historischen Umstände. Das Erlernen der fremden Sprache und das Erwerben der Kenntnis der historischen Umstände sind nach Schleiermacher „besondere Aufgaben", die nicht zum Verstehensprozess als solchen gehören. Sie sind eine Vorbedingung des Verstehens, die eine „Gleichsetzung mit den ursprünglichen Leser" bewirken soll. Dagegen wendet Gadamer mit Recht ein: „In Wahrheit läßt sich die ideale Vorbedingung der Gleichsetzung mit dem Leser nicht *vor* der eigentlichen Verstehensbemühung realisieren, sondern ist ganz in diese verschlungen." (Kursivierung im Zitat von mir, HK.)

Es kann und soll indessen auch gesagt werden, in welcher Hinsicht sich Gadamers Interpretation der „romantischen Hermeneutik" nicht mehr aufrecht erhalten lässt: Er vernachlässigt die grammatische Seite des Verstehens und der

---

13 Schleiermacher, *Hermeneutik*, hg. von H. Kimmerle, a.a.O (Anm. 2), 40; KGA II/ 4, 20.

Auslegung, obwohl sie nach seiner Darstellung durchaus „Vortreffliches" enthält. Stattdessen konzentriert er sich ganz auf die „psychologische Interpretation". Sie sei „Schleiermachers Eigenstes". Darin folgt er Diltheys Deutung der Schleiermacherschen Hermeneutik. Er ist sich indessen wohl bewusst, dass Psychologie hier auf die Entstehung und Entwicklung der *Gedanken* eines Autors oder eines Redenden bezogen ist. Der Begriff „Keimentschluß", der den Anfang der Konzeption eines Textes bezeichnet und den Schleiermacher in seiner letzten Vorlesung zur Hermeneutik und Kritik von 1832/33 eingeführt hat, wird von Gadamer ohne nähere Begründung zum Mittelpunkt seiner Darstellung gemacht. Der „Keim" der „GedankenErzeugung", der zur Konzeption und „Composition" eines Textes oder einer „Rede" führt, war indessen schon früher erwähnt worden. Für seine einseitige psychologische Interpretation beruft sich Gadamer auch auf eine These, die unter anderem meiner Edition der Hermeneutik zugrundelag, die sich aber nicht als haltbar erwies. Eine genauere Auseinandersetzung mit dieser These folgt im nächsten Paragraphen.

Bei der Erläuterung der berühmten von Schleiermacher eingeführten Formel, dass es gilt, den Autor „besser zu verstehen als er sich selbst verstanden hat", bedient sich Gadamer dann auch vor allem psychologischer Argumente. Es geht ihm darum, die unbewussten Voraussetzungen einer Textkonzeption aufzuzeigen. Diese sind dem Selbstverständnis des Autors nicht oder nur zum Teil zugänglich, vom späteren Interpreten jedoch aus dem gesamten Kontext der Werke und des Lebens eines Autors zu erfassen. Schleiermacher selbst erwartet, dass „die Rede zuerst eben so gut und dann besser zu verstehen ist, als ihr Urheber" sie verstehen konnte, von der konsequenten Anwendung der hermeneutischen Regeln. Diese Regeln fasst er bekanntlich in der „Formel" zusammen, es gehe um „das geschichtliche und divinatorische objective und subjective Nachconstruiren der gegebenen Rede".[14]

Es war mir wichtig, in aller Kürze aufzulisten, was Gadamer zu Recht und zu Unrecht zur Interpretation der Hermeneutik Schleiermachers gesagt hat, bevor ich auf seine Vernachlässigung der systematischen Einordnung dieser Texte in das philosophische System Schleiermachers hinweise. Gadamer sagt mehrfach, dass es sich um eine „Technik" oder eine „Kunstlehre" handelt, weil das Verstehen eben ein Kunst sei „und nicht ein mechanisches Verfahren". Aber er geht nirgendwo darauf ein, wie und wo Schleiermacher dieser Art von Texten in seinem philosophischen System einen bestimmten, im Verhältnis untergeordneten Platz

---

14 Ebd., 83 f.; KGA II/4, 128 f.

einräumt.¹⁵ Er beschäftigt sich zwar ausdrücklich mit den Hinweisen, die in den hermeneutischen Texten deren Verhältnis zur Dialektik, Rhetorik und Grammatik näher bestimmen. Es fehlt jedoch der angemessene systematische Rahmen, um diese Hinweise richtig einzuordnen, obwohl Gadamer aus meiner Dissertation hätte entnehmen können, welchen Stellenwert die Hermeneutik Schleiermachers im „Zusammenhang seines spekulativen Denkens" tatsächlich hat. Darauf werde ich sogleich genauer eingehen.

3 Die Hermeneutik Schleiermachers im Zusammenhang seines philosophischen Systems

Im Wesentlichen ging es und geht es mir um den Hinweis auf die doppelte Einordnung der Hermeneutik einerseits als „philologische Disziplin" und andererseits als „Kunstlehre" oder „Technik". Diese Unterscheidung habe ich in meiner Dissertation und in der ‚Einleitung' zu meiner Edition der *Hermeneutik* vorgenommen. Es ist noch immer relevant zu wiederholen und zu präzisieren, wann und wo sich die jeweilige Einordnung bei Schleiermacher findet, auch abgesehen davon, dass Gadamer sie nicht beachtet hat. In der genannten ‚Einleitung' stütze ich mich auf die beiden Auflagen der *Kurzen Darstellung des theologischen Studiums*, die auch häufig als *Theologische Enzyklopädie* bezeichnet und zitiert wird. In der ‚Kritischen Ausgabe' dieses Buches von Heinrich Scholz sind beide Auflagen von 1830 und 1811 unter einander abgedruckt. In der ersten Auflage wird die „Auslegungskunst" als eine „philologische Disziplin" bestimmt, die aber „auf ebenso festen Prinzipien als irgendeine andere [Kunst] beruht".¹⁶ Es handelt sich also um ein anspruchsvolles Unternehmen, das die für eine Kunst maßgebenden Prinzipien enthält. Diese Bestimmung ist von derjenigen einer ‚Kunstlehre' offensichtlich nicht sehr weit entfernt. Wenn ich es richtig sehe, vergehen jedoch viele Jahre, bevor Schleiermacher im Blick auf die Hermeneutik ausdrücklich von einer „Kunstlehre oder Technik" spricht.

Die frühe Einordnung der Hermeneutik als „philologische Disziplin" wird man wohl mit den Bemühungen Friedrich Schlegels um eine ‚Philosophie der Philologie' in Zusammenhang bringen können. Jedenfalls erhebt Schleiermacher in diesem

---

15 Andreas Arndt, „Schleiermachers Hermeneutik im Horizont Gadamers", in: ders., *Friederich Schleiermacher als Philosoph*, Berlin und Boston 2013, 326–335.
16 Schleiermacher, *Kurze Darstellung des theologischen Studiums*, hg. von Heinrich Scholz, Leipzig 1910, 54 unten; KGA I/6, 276.

Rahmen einen hohen systematischen Anspruch. Es genügt keinesfalls, die hermeneutischen Regeln als ein „Aggregat von Observationen" darzustellen. Sie müssen als ein zusammenhängendes Ganzes entwickelt werden. Das Problem des Verstehens, dessen Klärung „auf festen Prinzipien" beruht, ist auf diese Weise philosophisch bedeutungsvoll. Wie und wo diese Klärung im System der Philosophie ihren Ort erhält, wird zunächst nicht näher spezifiziert. In dem Manuskript ‚Hermeneutik. Erster Entwurf', das nach Virmond aus dem Jahr 1805 stammt, wird das „Verhältniß zur Philologie" durchaus positiv bestimmt. Im *Brouillon zur Ethik* von 1805/06 heißt es, dass Philosophie und Philologie „innig" mit einander „verbunden" sind.[17] Am Ende der ‚Allgemeinen Hermeneutik' von 1809/10, die wir aus der Abschrift des verloren gegangenen Manuskripts Schleiermachers durch August Twesten kennen, wird für die „grammatische Seite der Hermeneutik" auf die „Sprachlehre" und lediglich für die „technische Seite" auf die „Kunstlehre" verwiesen.[18] Das ist ungewöhnlich und bedeutet zugleich, dass damit nicht eine Einordnung der Hermeneutik insgesamt ins philosophische System vorgenommen wird.

In dem umfangreichen Manuskript von 1819 ist Schleiermacher nicht mehr sicher, wie die Einordnung in das Ganze seines Denkens geschehen soll. Er sagt nicht nur: „Es ist sehr schwer der allgemeinen Hermeneutik ihren Ort anzuweisen", er ist auch mit der Zuordnung zur „Philologie" zu diesem Zeitpunkt nicht mehr zufrieden. Dafür gibt er folgenden Grund an: Die „Behandlungsweise der Hermeneutik" im Rahmen der Philologie ist auf Grund der Art und Weise, wie diese praktisch ausgeübt wird, „auch nur Aggregat" und nicht wirklich systematisch.[19]

Von Anbeginn und immer wieder bezeichnet Schleiermacher das Verstehen bzw. die Auslegung insgesamt als „Kunst". Mit diesem Begriff bezeichnet er in seiner philosophischen Ethik nicht nur Kunst im engeren Sinn, sondern alles, das zum überwiegend ‚individuellen Symbolisieren' der Vernunft gehört – im Unterschied zum ‚Wissen', das die überwiegend ‚identische' Seite dieses Handelns der Vernunft auf die Natur charakterisiert. Der Terminus „Kunstlehre" als Kennzeichnung des Verfahrens der gesamten Hermeneutik taucht indessen erst spät und auch dann nur zögerlich in seinen Texten auf. In den handschriftlich überlieferten Texten finde ich ihn zuerst in den Akademiereden „Ueber den Begriff der Hermeneutik" von 1829.[20] Er steht dann, in Verbindung mit dem Begriff „Technik", als einem Terminus, mit dem zusammen die Stelle der Hermeneutik im philosophischen System ausdrücklich angezeigt wird, wie oben erwähnt, in der zweiten

---

17 Schleiermacher, *Brouillon zur Ethik (1805/06)*, hg. von H.-J. Birkner, Hamburg 1981, 90.
18 KGA II/4, 116.
19 Schleiermacher, *Hermeneutik*, hg. von Kimmerle, a.a.O. (Anm. 2), 76; KGA II/4, 119.
20 Ebd., 124.

Auflage der *Kurzen Darstellung des theologischen Studiums* aus dem Jahr 1830. Dort heißt es: „Das vollkommene Verstehen einer Rede oder Schrift ist eine Kunstleistung und erheischt eine Kunstlehre oder Technik [...] Eine solche Kunstlehre ist nur vorhanden, sofern die Vorschriften ein auf unmittelbar aus der Natur des Denkens und der Sprache klaren Grundsätzen beruhendes System bilden."²¹

Aus diesen Angaben geht hervor, dass Schleiermacher der Hermeneutik einen Ort in seiner Ethik oder Sittenlehre anweist, den er in den Entwürfen zu diesem Teil seines Systems der Philosophie aus dem Jahr 1812/13 als einen „Cyclus von technischen Disciplinen" bestimmt hat. Als „prägnanteste Beispiele" nennt er dort „Staat, Staatslehre und Staatsklugheit, Kunst". Dazu wird erklärt, eine „Kunstlehre" enthalte „praktische Anweisungen für die Künste".²² In der „letzten Bearbeitung der Güterlehre" von 1816/17 wird das „technische Verfahren", das außerhalb der Wissenschaft ganz „auf der Seite der Kunst" liegt, genauer erläutert. Es vollzieht „die praktische Beziehung des Beschaulichen und Erfahrungsmäßigen auf einander". Als Beispiele werden hier genannt: „Erziehungskunst, Staatskunst u. a. m."²³

Eine „Technik" oder „Kunstlehre" hat also die Diskrepanz zu überbrücken, die zwischen dem spekulativ entwickelten inneren Wesen und der empirisch zu erfassenden äußeren Erscheinung besteht. Im Blick auf das spekulativ entwickelte innere Wesen einer Sache hat eine solche Theorie also eine ergänzende oder Hilfsfunktion. Für die Hermeneutik bedeutet das: sie hat zu von ermitteln, wie ein inneres Denken durch die äußere Sprache modifiziert bzw. individualisiert wird. In den Randbemerkungen von 1832/33 zum Manuskript von 1819 heißt es: Dass die Hermeneutik auf diese Weise „in einen doppelten complexus gehört, hat sie mit allen Techniken gemein".²⁴

Die so vorgenommene Einordnung in sein philosophisches System wird nur möglich, nachdem Schleiermacher die in seinen frühen Texten mit Nachdruck vertretene Auffassung der Identität von Denken und Sprechen fallen gelassen hat. In dem bereits erwähnten *Brouillon zur Ethik* von 1805/06 formuliert er, dass „Denken und Sprechen identisch sein muß".²⁵ In dem mehrfach erwähnten umfangreichen Manuskript von 1819 geht er dann davon aus, dass Denken und Sprechen sich unterscheiden wie innere Idee und äußere Erscheinung, wobei durch die kommunikative Funktion des Sprechens das persönliche Denken auch auf die Gemeinschaft bezogen wird. Demgemäß lässt sich formulieren, dass „jeder

---

21 Schleiermacher, *Kurze Darstellung*, a.a.O. (Anm. 16), 53 oben; KGA I/6, 375.
22 Schleiermacher, *Ethik (1812/13) mit späteren Fassungen der Einleitung, Güterlehre und Pflichtenlehre*, hg. von H.-J. Birkner, Hamburg 1981, 12.
23 Ebd., 217 f.
24 Schleiermacher, *Hermeneutik*, hg. von Kimmerle, a.a.O. (Anm. 2), 159; KGA II/4, 163.
25 Schleiermacher, *Brouillon zur Ethik (1805/06)*, a.a.O (Anm. 17), 21

Akt des Verstehens eine Umkehrung eines Aktes des Redens [ist]; indem in das Bewußtsein kommen muß, welches Denken der Rede zum Grunde gelegen".[26] In der Nachschrift Jonas der Vorlesung von 1819 heißt es: „Wir unterscheiden freilich Gedanken und Sprechen, das eine als das innere, das andere als das äußere".[27] So kann erklärt werden, wie die Hermeneutik mit der Dialektik als der Theorie des inneren Denkens und der Grammatik als der Theorie des äußeren Sprechens zusammen gehört. Wenn man sich klar macht, dass die Dialektik die Grundlegung des spekulativ aufzustellenden philosophischen Systems leisten soll und die Grammatik sich an den empirischen Sprachen orientiert, wird die vermittelnde Funktion zwischen Spekulation und Empirie deutlich, die für eine „Kunstlehre" oder „Technik" kennzeichnend ist.

Der Begriff „Technik" ist in diesem Zusammenhang, vom heutigen Sprachgebrauch aus gesehen, recht befremdlich. Er bezeichnet nicht etwas rein rational oder mechanisch Konstruierbares. Wie die „Divination" immer durch ein „komparatives Verfahren" zu ergänzen ist, geht es bei der „Technik" als Gegenbegriff zur „Kunstlehre" um die unterscheidbaren und einzeln zu vollziehenden Schritte beim Ausüben einer ‚Kunst'. Diese Hinweise auf den damaligen Sprachgebrauch machen indessen noch nicht verständlich, warum in der hermeneutischen Theorie der „grammatischen Seite" des Verstehens bei Schleiermacher eine „technische Seite" gegenüber gestellt wird. „Schleiermachers Eigenstes" ist nicht die „psychologische Interpretation", wie Gadamer behauptet hat, sondern die Orientierung des Verstehens an der Sprache. Er sagt bereits in seinen frühesten Notizen zur Hermeneutik: „Alles vorauszusezende in der Hermeneutik ist nur Sprache und alles zu findende, wohin auch die anderen objectiven und subjectiven Voraussezungen gehören, muß aus der Sprache gefunden werden."[28] Diese Feststellung bleibt gültig auch für seinen letzten Äußerungen zum Problem des Verstehens von 1833. In der Nachschrift Calow dieses Kollegs lesen wir: Wie ein Autor in der grammatischen Interpretation „als Organ seiner Sprache zu betrachten ist", so betrifft die psychologische Interpretation „eine neue Genesis", wie er eine bestehende sprachliche oder künstlerische Form „in seiner [individuellen] Sprache wiedergibt".[29] Die „technische Seite" des Verstehens bezieht sich demgemäß darauf, welche sprachlichen Gattungen und anderen vorgegebenen sprachlichen Formen in einem Text oder einer mündlichen Äußerung von einem Autor gewählt werden und auf welche Weise damit umgegangen wird.

---

26 Schleiermacher, *Hermeneutik*, hg. von Kimmerle, a.a.O. (Anm. 2), 76; KGA II/4, 120.
27 KGA II/4, 305.
28 Schleiermacher, *Hermeneutik*, hg. von Kimmerle a.a.O. (Anm. 2), 38; KGA II/4, 17.
29 KGA II/4, 892.

Man muss beachten, dass Schleiermacher erst 1819 von „psychologischer Interpretation" spricht, um den persönlichen Umgang eines Autors mit der Sprache zu erfassen, obschon er diesen Terminus auch zu diesem Zeitpunkt noch nicht konsequent anwendet, sondern erst in den späten 1820er Jahren. Insofern kann ich die entsprechende These aus meiner Dissertation und der Einleitung zur Edition der *Hermeneutik* durchaus aufrecht erhalten. Was ich damals nicht gesehen habe, ist jedoch, dass die „technische Seite der Interpretation" in dem soeben beschriebenen Sinn für Schleiermacher von Anfang an ein gleichberechtigtes und gleichwertiges Gegenstück zur „grammatischen Seite" gewesen ist. Im Blick auf die grammatische und die technische Seite der Hermeneutik wird von Schleiermacher ausdrücklich festgestellt: „Keine von beiden ist höher oder niedriger."[30] Dass der Zweite Teil der Hermeneutik schließlich insgesamt als „psychologische Interpretation" benannt wird, in der die „technische Interpretation" einen Unterabschnitt bildet, kann man – allerdings nicht ganz im Sinne Gadamers – als „fragwürdige" Psychologisierung des Verstehens auffassen. Man darf dabei nicht vergessen, dass in Schleiermachers Hermeneutik die „Menschenkenntniß" letztlich dazu dient, begreifen zu können, wie der betreffende Mensch mit den sprachlichen Vorgegebenheiten umgeht, was seinen persönlichen Sprachgebrauch oder „Styl" ausmacht.[31]

Um das „Vortreffliche" der Ausführungen Schleiermachers zur grammatischen Interpretation an einem Beispiel zu illustrieren, gehe ich kurz darauf ein, was im ‚Ersten Entwurf' zur Hermeneutik zu der Frage gesagt wird: „Wie bemächtigt man sich der Bedeutung" eines Wortes? Diese Frage habe ich in meiner Dissertation folgendermaßen erörtert: „Zu einem Wort gehört eine allgemeine Bedeutungssphäre" sowie „verschiedene einzelne Bedeutungsmodifikationen, in denen jene jeweils zur Darstellung kommt. Die allgemeine Sphäre der Bedeutung nennt Schleiermacher auch die ‚wesentliche Einheit', und er sagt von ihr, daß sie ‚an sich als solche niemals vorkommt' [...] Man muß von möglichst vielen schon bekannten Bedeutungsmodifikationen ausgehen, um die wesentliche Einheit annähernd immer besser zu erfassen und von da aus die unbekannte einzelne Bedeutung zu bestimmen. Da aber ‚nie Vollständigkeit des Besonderen zu erlangen ist' [...] bleibt die allgemeine Sphäre der Bedeutung als solche" dem denkenden Erkennen entzogen. „Sie kann nur durch das ‚Gefühl' geahnt und

---

30 Schleiermacher, *Hermeneutik*, hg. von Kimmerle a.a.O. (Anm. 2), 159; KGA II/4, 164.
31 Ebd., 78 und 104; KGA II/4, 122 und 156. Es ist unwahrscheinlich, dass Schleiermacher wirklich so formuliert hat, was Jonas in seiner Nachschrift des Kollegs von 1819 festgehalten hat: „Dabei [i.e. bei der psychologischen Interpretation] bleibt die Sprache ganz aus dem Spiel, sondern wir haben rein das Denken vor uns". (KGA II/4, 301.)

hingenommen werden".[32] „Und eben dies Gefühl muß auch die (sukzessiv nicht erreichbare) Vollständigkeit ersezen",[33] wenn von der allgemeinen Bedeutungssphäre aus die besondere Bedeutungsmodifikation gesucht wird. Es ist offensichtlich, dass Schleiermacher mit diesen Auffassungen wichtige Gedanken von heute aktuellen sprachphilosophischen Überlegungen vorweg genommen hat.

Schlussbemerkung: Die Zugehörigkeit der frühen hermeneutischen Theorie Schleiermachers zu den Auffassungen der Frühromantik

Zum Schluss möchte ich noch erwähnen, dass zu den Heidelberger Interpretationen der Hermeneutik Schleiermachers in den 1950er Jahren die Einsicht gehört, auf welche Weise Schleiermachers frühe hermeneutische Konzeption am Beginn des 19. Jahrhunderts große Verwandtschaft mit anderen Auffassungen der Frühromantik erkennen lässt.[34] Die Individualität, die darin besteht, dass das Allgemeine und das Besondere in je verschiedener Weise in Eins gebildet sind, findet sich in der Welt im Ganzen, im Menschen, in der Sprache und sogar in jedem Wort, wie wir soeben gesehen haben. Schleiermachers Ausführungen zu seinem Grundgedanken der Individualität in den *Monologen* habe ich in meiner Dissertation zu einigen anderen Auffassungen der Frühromantik ins Verhältnis gesetzt.[35]

Der Gedanke Hölderlins, dass das „Aorgische" und das „Organische" in der höchsten Einheit alles Verschiedenen in einander übergehen, kommt in die Nähe des Schleiermacherschen Prinzips der Individualität. Denn bei Hölderlin sind in dieser höchsten allgemeinen Einheit die besonderen Unterschiede nicht absolut, wie Hegel das sagen würde, sondern „harmonisch" einander entgegengesetzt. Für Hölderlin ist dabei vor allem wichtig, dass sich das Allgemeine niemals ganz im Individuum darstellen kann. Wenn das faktisch zu geschehen droht, erleidet das

---

[32] Kimmerle, *Die Hermeneutik Schleiermachers im Zusammenhang seines spekulativen Denkens*, Phil. Diss. Heidelberg 1957, Masch.schr., 43.
[33] Schleiermacher, *Hermeneutik*, hg. von Kimmerle a.a.O. (Anm. 2), 61; KGA II/4, 44)
[34] Vgl. dazu die Ausführungen von Wolfgang Virmond in seinem Beitrag „interpretari necesse est. Über die Wurzeln von Schleiermachers ‚Hermeneutik und Kritik'", in: *Friedrich Schleiermacher in Halle 1804–1807*, hg.v. Andreas Arndt, Berlin und Boston 2013, 67–76.
[35] Kimmerle, *Die Hermeneutik Schleiermachers im Zusammenhang seines spekulativen Denkens*, a.a.O. (Anm. 32), 17–23. Die Zitatnachweise entnehme ich der Dissertation.

Individuum ein tragisches Schicksal, es muss „untergehen".[36] Novalis als ein anderer aus diesem Umkreis erklärt die möglichst weitgehende, wenn auch nie wirklich erreichbare Vereinigung des Allgemeinen und Besonderen im Individuum zu einer Aufgabe der Bildung. Er kann diese Aufgabe auch so formulieren, dass es darauf ankommt, „sich seines transzendentalen Selbst zu bemächtigen".[37] Friedrich Schlegel schließlich ist mit seinen Gedanken zu dieser Frage Schleiermacher am nächsten. Er betrachtet es als den „Imperativ der Kunst", das „objektiv Schöne" oder Allgemeine mit dem „Interessanten" der jeweiligen Besonderheit zu verbinden. Diese Forderung kann nach seiner Auffassung „nie vollkommen erfüllt" werden, es findet lediglich eine unendlich Annährung statt, so dass dem „Interessanten" immer nur eine „provisorische Gültigkeit" zukommt.[38] In dem *Brouillon zur Ethik* von 1805/06 findet Schleiermacher für das gemeinsame gedankliche Motiv der frühen Romantik eine allgemeine Formulierung, in welcher der Prozesscharakter dieses Anliegens und die offene Wechselseitigkeit der wesentlichen Bestimmungen zum Ausdruck kommen: „Die Individualität ist ein wahres In-eins-Bilden des Allgemeinen und Besonderen und repräsentiert [...] gleichsam die primitive Formel der Welt."[39]

Es ist leicht ersichtlich, dass auf diese Weise im Individualitätsgedanken der Frühromantik ein Gegensatz zu Fichtes Position artikuliert wird, in der die bestimmende Kraft allein vom absoluten Ich ausgeht. Das frühromantische Denken behält auch gegenüber der Philosophie Hegels seine Selbständigkeit, es wird in ihr nicht wirklich „aufgehoben". Am Ende seiner Frankfurter Zeit, in dem sogenannten *Systemfragment von 1800* denkt Hegel als den Ausgangspunkt der Arbeit an seinem System der Philosophie ein höchstes Allgemeines, das über alle Besonderheit und Endlichkeit hinaus liegt. Dieses höchste Allgemeine, das er als „die Verbindung der Verbindung und der Nichtverbindung" denkt, nennt er zunächst das „Leben", später den „Geist". Das „endliche Leben" erhebt sich denkend zum „unendlichen Leben" und wird Eins mit ihm.[40] Die frühe Romantik hält demgegenüber an der Unüberbietbarkeit und Besonderheit des Individuellen fest, das niemals ganz – oder allenfalls annährungsweise – als das unendliche Allgemeine begriffen werden kann.

---

36 Friedrich Hölderlin, *Sämtliche Werke*, hg. von H. von Hellingrath, Bd 3, Berlin 1923, 321 und 327.
37 Novalis, *Schriften*, hg. von J. Minor, Bd 2, Jena 1923, 121 und 117.
38 Friedrich Schlegel, *Sämmtliche Werke in zehn Bänden*, Bd 5, Wien 1823, 21 f.
39 Schleiermacher, *Werke. Auswahl in 4 Bänden*, hg. von O. Braun und J. Bauer, Leipzig 1910–1913, Bd 2, 122.
40 Georg Wilhelm Friedrich Hegel, *Theologische Jugendschriften*, hg. von H. Nohl, Tübingen 1907, 345–348.

Soweit die kurze Wiedergabe dieser Passage aus meiner Dissertation von 1957. Sie kann deutlich machen, wie bestimmte Gedanken in den 1950er Jahren in Heidelberg, gemeinsam mit Gadamer und auch als weiter gehende eigene Beiträge zur Interpretation der Hermeneutik Schleiermachers, diskutiert worden sind.

Geert Keil
Von der Kunstlehre des Verstehens zur radikalen Interpretation

1 Hermeneutik und „theory of interpretation"

Zwischen der kontinentalen Hermeneutik und dem, was im englischen Sprachraum „theory of interpretation" heißt, gibt es nach wie vor einen Rezeptionsgraben. Warum bis heute so wenig daran gearbeitet wird, ihn zuzuschütten, ist nicht leicht zu erklären. Dass der Graben auf einen unauflöslichen Methodenkonflikt zwischen „kontinentaler" und „analytischer" Philosophie zurückgehe, ist eine bequeme Erklärung, die aber in der Sache nicht viel für sich hat. Der Hauptgrund dürfte der kontingente Umstand sein, dass es nur wenige Verstehenstheoretiker gibt, die sich in beiden Theorietraditionen gleichermaßen auskennen. Wer über Schleiermacher, Dilthey oder Gadamer arbeitet, ist in der Regel mit den Werken von Quines und Davidsons kaum vertraut – und vice versa. Hinzu kommt selbstverschuldete Unempfänglichkeit. Die kontinentale Hermeneutiktradition hat den Anschluss an die rasante Entwicklung der sprachphilosophischen Bedeutungstheorie in der zweiten Hälfte des 20. Jahrhunderts nicht ernsthaft gesucht. Umgekehrt konnte es noch vor wenigen Jahren geschehen, dass man, wenn man unter anglophonen analytischen Philosophen den Ausdruck „hermeneutics" fallen ließ, die Rückfrage provozierte: „Herman who?".

Mein Beitrag kontrastiert Schleiermachers Kunstlehre des Verstehens mit einem Theoriestrang der Sprachphilosophie im 20. Jahrhundert, den man unter das Stichwort „Radikalisierung des Verstehensproblems" stellen kann. Gemeint sind die Theorien der „radikalen Übersetzung" und der „radikalen Interpretation" von Willard Van Orman Quine (1908–2000) und Donald Davidson (1917–2003).

Eine direkte Verbindung zwischen Quine und der kontinentalen Hermeneutiktradition gibt es nicht. Es käme auch niemand auf die Idee, Quine als einen hermeneutischen Philosophen zu bezeichnen, wiewohl seine Theorie der radikalen Übersetzung sich mit einem hermeneutikverdächtigen Thema befasst, nämlich der Interpretation der Äußerungen eines Sprechers einer unbekannten Sprache unter stark erschwerten Bedingungen. Etwas anders verhält es sich mit Davidson, der 1949 bei dem deutschen Gräzisten Werner Jaeger in Harvard über Platons Dialog *Philebos* promoviert hat. Dieses Thema hatte er mit Gadamers Habilitationsschrift gemeinsam. Später sollte deutlich werden, dass Davidson und Gadamer noch mehr gemeinsam haben: Das Prinzip der wohlwollenden Interpretation („principle of charity"), das in Davidsons Interpretationstheorie eine zentrale Rolle spielt, kann als das analytische Pendant zu Gadamers „Vorgriff auf Vollkommenheit" gelten. Beide sind Nachfahren der Interpretationsmaxime, die in Georg Friedrich Meiers *Versuch einer allgemeinen Auslegungskunst* aus dem Jahre 1757 das Prinzip der „hermeneutischen Billigkeit" heißt.

Davidsons Interpretationstheorie ist treffend als „eine Hermeneutik intelligenten Verhaltens" bezeichnet worden, die „das Verstehen sprachlicher Äußerungen und die Erklärung nonverbalen Handelns zu einem einzigen Projekt integriert".[1] Sowohl die Interpretation von Äußerungen als auch die von Handlungen geschehen durch Zuschreibungen von Überzeugungen, Wünschen und Absichten. Wir interpretieren das sprachliche und nichtsprachliche Verhalten anderer Personen, indem wir es als Ausdruck von mentalen Einstellungen ansehen, die wir der Person im Zuge der Interpretation zuschreiben. Beim Unternehmen der *radikalen* Interpretation kennt der Interpret vorab keinerlei mentale Einstellungen des Sprechers, vielmehr müssen die Bedeutungen und die mentalen Einstellungen simultan und in Abhängigkeit voneinander ermittelt werden. Es gibt einen engen Zusammenhang zwischen dem, was jemand mit einer Äußerung *meint*, und dem, was er *glaubt* bzw. *für wahr hält*, aber der radikale Interpret ist mit dem methodischen Problem konfrontiert, dass keines der beiden Phänomene als unabhängiger Beleg für das andere fungieren kann.[2] Man versteht eine (assertorische) Äußerung nicht, wenn man nicht weiß, welche Überzeugungen damit ausgedrückt werden, aber die Sprecherüberzeugungen kann der Interpret nicht identifizieren, solange er nicht weiß, was dessen Äußerungen bedeuten. Wenn dieser Zirkel sich nicht als hermeneutischer erweist, kann das Unternehmen nicht fortschreiten.

Davidson ist entsprechend der Auffassung, „daß die Interpretation der Intentionen, Überzeugungen und Worte eines Handelnden zu einem einzigen Vorhaben gehören, von dem man kein Teil für vollständig erachten kann, ehe der Rest beisammen ist."[3] Bezieht man nun noch den Umstand mit ein, dass auch Handlungen interpretationsbedürftig sind und ihrerseits, wenn erfolgreich interpretiert, Aufschluss über die mentalen Einstellungen des Akteurs verschaffen, so zeigt sich der wahre Umfang des hermeneutischen Zirkels: „Für Davidson sind [...] die Interpretation von Äußerungen und die Interpretation nonverbalen Handelns Teile ein und desselben Projekts: Der Radikalinterpret wird zum Hermeneuten allen intentionalen Handelns, sei es nun sprachlich oder nicht."[4]

---

1 Kathrin Glüer, *Donald Davidson zur Einführung*, Hamburg 2003, 9.
2 Vgl. Donald Davidson, „Der Begriff des Glaubens und die Grundlage der Bedeutung" (1974), in: ders., *Wahrheit und Interpretation*, Frankfurt am Main 1986, 204–223, hier 204–208.
3 Donald Davidson, „Radikale Interpretation" (1973), in: ders., *Wahrheit und Interpretation*, a.a.O. (Anm. 2), 183–203, hier 186.
4 Glüer, *Davidson*, a.a.O. (Anm. 1), 79f.

Gleichwohl hat sich für Davidsons Unternehmen der Ausdruck „theory of interpretation" eingebürgert und nicht „Hermeneutik". Der besagte Rezeptionsgraben ist einer der Gründe dafür. Es gibt in beiden Theorietraditionen Elemente, die für die andere Seite rote Tücher sind. So können viele analytische Philosophen mit der Rede von „Einfühlung" wenig anfangen und halten die Idee des einfühlenden Nacherlebens fremder Gedanken für methodologisch naiv. Dass Schleiermacher das „divinatorische" Moment der Auslegung mit den Vokabeln „ahn(d)en" und „erraten" charakterisiert, leistet diesem Bedenken noch Vorschub.[5] Auf der anderen Seite erscheint Quines ausgeprägter Behaviorismus (den Davidson nicht teilt) aus Sicht der kontinentalen Hermeneutiktradition befremdlich. Gehört es nicht wesentlich zur hermeneutischen Kunst, im Zuge der Auslegung auf Gedanken, Gefühle, Einstellungen des Sprechers zu schließen? Quine schreibt mentale Einstellungen nur notgedrungen und stets nur so weit zu, wie zur Erklärung des Verhaltens der Person unbedingt erforderlich. Zudem möchte er mentale Zustände nur als vorläufige Stellvertreter für dereinst zu entdeckende physische Korrelate verstanden wissen.[6]

2 Radikalisierungen des Verstehensproblems

Schleiermacher hat die „Auslegungskunst" als das umfassende Unternehmen charakterisiert, „sich in den Besitz aller Bedingungen des Verstehens zu setzen [...] Das Geschäft der Hermeneutik darf nicht erst da anfangen, wo das Verständniß unsicher wird, sondern vom ersten Anfang des Unternehmens an, eine Rede verstehn zu wollen".[7] Eine Kunstlehre des Verstehens müsse zudem davon ausgehen, dass sich nicht das Verstehen von selbst ergibt, wie die „kunstlose Praxis" annehme, sondern vielmehr das Missverstehen.[8] Schleiermacher lässt in diesen Bemerkungen keinen

---

[5] Es ist kritisch bemerkt worden, dass Schleiermachers Ausführungen zum divinatorischen Verstehen nicht gut an die zahlreichen Vorläuferprojekte des 17. und 18. Jahrhunderts angebunden sind: „Hätte Schleiermacher die Entwicklung der allgemeinen Hermeneutik besser gekannt, hätte er seinen Begriff des divinatorischen Verstehens in fruchtbarer Weise mit der Präsumtionsmethodologie der Aufklärungshermeneutiken vergleichen können. Leider blieb diese Auseinandersetzung aus." Oliver Scholz, *Verstehen und Rationalität. Untersuchungen zu den Grundlagen von Hermeneutik und Sprachphilosophie*, Frankfurt am Main 1999, 73 f.
[6] Vgl. W.V.O. Quine, „Mind and Verbal Dispositions", in: *Mind and Language*, ed. Samuel Guttenplan, London 1975, 83–95.
[7] Die allgemeine Hermeneutik (1809/10), KGA II/4, 73 f.
[8] „Die kunstlose Praxis geht davon aus, daß sich das Verstehen von selbst ergibt", die Hermeneutik als Auslegungskunst hingegen davon, „daß sich das Mißverstehen von selbst ergibt

Zweifel daran, dass die Hermeneutik grundlegend anzusetzen und das Verstehen stets als problematisch zu behandeln hat. Gleichwohl handelt es sich bei den Ansätzen Quines und Davidsons um eine Radikalisierung der hermeneutischen Fragestellung. Es lassen sich mindestens vier Punkte ausmachen, in denen diese Projekte radikaler ansetzen als Schleiermachers Kunstlehre des Verstehens.

(a) Quine fingiert eine hermeneutische Extremsituation, nämlich die Erstübersetzung einer völlig fremden Sprache, über die nicht das Geringste bekannt ist. Diese Situation unterscheidet die „radikale Übersetzung" deutlich von der Auslegung literarischer Zeugnisse oder biblischer Texte.

(b) Zweitens wird angenommen, dass die Interpretationskunst nicht nur auf eine Theorie *des Verstehens* angewiesen ist, sondern auch in eine allgemeine *Bedeutungs*theorie integriert sein muss, die das Phänomen des sprachlichen Bedeutens problematisiert. Wie ist es überhaupt erklärlich, dass Lautketten und Tintenstriche, also physische Strukturen, auf etwas außerhalb ihrer selbst verweisen? Warum „bedeuten" gewisse Strukturen überhaupt etwas und nicht vielmehr nichts? Die analytische Sprachphilosophie war im 20. Jahrhundert zentral mit der Frage befasst, was sprachliche Bedeutung überhaupt ist, also mit etwas, was man schon zu wissen glaubte, bis Wittgenstein und Quine viele tradierte Annahmen darüber in Zweifel zogen. Die Radikalisierung des Verstehensproblems durch eine Eingliederung in die Grundfragen der allgemeinen Bedeutungstheorie ist zugleich eine Tieferlegung der theoretischen Fundamente der Hermeneutik.

(c) Bei Quine mündet die Frage, was Bedeutung eigentlich ist, in die Auffassung, dass man das vermeintliche Phänomen des Bedeutens oder Meinens nicht unkritisch voraussetzen, sondern nur anerkennen dürfe, wenn man es auf weniger problematische Konzepte zurückgeführt hat. Quines „Bedeutungsskepsis" besagt, dass die Sprachphilosophie ohne das Postulieren von Bedeutungen im Sinne von Intensionen auszukommen habe, unerlässliche semantische Begriffe seien allein *Wahrheit* und *Bezugnahme*.

(d) Von der Quineschen Bedeutungsskepsis zu unterscheiden und hermeneutisch interessanter ist der *sinnkritische* Gedanke, dass ein Sprecher keinen privilegierten Zugang zum Sinn seiner eigenen Äußerungen besitzt. Damit hat er auch keine Gewähr dafür, dass das, was er zu meinen scheint, sich überhaupt sinnvoll meinen lässt. Die Sinnkritik geht über die aus der Frühromantik bekannte Verstehensskepsis hinaus und stellt eine besonders interessante Herausforderung für eine Kunstlehre des Verstehens dar, die ja stets davon ausgeht, dass es etwas *zu*

---

und daß Verstehen auf jeden Punkt muß gewollt und gesucht werden." Hermeneutik (1819), KGA II/4, 127.

verstehen gibt, also nicht ernsthaft damit rechnet, dass Verstehensbemühungen sich als Versuch am untauglichen Objekt erweisen könnten.

3 Verstehensskepsis, Bedeutungsskepsis und Sinnkritik

Der Zweifel daran, dass etwas vermeintlich Gemeintes überhaupt sinnvoll sag- und meinbar ist, befindet sich außerhalb des Fragehorizonts der Aufklärungshermeneutik des 17. und 18. Jahrhunderts. Der sinnkritische Zweifel hat eine antimentalistische Pointe, die deutlich in einer Bemerkung Wittgensteins zum Ausdruck kommt: „Wenn man aber sagt: ‚Wie soll ich wissen, was er meint, ich sehe ja nur seine Zeichen', so sage ich: ‚Wie soll *er* wissen, was er meint, er hat ja auch nur seine Zeichen.'"[9]

Husserl hatte von „bedeutungsverleihenden Akten" des Bewusstseins gesprochen. Wittgensteins rhetorische Frage: „Aber ist es nicht unser *Meinen*, das dem Satz Sinn gibt?"[10] mag darauf anspielen. Dieses Begründungsverhältnis zwischen privatem Meinen und öffentlichem Bedeuten kehrt Wittgenstein um: „Nur in einer Sprache kann ich etwas mit etwas meinen".[11] Die letztere Auffassung scheint Schleiermacher bis zu einem gewissen Grad zu teilen, denn er nimmt an, dass Denken grundsätzlich sprachförmig ist: „Man könnte sagen: die Rede wird mit dem Denken zugleich. Wir denken gar nicht eher, bis wir innerlich reden".[12] Das Formen eines Gedankens und das Bilden eines sprachlichen Ausdrucks wären demnach psychologisch keine separaten Vorgänge: „Das Denken wird durch innere Rede fertig und in so fern ist die Rede nur der gewordene Gedanke selbst"[13] Es fällt schwer, hier nicht an Kleists Formulierung von der „allmählichen Verfertigung der Gedanken beim Reden" zu denken, die im selben Jahr niedergeschrieben wurde, in dem Schleiermacher erstmals seine Hermeneutikvorlesung hielt. Kleists erst posthum gedruckten Aufsatz konnte Schleiermacher nicht kennen.

In der traditionellen zweistufigen Semiotik von Platon bis Locke ging man demgegenüber davon aus, dass der Sprecher über bestimmte mentale Inhalte verfügt, für die er im zweiten Schritt ein Transportmedium braucht. Bei Locke sind

---

9 Ludwig Wittgenstein, *Philosophische Untersuchungen*, Frankfurt am Main 1971, § 504.
10 Ebd., § 358.
11 Ebd., § 38. Searle hat später ein „Prinzip der Ausdrückbarkeit" formuliert, demzufolge man „alles, was man meinen, auch sagen kann". John R. Searle, *Sprechakte* (1969), Frankfurt am Main 1971, 34.
12 Kolleg 1819, Nachschrift Jonas, KGA II/4, 197.
13 Hermeneutik 1819, KGA II/4, 120.

Vorstellungen Stellvertreter von Sachen, Wörter vertreten dann die Vorstellungen. Eine solche zweistufige Auffassung, in der das öffentliche Ausdrücken dem privaten Meinen folgt, abstrahiert von dem Umstand, dass auch die ausdrückbaren mentalen Inhalte schon in einem bestimmten Repräsentationsformat vorliegen, zu dem der Denker, folgt man Wittgenstein, keinen direkteren Zugang hat als seine Interpreten. Wenn man nur in einer Sprache etwas mit etwas meinen kann, geht das Meinen dem sprachlichen Bedeuten nicht voraus. So wendet Wittgenstein gegen die dem zweistufigen Paradigma folgende augustinische Spracherwerbstheorie ein, dass sie in Wirklichkeit von Wesen handle, die schon über eine Sprache verfügen und nun eine weitere erwerben – also vom Zweitsprachenerwerb. Augustinus schreibe über das lernende Kind, „als habe es bereits eine Sprache, nur nicht diese. Oder auch: als könne das Kind schon *denken*, nur noch nicht sprechen. Und ‚denken' hieße hier etwas, wie: zu sich selber reden".[14]

Die schwierige Frage, ob die These von der Sprachförmigkeit des Denkens für alle Denkinhalte plausibel ist oder nur für propositional verfasste Inhalte einer bestimmten Art und Komplexität, müssen wir hier auf sich beruhen lassen. Da Schleiermacher zweifellos eine Version der Sprachförmigkeitsthese vertritt[15], ist es nicht diese These, in der Wittgensteins Sinnkritik das Verstehensproblem radikalisiert. Der entscheidende Radikalisierungsschritt besteht darin, dass nichts und niemand einen Sprecher davor schützt, in seinen sprachlichen Äußerungen die Grenzen des Sinns derart zu überschreiten, dass das Gesagte überhaupt keinen Gedanken mehr ausdrückt. Man kann zwar nicht denken, was sich nicht denken lässt, aber man kann etwas sagen, was keinen denkbaren Inhalt ausdrückt und insofern „einfach Unsinn" ist. Im Vorwort des *Tractatus* hat Wittgenstein diese Asymmetrie eindrücklich beschrieben:

---

14 Wittgenstein, a.a.O., § 32. – Mir ist bewusst, dass es sich bei der Diagnose der mentalistischen Sprachauffassung sowohl bei Augustinus als auch bei Locke um problematische Vergröberungen handelt. Zu Augustinus vgl. Johann Kreuzer, Einleitung zu Augustinus, *De Trinitate*, Darmstadt 2001, XLVII – LI.; zu Locke vgl. Martin Lenz, *Lockes Sprachkonzeption*, Berlin/New York 2010, z. B. 532.

15 Nach Kimmerles Interpretation hat sich Schleiermacher in den beiden Akademiereden von 1829 von dem „Grundgedanken der Identität von Denken und Sprache abgewendet" und nunmehr den „Prozeß des Heraustretens eines Gedankens in seine empirisch faßbare sprachliche Gestalt" zum Gegenstand der Hermeneutik gemacht. Heinz Kimmerle, „Einleitung" zu Friedrich Schleiermacher, *Hermeneutik*. Nach den Handschriften neu herausgegeben und eingeleitet von Heinz Kimmerle, Heidelberg 1974, 21. Zur Einschätzung der Identitätsthese und zum Verhältnis von Sprechen und Denken bei Schleiermacher vgl. Sarah Schmidt, *Die Konstruktion des Endlichen: Schleiermachers Philosophie der Wechselwirkung*, Berlin/New York 2005, 253–257.

> „Das Buch will also dem Denken eine Grenze ziehen, oder vielmehr – nicht dem Denken, sondern dem Ausdruck der Gedanken: Denn um dem Denken eine Grenze zu ziehen, müßten wir beide Seiten dieser Grenze denken können (wir müßten also denken können, was sich nicht denken läßt). Die Grenze wird also nur in der Sprache gezogen werden können und was jenseits der Grenze liegt, wird einfach Unsinn sein."[16]

Dass man, um dem Denken eine Grenze zu ziehen, beide Seiten dieser Grenze denken können muss, entspricht Hegels Figur der „Dialektik der Grenze", derzufolge man eine Grenze in Gedanken schon überschritten haben muss, um sie zu bestimmen. Wittgenstein stellt nun fest, dass die Bestimmung der Grenzen des sinnvoll Sagbaren von dieser Dialektik nicht betroffen ist, weil sie „von innen" erfolgen kann. Er verweist auf die Asymmetrie, dass man zwar Undenkbares nicht denken, Unsinniges aber durchaus sagen kann. Man kann die Worte, die keinen denkbaren Inhalt ausdrücken, sehr wohl aussprechen, nur werden sie eben „Unsinn sein".

Die antimentalistische Stoßrichtung der sinnkritischen Wende verändert die Geschäftsgrundlage einer dem mentalistischen Paradigma verhafteten Kunst des Verstehens. Wenn es keine „bedeutungsverleihenden Akte" des Bewusstseins gibt, kein inneres „Meinen", das unseren Worten Sinn verleiht, dann ist das mit einer Äußerung jeweils Gemeinte nicht mehr nur in der Hinsicht fragwürdig, dass es jeweils vom Interpreten ermittelt werden muss. Vielmehr ist es etwas von vornherein Problematisches, auch für den Sprecher selbst. Wenn die Bedeutung des Gesagten sich nicht aus dem inneren Meinen ergibt, dann stehen nicht mehr bloß die Möglichkeiten und Methoden des *Verstehens* auf dem Spiel, sondern der Sinn des Gesagten selbst. Eine Radikalisierung ist diese sinnkritische Wende, insofern klassische Verstehenstheorien selbst dort, wo sie skeptische Anwandlungen haben, nach den Grenzen des *Verstehens* fragen, nicht nach den Grenzen des *Sinns*. Der Unterschied lässt sich anhand einer berühmten Bemerkung von Humboldt illustrieren:

> „Keiner denkt bei dem Wort gerade und genau das, was der andre, und die noch so kleine Verschiedenheit zittert, wie ein Kreis im Wasser, durch die ganze Sprache fort. Alles Verstehen ist daher immer zugleich ein Nicht-Verstehen, alle Uebereinstimmung in Gedanken und Gefühlen zugleich ein Auseinandergehen."[17]

Humboldt lässt in seinem Hinweis auf die Grenzen des Verstehens – wie auch Schleiermacher in seinen Überlegungen zum Primat des Missverstehens – die privaten Denkinhalte des Sprechers unangetastet. Der Sprecher weiß sehr gut, was

---

16 Ludwig Wittgenstein, *Tractatus logico-philosophicus*, Frankfurt am Main 1960, Vorwort.
17 Wilhelm von Humboldt, „Ueber die Verschiedenheit des menschlichen Sprachbaues und ihren Einfluss auf die geistige Entwicklung des Menschengeschlechts" (1830–35), in: ders., *Gesammelte Schriften* Bd. VII/1, Berlin 1907, 1–344, hier 64f.

er „bei dem Wort denkt" und welchen „Gedanken und Gefühlen" er Ausdruck verleihen will. Zum Problem werden nicht diese mentalen Daten, sondern allein deren „Übereinstimmung" mit dem Interpreten.

Das, was der Sprecher bei einem Wort denkt, ist nach dem von Wittgenstein kritisierten intentionalistischen Modell vom sprachlichen Bedeuten die Quelle der Bedeutung. Die Äußerung eines Sprechers bedeutet nach diesem Modell, was der Sprecher *meint*, also auszudrücken beabsichtigt. Was die „bedeutungsverleihenden Akte" des Bewusstseins betrifft, so erfährt man bei Husserl nirgends genau, wie der Sprecher dieses „Verleihen" von Bedeutung eigentlich bewerkstelligt. Erst Grice hat in den 60er und 70er Jahren des 20. Jahrhunderts eine Theorie dazu ausgearbeitet, die das Hervorgehen der Äußerungsbedeutung aus den Sprecherabsichten erklären soll. Eine Hauptschwierigkeit der intentionalistischen Semantik besteht darin, dass Absichten mit Gehalten, die spezifisch genug sind, um die ihnen in der Theorie zugedachte Rolle zu erfüllen, ihrerseits ein sprachförmiges Repräsentationsformat erfordern. In intentionalistischen Bedeutungstheorien ist der Repräsentationsgehalt sprachlicher Äußerungen von der Intentionalität mentaler Zustände abgeleitet, die selbst nicht problematisiert wird. Das ändert sich mit Wittgensteins Privatsprachenargument und mit Quines Bedeutungsskepsis. Was Wittgenstein und Quine verbindet, ist die Weigerung, in der Bedeutungstheorie bedeutungsverleihende mentale Tatsachen zu postulieren.

Verstehensskepsis kann man die Auffassung nennen, dass das Missverstehen der Normalfall und das Verstehen der glückliche und stets gefährdete Sonderfall ist. Die entsprechenden Tendenzen bei Schleiermacher und Friedrich Schlegel hat man „frühromantische Antihermeneutik" genannt. Verstehensskepsis, so radikal sie sich etwa bei Derrida gerieren mag, betrifft ein Transportproblem, während Bedeutungsskepsis ein Problem mit dem Transportgut betrifft.

4 Radikale Übersetzung

Den Ausdruck „radical translation" hat Quine 1960 geprägt, um das Unternehmen der Erstübersetzung einer völlig fremden Sprache zu bezeichnen.[18] Im zweiten Kapitel seines Hauptwerks *Word and Object* hat er dazu folgendes Gedankenexperiment ersonnen: Ein Sprachforscher trifft in einem entlegenen Winkel der Erde auf einen Stamm, der eine ihm völlig unbekannte Sprache spricht. Die Eingeborenen haben

---

[18] Die folgende Darstellung orientiert sich an G. Keil, *Quine*, Stuttgart 2011, 37–51 und überschneidet sich mit meinem Artikel „Radikale Interpretation und radikale Übersetzung", in: *Handbuch Sprachphilosophie*, hg.v. Nikola Kompa, Stuttgart 2015, 237–249.

bisher isoliert von anderen Kulturen gelebt, so dass ihre Sprache niemals in eine andere Sprache übersetzt worden ist. Auch sonst ist nichts über diesen Stamm bekannt. Dem Feldlinguisten stellt sich nun die Aufgabe, die Laute, die die Eingeborenen von sich geben, in Äußerungen seiner eigenen Sprache zu übersetzen.

Gegenüber dem Normalfall des Übersetzens einer Äußerung oder eines Textes aus einer Quell- in eine Zielsprache gibt es hier eine zusätzliche Unbekannte, nämlich die Struktur der Quellsprache. Im gewöhnlichen Fall ist die Quellsprache bekannt, es gibt Wörterbücher, Grammatiken und Sammlungen von Idiomen, die der Übersetzer konsultieren kann. Hinsichtlich der „grammatischen" Interpretation ist also schon vorgearbeitet. Schleiermacher ordnet der grammatischen Auslegung die „komparative" Methode zu, bei der das zu Verstehende mit etwas Allgemeinem, bereits Verstandenem verglichen wird.

Der radikale Übersetzer befindet sich in einer ungünstigeren Lage. Er weiß über die Quellsprache noch nichts, so dass er auf der Basis derselben Belege sowohl genügend Informationen über die fremde Sprache als auch die Bedeutung der jeweiligen Äußerung ermitteln muss. Das Gedankenexperiment der radikalen Übersetzung ist ein Kunstgriff, durch den Quine den hermeneutischen Nullpunkt des Nichtverstehens fingiert. Diesen speziellen und artifiziellen Fall hatte Schleiermacher schlicht nicht vor Augen, wenn er postuliert: „[D]ie Mittheilung sezt auf jeden Fall die Gemeinschaftlichkeit der Sprache also eine gewisse Kenntniß derselben voraus."[19]

Die Aufgabe des radikalen Übersetzers besteht nach Quine darin, „aus den zu einem bestimmten Zeitpunkt beobachteten Reaktionen eines Menschen dessen derzeitige Sprache zu rekonstruieren."[20] Wie bekommt der Übersetzer einen Fuß in die Tür? Die ihm zur Verfügung stehenden Daten beschreibt Quine in behavioristischer Manier: „Die einzigen objektiven Daten, nach denen er sich richten kann, sind die Kräfte, die er auf die Außenflächen des Eingeborenen einwirken sieht, sowie das beobachtbare, stimmliche und sonstige Verhalten des Eingeborenen".[21]

Eine erste Frage betrifft die Wahl einer geeigneten Übersetzungseinheit. Man übersetzt nicht Sprachen, sondern begrenzte Textstücke einer Sprache: Wörter, Sätze, Äußerungen. Der radikale Übersetzer geht von der Annahme aus, dass zwischen Äußerungen und außersprachlichen Gegebenheiten systematische Beziehungen bestehen. Gäbe es keine solchen Korrelationen, die er ausbeuten könnte, würde sein Unternehmen fehlschlagen. Diejenige sprachliche Einheit, die am besten auf solche Korrelationen hin untersuchbar ist, ist nach Quine der Satz.

---

19 Hermeneutik 1819, KGA II/4, 120.
20 W.V.O. Quine, *Wort und Gegenstand* (1960), Stuttgart 1980, 62.
21 Ebd.

Diese Annahme entspricht dem Grundgedanken der *Semantik der Wahrheitsbedingungen*, den Wittgenstein so ausdrückt: „Einen Satz verstehen, heißt, wissen was der Fall ist, wenn er wahr ist".[22] Ein Interpret muss nicht wissen, *ob* der Satz wahr ist, um ihn zu verstehen, aber er muss wissen, unter welchen Bedingungen er wahr wäre. Man kann diesen Gedanken auch unter Verwendung des Begriffs des Glaubens reformulieren, denn etwas zu glauben bedeutet, es für wahr zu halten. Man versteht einen (Aussage-)Satz, wenn man weiß, welche Überzeugung der Sprecher damit ausdrücken möchte.

Die Auffassung, dass „Sätze der primäre Bedeutungsspeicher"[23] sind, ist eine Abkehr von den Sprachtheorien der philosophischen Tradition, die ihren methodischen Ausgang vom Einzelwort genommen haben. Die These vom semantischen Primat des Satzes, die auf der beschriebenen Einsicht in die besondere Rolle der Aussagenwahrheit bei der Bestimmung von Bedeutungen beruht, mag befremdlich klingen, da Sätze schließlich aus Wörtern zusammengesetzt sind und da in natürlichen Sprachen die Bedeutungen von Sätzen systematisch mit denen ihrer Bestandteile zusammenhängen. Die *kompositionale* Struktur der Sprache widerspricht aber einer wohlverstandenen These vom semantischen Primat des Satzes nicht. Der frühkindliche Spracherwerb zeigt, dass die meisten der aus nur einem Wort bestehenden Äußerungen tatsächlich Sätze sind. Sagt das Kleinkind angesichts eines Hundes einsilbig „Hund", so muss diese Äußerung als Einwortsatz interpretiert werden.[24] Eine angemessene Übersetzung ins Erwachsenendeutsch mag lauten: „Dort ist ein Hund" oder „Sieh mal, ein Hund!". Im Spracherwerbsprozess zeigt sich der semantische Primat des Satzes nach Quine darin, dass „man Wörter nur lernt, indem man von ihren Rollen in bereits erlernten Sätzen abstrahiert".[25]

Der Feldlinguist wird deshalb zunächst auf Äußerungen seines Gewährsmanns achten, die er für wahrheitsfähige Aussagen hält. Aber nicht alle Arten von Aussagen sind gleich gut geeignet. Um einen Fuß in die Tür zu bekommen, wird er im ersten Schritt auf möglichst kurze Äußerungen achten, die sein Gewährsmann angesichts einer plötzlichen, auffälligen, begrenzten Änderung einer Situation macht, in der sich beide gemeinsam befinden. Außerdem muss es sich um Äußerungen handeln, denen

---

[22] Wittgenstein, *Tractatus*, a.a.O. (Anm. 16), 4.024.
[23] W.V.O. Quine, *Theorien und Dinge* (1981), Frankfurt am Main 1985, 13.
[24] Als Einwortsätze bezeichnen Linguisten elliptische Äußerungen wie „Feuer" oder „Idiot", die aus einem Wort bestehen, aber im jeweiligen Kontext als Sätze verstanden werden. Wenn „Idiot" nicht natürlicherweise im Sinne von „Du bist ein Idiot" verstanden würde, könnte man, wenn man das Wort in Anwesenheit eines Polizisten geäußert hat, ein Verfahren wegen Beamtenbeleidigung leicht abwenden.
[25] Quine, *Wort und Gegenstand*, a.a.O. (Anm. 20), 101.

man zustimmen kann, ohne über vorgängige Zusatzinformation zu verfügen. Quine nennt solche Äußerungen *Beobachtungssätze (observation sentences)*. Eine brauchbare Situation wäre diese: Der Sprachforscher und sein Gewährsmann stehen nebeneinander und blicken schweigend in die Landschaft. Plötzlich hoppelt ein Kaninchen vorbei. Der Eingeborene sagt etwas, was wie „Gavagai" klingt. Der Feldlinguist nimmt sein Notizbuch, notiert in der linken Spalte „Gavagai" und in der rechten „Kaninchen" oder „Sieh da, ein Kaninchen", und zwar „als vorläufige, in weiteren Fällen zu erprobende Übersetzung".[26]

Zur weiteren Erprobung seiner Übersetzungshypothese kann der Sprachforscher bei verschiedenen Gelegenheiten „Gavagai?" fragen und achtgeben, ob sein Gewährsmann zustimmt oder nicht. Leider weiß er noch nicht, ob seine Hebung der Stimme als Frage interpretiert wird und welche Äußerungen oder Gesten er als Zustimmung oder Ablehnung werten kann. Um dies herauszubekommen, schlägt Quine vor, Äußerungen des Gewährsmanns nachzusprechen. Wenn man dadurch regelmäßig dasselbe kurze Wort auslöst, liegt die Vermutung nahe, dass es die Bedeutung von „ja" hat. Auch dies ist allerdings nicht mehr als eine Arbeitshypothese, die sich in weiteren Fällen bewähren muss. Quine verwendet viel Mühe und Phantasie darauf, sich mögliche Komplikationen bei der Überprüfung von Übersetzungshypothesen auszumalen.

Die logischen Verknüpfungen (*nicht, und, oder, wenn ... dann*) werden aus dem Satzzusammenhang heraus übersetzt. Stößt der radikale Übersetzer auf ein kurzes Wort, das jeden Beobachtungssatz, dem zuvor zugestimmt wurde, in einen verwandelt, der abgelehnt wird, so ist er auf die Negation gestoßen. Er hat ein behavioristisches Kriterium gefunden, das ihm das Recht gibt, das fragliche Wort mit „nicht" zu übersetzen. Die Bedeutung der logischen Partikeln ergibt sich also als Nebenprodukt der radikalen Übersetzung der Sätze, in denen sie vorkommen. Dabei unterstellt der Übersetzer, dass es die logischen Verknüpfungen und die mit ihnen einhergehenden logischen Gesetze in der fremden Sprache gibt. Diese Unterstellung ist keine bloße Arbeitshypothese, da hier die Übersetzbarkeit der fremden Sprache überhaupt auf dem Spiel steht. Übersetzte man die Äußerungen eines Sprechers zum Beispiel so, dass sie eine große Zahl offener Widersprüche ausdrückten, dann würde es sehr schwierig, dem Sprecher überhaupt bestimmte Überzeugungen zuzuschreiben. Quine führt zur Illustration an, dass es auch in der muttersprachlichen Kommunikation vorkommt, dass jemand auf eine Frage mit „ja und nein" antwortet. Wir nähmen aber in einem solchen Fall an, dass „der in Frage gestellte Satz bei der Affirmation und Negation jeweils verschieden gemeint ist; wir nehmen lieber das an, als daß der andere so dumm wäre, dasselbe zu

---

[26] Ebd., 63.

bejahen und zu verneinen".[27] Mit einer Äußerung konfrontiert, die, wörtlich übersetzt, den Satz vom Widerspruch verletzt, interpretieren wir wohlwollend, um diese Verletzung als scheinbare zu erweisen.

Die weiteren Schritte des Unternehmens der radikalen Übersetzung muss ich hier auf sich beruhen lassen. Quines Gedankenexperiment mündet in die These von der „Unbestimmtheit der Übersetzung", aus der er sein Hauptargument für seine Bedeutungsskepsis gewinnt. Die Unbestimmtheitsthese ist aber für hermeneutische Fragestellungen, die um den Begriff des Verstehens zentriert sind, nicht von Belang.

5 Das „principle of charity"

Indem Quine den Feldlinguisten nach Möglichkeit widerspruchsvermeidend übersetzen lässt, bezieht er sich auf das in der analytischen Philosophie erstmals 1959 von Neil Wilson formulierte „principle of charity". In der hermeneutischen Tradition hat dieses Prinzip zahlreiche Vorläufer.[28] Zu ihnen gehört das von Georg Friedrich Meier in seinem *Versuch einer allgemeinen Auslegungskunst* formulierte Prinzip der „hermeneutischen Billigkeit" (*aequitas hermeneutica*). Meier versteht darunter „die Neigung eines Auslegers, diejenigen Bedeutungen für hermeneutisch wahr zu halten, welche mit den Vollkommenheiten des Urhebers der Zeichen am besten übereinstimmen, bis das Gegenteil erwiesen wird."[29] Schleiermacher kennt diese Interpretationsmaxime der Sache nach auch, hat aber keinen eigenen Namen dafür. Das Erscheinen eines Widerspruchs wertet Schleiermacher als Indiz für Nichtverstehen. Zu den „Maximen beim Verstehen" gehöre diese: „Ich verstehe alles bis ich auf einen Widerspruch oder Nonsens stoße".[30] Auch Gadamers „Vorgriff auf Vollkommenheit", den dieser als ein „Axiom aller Hermeneutik"[31] ansieht, gehört in diese Reihe.

---

27 Ebd., 114.
28 Eine vergleichende Übersicht über diese Vorläufer (Dannhauer, Clauberg, Weise, Thomasius, Crusius, Meier, Lambert, Bolzano) verschafft Scholz, *Verstehen und Rationalität*, a.a.O. (Anm. 5), 35–67.
29 Georg Friedrich Meier, *Versuch einer allgemeinen Auslegungskunst*, Halle 1757, § 39.
30 Zur Hermeneutik 1805 und 1809/10, KGA II/4, 6.
31 Hans-Georg Gadamer, *Wahrheit und Methode. Grundzüge einer philosophischen Hermeneutik*, Gesammelte Werke Bd. 1, Tübingen 1986, 376. – Einen erhellenden Vergleich der Prinzipien Meiers, Gadamers und Davidsons unternimmt Wolfgang Künne, „Prinzipien der wohlwollenden Interpretation", in: *Intentionalität und Verstehen*, hg.v. Forum für Philosophie Bad Homburg, Frankfurt am Main 1990, 212–236.

Bei Quine besagt das Prinzip der hermeneutischen Caritas, dass man bei der Übersetzung darauf achten sollte, dass die Aussagen des Sprechers sich nach Möglichkeit als widerspruchsfrei und wahr erweisen. Quine setzt das Prinzip also ein, um zu *plausiblen* Übersetzungen zu gelangen:

> „Die Übersetzungsmaxime, die all dem zugrunde liegt, ist, daß Behauptungen, die oberflächlich auffällig falsch sind, auf verborgenen Unterschieden der Sprache beruhen. [...] Die durchaus vernünftige Annahme, die hinter dieser Maxime steckt, ist, daß die Dummheit des Gesprächspartners über einen bestimmten Punkt hinaus weniger wahrscheinlich ist als eine schlechte Übersetzung [...]."[32]

Quines Formulierung, dass niemand „so dumm wäre, dasselbe zu bejahen und zu verneinen"[33], erfordert ihrerseits eine wohlwollende Interpretation. Eine solche Äußerung wäre nicht nur dumm, sondern ließe sich schwerlich noch als Ausdruck einer Überzeugung eines bestimmten Inhalts ansehen. Wenn jemand etwas und zugleich das Gegenteil davon glaubte, welchen Inhalt sollte seine Überzeugung haben? Nach den Regeln der klassischen Logik lässt sich aus einem Widerspruch Beliebiges ableiten (*ex contradictione sequitur quodlibet*). Deshalb zeigt die Zuschreibung offen widersprüchlicher Überzeugungen in der Regel an, dass mit der Übersetzung etwas nicht stimmt. Aristoteles hat sogar die These vertreten, dass das Prinzip vom ausgeschlossenen Widerspruch schon in den Umstand eingebaut sei, dass man überhaupt etwas mit seinen Worten meint. Sofern Worte überhaupt etwas bezeichnen, bezeichnen sie Bestimmtes. Wenn sie Beliebiges oder unbegrenzt Vieles bezeichneten, wäre die Möglichkeit vernünftiger Rede, ja selbst die des Denkens aufgehoben.[34]

Quine hat das „principle of charity" auf die Übersetzung der logischen Verknüpfungen angewandt, wo es unverzichtbar ist. Man könnte es in einer Diktion, die Quine fremd ist, eine transzendentale Bedingung der Möglichkeit der Interpretation nennen. In den späteren Stadien der radikalen Übersetzung ändert das Prinzip seinen Charakter. Dort sinken Wahrheits- und Konsistenzunterstellungen zu widerrufbaren Hypothesen herab. Man probiert vorzugsweise Übersetzungen aus, die Wahrheit und Konsistenz maximieren, ist jedoch bereit, die Unterstellungen zurückzuziehen, wenn sich Gegenbelege türmen. Schließlich kommt es vor, dass Menschen Falsches oder versteckt Widersprüchliches glauben, und es ist nicht die Aufgabe des Übersetzers, tatsächlich bestehende Überzeugungsunterschiede zu verschleiern: „Eventually, of course, the linguist drops his initially

---

32 Quine, *Wort und Gegenstand*, a.a.O. (Anm. 20), 114–115.
33 Ebd., 114.
34 Vgl. Aristoteles, *Metaphysik* IV 4, 1006 b und XI 5, 1062 a.

indispensable assumption that natives tell the truth. He does not go on forever modifying his growing theory of the native language so as to accomodate each succeeding affirmation as true".[35]

Eine quasi-transzendentale Begründung des Caritas-Prinzips findet sich bei Davidson, der sich an Quines Rede von der „Unwahrscheinlichkeit" der großen „Dummheit des Gesprächspartners" stößt. Nach Davidson beruht die methodische Maxime, „in einer Weise zu interpretieren, in der die Einigkeit optimiert wird, […] nicht […] auf einer nachsichtigen Voraussetzung mit Bezug auf die menschliche Intelligenz, die sich auch als falsch herausstellen könnte". Vielmehr gelte:

> „Wenn wir keine Möglichkeit finden, die Äußerungen und das sonstige Verhalten eines Geschöpfs so zu interpretieren, daß dabei eine Menge von Überzeugungen zum Vorschein kommt, die großenteils widerspruchsfrei und nach unseren eigenen Maßstäben wahr sind, haben wir keinen Grund, dieses Geschöpf für ein Wesen zu erachten, das rational ist, Überzeugungen vertritt oder überhaupt etwas sagt".[36]

Bei oberflächlicher Lektüre läuft diese provokante Passage auf die ethnozentrische Behauptung hinaus, dass die Fremden entweder alles genauso sehen wie wir oder keine rationalen Wesen sind, ja nicht einmal Überzeugungen haben. Das klingt absurd – wenn man vergisst, dass die Pointe von Davidsons Überlegung darin besteht, dass dieser Fall zwischen menschlichen Sprechern nicht eintreten kann. Der radikale Übersetzer kann nur dann korrekt übersetzt haben, wenn er den größten Teil der fremden Äußerungen so interpretiert, dass er sie als Ausdruck derjenigen Überzeugungen ansehen kann, die in der gegebenen Situation zu haben nach den Maßstäben des Interpreten rational wäre. Ein hinreichend hoher Grad an Übereinstimmung ist nach Davidson Voraussetzung dafür, Überzeugungen allererst zu *individuieren*, und damit auch eine Bedingung der Möglichkeit der Interpretation. Überzeugungen werden ja über ihre Inhalte individuiert. Wenn nun eine Übersetzung oder Interpretation ergibt, dass einem Sprecher bizarre Überzeugungen über Kaninchen zugeschrieben werden müssen – wenn er zum Beispiel laut Übersetzung glaubt, dass Kaninchen große dickhäutige Tiere mit einem Rüssel sind[37] –, dann haben wir keinen guten Grund zu der Annahme, dass seine Äußerungen von Kaninchen handeln, und sollten eine andere Übersetzung ausprobieren. Je abwegigere Überzeugungen zu einem Redegegenstand die Inter-

---

35 W.V.O. Quine, „Philosophical Progress in Language Theory", in: *Metaphilosophy* 1 (1970), 2–19, hier 17.
36 Donald Davidson, „Radikale Interpretation" (1973), in: ders., *Wahrheit und Interpretation*, a.a.O. (Anm. 2) hier 199.
37 Vgl. mit einem anderen Beispiel Donald Davidson, „Sagen, daß" (1968), in: ders., *Wahrheit und Interpretation*, a.a.O. (Anm. 2), 141–162, hier 151f.

pretation ans Licht zu fördern scheint, desto wahrscheinlicher ist es, dass es sich überhaupt nicht um Überzeugungen über den fraglichen Gegenstand handelt, dass die Übersetzung also falsch ist und revidiert werden muss.

Freilich muss eine Übersetzung *begrenzte* Dissense zwischen Sprecher und Interpret enthüllen können. Beispielsweise könnte einer der beiden einem kaninchenbezogenen Aberglauben anhängen. Um diesen Überzeugungsunterschied allererst identifizieren zu können, müssen Interpret und Sprecher aber in unzähligen anderen Überzeugungen übereinstimmen. Der für Davidsons Begründung des Caritas-Prinzips entscheidende Punkt ist, dass „Meinungsverschiedenheit ebenso wie Meinungsgleichheit nur vor einem Hintergrund massiver Übereinstimmung verständlich sind".[38] Zusammenfassend:

> „Je größer die Anzahl der Dinge, mit Bezug auf die jemand das Richtige glaubt, desto schärfer umrissen sind seine Irrtümer. Durch zu viele Fehler wird einfach der Brennpunkt unscharf. Die Interpretation wird demnach dadurch ermöglicht, daß wir die Möglichkeit massiven Irrtums a priori ausschließen können. Eine Interpretationstheorie, derzufolge jemand sehr viele falsche Sätze bejaht, kann nicht richtig sein [...]."[39]

6 Radikale Interpretation beginnt zu Hause

Unter „Übersetzen" versteht man gemeinhin das Übertragen eines Textes einer Ursprungssprache in einen bedeutungsgleichen Text einer Zielsprache. Demgegenüber ist der Ausdruck „Interpretieren" für Verstehens- und Deutungsprozesse im homophonen Fall reserviert. Interpretationsbedürftig können Äußerungen auch dann sein, wenn Sprecher und Interpret dieselbe natürliche Sprache sprechen.[40]

Der von Davidson verwendete Ausdruck „radikale Interpretation" ist erklärtermaßen Quine verpflichtet, die beiden Projekte weichen aber in einigen Hinsichten voneinander ab. Zum einen meint Davidson, dass die Erstellung eines Quineschen „translation manual", also eines zweisprachigen Übersetzungshandbuchs, dem *Verstehens*aspekt des Interpretierens zu wenig Rechnung trägt. Zum Beispiel könnte jemand wissen, dass „It is snowing" eine Übersetzung von

---

38 Donald Davidson, „Radikale Interpretation", a.a.O. (Anm. 2), 199.
39 Donald Davidson, „Denken und Reden" (1975), in: ders., *Wahrheit und Interpretation*, a.a.O. (Anm. 2), 224–246, hier 244.
40 Der Unterschied ist im Englischen etwas geringer als im Deutschen; ein „interpreter" ist ein Übersetzer, „to interpret" heißt neben „auslegen, deuten, interpretieren" auch „dolmetschen".

„Es schneit" ist, ohne die Sätze zu verstehen.[41] Ferner teilt Davidson den strengen Behaviorismus und die Intensionsskepsis Quines nicht, sondern weist auch den mentalen Einstellungen der Sprecher und Interpreten einen wesentlichen Ort in der Interpretationstheorie zu. Davon, dass Davidson das Caritas-Prinzip umfassender einsetzt und anders begründet als Quine, war bereits die Rede.

Davidsons Interpretationstheorie gehört in den Kontext seines Projekts einer wahrheitskonditionalen Bedeutungstheorie für natürliche Sprachen, einer Theorie, aus der alle Sätze der Form „S ist in L genau dann wahr, wenn p" folgen, wobei S für einen Satz der Objektsprache L und p für einen Satz der Metasprache steht, der unter den gleichen Bedingungen wahr ist wie S. Unter einer Bedeutungstheorie versteht Davidson eine Theorie, deren Kenntnis einen Interpreten in die Lage versetzen würde, alle Äußerungen der fraglichen Sprache zu verstehen. Im interpretationstheoretischen Teil des Projekts geht es um die Frage, wie der Interpret sich in den Besitz der Belege bringt, die ihm das Verständnis ermöglichen und die Bedeutungstheorie bestätigen. „Radikal" heißt das Interpretieren, weil eine Theorie für denjenigen Fall gesucht ist, in dem der Interpret weder die Bedeutungen der fremden Äußerungen noch die Überzeugungen und anderen mentalen Einstellungen der fremden Sprecher kennt.

An das Szenario des Quineschen Feldlinguisten knüpft Davidson auch deshalb nicht an, weil er annimmt, dass sich für die Verständigung zweier Sprecher derselben natürlichen Sprache ein strukturgleiches Problem stellt: „Die radikale Interpretation ist immer beteiligt, wenn man die Äußerungen eines anderen Sprechers versteht."[42] Diese Pointierung erklärt sich daraus, dass nicht von vornherein klar ist, was es heißt und woran man erkennt, ob zwei Sprecher dieselbe Sprache sprechen.[43]

Mit diesem Zug assimiliert Davidson das gewöhnliche Sprachverstehen an das Interpretieren und beide an das Übersetzen. Methodologisch gebe es keinen wesentlichen Unterschied zwischen Interpretieren und Übersetzen, da sich ein Hörer auch im homophonen Fall niemals sicher sein könne, dass der Sprecher mit

---

41 Man denke an John Searles Gedankenexperiment des „Chinesischen Zimmers", in dem jemand, der nicht Chinesisch versteht, gleichwohl schriftlich gestellte chinesische Fragen mithilfe eines dicken Handbuchs, das syntaktische Regeln und mechanische Anweisungen enthält, in korrektem Chinesisch beantwortet.
42 Davidson, „Radikale Interpretation", a.a.O. (Anm. 2), 183.
43 „Das Problem der Interpretation gilt für die Muttersprachen ebenso wie für Fremdsprachen. Für Sprecher derselben Sprache stellt es sich in Form der Frage: Wie läßt sich feststellen, daß die Sprache dieselbe ist?" (ebd.). Quine hatte das allerdings auch schon bemerkt: „Now it should be noted that [...] the resort to a remote language is not really essential. On deeper reflection, radical translation begins at home". W.V.O. Quine, *Ontological Relativity and Other Essays*, New York 1969, 46.

seiner Äußerung das meint, was er selbst mit einer gleichlautenden Äußerung meinen würde. In einem seiner späten Aufsätze behauptet Davidson dann bündig, dass keine zwei Sprecher jemals dieselbe Sprache sprächen und dass es so etwas wie *eine Sprache* nicht gebe.[44] Diese Behauptung ist eine rhetorische Übertreibung, die der Plausibilisierung bedarf. Sprechen zwei Sprecher des Deutschen nicht dieselbe natürliche Sprache? Nun, beide sprechen deutsch, aber es sprechen nicht beide *dasselbe* Deutsch. Beispielsweise sprechen Teilnehmer einer sprachphilosophischen Konferenz einen *Soziolekt* des Deutschen, der sich unter anderem dadurch auszeichnet, dass er die Vokabel „Soziolekt" enthält, ein Wort, das die Mehrheit der Sprecher des Deutschen nicht kennt. Zusätzlich spricht jeder einzelne Sprecher einen *Idiolekt* des Deutschen, eine höchst individuelle Variante der deutschen Gemeinsprache. Davidson illustriert das Phänomen des Idiolekts am Phänomen der *Malapropismen*, sprachlicher Fehlleistungen halbgebildeter Sprecher, die an Stelle des korrekten Fremdwortes ein phonetisch ähnliches verwenden, nicht ahnend, dass sie etwas falsch gemacht haben. Beispiele bietet Frau Stöhr in Thomas Manns *Zauberberg*.[45] Auch Interviews mit Fußballern sind eine Fundgrube für Malapropismen: „Das wird alles von den Medien hochsterilisiert" (Bruno Labbadia); „Wir sind eine gut intrigierte Truppe" (Lothar Matthäus); „Ich habe ihn nur ganz leicht retuschiert" (Olaf Thon).

Hans Castorp leidet, wenn Frau Stöhr zur Rede anhebt, aber sie wird stets verstanden. Wir sind schon hinsichtlich dessen, was Schleiermacher die „grammatische" Interpretation nannte, derart geübte Interpreten, dass wir viele Fehler und idiolektale Abweichungen von der Sprachnorm nicht einmal bemerken, sondern stillschweigend korrigieren. Studierenden der Sprachwissenschaft, die zum ersten Mal eine Transkription von gesprochener Sprache anfertigen müssen, sind in der Regel verblüfft. Mündliche Äußerungen auch kompetenter Sprecher enthalten eine Vielzahl mehr oder weniger gravierender Verstöße gegen grammatische und semantische Regeln, Morphologie und Phonetik ihrer Muttersprache: Sie sind durchsetzt von Anakoluthen, Ellipsen, Antizipationen, Versprechern, Vertauschungen, Missgriffen in der Wortwahl etc. Selbst bei akademisch gebildeten Sprechern sind in frei formulierter

---

44 „I conclude that there is no such thing as a language, not if a language is anything like what many philosophers and linguists have supposed. [...] We must give up the idea of a clearly defined shared structure which language-users acquire and then apply to cases." Donald Davidson, „A Nice Derangement of Epitaphs", in: *Truth and Interpretation. Perspectives on the Philosophy of Donald Davidson*, hg.v. E. Lepore, Oxford 1986, 447–458, hier 446.
45 „Karoline Stöhr war entsetzlich. [...] Sie sagte ‚Agonje' statt Todeskampf; ‚insolvent', wenn sie jemandem Frechheit zum Vorwurf machte [...]. Mit den liegenden Schneemassen, sagte sie, sei es ‚eine wahre Kapazität' [...]." Thomas Mann, *Der Zauberberg*. Große kommentierte Frankfurter Ausgabe, Abt. I, Bd. 5.1, Frankfurt am Main 2002, 451f.

gesprochener Sprache die syntaktisch korrekten Sätze in der Minderheit. Der Verstoß gegen die Regeln der deutschen Standardsprache ist kein exotischer Sonderfall, sondern der Normalfall. Manche Abweichungen von der Sprachnorm geschehen auch absichtlich, beispielsweise Wortspiele, innovative Metaphern oder absichtliche Malapropismen („zum Bleistift").

Davidson bilanziert, dass „there is no such thing as a language", wenn man unter einer Sprache das verstehe, was viele Philosophen und Linguisten unter ihr verstanden haben, nämlich ein klar umrissenes konventionelles Regelwerk, das Sprachbenutzer erlernen und auf einzelne Fälle anwenden und dessen Befolgung zur erfolgreichen Kommunikation unerlässlich ist. Freilich gebe es natürliche Sprachen, beispielsweise das Deutsche, das aber strenggenommen aus einer großen Menge von Privatsprachen, nämlich idiolektaler Varianten des Deutschen bestehe bzw. sich in ihnen realisiere.[46] Die Vorstellung, dass gelingende Verständigung sich unter Rekurs auf konventionelle Regeln erklären ließe, müsse jedenfalls aufgegeben werden.[47]

7 Die Rolle der Sprecherabsichten

Erklärungsbedürftig ist, warum die erwähnten Regelverstöße und idiolektalen Eigenheiten so selten die Interpretation des Gesagten gemäß dem intendierten Sinn vereiteln. Da die Erklärung durch eine angeblich geteilte Sprache zu kurz greift, müssen wir unser Augenmerk auf die involvierten *Fähigkeiten* der Sprecher und Hörer richten, und zwar auf diejenigen in Verständigungssituationen aktualisierten Fähigkeiten, für deren Erwerb man sich nicht theoretisch mit Hermeneutik oder Interpretationstheorie beschäftigt haben muss. Davidsons Erklärung[48] lautet in skizzenhafter Form wie folgt:

Diesseits des Quineschen Szenarios des radikalen Übersetzers in der Fremde haben Interpreten stets bestimmte Erwartungen und Vorannahmen über das Sprachverhalten des Sprechers. Davidson nennt diese Annahmen die „Ausgangstheorie" des Hörers (*prior theory*). Sagt nun ein Sprecher etwas leicht Irri-

---

[46] „Of course I don't deny that there are languages like English, German and Basque or that, in some ordinary sense, people speak them. What is clear to almost everyone, however, is that no two speakers speak in exactly the same way; each speaker has, as Chomsky has maintained, a personal idiolect." Donald Davidson, „Reply to Kemmerling", in: R. Stoecker (Hg.): *Reflecting Davidson. Donald Davidson Responding to an International Forum of Philosophers*, Berlin und New York 1993, 117.
[47] Vgl. Davidson, „A Nice Derangement of Epitaphs", a.a.O. (Anm. 44), 446.
[48] Vgl. ebd., 441–446.

tierendes, unterläuft ihm beispielsweise ein Malapropismus, so veranlasst dies den Interpreten, seine Ausgangstheorie im Lichte des Gehörten und unter Anwendung des Caritas-Prinzips blitzschnell zu einer „Übergangstheorie" (*passing theory*) zu modifizieren, die den neuen Belegen Rechnung trägt und die Interpretation gemäß der Sprecherintention ermöglicht. Wollte man das implizite Räsonnement des Hörers verbalisieren, so könnte es lauten: „Aha, mit ‚mariniert' scheint er ‚manieriert' zu meinen. Dann ergibt das Gesagte einen Sinn. Nun gut, ich bin ein höflicher Mensch und sag's ihm später oder gar nicht."

Versetzen wir uns nun in die Perspektive des Sprechers. Während der Hörer erst im Zuge der Interpretation die Sprecherüberzeugungen ermittelt, muss der Sprecher sich nicht fragen, was er glaubt und welcher Überzeugung er mit seinen Worten Ausdruck verleihen will. Man kann diese Asymmetrie zwischen Selbst- und Fremdzuschreibung so ausdrücken, dass der Sprecher eine *hermeneutische Autorität* bezüglich dessen hat, was ein Wort in seinem Mund bedeutet oder bedeuten soll.[49] Das gilt auch, wenn er das Wort absichtlich oder unabsichtlich in von der Sprachnorm abweichender Weise verwendet. Auch Frau Stöhr weiß im Normalfall, was sie sagen will, und sie meint mit ihren Worten das, was sie zu meinen beabsichtigt.[50] Der Interpret hat dieses jeweils Gemeinte zu ermitteln. Auch wenn der Sprecher wissentlich oder unwissentlich Regeln verletzt, hat der Hörer den Sprecher gemäß dessen Absicht zu interpretieren.

Was nun den Begriff der *Bedeutung* betrifft, so kehrt der späte Davidson in behutsamer Annäherung an die intentionalistische Semantik die Explikationsrichtung zwischen sprachlichen Konventionen und der erfolgreichen Übermittlung von Absichten um. Allgemein könne man den Begriff der Bedeutung nur vom Erfolgsfall der gelungenen Verständigung her aufklären und diesen vom Verständnis der Sprecherabsichten her:

> „Der Begriff der Bedeutung basiert vollständig auf Fällen erfolgreicher Kommunikation [...], in denen eine Person beabsichtigt, auf eine bestimmte Weise verstanden zu werden, und so verstanden wird. [...] Was sollen wir sagen, was der Sprecher meint, wenn wir uns vom Erfolgsfall entfernen? Ich denke, es gibt keine klare Antwort auf diese Frage."[51]

---

49 Vgl. dazu Donald Davidson, „First Person Authority" (1984), in: ders., *Subjective, Intersubjective, Objective*, Oxford 2001, 3–14, hier 12–13.
50 Absichten, mit seinen Worten Bestimmtes zu meinen, nennt Davidson „semantic intentions". Vgl. Donald Davidson, „Locating Literary Language", in: *Literary Theory After Davidson*, hg.v. R.W. Dasenbrock, University Park, PA 1993, 295–308, hier 299.
51 Donald Davidson und Kathrin Glüer, „Bezüge und Übergänge. Ein Interview mit Donald Davidson", in: Glüer, *Davidson*, a.a.O. (Anm. 1), 153–176, hier 166.

Davidson vertritt also die Auffassung, dass die Bedeutung sprachlicher Äußerungen nichts ist, was man mithilfe von Wörterbüchern und Regelwerken ermitteln kann, sondern dasjenige, worin Sprecher und Hörer in gelungener Verständigung übereinstimmen. Er übernimmt von der intentionalistischen Theorie den Gedanken, dass die Interpretation gemäß der Sprecherabsicht eine notwendige Bedingung für sprachliche Verständigung ist. Er übernimmt aber nicht die weitergehenden Gedanken, dass man Sprecherabsichten benutzen kann, um Bedeutung zu *definieren* oder auch nur als *Belegmaterial* für Bedeutungszuschreibungen zu verwenden.[52] Und erst recht vertritt er nicht die These der einsinnigen Abhängigkeit der sprachlichen Bedeutung vom privaten Meinen, die man in Anlehnung an eine Figur in Lewis Carrolls *Alice im Wunderland* eine „Humpty Dumpty"-Theorie der Bedeutung nennt. Darunter wird die Auffassung verstanden, dass ein Sprecher seine Worte von Fall zu Fall bedeuten lassen kann, was ihm gerade beliebt.[53] Eine Humpty Dumpty-Auffassung der Bedeutung ist eine Karikatur der „bedeutungsverleihenden Akte" Husserls.

Sehen wir genauer hin. Humpty Dumpty kann nur deshalb bedeutungsverleihende Absichten haben, weil er eine hermeneutische Autorität in Bezug auf das hat, was er seine Worte bedeuten lassen will. Er weiß, was die Worte in seinem Mund bedeuten *sollen*. Dies aber kann er nur wissen, wenn er schon eine Sprache hat: ein hinreichend differenziertes symbolisches Ausdrucksmedium, in dem seine eigenen intentionalen Zustände in einer für ihn verständlichen Weise repräsentiert sind. Wittgensteins wohlverstandenes Diktum „Nur in einer Sprache können wir etwas mit etwas meinen"[54] gilt auch für Humpty Dumpty. Während Wittgenstein aber unter einer Sprache eine öffentliche regelgeleitete Praxis versteht, veranschlagt Davidson die Rolle von Regeln geringer. Kreativer Sprachgebrauch, mit dem ein Sprecher die konventionellen Regeln einer Sprache verletzt, ist stets möglich, ohne dass der Sprecher *eo ipso* uninterpretierbar würde. Die Wahrheit scheint in der Mitte zwischen einem konventionalistischen Regelbefolgungsmodell der Sprache und dem intentionalistischen Humpty Dumpty-Modell zu liegen. Genauer: Es muss etwas geben, was den wahren Kern beider Ideen bewahrt, die Extreme vermeidet und den Widerspruch zwischen ihnen als scheinbaren erweist.

---

52 „Die Hauptschwierigkeit ist [...], daß keine Aussicht besteht, der Zuschreibung fein unterschiedener Intentionen unabhängig von der Interpretation der gesprochenen Sprache Sinn beizulegen." Davidson, „Radikale Interpretation", a.a.O. (Anm. 2), 186.
53 „‚When *I* use a word', Humpty Dumpty said, in rather a scornful tone, ‚it means just what I choose it to mean – neither more nor less.'" Lewis Carroll, *Through the Looking-Glass*, Raleigh, NC 1872, 72.
54 Wittgenstein, *Philosophische Untersuchungen*, a.a.O. (Anm. 9), § 38.

Nach Davidson besteht die Lösung darin, dass der Sprecher neben der semantischen Absicht, etwas Bestimmtes mit seinen Worten zu meinen, noch eine weitere Absicht hat, nämlich die, gemäß seiner Absicht interpretiert zu werden. Ein kooperativer Sprecher möchte verstanden werden, und weil er diese Absicht hat, gibt es für das, was er mit seinen Worten überhaupt meinen kann, Restriktionen. Wenn er weiß, dass seine privatsprachliche Äußerung nicht die wundersame Kraft hat, dem Hörer Verständnis einzupflanzen, kann er dies auch nicht beabsichtigen. Die entscheidende, bei Davidson nur angedeutete Überlegung betrifft den Begriff der Absicht: Da man etwas, was man selbst für unmöglich hält, nicht beabsichtigen kann – das liegt im *Begriff* des Beabsichtigens –, muss der idiolektale Sprecher der Überzeugung sein, dass der Hörer in der Lage ist, das Gesagte gemäß der Sprecherabsicht zu verstehen. Der Sprecher muss, wie es bei Schleiermacher heißt, von vornherein „Rüksicht [...] auf die Gedankenverbindung und das Verstehen des Hörenden" nehmen. Grundsätzlich könne „nichts so gemeint sein wie es die Hörer unmöglich haben verstehen können".[55]

Eben dies ist bei kompetenten Sprachbenutzern der Fall: Wir verwenden eine paradoxe Formulierung, eine Ellipse, einen Neologismus, Ironie, eine Metapher genau dann, wenn wir annehmen, dass die Äußerung verstehbar ist, wenn wir also davon ausgehen dürfen, dass die Hörer im Besitz der Fähigkeiten und Mittel sind, das jeweils Gemeinte zu ermitteln. Auch der Sprecher hat nämlich eine „prior theory". Sie besteht in seinen Überzeugungen über die Ausgangstheorie des Interpreten, also in dem, was er über des Interpreten Erwartungen hinsichtlich seines, des Sprechers, Sprachgebrauch annimmt.[56] Manchmal irrt sich der Sprecher in diesen Annahmen und überschätzt die Fähigkeiten des Interpreten. Manchmal hat der Sprecher auch die Aufgabe, dem Interpreten die für das Verständnis benötigten „clues" erst zu verschaffen, etwa durch Zusatzinformationen, Deixis, Ironiesignale etc.

Des Interpreten Übergang von der Ausgangstheorie zur Übergangstheorie ist selbst nicht regelgeleitet und auch nicht über Bedeutungskonventionen vermittelt. Die Entwicklung der „passing theory" ist eine nichttriviale Aufgabe, die „wit, luck, and wisdom"[57] erfordert. In dieser Bemerkung Davidsons mag man ein fernes Echo des „divinatorischen" Momentes des Verstehens vernehmen. Als ein „Erahnen" oder „Erraten" ist dieses Verfahren aber fehl- oder unterbestimmt, denn die fragliche Praxis mag regellos sein, aber sie ist nicht vernunftlos. Die prompte Entwicklung einer

---

55 Zur Hermeneutik 1805 und 1809/10, KGA II/4, 27. Für die Auslegung aus historischer Distanz bedeutet dies, dass der Interpret sich in den ursprünglichen Adressaten zurückzuversetzen hat: „Man muß suchen der unmittelbare Leser zu werden um Anspielungen zu verstehen [...]." Ebd., 8.
56 Vgl. Davidson, „A Nice Derangement of Epitaphs", a.a.O. (Anm. 44), 442.
57 Ebd., 446.

Übergangstheorie erfordert ein explizites oder implizites Räsonnement des Hörers darüber, was der Sprecher vernünftigerweise gemeint haben kann.

Wenn diese Skizze im Wesentlichen richtig ist, kann kreativer Sprachgebrauch auch bedeutungskonstitutiv sein, ohne dass man eine Humpty-Dumpty-Theorie der Bedeutung akzeptieren müsste. Was ein Sprecher seine Worte bedeuten lassen kann, ist nicht beliebig. Die Restriktionen bestehen aber nicht in einem System verbindlicher Bedeutungskonventionen, sondern in der vom Sprecher zu gewährleistenden Interpretierbarkeit, für die von Fall zu Fall andere Bedingungen erfüllt sein müssen. Wie weit Idiolekte einander überlappen müssen, um Interpretierbarkeit zu gewährleisten, ist am grünen Tisch nicht zu entscheiden.

Wittgenstein fragt rhetorisch „Kann ich mit dem Wort ‚bububu' meinen ‚Wenn es nicht regnet, werde ich spazieren gehen'?"[58] Dies scheint nicht ohne weiteres möglich zu sein. Die Erklärung dafür ist allerdings aus Sicht des späten Davidson nicht, dass „bububu" nun einmal nicht die fragliche Bedeutung hat, sondern dass der Sprecher nicht ohne weiteres *beabsichtigen* kann, mit „bububu" das Fragliche zu meinen.[59] Die Bedingung, dass der Sprecher seine Äußerung für interpretierbar halten muss, wird leicht übersehen, was daran liegt, dass sie in die Absicht, einen Inhalt zu kommunizieren, schon eingebaut ist: Man kann nur beabsichtigen, was man für im Prinzip durch eigenes Zutun erreichbar hält. (Darin unterscheidet sich das Beabsichtigen vom Wünschen und vom Hoffen.)

In Quines Szenario der radikalen Übersetzung fehlen übrigens die Sprecherabsichten, was es in einer wichtigen Hinsicht unvollständig macht und seine Erklärungskraft schwächt. Das Gedankenexperiment beschreibt Kommunikationssituationen, ist aber undialogisch konstruiert und verbleibt in der Beobachterperspektive: Der Feldlinguist versucht sich einen Reim auf die Äußerungen des Gewährsmanns zu machen, ohne einen Gedanken darauf zu verschwenden, dass es sich um Sprecher handelt, die kommunikative Absichten verfolgen und deren Gesprächsbeiträge plausiblerweise darauf zielen, verstanden zu werden, und sei es recht und schlecht. Bezieht man nun zusätzlich die Überzeugungen ein, die mit den Sprecherabsichten analytisch verbunden sind und die Sprecher einander wechselseitig unterstellen müssen, so ergibt sich schon in der vermeintlich einfach strukturierten Gavagai-Situation ein komplexeres und hermeneutisch interessanteres Bild als das von Quine gezeichnete.[60]

---

58 Wittgenstein, *Philosophische Untersuchungen*, a.a.O. (Anm. 9), § 38.
59 Es mögen sich Kontexte fingieren lassen, in denen er diese Absicht haben kann, deshalb ist die Einschränkung „nicht ohne weiteres" am Platze.
60 Gegen Quine ist in diesem Sinne eingewandt worden, dass er den dialogischen Charakter der Interaktion zwischen Feldforscher und Gewährsmann verkenne und zudem eine Reihe von stillschweigenden hermeneutischen und anthropologischen Voraussetzungen mache, die seinen

8 Ausblick:
Woran bemisst sich Verstehenserfolg?

„Fälle erfolgreicher Kommunikation" nennt Davidson solche, „in denen eine Person beabsichtigt, auf eine bestimmte Weise verstanden zu werden, und so verstanden wird".[61] Eine Kommunikation ist nach dieser Auffassung genau dann erfolgreich, wenn der Sprecher gemäß seiner Absicht verstanden wird. In der Hermeneutiktradition wird bekanntlich kontrovers diskutiert, ob man bei diesem Erfolgsstandard stehen bleiben soll und wie er sich zu weiteren möglichen Verstehenszielen verhält. Nach Schleiermachers berühmter Formulierung besteht die Aufgabe des Interpreten darin, „die Rede zuerst ebenso gut und dann besser zu verstehen als ihr Urheber".[62] Den zweiten Teil der Aufgabe begründet Schleiermacher damit, dass „wir vieles zum Bewußtsein zu bringen suchen [müssen] was ihm unbewußt bleiben kann außer sofern er selbst reflectirend sein eigener Leser wird".[63]

Die Zusatzaufgabe des Besserverstehens, die Schleiermacher eine „unendliche"[64] nennt, ist ein Thema für sich, das den Rahmen dieses Beitrags sprengen würde. Was das von Davidson genannte Ziel betrifft, einen Sprecher so zu verstehen, wie er verstanden zu werden beabsichtigt, so stellt sich die Frage, woran sich diese Übereinstimmung bemisst und wie man feststellen kann, ob sie erreicht ist. Werfen wir einen vergleichenden Blick auf Schleiermachers Formulierung der Übereinstimmungsbedingung. Schleiermacher spricht an verschiedenen Stellen von einer *Identität der Gedanken* des Sprechers und des Hörers. Sprecher wie Hörer hätten das Ziel, dass beide dasselbe denken; insofern sei

> „die Auslegung nichts als die Umkehr der Redekunst. [...] Durch das Verstehen soll aus dem Reden wieder ein Denken werden. [...] [D]as Bestreben, daß das Denken in dem einen ein Denken in allen werden soll, ist eben in der Rede gegeben."

Der Redende wie der Verstehende haben das Ziel, dass „der Gedanke des einen mit dem des andern identisch werde".[65]

Ein zweites von Schleiermacher genanntes Verstehensziel ist die Übereinstimmung *in den Gefühlen*. Man findet es etwa in seiner Darstellung der Leistung des

---

Anspruch des „starting from scratch" Lügen strafen. Vgl. etwa Hans-Johann Glock, *Quine and Davidson on Language, Thought and Reality*, Cambridge 2003, 175–182.
61 Davidson und Glüer, „Bezüge und Übergänge", a.a.O. (Anm. 51), 166.
62 Hermeneutik 1819, KGA II/4, 128.
63 Ebd.
64 Ebd., 129.
65 Kolleg 1819, Nachschrift Jonas, KGA II/4, 197.

charismatischen religiösen Redners. Der „geübte Sinn der Gemeine begleitet überall den seinigen" und die Wirkung der Rede ist im Erfolgsfall, dass „sein Herz und das eines Jeden nur der gemeinschaftliche Schauplatz deßelben Gefühls" werden.[66]

Dieselben Maßstäbe wie Schleiermacher nennt auch Humboldt, nämlich die „Uebereinstimmung in Gedanken und Gefühlen" zwischen Sprecher und Hörer, wenn auch im Modus des unerreichbaren Ideals. In der oben bereits zitierten Passage heißt es:

> „Keiner denkt bei dem Wort gerade und genau das, was der andre [...]. Alles Verstehen ist daher immer zugleich ein Nicht-Verstehen, alle Uebereinstimmung in Gedanken und Gefühlen zugleich ein Auseinandergehen."[67]

Humboldts Auffassung ist also, dass (a) verschiedene Sprecher unterschiedliche Konnotationen mit den gleichen Worten verbinden, dass (b) diese Unterschiede zum partiellen Nichtverstehen führen und dass (c) dieses Verstehensdefizit darin besteht, dass Sprecher und Hörer nur unvollkommen in ihren mit den jeweiligen Konnotationen verbundenen Gedanken und Gefühlen übereinstimmen.

Ich möchte mich abschließend der Frage zuwenden, ob die vollkommene Übereinstimmung in Gedanken und Gefühlen als angemessener Erfolgsmaßstab für eine erfolgreiche Interpretation bzw. für gelungene sprachliche Verständigung gelten kann. Zunächst liegt auf der Hand, dass sich gravierende Verifikationsprobleme stellen. Wie können Sprecher und Hörer feststellen, ob der Zustand der Übereinstimmung erreicht ist? Woher kann Humboldt wissen, dass er in einem gegebenen Fall *nicht* erreicht ist? Als Interpreten sprachlicher Gebilde hören oder lesen wir die Worte eines anderen, die wir auf dem Hintergrund unseres Vorwissens bestmöglich zu verstehen suchen. Wir können einander tief in die Augen blicken und bedeutungsschwer sagen „Ich verstehe Dich", aber da die mit den Worten verbundenen Konnotationen divergieren, bleibt nach Humboldt dem vermeintlichen Verstehen stets ein tieferes Missverstehen beigesellt. Die zitierte Passage macht deutlich, dass Humboldt hier keine identifizierbaren, behebbaren Missverständnisse im Sinn hat, sondern eine unaufhebbare wechselseitige Intransparenz der Sprecher – die es dann aber zugleich unmöglich machen müsste, sie begründet zu diagnostizieren.

Schleiermacher nimmt demgegenüber an, dass im Falle einer engen Geistes- oder Seelenverwandtschaft zwischen Sprecher und Hörer die Möglichkeit eines „unmittelbaren Verstehens" bestehe und dass in solchen Fällen die Rede auch nicht der Auslegung bedürfe:

---

66 *Über die Religion. Reden an die Gebildeten unter ihren Verächtern* (1799), KGA I/2, 269.
67 Humboldt, a.a.O. (Anm. 17), 64f.

„[W]enn ich mit einem so stehe, daß meine Rede nichts ist als der gewordene Gedanke selbst, daß ich mich gleich in ihn hineindenke durch meine Rede, da ist keine Auslegung nöthig, sondern da wird die Rede so unmittelbar verstanden, wie sie unmittelbar der gewordene Gedanke selbst ist."[68]

Das „unmittelbare" Verstehen durch Empathie ist nichts anderes als die erfolgreiche Anwendung der divinatorischen Methode: „Die divinatorische [Methode] ist die welche indem man sich selbst gleichsam in den andern verwandelt, das Individuelle unmittelbar aufzufassen sucht."[69]

Außerhalb des Paradigmas der Schleiermacherschen „Einfühlungshermeneutik", wie Gadamer sie despektierlich genannt hat, wird man nach anderen Maßstäben dafür suchen, ob und in welchem Umfang Verstehen erreicht ist.

Flüssige Kommunikation ist sicherlich kein Beleg für erfolgreiche Verständigung. Der bloße Umstand, dass eine Konversation mühelos mit Rede und Gegenrede voranschreitet, beweist wenig. Menschen lachen oft über Witze, die sie nicht verstanden haben; manchmal ist ihnen bewusst, dass sie etwas nicht verstanden haben, manchmal nicht. Auch das sprichwörtliche Aha-Erlebnis kann trügerisch sein. Oft zeigt es plötzliches Verstehen an, aber es garantiert es nicht. Allgemein scheinen *psychologische* Kriterien ungeeignete Erfolgsmaßstäbe für Verstehen zu sein, denn es ist stets möglich, dass ein Interpret verstanden zu haben glaubt, ohne verstanden zu haben.

Wenden wir den Blick in eine andere Richtung. Zu den Aufgaben von Bildungseinrichtungen gehört es, das Textverständnis von Schülern und Studierenden zu überprüfen. Dabei geben sie sich mit der Versicherung, man habe etwas verstanden, aus gutem Grund nicht zufrieden: nicht (nur), weil sie die Wahrhaftigkeit der Befragten nicht voraussetzen können, sondern weil auch die *aufrichtige* Versicherung, man habe etwas verstanden, das Verständnis nicht beweist. Verstehenserfolg bemisst sich schlicht nicht daran, ob sich ein bestimmtes Erfolgsgefühl einstellt. Was machen Lehrer tatsächlich, um das Textverständnis von Schülern zu überprüfen? Sie stellen Fragen zum Text. Je besser diese beantwortet werden, desto besser ist der Text verstanden. Eine zweite Methode der Wahl ist es, den Text in eigenen Worten wiedergeben zu lassen. Wer eine schwierige Passage bei Kant in eigenen Worten paraphrasieren kann, hat sie besser verstanden als der, der sie nur in Kants Diktion reproduzieren kann.

Aus Humboldts und Schleiermachers Sicht müssen diese Verfahren der Verständnissicherung, die das Verstehen unter Preisgabe des Ziels der „Übereinstimmung in Gedanken und Gefühlen" operationalisieren, eben deshalb als

---

[68] Kolleg 1819, Jonas-Nachschrift, KGA II/4, 198.
[69] Hermeneutik (1819), KGA II/4, 157.

oberflächlich erscheinen. Ich möchte die Vermutung äußern, dass die emphatischen Übereinstimmungstopoi der frühromantischen Hermeneutik – in der optimistischen wie in der melancholischen Variante – einen stillschweigenden Themenwechsel gegenüber den Vorläuferprojekten der Aufklärungshermeneutik anzeigen. Auch wenn Schleiermacher die Hermeneutik allgemein als „die Kunst, die Rede eines anderen, vornehmlich die schriftliche, richtig zu verstehen",[70] bestimmt, ist der eigentliche Fluchtpunkt seines Unternehmens nicht das *Textverstehen*, sondern das notorisch schwer greifbare *Personenverstehen*. Das vornehmliche Interesse Schleiermachers gilt dem individuellen Ausdruckscharakter einer jeden menschlichen Äußerung. Wenn aber das zu Verstehende nicht mehr primär der Bedeutungsgehalt eines sprachlichen Gebildes ist, sondern ein menschliches Individuum in der ganzen Komplexität seiner biographischen Prägungen, Erfahrungen und psychischen Dispositionen, dann stoßen Verfahren der Auslegung schon deshalb an ihre Grenzen, weil der Verstehensgegenstand kein sprachförmiges Gebilde ist. Auf diesen kategorialen Unterschied zielt auch Gadamers Diktum „Sein, das verstanden werden kann, ist Sprache", das Gadamer als Bemerkung über die „Grundverfassung von allem, auf das sich überhaupt Verstehen richten kann", verstanden wissen will.[71]

In eine ähnliche Richtung zielt Schillers Sinnspruch „*Spricht* die Seele, so spricht, ach! schon die *Seele* nicht mehr". Die Seele als solche kann sich nicht aussprechen, weil sie nicht selbst sprachförmige Gestalt hat. Es ist nur eine Teilklasse der psychischen Zustände, die repräsentierenden Charakter hat und ein Format annehmen kann, das einer am Paradigma des Textverstehens orientierten Auslegung fähig ist. Für Davidson sind es die *Inhalte propositionaler Einstellungen*, die zum Gegenstand der Interpretation werden. Auch Schleiermacher bezieht seine Identitätsthese auf das Verhältnis von Sprechen und *Denken*, wobei er die Vorstellung, dass ein Gedanke nachträglich in ein sprachliches Format übersetzt werden müsste, als irrig zurückweist.

Bei näherer Betrachtung unterscheiden sich die Ambitionen von Schleiermachers Hermeneutikprojekt und von Davidsons Interpretationstheorie gravierend.[72] Für Schleiermacher ist eigentlicher Fluchtpunkt und Ziel aller Verstehensbemühungen die Individualität des Sprechers, die er im Sinne von Goethes „individuum est ineffabile" als unausschöpflich ansieht. In Davidsons ausgenüchtertem Projekt gibt es kein solches emphatisches Individualitätskonzept. Da

---

70 Schleiermacher, *Hermeneutik und Kritik, Mit einem Anhang sprachphilosophischer Texte Schleiermachers*, hg. von Manfred Frank, Frankfurt am Main 1977, 75.
71 Gadamer, *Wahrheit und Methode*, a.a.O. (Anm. 31), 478.
72 Diese Unterschiede sind mir durch Diskussionen mit Magnus Schlette klarer geworden, dem ich dafür zu Dank verpflichtet bin.

sprachliche Bedeutung für Davidson – wie für Wittgenstein – ein wesentlich soziales und damit öffentliches Phänomen ist, kann nichts zur Bedeutung einer Äußerung gehören, was nicht im Prinzip aufgrund öffentlicher Belege verstehbar wäre.[73] Spricht man statt vom Bedeuten vom *Meinen*, so ergibt sich nichts Neues, da wir nach Davidson mit unseren Worten nichts meinen können, wovon wir nicht beabsichtigen können, dass es verstanden wird.

Ob es sich bei der Fokussierung der romantischen Hermeneutik auf das Personenverstehen um einen Themenwechsel handelt oder nicht, hängt davon ab, ob man Hermeneutik allgemein als Kunst(lehre) des *Verstehens* oder als die des *Text*verstehens auffasst. Die letztere Auffassung dürfte die gebräuchlichere sein, aber der Begriff des Verstehens als solcher ist zu weit und zu schillernd, als dass Gadamers Diktum als eine *analytische* Wahrheit gelten könnte. Sein, das verstanden werden kann, ist nicht *eo ipso* ein sprachliches Gebilde. Wir sprechen zwanglos vom Verstehen von Personen, Handlungen, Entscheidungen, Gesten, Gesichtsausdrücken, Emotionen, historischen Entwicklungen und einigem anderem mehr.

Meiner Gegenüberstellung von Textverstehen und Personenverstehen wird man mit Blick auf Schleiermacher entgegenhalten, dass Textverstehen und Personenverstehen in der „psychologischen Interpretation" notwendig ineinander übergehen und dass es Schleiermacher darum zu tun ist, die Individualität einer Person *durch* ihre sprachlichen Äußerungen zu verstehen. Nach dem Standardverständnis der psychologischen Interpretation ist die Vermittlungsrichtung zwischen Text- und Personenverstehen freilich die umgekehrte: Nach Schleiermacher ist „jede Rede immer nur zu verstehen aus dem ganzen Leben, dem sie angehört", nämlich „als Lebensmoment des Redenden in der Bedingtheit aller seiner Lebensmomente".[74] Es ist etwas anderes, biographisches und anderweitiges Wissen über eine Person zur Interpretation ihrer Äußerungen heranzuziehen, als die Person als solche zum Gegenstand von Verstehensbemühungen zu machen. Es ist das zweite Unternehmen, das die Aufgaben der Hermeneutik als Kunst der Auslegung sprachlicher Gebilde zumindest aus Gadamers Sicht überdehnt.

Wie genau das Sprachverstehen und das Personenverstehen sich zueinander verhalten, muss hier offen bleiben. Die Auffassung Humboldts jedenfalls, dass jedes Verstehen einer Äußerung aufgrund der unaufhebbaren wechselseitigen Intransparenz der Sprecher zugleich ein Missverstehen sei, schließt Textverstehen und Personenverstehen in bedenklicher Weise miteinander kurz. Es gehört nicht

---

73 „Die semantischen Merkmale der Sprache sind öffentliche Merkmale. Was niemand der Gesamtheit der Belege entnehmen kann, weil es aufgrund der Natur der Sache ausgeschlossen ist, das kann auch nicht mit zur Bedeutung gehören." Donald Davidson, „Die Unerforschlichkeit der Bezugnahme" (1979), in: ders, *Wahrheit und Interpretation*, a.a.O. (Anm. 2), 321–340, hier 332.
74 Schleiermacher, *Hermeneutik und Kritik,* a.a.O. (Anm. 70), 78.

zu den Aufgaben der philosophischen, literarischen oder theologischen Hermeneutik, die Melancholie ob der Unmöglichkeit der vollkommenen Übereinstimmung in Gedanken und Gefühlen aus der Welt zu schaffen. Dies gilt umso mehr, als das Kongruenzideal mit einem plausiblen Individuationsprinzip für Personen in Konflikt liegt. Vielleicht schwebt den Melancholikern in Wirklichkeit so etwas wie Platons Idee einer Verschmelzung mit der verlorenen anderen Hälfte vor. Diese *unio mystica* herbeizuführen liegt jenseits der Möglichkeiten und Aufgaben einer Kunst der Auslegung sprachlicher Äußerungen.

Siglen

KFSA Friedrich Schlegel, *Werke*. Kritische Ausgabe, hg.v. Ernst Behler u.a., Paderborn u.a. 1958 ff.
KGA   Friedrich Daniel Ernst Schleiermacher, *Kritische Gesamtausgabe*. In 5 Abteilungen. Hg. v. Hans-Joachim Birkner, Hermann Fischer u.a., Berlin und New York (bzw. Boston): de Gruyter 1980 ff.
KrV A Immanuel Kant, *Kritik der reinen Vernunft*, 1. Auflage (1781)
KrV B Immanuel Kant, *Kritik der reinen Vernunft*, 2. Auflage (1787)

Verzeichnis der Autorinnen und Autoren

Arndt, Andreas, Dr. phil., Professor für Philosophie an der Theologischen Fakultät der Humboldt-Universität zu Berlin; Projekt- und Arbeitsstellenleiter des Akademienvorhabens „Schleiermacher in Berlin 1808–1834, Briefwechsel, Tageskalender, Vorlesungen" an der Berlin-Brandenburgischen Akademie der Wissenschaften.

Birus, Hendrik, Dr. phil., Professor emeritus für Allgemeine und Vergleichende Literaturwissenschaft an der Ludwig-Maximilians-Universität München.

Dierken, Jörg, Dr. theol., Professor für Systematische Theologie an der Universität Halle/Wittenberg.

Gerber, Simon, Dr. theol., Privatdozent für Kirchengeschichte an der Humboldt-Universität zu Berlin, Wissenschaftlicher Mitarbeiter des Akademienvorhabens „Schleiermacher in Berlin 1808–1834, Briefwechsel, Tageskalender, Vorlesungen" an der Berlin-Brandenburgischen Akademie der Wissenschaften.

Gräb, Wilhelm, Dr. theol., Professor für Praktische Theologie an der Theologischen Fakultät der Humboldt-Universität zu Berlin und a.o. Professor für Praktische Theologie an der Theologischen Fakultät der Universiteit Stellenbosch, Südafrika.

Keil, Geert, Dr. phil., Professor für Philosophie an der Humboldt-Universität zu Berlin.

Kimmerle, Heinz, Dr. phil. Dr. phil. h.c., Professor emeritus für Philosophie an der Erasmus-Universiteit Rotterdam.

Patsch, Hermann, Dr. theol., Studiendirektor i.R. (Religion, Deutsch, Philosophie), München.

Rohls, Jan, Dr. theol., Professor emeritus für Systematische Theologie an der Ludwig-Maximilians-Universität München.

Schmidt, Sarah, Dr. phil., Wissenschaftliche Mitarbeiterin des Akademienvorhabens „Schleiermacher in Berlin 1808–1834, Briefwechsel, Tageskalender, Vorlesungen" an der Berlin-Brandenburgischen Akademie der Wissenschaften.

Scholtz, Gunter, Dr. phil., Professor emeritus für Philosophie an der Ruhr-Universität Bochum.

Thouard, Denis, Dr. phil., Professor Directeur de recherches CNRS (Paris), Centre Marc Bloch (Humboldt-Universität zu Berlin).

Virmond, Wolfgang, Dr. phil., Wissenschaftlicher Mitarbeiter des Akademienvorhabens „Schleiermacher in Berlin 1808–1834, Briefwechsel, Tageskalender, Vorlesungen" an der Berlin-Brandenburgischen Akademie der Wissenschaften.

Personenregister

Abel-Rémusat, Jean Pierre   98
Adelung, Johann Christoph   88, 93
Ahriman, Nader   169
Alexander III. von Makedonien (Alexander der Große)   35
Alighieri, Dante   68
Ammon, Christoph Friedrich   27, 88, 148
Aquin, Thomas von   69
Aristoteles   2, 5f., 73, 209
Arndt, Andreas   92, 119, 125f., 152, 154, 164, 169, 176, 189, 194
Arnheim, Rudolf   179, 181
Arnims, Bettina von   62
Ast, Friedrich   2, 7f., 17, 23, 50–52, 109f., 167, 186f.
Augustinus   202
Austin, John L.   76

Baertschi, Annette B.   3
Baillot, Anne   94
Barth, Ulrich   147, 165
Baudelaire, Charles   66f.
Bauer, Günther   24
Bauer, Johannes   195
Bauer, Manuel   164
Baumgarten, Jacob   3
Baur, Ferdinand Christian   55
Behler, Ernst   64, 225
Betz, Manfred   147
Bekker, Immanuel   116
Berner, Christian   85
Bernhardi, August Ferdinand   93
Bindemann, Ernst Moritz Heinrich   157
Birkner, Hans-Joachim   90, 108, 184, 190f., 225
Birus, Hendrik   4, 57, 59f., 63f., 66f., 69, 73, 81, 151f., 163
Blok, Aleksandr   68
Boeckh, August   7f., 11, 20f., 23–26, 115f.
Bollack, Jean   4, 61
Bollack, Mayotte   85
Bolzano, Bernard   208
Bonaparte, Marie   69
Bopp, Franz   93, 96

Brandt, Britta   63
Bratuscheck, Ernst   7
Braun, Otto   6, 27, 57f., 60, 80, 90, 94, 98, 103, 123, 133, 151, 195
Braune, Heinrich Wilhelm Julius   103, 123
Brecht, Bertolt   68
Brentanos, Clemens   63
Brinckmann, Lob   116
Buffon, Comte de   12
Bühler, Axel   4, 14, 20
Burdorf, Dieter   165
Burkhard, Franz-Peter   2
Burton, Robert   12
Buttmann, Philipp   7, 94f.

Calow, Ferdinand   23, 27, 48, 62, 112, 175, 178, 192
Cacciatore, Guiseppe   147
Carroll, Lewis   216
Carroll, John B.   62, 216
Castorp, Hans   213
Cercel, Larissa   94
Chase, Stuart   62
Chladenius, Johann Martin   3, 7f., 12f., 16f., 20, 22f., 177
Chladni, Johann Martin   177
Chlebnikov, Welimir   74
Clauberg, Johannes   3, 208
Cole, Peter   78
Corsano, Andrea   85
Cremerius, Johannes   73
Crusius, Christian August   3, 10, 12, 16, 208
Culler, Jonathan   65f.

Danneberg, Lutz   3, 165
Dannhauer, Johann Conrad   3, 8, 208
Dasenbrock, Reed Way   215
Davidson, Donald   197–200, 208, 210–219, 222f.
Dilthey, Wilhelm   1–5, 7, 12, 26, 52–55, 57, 60f., 69, 80, 93, 137, 151, 163, 165, 186, 188, 197
Donat, Sebastian   59, 65
Dostojewski, Fjodor Michailowitsch   73

Droysen, Johann Gustav 128
Dubos, Jean-Baptiste 15
Duchamp, Marcel 181

Eberhard, Johann August 88, 93
Ecker, Hans-Peter 18
Eco, Umberto 15, 137
Eichstädt, Heinrich Karl Abraham 148
Eisler, Rudolf 2
Erler, Michael 22
Ernesti, Johann August 27, 52, 88, 129, 148–153, 155 f., 158, 165 f., 187

Fanshel, David 77
Fichte, Johann Gottlieb 3, 7, 10, 57, 195
Fichtner, Gerhard 69
Fieguth, Rolf 74
Fließ, Wilhelm 69
Flitner, Andreas 11, 21
Frank, Günter 1
Frank, Manfred 64–66, 85, 87, 185, 222
Freud, Anna 69–76, 129
Freud, Ernst L. 69–76, 129
Freud, Sigmund 69–76, 129
Friedrich, Casper David 57, 61, 85, 94, 96, 101–103, 108, 119, 125, 129, 133, 135, 137, 142, 145, 151, 163–165, 178, 194, 202

Gadamer, Hans-Georg 1–3, 5, 14, 23–25, 57, 60, 80, 82 f., 85, 87, 89, 114, 119–122, 151, 163, 184–189, 192 f., 196–198, 208, 221–223
Gaß, Joachim Christian 10, 27, 129, 146 f., 149, 152, 164, 168
Genette, Gérard 68
Gerber, Simon 145, 169
Germar, Friedrich Heinrich 6
Giel, Klaus 11, 21
Glaser, Elvira 63
Glock, Hans-Johann 219
Glüer, Kathrin 198, 215, 219
Goethe, Johann Wolfgang von 71, 101, 177–180, 222
Gombrich, Ernst 179
Gräb, Wilhelm 129
Grice, Paul 78, 204

Griffoien, Amber L. 154
Grodlin, Jean 107
Groethuysen, Bernhard 1

Hagenbach, Karl Rudolf 27, 46, 58, 60 f., 90, 94, 97, 104, 176
Hamann, Johann Georg 13, 131
Hansen-Löve, Aage A. 74
Hardenberg, Friedrich von 63
Härtl, Heinz 63
Hartung, Gerald 26
Hassler, Gerda 95
Hegel, Georg Wilhelm Friedrich 14, 26, 55, 89, 126, 183, 194 f., 203
Heidegger, Martin 1–3, 5, 10, 14, 57, 80–82, 151, 163
Heindorfer, Ludwig 105
Heine, Heinrich 74
Heinrici, Georg 8 f.
Hellingrath, Norbert 195
Helm, June 76
Hempelmann, Heinzpeter 131
Herder, Johann Gottfried 4, 10, 13, 18 f., 22, 91, 93
Herrmann, Friedrich-Wilhelm von 80
Herz, Andreas 18, 220
Hirsch, Eric Donald 25
Hirsch-Hyacinth 74
Hoffmeister, Johannes 89
Hölderlin, Friedrich 62 f., 68, 194 f.
Homer 33, 37, 169, 172, 180
Horstmann, Axel 7
Hübener, Wolfgang 3 f.
Humboldt, Wilhelm von 11, 17, 21, 59, 61 f., 85 f., 91, 93–99, 203, 220 f., 223
Hume, David 81
Husserl, Edmund 63, 201, 204, 216

Ihwe, Jens 66
Irmscher, Johannes 82

Jakobson, Roman 59, 62–68, 74
Jaeger, Henry-Evrard Hasso 3, 5
Jaeger, Werner 197
Jahraus, Oliver 60
James, William 76
Jauss, Hans Robert 16

Jensens, Wilhelm 69 f., 73
Jonas, Ludwig 27, 36, 57 f., 64, 104, 160, 164, 169, 172, 178, 180, 192 f., 201, 219, 221

Kafka, Franz 60, 177 f.
Kant, Immanuel 3, 5, 10, 78, 85, 91, 121, 123, 126–128, 221, 225
Karydas, Dimitris 169
Keil, Geert 197, 204
Keil, Karl August Gottlieb 52, 165–168, 172
Kierkegaard, Sören 14
Kimmerle, Heinz 129, 163, 183–185, 187, 190–194, 202
King, Colin Guthrie 3
Kleist, Heinrich von 59 f., 90, 201
Knapp, Georg Christian 146
Köhler, Erich 67
Kompa, Nikola 204
Körner, Josef 104
Korsch, Dietrich 154
Krebs, Christian 82
Kreuzer, Johann 202
Kropatschek, Johann 96
Krug, Wilhelm Traugott 125
Kuhn, Volker 67
Kühne-Bertram, Gudrun 2, 17
Künne, Wolfgang 208

Labbadia, Bruno 213
Labov, William 76–78
Lachmann, Karl 105, 180
Lambert, Johann Heinrich 208
Laufhütte, Hartmut 18
Lausberg, Heinrich 64
Leibniz, Gottfried Wilhelm 19
Lenz, Martin 202
LePore, Ernest 213
Lessing, Gotthold Ephraim 73, 101, 106
Lessing, Hans-Ulrich 2
Lévi-Strauss, Claude 67
Locke, John 201 f.
Lother, Matthäus 213
Lübbe-Grothues, Grete 63
Lucian 38

Lücke, Friedrich 5, 89, 102 f., 105, 120, 137, 163, 176, 185
Luther, Martin 158 f.

Maar, Dora 180
Mähl, Hans-Joachim 63
Mallarmé, Stéphane 63
Mann, Thomas 82, 147, 169, 177, 213
Marassi, Massimo 85
Masson, Jeffrey Moussaieff 69
Meckenstock, Günter 85
Meier, Georg Friedrich 3, 7, 20, 22, 177, 198, 208
Meier-Oeser, Stephan 1
Meister, Wilhelm 57, 101 f., 178
Melanchthon, Philipp 16
Minor, Jacob 195
Misch, Georg 1
Monet, Claude 181
Montaigne, Michel de 12
Morgan, Jerry L. 78
Morus, Samuel Friedrich Nathanael 148, 158, 161, 165, 187
Müller, Otfried 53
Müller, Wolfgang G. 12

Neschke, Ada 22
Neuhaus, Stefan 60
Niebuhr, Barthold Georg 128
Niederbudde, Anke 74
Niethammer, Friedrich Immanuel 104
Nietzsche, Friedrich 14, 26
Nohl, Herman 195
Nösselt, Johann August 146
Novalis 63, 122, 195
Nowak, Kurt 94

Ochwadt, Curd 82
Odebrecht, Rudolf 96, 119
Origenes 146, 161
Osthövener, Claus-Dieter 165

Packard, Stephan 64
Palnié 145, 157
Panofsky, Erwin 69
Park, Mungo 94, 215

Patsch, Hermann 10, 27, 85, 102, 159, 163, 167, 169, 183, 185
Paulmann, Inge 74
Paulus 39f., 43, 47, 105, 156–159, 171, 174
Pausanias 38
Peiter, Hermann 184
Perrault, Charles 16
Petrarca, Francesco 12f.
Petrus, Klaus 3, 16
Petrus 157
Piaget, Jean 68
Picasso, Pablo 180f.
Pietzcker, Carl 69, 73
Platon 6, 14, 19, 22, 25, 82, 105, 164, 197, 201, 224
Plessner, Helmuth 1
Pluder, Valentin 26
Pohl, Karl 85
Polybius 38
Posner, Roland 66f.
Prechtl, Peter 2
Propp, Vladimir 73
Pross, Wolfgang 18f.
Puškin, Alexander Sergejewitsch 68

Quine, Willard Van Orman 197, 199f., 204–212, 218f.

Ranke, Leopold von 128
Redeker, Martin 3, 93, 165
Reimer, Georg 148
Reinhold, Karl Leonhard 88
Richardson, Ruth Drucilla 169
Riedel, Wolfgang 91
Ringleben, Joachim 85
Rohls, Jan 27
Rothschild, Salomon 74
Rue, Charles de la 161
Rue, Charles Vincent de la 161
Rütenik, Karl August 142

Samuel, Richard 63, 165, 199
Sandkühler, Hans, Jörg 4, 20
Saussure, Ferdinand de 87
Savigny, Eike von 76
Sbisà, Marina 76

Schelling, Friedrich Wilhelm Joseph 6f., 10, 23, 91f.
Schiller, Friedrich 102, 178, 222
Schlegel, August Wilhelm 93
Schlegel, Friedrich 4, 10, 16f., 23–26, 64, 101f., 104–106, 112, 115, 123–128, 164, 176, 180, 185, 189, 195, 204, 225
Schleiermacher, Friedrich Daniel Ernst 1–55, 57–69, 72f., 76–83, 85–99, 101–117, 119–142, 145–160, 163–181, 183–197, 199–205, 208, 213, 217, 219–223, 225
Schlette, Magnus 222
Schleyermacher, Johann Gottlieb Adolph 146
Schmidt, Sarah 101f., 169, 202
Schmitter, Peter 95
Schmücker, Reinold 165
Scholtz, Gunter 1, 17, 22, 120
Scholz, Heinrich 189
Scholz, Oliver Robert 12, 163, 199, 208
Schöne, Albrecht 69, 195
Schröder, Jan 163
Schröter, Michael 69
Schultheß, Barbara 178
Schulz, Gerhard 63
Schulze, Holger 181
Searle, John R. 76, 201, 212
Selge, Kurt-Victor 3, 85, 185
Sembdner, Helmut 90
Semler, Johann Salomo 27, 129, 147, 150, 177
Serban, Adriana 94
Simon, Josef 91
Sorrentino, Sergio 96
Spitzer, Leo 68
Staiger, Emil 63
Stegmüller, Wolfgang 80f.
Steindl, Regina 82
Steiner, Peter M. 14
Stephan, Inge 69
Sterne, Laurence 78
Stierle, Karlheinz 76
Stierlin, Helen 4
Stoecker, Ralf 214
Stöhr, Karoline 213, 215
Stopp, Hugo 63

Struc-Oppenberg, Ursula 64
Struck, Hermann 71
Suphan, Bernhard 10
Szondi, Peter 4, 9, 13, 60 f., 67, 85, 87

Teuber, Bernhard 63, 67
Thomasius, Christian 12, 208
Thon, Olaf 213
Thouard, Denis 85, 88, 94
Timmermann, Jens 91
Trabant, Jürgen 59, 94
Troeltsch, Ernst 26
Twesten, August Detlev Christian Twesten 5, 27, 52, 85, 190

Urmson, James O. 76

Verlato, Micaela 85
Vinci, Leonardo da 71, 75
Virmond, Wolfgang 22, 27, 85, 102 f., 105 f., 127, 159, 163 f., 177, 183, 185, 190, 194

Wach, Joachim 2
Waletzky, Joshua 76 f.
Wartenburg, Yorck von 26

Weise, Christian 1, 3, 11, 20, 25, 32, 41, 43, 46, 81 f., 99, 122, 125, 131 f., 134, 139 – 141, 143, 151, 154, 156, 168, 173 f., 180, 183, 186, 190 – 192, 194 f., 199, 208, 210, 215 f., 219, 223
Wellbery, David 59 f.
Wenzel, Heinz 183 f.
Wette, Wilhelm Martin Leberecht de 55
Whorf, Benjamin Lee 62
Wieland, Christoph Martin 178
Wiggershaus Renate 76
Wiggershaus Rolf 76
Willich, Ehrenfried von 148, 156, 164, 167
Willich, Henriette von 148, 156
Wilson, Neil 208
Wittgenstein, Ludwig 82, 200 – 204, 206, 216, 218, 223
Witzel, Wiebke 95
Wolde, Georg 176
Wolf, Friedrich August 2, 7 f., 17 f., 23 f., 50, 58, 93, 109 f., 167, 180, 186 f.
Wunderlich, Dietrich 67

Zervos, Christian 181
Zovko, Jure 169, 176

www.ingramcontent.com/pod-product-compliance
Lightning Source LLC
Chambersburg PA
CBHW050903300426
44111CB00010B/1354